CARLOS LESSA

O PASSADO E O FUTURO DO BRASIL

ORGANIZAÇÃO
Nelson Victor Le Cocq D'Oliveira
Inês Patrício
Antonio Carlos F. Galvão
Adhemar Mineiro
Mariano Macedo
Helena Maria Martins Lastres
Cid Olival Feitosa

CARLOS LESSA

O PASSADO E O FUTURO DO BRASIL

FUNDAÇÃO Perseu Abramo
Partido dos Trabalhadores

expressão POPULAR

ASSOCIAÇÃO BRASILEIRA DE ECONOMISTAS PELA DEMOCRACIA

FUNDAÇÃO PERSEU ABRAMO
Instituída pelo Diretório Nacional do Partido dos Trabalhadores em maio de 1996.

Presidente | Paulo Okamotto
Vice-presidenta | Vívian Farias
Diretoria | Elen Coutinho, Naiara Raiol, Alberto Cantalice, Artur Henrique, Carlos Henrique Árabe, Jorge Bittar, Valter Pomar, Virgílio Guimarães
Conselho editorial | Albino Rubim, Alice Ruiz, André Singer, Clarisse Paradis, Conceição Evaristo, Dainis Karepovs, Emir Sader, Hamilton Pereira, Laís Abramo, Luiz Dulci, Macaé Evaristo, Marcio Meira, Maria Rita Kehl, Marisa Midori, Rita Sipahi, Silvio Almeida, Tassia Rabelo, Valter Silvério
Diretor da editora | Carlos Henrique Árabe
Coordenador editorial | Rogério Chaves
Assistente editorial | Raquel Costa
Revisão | Angélica Ramacciotti, Claudia Andreotti e Juan Molina
Projeto gráfico, capa e diagramação | Patrícia Jatobá
Imagem da capa | Folhapress, Leo Pinheiro/Valor
Fotos | Compõem o acervo de família, gentilmente cedidas para esse livro

Rua Francisco Cruz, 234 – Vila Mariana
04117-091 São Paulo – SP
Fone: (11) 5571 4299
www.fpabramo.org.br

ABED - ASSOCIAÇÃO BRASILEIRA DE ECONOMISTAS PELA DEMOCRACIA
Membros da Comissão Executiva Nacional (CEN) | Ademir Figueiredo (SP), Adhemar dos Santos Mineiro (RJ), César Antonio Locatelli de Almeida (SP), Fernanda Esperidião (SE), Gabriela Felipe Martins (MG), José Farias Gomes Filho (PE), Luise Gonçalves Villares (DF), Luiz Alberto Marques Vieira Filho (DF), Maria Christina Cunha de Carvalho (BA), Nelma Souza Tavares (RJ), Paulo Roberto Paixão Bretas (MG), Ricardo de Oliveira Lacerda de Melo (SE), Sidney Guilherme Chaves Junior (BA).
Secretaria de Administração e Finanças (SAF) | Eduardo Rodrigues da Silva, Nathalie Beghin.
Conselho Fiscal (CONFIS) | Bruno Setton, Dario Rodrigues da Silva, Diógenes Robespierre Sá, Lavinia Maria de Moura Ferreira, Orlando Ramos Moreira

SHCS Setor de Habitações Coletivas Sul, CR Comércio Residencial
Quadra 502, Bloco C, Loja 37, Parte 1363 - Asa Sul
CEP 70.330-530 Brasília-DF
Telefone: (61) 99323 0550

EDITORA EXPRESSÃO POPULAR
Alameda Nothmann, 806
Sala 06 e 08, térreo, complemento 816
01216-001 – Campos Elíseos – SP
livraria@expressaopopular.com.br
www.expressaopopular.com.br
ed.expressaopopular
editoraexpressaopopular

Esta edição foi realizada com apoio da:

FUNDAÇÃO Perseu Abramo
Partido dos Trabalhadores

PERSEU ABRAMO
ISBN 978-65-5626-082-2

EXPRESSÃO POPULAR
ISBN 978-65-5891-093-0

ABED
ISBN 978-65-995552-1-3

Dados Internacionais de Catalogação na Publicação (CIP)
(Câmara Brasileira do Livro, SP, Brasil)

L631

Carlos Lessa: o passado e o futuro do Brasil [livro eletrônico] / Nelson Victor Le Cocq D'Oliveira et alii (org.) – São Paulo: Fundação Perseu Abramo; Expressão Popular; Associação Brasileira de Economistas pela Democracia, 2023.

397p
ISBN 978-65-5626-079-2
ISBN 978-65-5891-093-0
ISBN 978-65-995552-1-3
Contém imagens

1. Carlos Lessa – Vida e obra 2. Economia brasileira 3. Teoria econômica 4. Política econômica I. Título II. D'Oliveira, Nelson Victor Le Cocq (org.) III. Patrício,Inês(org.) IV. Galvão, Antonio Carlos F. (org) V. Mineiro, Adhemar (org.) VI. Macedo, Mariano VII. Lastres, Maria Helena Martins VIII. Feitosa, Cid Olival.

Eduardo Marcos Fahl - Bibliotecário - CRB-8 6387

Sumário

PARTE 2
REFLEXÕES TEÓRICAS, POLÍTICAS ECONÔMICAS SOBRE O DESENVOLVIMENTO BRASILEIRO

Prefácio

Um gigante da nacionalidade brasileira

Roberto Requião[1]

Escrevi este texto no dia 21 de outubro de 2022, nove dias antes do segundo turno da eleição presidencial. Registro a data porque é impossível falar de Carlos Francisco Theodoro Machado Ribeiro de Lessa sem que se refira a esses dias angustiantes da sua pátria tão amada. Se estivesse entre nós, buliçoso, alvoroçado como era, já teria feito mil agitações, ido às ruas, desfraldado bandeiras, espinafrado meio mundo da política, do jornalismo, da intelectualidade, enquadrado os vacilantes, resmungando por causa de certas adesões, confabulado milhões de vezes com Darc Costa. Mas, sobretudo, estaria sofrendo, o coração apertado, com mais esse transe vivido pela Nação Brasileira, afinal, poucos amaram com tanto fervor e intensidade este país quanto Carlos Lessa.

Além de um intelectual luminoso, um acadêmico reverenciado, um pensador e formulador genial, Lessa era um militante, desses de sair em passeatas, distribuir panfletos, frequentar assembleias, discursar. Ele tinha gosto pela agitação, nunca se omitia e jamais se permitia ficar à margem dos acontecimentos. Sim, se estivesse vivo, estaria agora, neste momento, completamente absorvido pela missão de, mais uma vez, contribuir para evitar o pior para seu idolatrado Brasil. E, nesses dias, senti uma falta danada do Lessa, de seu entusiasmo, de sua exuberância, de seu brado de luta e resistência. Ele nunca deixou de acreditar que um dia o Brasil libertar-se-ia dessa elite tacanha, intelectual e moralmente deplorável, colonizada, sabuja, escravocrata, perversa e tantos outros adjetivos com que ele indigitava as classes dominantes do país.

Então, neste momento, neste dia 21 de outubro de 2022, ele estaria a postos, aceso, na linha de frente da grande batalha pela sobrevivência nacional. Mas, que

1 Roberto Requião é advogado, jornalista, urbanista e político brasileiro filiado ao Partido dos Trabalhadores (PT). Pelo Paraná, foi governador por três mandatos, senador em duas ocasiões, secretário de Desenvolvimento Urbano durante o governo Alvaro Dias e deputado estadual, além de prefeito da capital Curitiba.

tragédia, que brutal e impiedosa fatalidade: a política de extermínio do genocida fez de Carlos Lessa mais um dos centenas de milhares de brasileiros abatidos pela Covid-19. Jamais esqueceremos, jamais perdoaremos, companheiro.

Conheci Carlos Lessa em 1986, quando era prefeito de Curitiba. Ele era diretor da recém-criada Área Social do BNDES, a quem recorri para me ajudar a viabilizar a Associação dos Meninos de Curitiba (Assoma), uma das primeiras instituições públicas nacionais a cuidar das crianças de rua. Vivíamos os primeiros anos da redemocratização e o poder público começava a voltar-se para os que haviam sido marginalizados pelo Estado, nas últimas décadas, incorporando-os às preocupações governamentais. Lessa, que brigara para que se desse às ações do Banco uma dimensão social, preconizando a adição do ***S*** à sigla da instituição, era agora um de seus diretores.

A nossa identificação foi instantânea. Conhecia e admirava o grande teórico do desenvolvimentismo de livros, artigos e entrevistas. Principalmente, conhecia-o como dos inspiradores e autores do antológico "Esperança e Mudança", documento que a frente de oposição à ditadura, então reunida no PMDB, lançou em 1982. Para mim, até hoje, nenhum outro documento, nenhum outro programa partidário alcançou a abrangência, a profundidade e as raízes de nossos males quanto "Esperança e Mudança". E nenhum outro apontou com tanta precisão e ciência os caminhos de nossa libertação. E lá está, na alma do documento, o Lessa por inteiro, profundamente antiliberal, radicalmente nacionalista, humano, terno, solidário, fraternal.

Depois do primeiro contato pessoal, em 1986, Lessa e eu nunca mais nos apartamos. Quando fui eleito governador, em 1990, quis que ele fosse o meu secretário de Planejamento. Ele gostou da ideia, mas outros compromissos atavam-no ao Rio de Janeiro, no entanto, vira e mexe, estávamos juntos, no Paraná, no Rio ou em Brasília, conspirando em favor do Brasil. O desenvolvimento nacional, a industrialização, a soberania incondicional sobre o nosso território e suas riquezas, especialmente o petróleo, a libertação de nosso povo da miséria, da ignorância, das doenças e da exploração, a defesa e o fortalecimento das empresas públicas como um dos pressupostos para a construção do Brasil Nação, o respeito às pessoas e a identificação com elas, eram os elos que nos aproximavam e nos envolviam.

O que diferenciava Lessa de outros notáveis intelectuais brasileiros era a sua proximidade com o povo, a facilidade com que transitava dos altos debates da política, das artes e da economia para a roda de samba. Amava seu povo e sua vida transformou-se em uma missão para dar ao seu povo dignidade, bem-estar e felicidade.

Foi essa profunda ligação com as camadas populares que levou Lessa a uma outra inusitada peleja: a reabilitação e a canonização do padre Cícero Romão. Por divergências com o Vaticano, o padre fora expulso da Igreja em 1891. Para Lessa, no entanto, o Padim do Juazeiro era a mais autêntica, pura e poderosa expressão da religiosidade popular. Lessa dizia que nenhum outro santo popular encarnara a brasilidade quanto Padre Cícero. Nessa briga para que se levantasse a excomunhão decretada pela Igreja Católica contra o Padim, havia também um sentido de penitência: o cardeal Arcoverde, que executara a decisão do Vaticano de anatematizar o santo sertanejo era tio-avô de Lessa.

Fomos juntos ao Vaticano para conversar com as autoridades da Congregação para a Doutrina da Fé, o antigo Santo Ofício, sobre a suspensão da punição. A reconciliação da Igreja com o Padre Cícero foi feita tempos depois pelo papa Francisco, abrindo assim o caminho para o reconhecimento do Padim como santo católico. As argumentações de Lessa para que o Vaticano levantasse a excomunhão eram implacáveis, não havia como contrapô-lo. Havia paixão e lógica em suas ponderações. E um Lessa apaixonado era um vulcão irrompendo-se.

Todos nós que comungávamos com Carlos Lessa os ideais da soberania e do desenvolvimento nacional vibramos com a indicação dele para a presidência do BNDES, em 2003, por Lula. Ao mesmo tempo, sabíamos que a sua permanência no cargo poderia ser breve. Não era para menos: no Ministério da Fazenda, estava Antônio Palocci, no Ministério da Indústria, Comércio Exterior e Serviços (MDIC), Luiz Fernando Furlan e, no Banco Central, Henrique Meireles. Um trio absolutamente avesso às teses desenvolvimentistas de Lessa. E quando foi demitido por se opor às diretrizes econômicas da troica, ele disse: "Nada de novo, afinal a imprensa já havia previsto minha saída umas 70 vezes".

São algumas de minhas lembranças desse fantástico ser humano, um desses brasileiros que nos inspira e alenta para continuar na briga pela construção do Brasil Nação. Sou grato por ter conhecido, convivido e lutado com Lessa. Como ele era um otimista e nunca desistiu de sonhar com um Brasil soberano, desenvolvido, solidário e generoso para com os seus filhos, concluo manifestando a mesma fé no futuro, por piores que tenham sido ou sejam os dias de provação.

Viva Lessa, que Lessa viva eternamente em nossos corações.

Apresentação

Revisitando o passado para iluminar o futuro: a atualidade do pensamento de Lessa

Mariano Macedo
Inês Patrício
Helena M. M. Lastres
Adhemar Mineiro
Antônio Galvão
Cid Feitosa

A Associação Brasileira de Economistas pela Democracia (ABED) tem por objetivo defender o Estado Democrático de Direito, a soberania nacional e os princípios fundamentais da Constituição Republicana de 1988, pautando-se pelo respeito e promoção dos direitos humanos e justiça social, dos direitos e garantias fundamentais, dos direitos políticos e sociais, dos direitos e deveres individuais e coletivos e da ordem social e econômica, com especial atenção às questões que importam ao desenvolvimento e ao futuro do País.

Quando buscamos uma agenda capaz de travar o retrocesso em que vivemos e definir novos rumos para a retomada do desenvolvimento, as experiências pretéritas podem ser faróis a iluminar o método, o escopo e as direções a serem seguidas. Por isso, como em nossas experiências anteriores com os livros dos Profs. Celso Furtado e Wilson Cano, acreditamos que um esforço voltado a transmutar ao presente as análises e ensinamentos do Prof. Lessa certamente poderá contribuir para o enfrentamento das questões com que hoje o Brasil se depara.

Assim, denominamos este livro como ***Carlos Lessa, o passado e o futuro do Brasil***. O livro foi pensado, organizado e fechado em um período cuja marca ficará impressa na história mundial e brasileira, sobretudo, pela pandemia sanitária, a guerra entre Rússia e Ucrânia, o aprofundamento do "capitalismo de vigilância" e a crise da financeirização, cujos efeitos mais perversos incluem o aumento brutal das destituições e desigualdades, da insustentabilidade, da estagnação econômica, das dependências e instabilidades e, principalmente, da erosão do espaço econômico e político dos Estados.

No caso brasileiro somam-se a esse quadro, as nefastas e genocidas respostas do governo negacionista de ultradireita instalado no Brasil em 2019[1], as acirradas eleições presidenciais, a inauguração do novo governo eleito ao final de 2022[2] e os subsequentes atos de terrorismo, ataques às instituições democráticas e tentativas frustradas de golpe de Estado por grupos de extrema direita. No debate econômico, predominam os embates diversionistas que fragmentam e restringem perspectivas e prognósticos e se orientam pela perspectiva míope, "austericida" e predatória do "cosmopolitismo liberal". Centrada no equilíbrio e responsabilidade fiscal, tal perspectiva se reduz às soluções desnacionalizantes e desindustrializantes dos "aberturistas da velha matriz".

Como enfatizado no livro, o professor e gestor público, Carlos Lessa, tratou a política econômica em seu sentido amplo, contextualizado e sistêmico, muito além das questões fiscais, monetárias e cambiais. Suas inovadoras análises do Plano de Metas e do II PND abarcam, além dos múltiplos aspectos de cada uma das estratégias, os limites e conflitos políticos e de poder de que se revestiram essas iniciativas, responsáveis por alterações cruciais na estrutura produtiva e tecnológica brasileira.

O livro, editado conjuntamente pela ABED, pela Fundação Perseu Abramo e pela Expressão Popular, conta com o apoio do Conselho Federal de Economia (Cofecon), da Associação dos Funcionários do Ipea (Afipea), da Associação dos Servidores da Carreira de Planejamento e Orçamento (Assecor), do Sindicato Nacional dos Analistas e Técnicos de Finanças e Controle (Unacon-Sindical) e da Associação Nacional dos Especialistas em Políticas Públicas e Gestão Govenamental (Anesp).

1 Na sequência do governo Temer, iniciado em 2016 após o processo de impedimento da presidenta Dilma, momento em que se manifesta a clara intenção de golpe das forças conservadoras e fascistas, através de um complô mediático, parlamentar e judiciário.

2 A eleição teve dois fatores inéditos na história brasileira: Lula tornou-se a primeira pessoa a ser eleita três vezes para presidente e Bolsonaro, apesar de tudo, se tornou o primeiro presidente a não conseguir se reeleger.

A estrutura do livro contempla vários eixos temáticos que permitem ligar o passado e o futuro do Brasil:

1º) *Eixo de caráter biográfico*, que recupera marcos da vida desse grande intelectual comprometido acima de tudo com a inclusão social, e que insistia sempre que a promoção do desenvolvimento social vai muito além de uma proposta legítima de justiça social. Como pontuam os autores do livro, nas próprias palavras de Lessa, trata-se de uma "nova fórmula do tamanho do Brasil" e "central na construção de nosso futuro". Pois, além de envolver, simultaneamente, o atendimento das "necessidades inadiáveis" – geração de empregos e espaços para a ascensão social – representa uma importante frente de oportunidades produtivas e inovativas;

2º) *Eixo que trata da divulgação teórica do método cepalino* que, nos anos de 1960, tomou forma com o lendário *Introdução à Economia - Uma Abordagem Estruturalista*, "Castro e Lessa", como ficou resumido e conhecido, devido à sua elaboração em parceria com Antônio Barros de Castro;

3º) *Eixo que aborda o Plano de Metas*, suas múltiplas dimensões, arcabouço e implicações. O reconhecimento de seu papel determinante na constituição da estrutura industrial, mas também na transferência da liderança na dinâmica do desenvolvimento industrial para as empresas transnacionais;

4º) *Eixo que lida com o II PND* e a tentativa, a um só tempo, de complementar a estrutura industrial doméstica e alavancar a constituição de um segmento industrial nacional, centrado nos investimentos em empresas estatais;

5º) *Eixo que trata do papel secundário das empresas industriais de caráter nacional,* sua intrínseca fragilidade e falta de identidade com um projeto de desenvolvimento nacional. Em outras palavras, que resgata as reflexões sobre a constituição do empresariado urbano e fabril, tanto perante à hegemonia dos interesses externos, quanto aos revezes impostos, a partir dos anos de 1980 e principalmente de 1990, contra a indústria de transformação aqui instalada;

6º) *Eixo que tem por base as reflexões teóricas* da tese de doutorado de Lessa ("O Conceito Teórico de Política Econômica") e que discute a vasta pesquisa sobre a teoria econômica e demonstra como o pensamento neoclássico é completamente destituído de ferramentas para lidar com esse conceito. Que também visa destrinchar os meandros defrontados por Keynes ao engendrar sua "Teoria Geral" e manter um canal de diálogo com seus colegas contemporâneos, mesmo em detrimento de um maior avanço em algumas de suas conclusões, sem contudo, abrir mão do cerne de suas proposições;

7º) *Eixo que tem como referência a dupla passagem de Carlos Lessa pela diretoria e presidência do principal banco de fomento ao desenvolvimento brasileiro (BNDES)*, e espelha, principalmente, os percalços em se colocar em prática novas ideias, teorias e conceitos. Nesse eixo também é enfatizada a necessidade de (i) revelar as tensões resultantes das diferentes fases de alternância no predomínio de visões nacionalistas de desenvolvimento democrático e inclusivo, vis-à-vis as posições neoliberais; e (ii) aprofundar a discussão sobre esses embates e as políticas de recuperação dos bancos públicos de fomento. A análise de tais conflitos e as respostas ao mesmo revela aprendizados significativos, inclusive para a composição de governos populares, e pode servir de importante alerta ao futuro;

8º) *Eixo referente à belíssima incursão de Lessa sobre o Rio de Janeiro e sua estrutura econômica e social.* Em um movimento teórico tipicamente histórico-estrutural – inclusive com o componente de uma análise braudeliana das longas durações – Lessa analisa o *Rio de Todos os Brasis*, a simbiose entre os destinos da antiga capital e do Estado nacional brasileiro, desde sua formação, e as singularidades, problemas e potenciais do estado do Rio de Janeiro; e, por fim,

9º) *Eixo que discute a densidade teórica da "Enciclopédia da Brasilidade"* com as contribuições de Lessa e de vários outros autores que levantam pistas para a compreensão de aspectos essenciais onde cultura, economia, política e sociedade estão inexoravelmente imbricadas.

Ao homenagear Carlos Lessa que, após superar vários desafios de saúde, foi infelizmente uma das vítimas da Covid-19 em meados de 2020, o livro organiza esses eixos em três partes: a primeira trata da vida e obra de Carlos Lessa; a segunda de suas principais reflexões teóricas e sobre as políticas para o desenvolvimento brasileiro; e a terceira focaliza sua atenção às especificidades brasileiras, em geral, e do Rio de Janeiro, em particular.

Os 17 artigos de ***Carlos Lessa, o passado e o futuro do Brasil*** foram escritos por 30 autores – alunos, orientandos, colegas, familiares, amigos e admiradores de Lessa – que visaram resgatar e elaborar suas principais contribuições como acadêmico, político, *policy-maker* e tribuno. Os parceiros dessa iniciativa incluem: Rodrigo Lessa; Luiz Gonzaga Belluzzo; Ricardo Bielschowsky; Hildete Pereira de Melo, Luis Antônio

Elias, Fernando Nogueira da Costa; Glória Moraes, Darc Costa e Fabio Sá Earp que relembram a vida e a obra de Lessa e sua influência na luta pela democratização do Brasil, na reestruturação dos cursos de Economia e no movimento de renovação dos economistas; Inês Patrício, Nelson Le Cocq, Carlos Pinkusfeld Bastos; Carlos Brandão, William Nozaki, Victor Leonardo de Araújo e Bruno Rodas, que avançam no objetivo de decifrar contribuições de Lessa e ressaltam a importância de sua proposta de alternativa heterodoxa estruturalista; Walsey Magalhães, Helena Lastres, Marcus Santiago, José Eduardo de Andrade e Cristiane Garcez, que focalizam as lições das passagens de Lessa pelo BNDES; Mauro Osorio, Jorge Natal, Cezar Guedes, Bruno Sobral, André Aranha, Kleyton da Costa, Bruno Freira, Maria Clara Paiva e Victor Figueiredo, que destacam o encantamento de Lessa com o Rio de Janeiro, considerado como "espaço-chave de agregação de todos os Brasis" e retomam seu sólido compromisso com a criação de um país politicamente soberano, economicamente dinâmico, socialmente justo e territorialmente coeso.

O livro inclui também, além desta apresentação, um prefácio, ***Um gigante da nacionalidade brasileira***, assinado por Roberto Requião; um preâmbulo, ***Do livre pensar***, por Sulamis Dain; e um prólogo, ***Carlos Lessa e o calcanhar de Aquiles do nosso desenvolvimento***, por Luciano Coutinho. E, ainda, um posfácio, ***A atualidade incômoda de algumas reflexões de Lessa***, por Nelson Victor Le Cocq D'Oliveira (*In Memoriam*), o qual foi o principal responsável por pensar e organizar esse livro.

Parte 1 – Vida e obra de Carlos Lessa

O primeiro artigo do livro, ***Ação política impregnada de humanidade***, e que abre essa parte, consiste em uma abordagem familiar, focalizando a vida doméstica do pai do autor, Rodrigo Lessa. Assim, a descrição é autobiográfica do ponto de vista das percepções de um filho e inclui a descrição de acontecimentos do cotidiano. De início, tenta-se localizar nos ascendentes familiares, como o pai, o tio e outras figuras importantes na infância de Carlos Lessa, as raízes de seu comportamento e preocupações. Daí também tem origem sua enorme erudição. Outro ponto importante diz respeito a, mais que o nacionalismo, seu conceito de "brasilidade", impregnado desde a infância. Da brasilidade conservadora dos ascendentes à uma brasilidade progressista, a contínua preocupação com o país é fundamental na trajetória de sua vida, incluídos os aspectos intelectual e político, além de sua atuação profissional. O artigo discorre ainda sobre o Lessa "intelectual" com sua voracidade pelos livros. Realça sua "oralidade", produtiva e eloquente, além de seu apego às ideias adotadas. Transita pelas características desse ilustre personagem que faz e coleciona coisas, incapaz do marasmo. E termina com a descrição de um personagem profundamente humano.

Luiz Gonzaga Belluzzo, no artigo 2, ***O professor e o tribuno***, situa Carlos Lessa na trajetória da sociedade brasileira nos tempos do desenvolvimentismo. Ao estabelecer as relações entre o ambiente daquela época e a construção da arquitetura intelectual de Lessa, o artigo releva e exalta o indivíduo talentoso; dotado de visão ampla e antidogmática; mergulhado em seu contexto, que garante o rigor de suas análises; e que respondeu com dedicação às aspirações da modernização do Brasil, com destaque à riqueza cultural e afetiva de nosso povo, mesmo quando submetido a angústia e sofrimentos. Para tal, além de uma introdução, Belluzzo analisa o "futuro do passado" e o "futuro do presente" e finaliza com algumas "conclusões inconclusivas", sempre com suas assertivas afiadas e geniais: "como os protagonistas dos filmes de terror de qualidade duvidosa, os mortos-vivos do fazendão atrasado ressuscitam para nos assombrar. (...) Insufladas pelo primitivismo das aberturas comercial e financeira dos anos 1990, a taxa Selic real média de 24% ao ano e a valorização cambial ministraram extrema-unção à indústria brasileira. A infeliz agoniza. (...) Os 'aberturistas da velha matriz' expulsam o investimento nacional e estrangeiro da manufatura e (...) conseguem duas proezas: o ajuste que desajusta e a integração que desintegra."

Ricardo Bielschowsky e Luiz Antônio Elias, no artigo 3, ***Brasilidade e humanismo***, discutem a vida acadêmica e de homem público de Carlos Lessa, ressaltando que sua brilhante carreira reuniu as virtudes de nacionalista e humanista, com um amplo leque de cultura e interesses. Descrevem sua trajetória nos anos 1960/70 e alguns de seus principais legados como professor em três universidades, Federal Fluminense (UFF), Federal do Rio de janeiro (UFRJ) e Universidade de Campinas (Unicamp). Salientam sua participação política, nos anos 1980, nos movimentos de luta pela democracia, como assessor do PMDB e no movimento pela renovação dos economistas e, no primeiro governo civil depois da ditadura nacional, como diretor da área social do BNDES. E dão destaque à discussão, nos anos 1990, sobre o estado e a cidade do Rio de Janeiro que entendia ser uma "síntese de todos os Brasis", assim como à

Enciclopédia da Brasilidade, que publicou nos anos 2000, quando assumiu a reitoria da UFRJ e pouco depois a presidência do BNDES.

O artigo 4 de Darc Costa, ***Um brasileiro com B maiúsculo***, de caráter também autobiográfico e centrado em sua relação direta com Carlos Lessa, dá conta da grande amizade com o autor, desde 1985, quando Lessa foi nomeado diretor do BNDES, para cuidar da Área Social do Banco, na gestão de Dilson Funaro, e a partir daí. Enfatiza como Lessa exerceu com brilhantismo suas funções e destaca algumas de suas ideias pioneiras, como o embrião do Programa Luz para Todos. Resgata-se também a contribuição de Carlos Lessa na elaboração da Constituição de 1988 e a sua memorável atividade como Professor e Pesquisador da UFRJ, onde foi Professor Titular, Decano, Reitor e Professor Emérito. Por último, o autor detém-se no convite do presidente Lula para que Lessa voltasse ao BNDES, na qualidade de presidente daquela instituição, ressaltando o empenho de Lessa em fazer do Banco, novamente, um organismo voltado à promoção do desenvolvimento nacional. E se mostra um confesso admirador do Professor Carlos Lessa e de suas contribuições para o entendimento do Brasil, que vão muito além da economia brasileira.

O artigo 5, de Hildete Pereira Melo, ***Um professor genial***, também em forma de notas memorialísticas, relembra o encontro com o professor, político e intelectual Carlos Lessa e a sua importância na construção da vida profissional da autora e de muitos outros cientistas sociais nas décadas de 1960 e 1970. O artigo tem como fio condutor a atuação de Lessa na modernização do curso de Economia da Universidade Federal Fluminense e sua participação na formação de seus docentes, na primeira metade dos anos 1970. Na primeira parte, a autora apresenta uma retrospectiva da história do ensino de Economia no país e no antigo Estado do Rio de Janeiro, no curso de Ciências Econômicas da UFF. Na segunda parte, baseada na narrativa de ex-alunos, muitos hoje docentes da UFF e de várias outras universidades, dá conta da atuação de Lessa, como coordenador e professor na UFF, destacando a relevância de seu papel na introdução de diversas disciplinas curriculares de enfoque keynesiano e do paradigma cepalino, com ênfase no papel do setor público no desenvolvimento. O texto também resgata o difícil período da ditadura militar – em que Lessa e o corpo docente da UFF enfrentaram a oposição da reitoria e dos órgãos de segurança – e a resistência dos professores ao esvaziamento do curso por parte das autoridades universitárias da UFF, uma luta bem-sucedida.

O artigo 6, ***Castro-Lessa: um único autor ou dois grandes mestres***, é assinado por Fernando Nogueira da Costa, o qual propõe uma releitura do livro de *Introdução à Economia*, conhecido como "Castro-Lessa", para verificar sua atualidade. São comparadas as abordagens estruturalistas dos autores com a abordagem da complexidade sistêmica, na fronteira teórica contemporânea. Nessa abordagem, a economia (atividade) é vista como um componente do sistema complexo emergente de suas interações com os demais componentes da realidade: atividade política (ações coletivas em busca de impor interesses próprios), estratificação social (desigualdade entre indivíduos e agrupamentos sociais, inclusive por castas de natureza ocupacional e párias sem direitos da cidadania), psicologia econômica, meio ambiente natural e institucional, capacidade de adequação evolucionária etc. Tal visão holística visa analisar esse sistema complexo como um todo e não de maneira fragmentada. Assim, o autor enfatiza que "Castro-Lessa" não compreende os setores produtivos e/ou os agentes econômicos como se atuassem de maneira separada, mas sim como um conjunto de atividades com atuação interdependente para a emergência sistêmica.

O artigo de Gloria Moraes, ***Conversa no estacionamento, ou a aula de Carlos Lessa sobre a questão nacional***, parte do relato de uma conversa pessoal com o professor Lessa, para alcançar algumas das teses mais importantes de Lessa sobre a questão "nacional". Os limites ao desenvolvimento econômico e à política econômica, a importância de se entender as questões externas, as instituições e instrumentos disponíveis, as composições de interesses internos, tanto no governo quanto no congresso, assim como as articulações entre grupos políticos e donos do capital, são considerados decisivos para definir prioridades. Numa primeira parte, a autora dá conta da importância de Lessa e de outros intelectuais progressistas, como Maria da Conceição Tavares, no debate sobre as questões brasileiras em plena ditadura militar e de sua influência na militância estudantil, como a autora, de organizações clandestinas revolucionárias, mesmo quando a maioria os considerava "reformistas". Numa segunda parte, a autora mostra como, ainda jovem economista da Embratel, na construção do Núcleo de Economistas do Partido dos Trabalhadores (PT), foi se aproximando das ideias da "Escola de Campinas", ainda que com muitas dúvidas sobre a importância de se construir no Brasil uma infraestrutura nacional de telecomunicações. Faz então o relato da "conversa no estacionamento" em que Lessa mostra a importância de se olhar tanto para as questões externas quanto para as condições de contorno existentes nacionalmente, antes de desenhar um projeto político nacional. A autora parte dessa conversa para uma análise da sua trajetória militante e acadêmica, entrelaçada ao longo do tempo com as questões enunciadas por Lessa nessa conversa marcante, que modificou de forma decisiva a sua relação com a Embratel e com a questão nacional. A partir daí, numa terceira parte, analisa a trajetória e a obra de Lessa, seus principais textos, além da sua atuação política, desde a CEPAL ao BNDES, passando pela reitoria da UFRJ.

Encerrando a primeira parte do livro sobre a vida e a obra de Carlos Lessa, encontra-se o artigo 8, ***Intelectual é como a coruja, voa ao entardecer***, assinado por Fábio Sá Earp[3], que reitera a rica trajetória profissional do homenageado, destacando que mais do que um professor e intelectual acadêmico, Lessa teve significativa participação política e na gestão pública. Sá Earp nota que as contribuições mais importantes de Lessa para o debate político e econômico derivou mais propriamente das aulas e conferências que ministrou, do que da obra escrita cuja relevância é indiscutível. A iniciar pelo "Castro-Lessa", que apresenta categorias analíticas inovadoras e adequadas às especificidades latino-americanas, "escapando às restrições da micro neoclássica e do keynesianismo bastardo". O autor considera "O conceito de política econômica: Ciência e/ou ideologia?" o mais importante trabalho de Lessa, no campo da teoria econômica, e que merece maior divulgação. Salienta, por fim, a qualidade de Lessa como orador brilhante da história e economia brasileira, capaz de cativar variadas plateias e de transformar discussões econômicas em "uma experiência próxima de uma atividade de entretenimento".

Parte 2 – Reflexões teóricas, políticas econômicas sobre o desenvolvimento brasileiro

Na abertura da segunda parte do livro, o artigo 9, ***Introdução à Economia: uma Abordagem Estruturalista*** reitera a homenagem ao Professor Lessa por sua contribuição seminal, conhecida como "Castro-Lessa". Ao discutir a contribuição de Lessa ao ensino de economia no Brasil, Carlos Pinkusfeld Bastos e Bruno Rodas Oliveira exploram a compatibilidade entre os fundamentos teóricos do Estruturalismo Latino-Americano e a Economia Política Clássica e enfatizam os elementos de ruptura e as van-

3 Esse texto foi atualizado de versão originalmente publicada na *Revista de Economia Contemporânea*, Rio de Janeiro, 14(2): 423-432, maio/ago. 2010.

tagens dessa "importante alternativa heterodoxa estruturalista" frente aos manuais ortodoxos dominantes sobre o funcionamento das economias, em geral, e das periféricas, em especial. Os autores ressaltam que, apesar da consolidação da vertente dominante e a expectativa que orientações distintas perdessem espaço na academia brasileira, as contribuições de Lessa continuam extremamente relevantes.

No artigo 10, ***A política econômica entre a ciência e a ideologia***, William Nozaki reafirma a inestimável importância dessa proposta de "economia política heterodoxa e crítica" no enfrentamento da noção de ciência econômica ortodoxa, pretensamente neutra, universal e verdadeira. Enfatiza a visão sistêmica de Lessa e a concepção ampliada de política de desenvolvimento à luz das experiências históricas de cada país, reiterando que essas políticas, evidentemente, não devem ser orientadas apenas pela racionalidade econômica e técnica. Pois, os problemas reais, que emergem dos conflitos, contradições e subjetividades de cada contexto, refletem restrições e oportunidades inerentes às ideias e ideologias em disputa e que orientam os caminhos a construir. Trata-se de terreno movediço, onde não cabem visões idílicas, fragmentadas e descontextualizadas e onde vários dos "erros de política" identificados, em verdade, refletem restrições financeiras, tecnológicas e outras dos contextos em foco, que são geralmente ignoradas. A conclusão ressalta que, ao reduzir o debate às questões de política cambial, monetária e fiscal, o pensamento liberal e ortodoxo hegemônico ofuscou outras decisivas para o desenvolvimento e a soberania nacional de países como o Brasil, as quais encontram-se no centro de acirrada disputa em nosso presente.

No artigo 11, ***"Quinze anos de política econômica" e o debate sobre a desaceleração econômica brasileira dos anos 1960***, Victor Leonardo de Araújo revisita os elementos trazidos por Lessa, com destaque ao caráter limitado e pouco coordenado da economia política e aos objetivos não desenhados especificamente para apoiar o processo de industrialização, principalmente no período do Plano de Metas, e cujos resultados acentuaram os desequilíbrios existentes ao final dos anos 1950. O autor reitera como o raio de manobra das políticas se estreitou, no início dos anos 1960, e a crise foi inevitável. E finaliza sublinhando o caráter e imprescindível dessa contribuição seminal de Lessa para compreender a desaceleração econômica e a crise dos anos 1960.

Em ***Carlos Lessa e o II PND: Lições para o Tempo Presente***, artigo 12, Nelson V. Le Cocq D´Oliveira e Inês Patrício resgatam a contribuição de Lessa sobre o desenvolvimento brasileiro e destacam suas "interpretações ímpares ao debate e à compreensão do processo econômico, social e político", essencialmente fundamentadas na teoria e na história econômica e política dos períodos e contextos em análise. Partindo da visão de Lessa, são revisitadas as transformações ocorridas na economia brasileira, desde o Plano de Metas e especialmente com o II PND. Por fim são examinadas as contribuições de outros autores que dialogaram com as concepções e análises de Lessa e é reiterada a importância desse fundamental legado ao pensamento econômico heterodoxo. Assim, Le Cocq e Patrício retomam os aportes fundamentais que marcaram a história brasileira, na segunda metade do século XX, extraindo aprendizados para o tempo presente. Os temas discutidos incluem: as mudanças no modelo de substituição de importações; "os desequilíbrios ameaçadores do setor externo"; as políticas de austeridade; as inovações financeiras, as reformas bancárias e do mercado de capitais; a multiplicação de ativos financeiros e os "banquetes" do circuito financeiro; o papel, a composição e os conflitos das forças empresariais e políticas hegemônicas brasileiras; a atração e ascensão do capital estrangeiro e a desnacionalização da indústria doméstica; e a abertura neoliberal dos anos de 1990 e a expansão do agronegócio exportador com a crescente reprimarização da economia. Na conclusão nota-se que, passado quase meio século, enfatiza-se a urgência de um novo planejamento, que viabilize a retomada da democracia e do desenvolvimento econômico e social.

Já em ***Buscando decifrar o Brasil***, no artigo 13, Carlos Brandão reitera a atualidade das contribuições teórico-metodológicas de Lessa, marcadas pela preocupação com as forças históricas constitutivas da produção e repartição social. O foco é na articulação de alianças entre Estado e capitais nacionais e transnacionais - que Lessa chamou de padrão "pervertido" e "oblíquo" de valorização dos capitais. E elabora o argumento que o pacto de dominação – baseado na divisão e reserva de espaços de atuação entre órbitas industriais e não industriais e na participação privilegiada do capital nacional não industrial nos lucros - é decisivo para entender a estruturação e a dinâmica do desenvolvimento capitalista no Brasil. Ressalta-se que o "circuito imobiliário especulativo", ao se tornar fiador e administrador desse pacto, consolida um bloqueio político-estrutural à centralização, monopolização, conglomeração e à constituição de blocos dinâmicos de capitais. Ao final, retoma a agenda proposta para pensar o presente e o futuro do país. Indagações são colocadas quanto aos avanços da neoliberalização; das privatizações, desindustrialização, desestruturação produtiva e "neomercantilização da economia"; e da capitalização dos espaços urbano-metropolitanos brasileiros. E recupera-se a sugestão de Lessa de formular uma "macroeconomia patrimonial-rentista-mercantil", para melhor entender a estrutura e a dinâmica da economia brasileira.

O artigo 14, ***O Futuro do BNDES: as contribuições de Carlos Lessa ao desenvolvimento brasileiro,*** encerra a parte II do livro e é assinado por Walsey Magalhães e outros quatro autores que trabalham ou já trabalharam no BNDES: José Eduardo Andrade, Marcus Santiago, Cristiane Garcez e Helena M. M. Lastres. O objetivo é trazer à luz os valiosos legados de suas duas passagens como alto executivo do BNDES – como diretor de operações sociais, em meados dos anos 1980, e como presidente, no início do século XXI – e indicar possibilidades e os novos desafios e papéis a serem assumidos pelo principal banco brasileiro de desenvolvimento. Os autores ressaltam (i) a defesa do planejamento sistêmico e contextualizado, da centralidade das empresas nacionais nos processos produtivos e da necessidade crucial de aliar o crescimento à inclusão e participação democrática dos diversos extratos sociais; e (ii) a correlata exigência de alterar a cultura, estrutura organizacional, estratégias e formas de atuação do BNDES. Destaque cabe às férteis e inovadoras soluções dadas por Lessa para o enfrentamento das limitações encontradas, através do apoio a "projetos paradigmáticos capazes de orientar políticas públicas e que constituíssem exemplos de iniciativas de impacto significativo para a melhoria das condições de vida dos mais pobres". E, em uníssono com Sá Earp (artigo 8), reiteram que, assim, passou-se a financiar programas para beneficiamento do lixo, saneamento básico, eletrificação rural de baixo custo, saúde e aleitamento materno, dentre outros. Por fim, os autores resumem a preocupante situação do banco, ao final de 2022, e elencam sugestões para um novo futuro do Brasil e do BNDES.

Parte 3 – O Rio de Janeiro

Abrindo a terceira parte do livro, no artigo 15, ***Lessa, um intelectual e cidadão crítico-humanista: o lugar do Brasil e do Rio de Janeiro em sua práxis***, Jorge Natal e Cezar Guedes analisam quatro aspectos da obra e da ação pública do professor Carlos Lessa, enfatizando, na primeira parte, a sua sólida, crítica e transdisciplinar formação intelectual, seu marcado compromisso institucional, sua generosidade como professor e orientador e sua contribuição para a definição dos rumos profissionais dos autores. Na segunda parte, os autores ressaltam a contribuição de Lessa ao tema do desenvolvimento econômico brasileiro e sua ênfase em políticas públicas de forte conteúdo social, pontuando o caráter transdisciplinar de seus escritos – tão refletido na sua ação pública. A terceira parte destaca a centralidade que ele conferia à autonomia das políticas públicas, face ao centro mundial capitalista, para a consecução de um efetivo desenvolvimento nacional civilizatório. A quarta parte realça a sua paixão pelo Rio de Janeiro, dando conta da sua aguda crítica às reflexões existentes, seu destaque ao fenômeno da capitalidade e por último, à ausência de uma cultura regional como explicação para a decadência do Rio de Janeiro. As conclusões sublinham a importância da obra e trajetória de Lessa na construção de um país politicamente soberano, economicamente dinâmico e socialmente justo.

O artigo 16 de Mauro Osorio, ***Cidadão carioca e brasileiro***, destaca a importância de Carlos Lessa como intelectual de ampla formação e participação política e que integrou uma geração de brasileiros que pensaram o Brasil de forma apaixonada e crítica, como Celso Furtado e Darcy Ribeiro. Osorio mostra como Lessa atuou obstinadamente pela democratização do País, tanto na universidade, como seu professor na graduação e pós-graduação da UFRJ, quanto como presidente do Instituto de Economistas do Rio de Janeiro (IERJ), participando de debates sobre o Rio de Janeiro e contribuindo para a elaboração da Constituição de 1988 e a criação do SUS. E analisa a obra seminal, *Rio de Todos os Brasis*, onde descreve a trajetória da cidade e do estado do Rio de Janeiro desde o período colonial até o final do século XX, apontando para a importância de ampliar a reflexão sobre a temática regional no estado do Rio de Janeiro, já que a história nacional do Rio implicou em negligenciar reflexões sobre as características e especificidades do estado. O Rio poderia ser visto, na sua concepção, como espaço de articulação que evitou a fragmentação do país. A análise de Osorio aponta para uma tese querida por Lessa: a de que o desafio no Rio de Janeiro é integrar o estado e principalmente a região metropolitana do Rio, que na prática é uma cidade metropolitana.

Encerrando a terceira parte do livro, o artigo 17, ***Compreender a problemática do Rio continua fundamental para entender desafios do Brasil (mas sem prescindir da defesa dos interesses regionais)***, é assinado por Bruno Sobral, André Aranha, Kleyton da Costa, Bruno Freira, Maria Clara Paiva e Victor Figueiredo. A partir da análise de um período mais recente do que aquele analisado por Lessa no livro *O Rio de Todos os Brasis*, busca-se um diálogo com a interpretação de Lessa sobre a formação socioeconômica do Rio de Janeiro. Para tal, enfatiza-se a tese sobre a centralidade da problemática fluminense na definição das bases de um novo projeto nacional, que conduz à análise da dimensão fiscal da crise fluminense para além de seus aspectos estritamente financeiros. A situação econômico-financeira fluminense é apresentada pelos autores como epicentro da problemática brasileira, argumentando-se que a questão fiscal fluminense possui dimensão nacional e que os instrumentos meramente punitivos e de contenção da Lei de Responsabilidade Fiscal são insuficientes para assegurar uma coordenação eficiente. A conclusão é que as forças sociais e políticas preocupadas com o desenho de um projeto de país devem buscar entender a crise do Rio como uma crise da federação. E apresentam-se propostas para sua superação.

Desejamos boa e proveitosa leitura desse livro que objetiva – além de prestar devida homenagem a esse brilhante intelectual decifrador da economia e da política brasileira – trazer à tona algumas das seminais contribuições de Carlos Lessa, visando compreender o passado e operar sobre o futuro do Brasil. Esperamos que tal registro venha a iluminar e referenciar a elaboração de agendas capazes de delinear estratégias futuras para a sociedade brasileira, levando em conta os acertos e os erros do passado, conforme indicado pelos ricos aprendizados teóricos, conceituais e pragmáticos legados pelo saudoso e eterno Professor Lessa.

Preâmbulo

Do livre pensar

Sulamis Dain[1]

Carlos Francisco Theodoro Machado Ribeiro de Lessa! Quem carrega um nome desses, já nasce com grandes responsabilidades em relação ao universo que representa. Não por acaso, desde sua infância, Lessa conviveu com vários mundos, estradas de interesses e pensamentos diversos. Seu êxito neste processo de convivência, narrado no texto de seu filho, Rodrigo Lessa, é esclarecedor quanto a naturalidade com a qual transitava do mundo das ideias para o mundo do fazer, da análise político econômica para o aprendizado das ruas, da elite conservadora para os homens comuns, dos livros clássico para as infinitas criações e tiradas do povo brasileiro.

Irreverente, iconoclasta e heterodoxo desde sempre, Lessa foi testemunha e protagonista de grandes momentos da história recente do Brasil. Atentou e articulou, sem preconceitos, grandes e pequenos fatos. Foi, antes de tudo, um pensador intuitivo, dos *insights* sobre a natureza do Estado brasileiro até o simbolismo da criatividade do nosso povo, que ele, fascinado, representava pela transfiguração do *cheeseburger* importado no *cheesetudo* da lanchonete da esquina. Isso, segundo ele, era o melhor do Brasil.

O legado de sua passagem por várias instituições de peso, dá conta de sua pluralidade. Cito algumas. Em sua passagem pela Universidade Federal do Rio de Janeiro (UFRJ), além de aulas monumentais e de conversas instigantes, deu nova vida à Ouvidoria e apoiou a criação de um bloco de carnaval, a Minerva Assanhada. Em sua primeira passagem pelo BNDES, introduziu na política do banco um viés social, que explica o acréscimo da letra ***S*** ao seu nome e que se traduziu em financiamento para setores nunca dantes

1 Sulamis Dain é doutora em Economia pela Universidade Estadual de Campinas (Unicamp, 1980), com estudos pós-doutorais em Berkeley (1989) e livre-docente pelo Instituto de Economia da Universidade Federal do Rio de Janeiro (UFRJ). Foi professora titular da Universidade do Estado do Rio de Janeiro (Uerj) por 22 anos. Atualmente, coordena a área de Assuntos Internacionais da Facamp – Faculdades de Campinas. Autora de livros e artigos em periódicos especializados, nos campos de Economia do Setor Público, Seguridade Social e Previdência.

contemplados, e em condicionalidades para a clientela em geral, impondo a criação, nas empresas financiadas, de creches para os filhos das funcionárias. Essa providência foi reconhecida por Ruth Escobar, grande atriz e duas vezes deputada federal, que considerou Lessa merecedor do título de “Mulher Honorária”. Participou ativamente do antigo MDB onde, com João Manoel Cardoso de Mello, Luciano Coutinho, Luiz Gonzaga de Mello Belluzzo e Maria da Conceição Tavares, foi peça central na formulação do programa econômico do partido, e do documento “Esperança e Mudança” (1982).

A “licença poética” de seu pensar foi acompanhada por sua prática engajada. Ia das teses aos livros e megapalestras com *pit stops* nas antiguidades e orquídeas. Ousava sempre, não temendo o novo e, principalmente, o inusitado. Filho da “ciência econômica” do curso da UFRJ, oriundo do Direito e das Ciências Contábeis, pautado na reiteração de um falso cientificismo e empirismo, sempre esteve fora deste campo minado. Optou pela velha tradição da Economia Política e fez de seu percurso acadêmico e profissional uma eterna busca de articulações entre a categorização analítica e a objetivação de políticas. Tudo isso levou para o Movimento de Renovação dos Economistas, no qual muitos de nós militamos em frente ampla, seguidos por gerações mais novas, em oposição ao conservadorismo reinante, dos anos 1970 aos anos 1990.

Os artigos oferecidos neste livro, narram com carinho e competência esse caleidoscópio. Quando os li, me veio à lembrança o comentário de Joan Robinson, ao lembrar seu primeiro encontro com Kalecki em Cambridge: “Enquanto falávamos, me senti como personagem de uma peça de Pirandello. Não poderia dizer se era ele ou eu quem falava”.

Ao pensar sobre essa grande identidade entre os autores, concluo que todos nós levamos para nossa prática, como economistas, o DNA do grande mestre e amigo Lessa.

Os textos estão divididos em três grupos principais, que exploram as dimensões do Lessa, construtor de instituições, Lessa e o pensamento econômico e Lessa, o brasileiro, todos eles destacando a transversalidade e a intersetorialidade de seu pensamento e de sua ação.

Em minha formação, registro três momentos essenciais: a leitura, ainda no nível médio, do livro de Celso Furtado (*Formação Econômica do Brasil*), que me fez optar pelo curso de Economia, as aulas impressionantes de Maria da Conceição Tavares na FEA/UFRJ, que iluminaram meu caminho e a grande descoberta pessoal, o livro de Lessa, *Quinze Anos de Política Econômica*. Não o considero apenas como uma dimensão complementar na formação de uma (então) jovem economista, mas sim como um campo essencial e estruturante de uma nova disciplina, a Economia do Setor Público. Para quem, como eu, começou a carreira na área de Finanças Públicas, aquele livro rompeu com as amarras de um conhecimento excessivamente especializado, me obrigou a pensar as articulações intersetoriais e interdisciplinares, me jogou no campo da Política.

Ouso dizer que levou o próprio Lessa, mais adiante, para sua brilhante análise dos rumos e limites do desenvolvimento brasileiro no II PND, referenciada em vários capítulos desta obra. A conclusão desta *démarche* foi essencialmente política, na apreciação do fracasso deste projeto, destacando a megalomania dos ditadores e antecipando as dificuldades crescentes impostas ao setor de bens de capital nacional frente às alianças pétreas estabelecidas entre o Estado brasileiro e setores rentistas. Infelizmente, o futuro iria reforçar suas conclusões, a partir do longo ciclo de liberalismo econômico inaugurado no início dos anos 1990 e ainda não encerrado.

Ao refletir sobre as causas estruturais deste limite ao desenvolvimento brasileiro, Lessa e eu, no artigo *Algumas referências para o tema Estado e desenvolvimento* (1980), citado neste livro, voltamos à triste aliança entre o capital mercantil e financeiro, que eternizou a essência patrimonialista do Estado brasileiro. Somos, ainda hoje, um país exportador de *commodities*, com uma indústria em plena regressão, e sob a liderança do setor financeiro, do agronegócio e do grande comércio atacadista, entre os quais se divide o espólio da riqueza nacional.

Este livro é um convite para revisitar Carlos Lessa, através de vários artigos que tão bem o representam na sua pluralidade, nos lembram as muitas vezes em que ele renasceu, se reinventou e explorou novas fronteiras, como em seu livro *O Rio de todos os Brasis: uma reflexão em busca de autoestima* (2001). Como todo bom pensador, Lessa deixou alguns enigmas sem solução, um chamado a novos trabalhos, como sua ideia de que Minas Gerais representava a essência do Brasil. O processo eleitoral recente me trouxe de volta essa inquietação, ao dar centralidade preditiva às intenções de voto do microcosmo mineiro. Lessa era incansável, e como tal foi retratado nesta publicação, que honra e traz de volta sua energia vital e, principalmente, a atualidade e a essencialidade de sua contribuição ao livre pensar sobre o Brasil.

Prólogo

Carlos Lessa e o calcanhar de Aquiles do nosso desenvolvimento

Luciano Coutinho[1]

Erudito e dono de extraordinária eloquência e criatividade, Carlos Lessa era capaz de iluminar para si mesmo e para o público que o ouvia encantado, a compreensão de novas causalidades e interpretações dos tempos e movimentos da economia brasileira. Suas aulas e conferências eram momentos repentistas de criação, tão ou mais importantes que seus escritos.

Desamarrado de esquemas teóricos formais, crítico acerbo da teoria econômica convencional pretensamente apolítica, herdeiro do pensamento cepalino de Raul Prebisch, Celso Furtado e Aníbal Pinto – que partia da compreensão da divisão mundial do trabalho entre Centro e Periferia para o entendimento de como as formações econômicas periféricas foram organizadas de fora para dentro – Carlos Lessa entendia, como se deve, a política econômica como irmã siamesa da economia política.

Tive o privilégio de conviver com Lessa em muitas ocasiões preciosas para mim: como colegas na formação do Instituto de Economia da Unicamp, como colaboradores dos programas econômicos da grande frente democrática que se aglutinou em torno ao velho MDB, como participantes dos debates críticos sobre a crise da dívida externa e de suas sequelas, como questionadores da estabilização promovida pelo Plano Real com juros exorbitantes, taxa de câmbio superapreciada e regalias à "ciranda" financeira. Duas inquietações muito fortes nos identificavam: a preocupação em superar a profunda desigualdade social brasileira e o anseio por um projeto

1 Luciano Coutinho é um economista brasileiro e foi presidente do Banco Nacional de Desenvolvimento Econômico e Social (BNDES) entre maio de 2007 e maio de 2016. PhD em Economia pela Universidade Cornell (EUA), foi professor visitante nas Universidades de Paris XIII, do Texas e da USP, além de professor titular na Unicamp. Formou-se em Economia pela USP e, durante o curso, recebeu o prêmio Gastão Vidigal como melhor aluno de Economia de São Paulo.

sustentável de desenvolvimento, condições essenciais ao fortalecimento da soberania nacional.

Estudioso da história do Brasil, Lessa supunha que os interesses políticos oligárquicos, via de regra, buscavam enviesar o Estado à promoção do patrimonialismo e do ganho mercantil. Em poucos momentos históricos a direção do Estado voltou-se ao projeto afirmativo de desenvolvimento nacional – projeto que começou a ganhar forma com o pragmatismo do presidente Getúlio Vargas, no curso da reação à Grande Crise de 1929 e das alianças negociadas durante a II Guerra Mundial afirmando-se, depois, no seu governo nacional-desenvolvimentista de 1951 a 1954.

Crítico perspicaz, o jovem economista Carlos Lessa dedicou atenção a dois ciclos extraordinários de desenvolvimentismo em que o Brasil foi guiado por coalizões de poder lideradas por presidentes imbuídos de visões audaciosas do futuro: o período do presidente Juscelino Kubitschek que compreendeu o Plano de Metas, entre 1956 e 1961, e o governo do presidente General Ernesto Geisel que comandou o II Plano Nacional de Desenvolvimento (PND), entre 1975 e 1979.

No seu *Quinze Anos de Política Econômica*[2], Lessa analisou como o presidente Kubitschek, fustigado pela oposição udenista e pelo FMI desde o início de seu mandato, priorizou e desfechou um arrojado programa de investimentos para atacar os pontos de estrangulamento da economia brasileira e atrair capitais, tirando proveito das rivalidades entre empresas automobilísticas americanas e europeias para atraí-las a investir no Brasil.

O Plano de Metas concentrou investimentos muito significativos em energia hidrelétrica, rodovias e nas indústrias de base. Lessa assinalou que o grande esforço de investimento público requerido pelo Plano – na ausência de um sistema de crédito doméstico capaz de financiar a longo prazo e na presença de acentuada escassez de financiamento externo – iria inevitavelmente sobrecarregar a dívida pública e a emissão monetária, com efeitos desestabilizadores que efetivamente conduziram a economia brasileira à séria crise política e econômica entre 1961 e 1964. Ficou muito claro para ele, desde então, como a incapacidade de o sistema financeiro nacional aglutinar e transformar poupança doméstica em crédito de longo prazo e como a fragilidade estrutural do balanço de pagamentos, debilitavam sobremodo a capacidade do Estado bra-

2 LESSA, Carlos. *Quinze Anos de Política Econômica*, São Paulo: Brasiliense, 4ª Edição, 1963, p. 28.

sileiro sustentar ciclos robustos de investimento em infraestruturas, energia e indústrias intensivas de capital. Em outras palavras, a ausência de um padrão doméstico de financiamento de longo prazo num contexto de fragilidade cambial e escassez de reservas travavam a autonomia do almejado projeto nacional de desenvolvimento.

Em sua tese *A Estratégia de Desenvolvimento (1974-1976): sonho e fracasso*, Carlos Lessa analisou criticamente outro momento histórico de ambição nacional desenvolvimentista: o II PND posto em marcha no governo Geisel. Depois de seis anos de "milagre econômico", inconformado com a perspectiva de recessão subsequente ao primeiro choque de preços do petróleo ao final de 1973, o general presidente empenhou-se em reagir e enfrentar a crise internacional por meio de novo projeto autônomo e ambicioso.

Com efeito, o II PND almejava completar e integrar a matriz setorial da economia brasileira ao concentrar maciços investimentos em infraestruturas (rodovias, ferrovias, telecomunicações); desenvolver um possante setor de bens de produção (insumos básicos siderúrgicos, metais não ferrosos, petroquímicos, químicos); criar um setor de bens de capital relevante e, ainda, expandir firmemente a produção e refino de petróleo, hidreletricidade e energias alternativas (etanol e nuclear). Essa alta concentração de inversões muito intensivas em capital fixo no curto espaço de um quinquênio obviamente demandava elevados volumes de financiamento. Para suprir essas necessidades, o governo deslocou fontes de poupança forçada em moeda nacional ao então BNDE (principalmente o PIS-Pasep), mas isso não era suficiente. Desta feita, porém, a restrição externa que havia abatido o Plano de Metas não estava presente e, ao contrário, surgira inesperada e acessível alternativa de crédito em moeda forte.

De fato, a imposição de controles à saída de capitais pelos Estados Unidos no início dos anos 1970, em sua vã tentativa de defender a posição do dólar ante a dissolução do regime de Bretton Woods, propiciou o desenvolvimento de um dinâmico mercado internacional de crédito bancário privado, não regulado, denominado de mercado de "eurodólares". Desde então, o Brasil começou a valer-se dessa nova fonte de financiamento[3] por meio da contratação

3 Vide BAHRY, Thaiza R., "Os ciclos de endividamento da economia brasileira no período 1968-1999", tabela 1, pg. 9, que mostra que o endividamento externo começou a crescer e avançou de 11,8% do PIB em 1969 para 17,7% em 1973. A aceleração desse rápido processo de endividamento externo ao longo da implementação do II PND acompanhada da importação de petróleo caro, fez a dívida externa saltar para 27% do PIB em 1980 e iria viria criar

de empréstimos diretos externos por empresas brasileiras públicas e privadas estrangeiras e nacionais, autorizada no âmbito da Lei 4.131/1962.

Assinale-se que além dos requisitos de financiamento do II PND, o primeiro choque de preços do petróleo triplicou o nosso déficit em transações correntes (de 2% do PIB em 1973 para 6,5% do PIB em 1974) mas, não obstante, o hiato foi coberto pelo ingresso de recursos provenientes dos empréstimos externos. Os "petrodólares" acumulados pelos países da OPEP foram sendo aplicados no mercado de "euro-moedas" que, por sua vez, os reciclava para financiar os países importadores deficitários como o Brasil.

A veloz expansão da dívida externa nos anos 1970 armou perigosa armadilha para a economia brasileira – armadilha que não demorou surtir efeito logo após o segundo choque de preços do petróleo em 1979 e de suas consequências inflacionárias sobre os Estados Unidos. Pressionado por inflação descontrolada, o Federal Reserve americano desfechou agressivo choque de juros acompanhado de restrições quantitativas ao crédito. A forte subida da *federal funds rate* para 20% a.a. produziu uma crise mundial de crédito e provocou uma catastrófica "crise da dívida" para países como o Brasil, altamente endividados e deficitários em transações correntes.

A lúcida percepção de Lessa[4] de que a deficiência de uma base estruturada de financiamento interno de longo prazo para suportar a formação de capital fixo constituía o principal calcanhar de Aquiles da economia brasileira reafirmava-se de modo cristalino e inequívoco. No caso do Plano de Metas, pela erosão da capacidade fiscal-financeira do Estado em contexto de penúria cambial; no caso do II PND, por uma crise fiscal-financeira provocada por excesso imprudente de endividamento externo. Nos dois casos a conta foi onerosa e duradoura.

Importa sublinhar nesta breve nota a conclusão que, infelizmente, essa deficiência brasileira fundamental, apontada por Lessa, não foi até hoje superada.

Vejamos. O principal debate econômico atual está centrado exatamente no desafio de encontrar meios para suportar um ciclo duradouro de inves-

---

as pré-condições para a longa crise da dívida externa que castigou a econômica brasileira na década de oitenta e primeira metade dos noventa. Disponível em: https://www.abphe.org.br/arquivos/2003_thaiza_bahry_os-ciclos-de-endividamento-da-economia-brasileira-no-periodo-1968_1999.pdf. Acesso em: 27 fev. 2023.

4 Em *Quinze Anos de Política Econômica*, Lessa pontuou que "com um sistema intermediário financeiro orientado basicamente para servir a uma economia mercantil, e um setor público desprovido de eficazes instrumentos de captação de recursos, o financiamento do Plano implicaria na intensificação dos desequilíbrios já presentes...".

timentos que permita alçar a relação entre a formação bruta de capital e o PIB dos atuais 17% para pelo menos 23%, de modo a sustentar crescimento robusto e continuado.

O país precisa, sim, de uma reforma tributária modernizadora e de novo arcabouço fiscal confiável que assegure suporte às obrigações sociais básicas do Estado, mas que, ao mesmo tempo, não sufoque sua capacidade própria de investir e de induzir o investimento privado. Portanto, é preciso pensar sobre como o Estado precisará estar bem "provido de instrumentos eficazes de captação de recursos" para poder incentivar, garantir e financiar um fluxo continuado de investimentos indutores do desenvolvimento.

Esse desafio exige ir além da tarefa de aperfeiçoar arcabouço fiscal e demanda uma reflexão organizada sobre como reorientar os sistemas domésticos de crédito e de mercado de capitais para que suportem o investimento. Demanda também que a formação de fontes de *funding* de longo prazo receba atenção e estímulo e que as instituições financeiras públicas sejam fortalecidas.

Essa reflexão sobre como estruturar um arcabouço financeiro pró-investimento, com visão de longo prazo, está pendente e é essencial para superar nosso calcanhar de Aquiles e, assim, viabilizar a política de desenvolvimento sustentável pela qual o país anseia. É urgente, pois, que receba a prioridade reclamada por Carlos Lessa.

PARTE 1

VIDA E OBRA

1

Ação política impregnada de humanidade

Rodrigo Lessa[1]

Quando recebi o convite do querido amigo de faculdade, Adhemar Mineiro, para escrever um texto sobre meu pai, fiquei pensando sobre qual deveria ser o tom e o sentido deste. Resolvi destacar algumas dimensões que penso serem marcantes em sua personalidade e investigar como se relacionam com seu ambiente familiar nuclear, quais sejam: O Brasileiro, o Colecionador, o Intelectual, o Fazedor e o Humano.

Na condição de filho escreverei uma parte a partir das memórias do que me foi contado e outra parte do meu próprio testemunho, com base no nosso convívio.

Começo falando sobre Clado Lessa, meu avô. Eu não o conheci e recebi relatos em retalhos sobre ele. Meu pai, minha avó e minha mãe falavam sobre ele, mas para mim meu avô sempre foi como uma pintura incompleta. Ele foi historiador, médico, colecionador de antiguidades, fundador do Instituto Geográfico e escreveu diversos livros. Em sua obra constam a biografia de Varnhaguem, um militar e historiador brasileiro, *No Reino do Daomé* (um dos livros mais citados por africanistas, pois é o único relato da África do século XVII, narrado por um padre, que foi sequestrado e nesse período fez uma minuciosa descrição antropológica dos costumes desse povo), dicionários de termos regionais de caça, livro sobre mobiliário brasileiro, entre outras obras. Sua obra, como se vê, está intimamente ligada a questões da nacionalidade brasileira. Clado falava oito idiomas, começou a estudar violoncelo e piano com 5 anos de idade, formou um quarteto de cordas com seu irmão Djalma no violino e estudava o instrumento por mais de 4 horas diárias. Ele tinha uma memória extraordinária e conhecia história como ninguém. Entrou para a faculdade de medicina

1 Rodrigo Lessa é compositor, arranjador e multi-instrumentista brasileiro.

com 15 anos de idade, tendo sido escolarizado por professores particulares. Meu avô paterno era muito inteligente e culto do ponto de vista cognitivo, mas faltava-lhe inteligência emocional. Ele era muito explosivo e, além disso, faltava-lhe o princípio de realidade. Era um excêntrico. Em sua lua de mel foi com minha avó acampar na Floresta Amazônica e a pobrezinha voltou muito picada dos insetos. Certa feita construiu um barco dentro da garagem de sua casa para navegar na Lagoa Rodrigo de Freitas. Quando o barco ficou pronto e quis tirá-lo da garagem se deu conta de que a porta era menor que o barco. Tinha uma memória prodigiosa. Mandava alguém abrir um livro em qualquer página e ele era capaz de reproduzir parágrafos do que estava escrito *ipsis literis*. Tinha ouvido absoluto, mas como a música foi algo a ele imposto, quando se casou proibiu que a música existisse dentro de sua casa. Adorava animais e ia à missa com um mico no bolso do paletó. O mico quando via alguém conhecido, saltava de seu bolso em direção à pessoa, que antes recebia o jato de urina do mico emocionado. Minha mãe me disse que, recém-casados, visitavam a casa de Clado e Amélia e nos almoços tinham assuntos proibidos, pois despertavam a ira de meu avô. Ele gostava muito de falar de comida, de contar anedotas que ele próprio ria muito delas e acompanhava com seu olhar fixamente o olhar do espectador, esperando cumplicidade. Do ponto de vista político, ele era monarquista. Apesar de reacionário, tinha grande amor pelo Brasil e pelas questões da nacionalidade. Sua dificuldade em lidar com o princípio de realidade, fez com que sua família vivesse de maneira modesta. Meu pai, apesar da admiração que sentia pelo pai, percebia seu ambiente familiar nuclear associado ao fracasso.

Seu tio Djalma, irmão de Clado, foi músico e diplomata de carreira. Como músico, ganhou uma medalha de ouro num concurso de violino e teve um concerto dedicado a ele por Alberto Nepomuceno. Como ficou surdo, teve que parar com a música. Quando jovem, foi chefe da Casa Civil do presidente Rodrigues Alves. Quando Getúlio Vargas desembarcou no Rio, com a Aliança Liberal, e amarrou os cavalos no obelisco, meu avô Clado lá estava apoiando-o. Djalma, também conservador, tinha raiva de política e dizia que ela colocava irmão contra irmão. Era colecionador de antiguidades e um grande conhecedor de arte chinesa. Com meu tio convivi quando ele já estava surdo. Lembro-me, nessa época, que o meu pai se comunicava com ele balbuciando em voz muito baixa e ele entendia tudo.

O ambiente familiar paterno que meu pai conviveu durante seus três primeiros setênios era de grande erudição. Ele dizia que o que sabia "não fazia nem cosquinha" no conhecimento e cultura dessa roda. Na infância, meu pai assistia com frequência o encontro desses eruditos e a forma dele encontrar um acesso ao seu pai era por meio dos livros da biblioteca que ele tinha em casa. Em uma das conversas desse grupo que ele acompanhava, citou algo que tinha lido sobre arte chinesa e recebeu olhares de aprovação dos mais velhos. A partir desse dia sua relação com arte chinesa o acompanhou até a morte.

Da herança paterna para meu pai veio o amor e o interesse pelo Brasil, pelos livros, por colecionar, pela arte chinesa e, sobretudo, herdou uma ética moral, pré-capitalista, de um nobre cavaleiro medieval, na qual palavras e expressões como "pundonor", "honra", "trocar bandeira" e "manter a palavra" eram de grande valor para ele. Por oposição, Carlos Lessa desenvolveu as suas vertentes de "fazedor" e "realizador".

Sua mãe, Amélia, teve 14 irmãos. Sua família era muito unida e as irmãs mais velhas tornavam-se "irMães" dos mais novos que nasciam. Um acidente causado por uma vacina contra a raiva, tomada na escola, feita a partir do vírus vivo, incapacitou seu filho, Álvaro, único irmão de meu pai. Minha avó Amélia, para poder cuidar da recuperação desse seu filho, que exigia intensos cuidados, pediu a sua irmã Guida, casada com tio Jonatas, que cuidasse de meu pai. Assim, ele se mudou para a casa de sua tia, com quem morou alguns anos. Em sua infância frequentou muito a fazenda Rio Pequeno, próximo a Secretário, desses seus tios.

Amélia era uma pessoa solar, alegre, engraçada, divertida, positiva, que gostava de gente e de cantar. Tinha um jeito com crianças pequenas que nunca vi em outra pessoa. Se alguém chegasse com uma criança pequena, ela já de cara seduzia a criança, apenas com olhares e gestos, sem dizer sequer uma só palavra e a criança se apaixonava imediatamente por ela. Era uma pessoa muito carinhosa e amorosa. Cultivava a grande irmandade e tornou-se "irmãe" da sua irmã mais nova, tia Sara. A família da tia Sara era uma extensão da família nuclear de minha avó. Essa dimensão de gostar de gente, de querer se relacionar com todo tipo de gente, de seduzir pela simpatia, penso que meu pai puxou dela, assim como sua humanidade, generosidade e capacidade de ter empatia com o sofrimento do outro.

A família de meu pai morou na Rua Bogari, na Lagoa. Nessa fase, ele estudou no Colégio Padre Antonio Vieira e frequentou a turma do bairro da

Lagoa. Na turma da vizinhança ele conheceu minha mãe. Namoraram e se casaram muito jovens. Ainda estudante montou uma trefilaria, mas por conta de um problema com o fornecimento da matéria-prima, em virtude de uma greve, o negócio não prosperou.

O Brasileiro

Meu pai já mais velho me dizia que gostaria que fosse escrito em sua lápide “Um Brasileiro”. Quando muito jovem foi a Recife e lá viu de perto a miséria. Tornou-se uma pessoa de esquerda. Rompeu com a ideologia do pai, mas manteve deste o interesse e o amor pela brasilidade. Defender o Brasil, como economista, era sinônimo de defender o parque produtivo e a indústria nacional. Ele sempre teve clara a importância determinante da economia na organização das estruturas sociais e culturais: a forma como os homens se organizam para produzir é determinante das superestruturas sociais. Apesar de entender que a economia não explica tudo de uma sociedade, sempre foi claro para ele que das ciências sociais esta é a ferramenta mais poderosa para entender a sociedade em que vivemos. Essa ideia, que de certa forma foi consensual para sua geração, foi abandonada pelo novo campo progressista nesses tempos neoliberais que vivemos, desde meados dos anos 80.

Na sua tenra juventude profissional Lessa colaborou com o plano de governo de Arraes, escreveu discurso para o presidente João Goulart (Jango) e foi para o Chile. Lembro-me, quando era um menino muito pequeno, de José Serra indo com grande frequência a nossa casa, onde recebeu de meu pai um curso particular de economia. Sua geração, no ápice hormonal cívico, teve toda essa pulsão interrompida com o golpe de 64.

Nessa época o Brasil avançava e aprofundava o projeto Varguista nacionalista, com um viés progressista. Havia o sonho e a utopia do Brasil, de sermos uma civilização tropical, uma nação moderna, industrializada, criativa, mestiça e justa. O Brasil era a demonstração de uma experiência muito bem-sucedida de integração da Europa e África, o que se expressava em nossa música, em nossa culinária e no futebol. Esse Brasil, cujo sonho foi interrompido com o golpe de 64, teve boa parte dessa pujança criativa exilada no Chile. Meu pai foi parte disso e foi para o Chile, na ocasião, a convite de Aníbal Pinto. Lá participou das discussões Cepalinas sobre Brasil/América Latina e centro e periferia. A grande duração da ditadura impôs um silencio a essa geração de intelectuais que queriam intervir politicamente no futuro do Brasil, colaborando com suas ideias para ajudar a formar um país soberano, justo e democrático. Meu pai lutou, e estive ao seu lado levantando a bandeira da redemocratização. Organizamos na 17ª zona do PMDB a primeira manifestação pelas "Diretas Já", com apenas 40 pessoas em Ipanema, grupo este que esteve unido no comício de um milhão de pessoas na Candelária. Quando a democracia chegou, Lessa foi diretor do Finsocial no BNDES, a convite de Ulysses Guimarães. Eu o vi entusiasmadíssimo com o projeto das Usinas de Lixo. Expulsou um governador a pontapés de sua sala por lhe insinuar oferta de vantagens em troca de aprovar um projeto de eletrificação rural doze vezes mais caro que a média histórica. Meu pai durante a ditadura foi sondado para presidir bancos públicos e recusou todos convites. Seus colegas do exílio no Chile chegaram ao poder com Fernando Henrique Cardoso (FHC). Vendo a adesão tucana ao sistema financeiro predatório e as políticas neoliberais que começaram a destruição de nosso parque industrial, Lessa colocou-se, imediatamente, na oposição. Não concordou com a ideia do Plano Real de trocar o fim da inflação pela destruição de nosso parque industrial. Isso para ele era inaceitável. Sabia do brutal esforço da nação brasileira para ter se industrializado. Esse foi o real motivo dele ter se colocado como oposição a partir do terceiro ano do governo de Luis Inácio Lula da Silva. A adesão às políticas econômicas neoliberais de Lula, que optou pela condução econômica a cargo de Meireles e Palocci, era para ele profundamente danosa à soberania do Brasil. Criticou o fato do Partido dos Trabalhadores (PT) não ter revisto nenhuma das privatizações realizadas pelos tucanos. A única reestatização que ocorreu nas gestões petistas foi a da Eletropaulo, comandada por meu pai, quando estava na presidência do BNDES. Evitou que a Vale do Rio Doce se tornasse uma empresa estrangeira, fazendo valer o direito de compra que o BNDES tinha, em confronto com Palocci e Furlan. Criticou a manutenção petista das políticas tucanas dos leilões da Eletrobrás.

Seu rompimento com o governo Lula foi para ele muito custoso sob o ponto de vista pessoal, já que a maior parte de seus colegas de luta continuou apoiando o então presidente. Ele esperava ter sido apoiado por este grupo, já que durante sua gestão no BNDES, o banco defendeu as bandeiras históricas desse grupo. Quando FHC disse "não leiam o que escrevi" e falou que iria por fim a Era Vargas, meu pai continuou defendendo as teses nacionalistas e o legado de Vargas. Sua honestidade intelectual era inquebrantável. Quando foi exonerado recebeu de Celso Furtado uma carta de apoio e reconhecimento pelo seu trabalho à frente do BNDES.

Participou do plano estratégico da cidade do Rio de Janeiro, seguindo uma metodologia desenvolvida em Barcelona, entrevistando um grande número de lideranças, com os recortes sociológicos mais variados, sobre como cada grupo via a cidade. Trabalhou nesse projeto com grande paixão e, a partir desta experiência, produziu textos teóricos sobre as relações entre espaço e democracia. Lessa apaixonou-se pela forma plástica dos arquitetos pensarem. Dizia que para a formação de um bom cientista social seria necessária a combinação do estudo do Direito com o da Arquitetura.

Quando começou a escrever o livro *O Rio de Todos os Brasis*, cuja hipótese inicial, que acabou sendo frustrada, era a de que o Rio explicaria o Brasil, mergulhou no pensamento dos intelectuais do século XIX e com isso surgiu um cientista social, um antropólogo da nação. A rigor o livro sobre o Rio é mais um livro sobre o Brasil, onde o Rio foi o grande cenário da nossa era de ouro. Ao fim desse livro ele chega à conclusão de que é Minas Gerais, com a força gravitacional criada pela economia do ouro, que explica a unidade continental brasileira. Começou a escrever um livro sobre Minas, mas lhe faltou ânimo para seguir adiante. Após o livro sobre o Rio, ele se aproximou das questões problematizadas por Gilberto Freyre. Não concordou com a mudança constitucional, que retirou desta o nosso caráter mestiço e adotou a noção multiracial norte-americana de país. Ele era contra a política de cotas raciais e a favor das cotas sociais que foram implementadas quando foi reitor da UFRJ. Em sua avaliação, as cotas raciais, em nome de lutar contra o racismo, acabariam por produzir o efeito contrário. Lessa sempre falou que a Fundação Ford apoiou todas as teses acadêmicas pró-políticas racializantes no Brasil. Esse era para ele um projeto imperial para enfraquecer o país.

Escreveu e pensou também sobre temas como shopping center, sobre o qual escreveu um belíssimo artigo, sobre festas brasileiras (queria escrever um livro sobre esse tema), sobre restaurante a quilo, sobre como valorizar e integrar a terceira idade dentro de uma política educacional pública e se apaixonou pela religiosidade popular, ficando indignado porque Padre Cícero não se tornou um santo da igreja católica. Isso culminou com sua ida a Roma, até o Papa Francisco, para pedir sua intervenção. O resultado foi que o papa mostrou-se sensível à causa e beatificou o nosso Padre Cícero. No período em que presidiu o BNDES, lançou a Enciclopédia da

Brasilidade, uma coletânea de artigos que versam sobre diversos recortes de leitura sobre o Brasil.

Ele tinha um grande amor pelo povo brasileiro. Achava que o povo era original, criativo e que nossas elites eram copiadoras de modelos do primeiro mundo e antinacionais.

O Intelectual

Fui aluno de meu pai dentro de casa, pois em casa ele não conseguia deixar de ser professor nem por um minuto. Na graduação, cursei a Faculdade de Economia da UFRJ, onde também fui seu aluno, no curso de Economia Brasileira. Ele, como cientista social, sempre evidenciou que a economia não pode se separar da política. A ciência social imparcial era por ele rejeitada, embora sempre valorizasse o rigor na construção das ideias. Respeitava como intelectuais alguns economistas que pensavam a partir de matrizes teóricas diferentes das dele. Comungava da ideia de que a política é uma dimensão humana, na qual a razão e a emoção convivem quase que em estado de paridade. Suas aulas eram uma combinação de rigor racional e um derramamento de emoção, uma vez que ele não disfarçava sua emoção e o amor às causas que defendia. Havia sempre em seus diagnósticos um embasamento histórico e teórico, mas tudo isso só se justificava pela causa maior que era a de melhorar as condições de vida do povo brasileiro e de ajudar o país a se fortalecer rumo a nossa soberania. Seu pensamento sempre foi profundamente afetivo e amoroso e, se não houvesse essa dimensão, ele não se justificaria.

Sua relação com a leitura era compulsiva: lia um livro por dia quando não estava estudando ou trabalhando em teses. Dizia que, com a leitura, ele tinha o mundo em suas mãos. Sua cultura enciclopédica fazia com que suas aulas e conferências não ficassem restritas ao tema em foco: ele sempre pinçava exemplos da literatura, da história, da religião, de como se realiza o plantio de uma determinada cultura, entre muitas outras dimensões da cultura humana, para enriquecer sua exposição. A mídia em que ele se sentia em casa era a da oralidade. Suas aulas e conferências eram verdadeiras obras de arte. Havia nelas um senso de forma, um ritmo, emoção e um conteúdo que encantava a maioria dos que assistiam. No período de transição da ditadura para a democracia fazia em torno de dez conferências por mês. Hoje em dia as conferências se tornaram um espaço para lavagem de dinheiro e que há um número grande de oradores que ganham muito dinheiro nessa atividade, Lessa deve ter sido pago pelas suas conferências cerca de cinco vezes somente, em toda sua vida. Ou seja, ele fazia isso por amor ao Brasil e pela devoção à arte de ser professor.

Foi professor durante onze anos da Unicamp e da UFRJ e nestas duas instituições foi escolhido para ser patrono ou paraninfo 21 vezes. Penso que para aqueles que querem extrair o melhor de seu pensamento, um belo projeto seria o de juntar e transcrever suas conferencias, uma vez que ele se expressava melhor falando do que escrevendo. Outro belo projeto, mais fácil de ser realizado, seria o de produzir uma coletânea, agrupando seus artigos esparsos, assim como editar os livros que ele escreveu e não estão em circulação.

O "Fazedor"

Meu pai se movia por paixões obsessivas. Adorava construir coisas, mas não era muito afeito a mantê-las. Quando prontas, logo se desinteressava pela obra e a nova obra lhe tomava toda a libido. As construções podiam ser desde "desenhar" um curso de economia até projetar e construir muralhas de pedra, reformar prédios de uma rua no centro do Rio, criar uma revista de partido ou um partido de massas, equilibrar economicamente a fazenda de sua tia Guida, fazer um jardim e plantar suculentas nos vãos das pedras do quintal de sua casa. Ele era um *workhoolic* e estava sempre ocupado com algum ou vários projetos. Quando se metia em algo, que tivesse um sentido comum ou político usava sua inteligência para encontrar um sentido para aquela ação e com isso motivava quem estava a sua volta.

O Colecionador

Essa é uma herança familiar. Quando meu avô Clado morreu, meu pai, que tinha 22 anos, vendeu sua coleção de selos pessoal para pagar o imposto da herança. Seu interesse por arte antiga e o conhecimento adquirido em família permitiam que comprasse coisas que os outros não sabiam serem boas. Entrava nos antiquários e para despistá-los perguntava o preço de dez coisas antes de perguntar o que realmente queria. Pedia a amigos para darem lances em leilões para não ser reconhecido.

Todo colecionador é um compulsivo; é aquele que não sossega quando vê um exemplar de algo que coleciona que ele não tem, até que ele consiga "completar o álbum". É aquele que tem o prazer de garimpar e quando encontra algo que intui ser interessante, abre um novo campo para colecionar.

Quando meu tio Djalma morreu acabei indo em sua casa e abri seu armário de roupas. Lá vi a verdadeira história de um século da moda dos calçados, com dezenas de pares armazenados. Encontrei até rolos com quilômetros de barbante enrolados. Assim como o meu tio, meu pai colecionava qualquer coisa, de conchas a psitacídeos, de cerâmica Companhia da Índias a selos (que comprava por quilo), de tapetes persas a suspensórios. Tinha em seu armário centenas de gravatas organizadas por tipos: monocromáticas, de bolinhas, de listras etc.

Essa sua compulsão começou a sofrer certa resistência por parte de minha mãe, uma vez que nada se vendia e só se comprava mais. Ele começou a desenvolver estratégias para entronizar peças dentro da casa. Uma delas era colocar as novas peças escondidas atrás das peças que mamãe já conhecia nas prateleiras e com o tempo ia movendo-as bem pouquinho, mostrando apenas partes. Na primeira movida, só mostrava a mãozinha do novo Buda, de forma que mamãe fosse se acostumando. Assim ele ia avançando, com pequenas movidas sucessivas: o bracinho, depois o tórax, até que a escultura podia ganhar plena cidadania dentro do lar. Uma segunda estratégia era pedir a amigos que o "presenteassem" com peças que ele mesmo comprava. Essa estratégia foi logo desmascarada pela minha mãe. Em uma ocasião, quando presidia o BNDES, ele chegou em casa cansado e perguntou pra minha mãe: "Martha, você viu o pratinho vermelho que estava na mesa da sala?". Minha mãe tinha visto e escondido o prato. Nesse dia ela tirou onda com ele, respondendo que não tinha visto. Ele começou a descrever o prato e ela respondeu: "Não me diga que você comprou outro prato de porcelana...?" Ele desconversou. Minha mãe subiu pra ver TV e a empregada disse: "Coitado do professor! Está abaixado, que nem um cachorrinho, procurando por todo lado o prato na sala...". Quando minha mãe o viu, calmo, sentado lendo, imediatamente percebeu que a empregada entregou o esconderijo do prato. Quando meu filho Thiago já tinha por volta de seis anos, meu pai lhe deu um álbum de figurinhas da seleção brasileira, dizendo: "Vamos completar juntos ?". Quando Thiago chegou a sua casa uma semana depois, meu papai lhe deu o álbum já todo completo. Thiago olhou pra ele meio desapontado e disse: "Puxa vô! O quê que eu vou fazer agora com esse álbum?".

O Humano

Meu pai era uma pessoa que estabelecia relações com as pessoas sempre com grande empatia. Tinha como característica sofrer o sofrimento do outro. Sempre que podia ajudava quem lhe pedia algo. Acreditava nas pessoas que se aproximavam dele e investia nelas. Era um grande coração e um ser humano raro. Gostava de gente, quando chegava alguém que não conhecia em nossa casa a primeira coisa que fazia era levar a pessoa à cozinha e colocar algo em sua boca para comer. Sua ação política era impregnada de humanidade e sua humanidade era política.

Foi, sem dúvida, um grande brasileiro.

2

O professor e o tribuno

Luiz Gonzaga Belluzzo[1]

Resumo

O artigo busca situar o professor e o tribuno Carlos Lessa na efusiva trajetória percorrida pela sociedade brasileira nos tempos do desenvolvimentismo. A ideia central é estabelecer as relações entre o ambiente social e cultural daqueles tempos e a construção da arquitetura intelectual de Carlos Lessa. O propósito do artigo não é exaltar o indivíduo talentoso e vibrante, mas relevar as excelências do *ser social* que respondeu com empenho e dedicação aos apelos e às aspirações dos brasileiros que ambicionam o progresso do país no âmbito dos valores iluministas da Liberdade e Igualdade.

Abstract

The article seeks to situate the professor and the tribune Carlos Lessa in the effusive path taken by the Brazilian society in the times of developmentalism. The central idea is to establish the relationships between the social and cultural environment of those times and the construction of the intellectual architecture of Carlos Lessa. The purpose of the article is not to exalt the talented and vibrant individual, but to highlight the excellence of the *social being*, who responded with commitment and dedication to the calls and aspirations of Brazilians who aspire to the country's progress within the framework of the enlightenment values of Liberty and Equality.

1. Luiz Gonzaga Belluzzo é professor titular do Instituto de Economia (IE) da Universidade Estadual de Campinas (Unicamp). Foi secretário de Política Econômica do Ministério da Fazenda (1985-1987) e de Ciência e Tecnologia de São Paulo (1988-1990). Formado em Direito e Ciências Sociais pela Universidade de São Paulo (USP), pós-graduado em Desenvolvimento Econômico pela Comissão Econômica para América Latina e Caribe (Cepal) e doutor em economia pela Unicamp.

Recebi agradecido o convite para participar do livro em homenagem ao meu professor, amigo e companheiro de vida acadêmica, assim como de outras vidas vividas na batalha pela redemocratização.

Carlos Lessa não foi apenas um professor enfiado nas roupagens, não raro estreitas, da academia. Lessa foi um tribuno empenhado no avanço da modernização do Brasil e sempre encantado com a riqueza cultural e afetiva que brotava das virtudes do nosso povo, mesmo submetido a angústia e sofrimentos.

Essa visão ampla e antidogmática de Carlos Lessa está exposta em seus livros, artigos e entrevistas. Modestamente peço licença para evocar *Quinze Anos de Política Econômica,* o livro de Lessa que despertou a admiração do aluno do Curso de Desenvolvimento Econômico ministrado pela CEPAL em São Paulo. Anos depois aceitei a incumbência de fazer a apresentação da obra em uma reedição. Peço licença aos eventuais leitores para reproduzir o que escrevi.

Comecei afirmando que *Quinze Anos...* é um clássico sobre um período clássico. Nesses quinze anos transcorridos entre os 1950 e o final dos 1960 do século passado foram travadas as batalhas decisivas pela consolidação do processo de industrialização. Juscelino ganhou as batalhas que Getúlio concebeu. O "desenvolvimentismo" como projeto de um capitalismo nacional cumpriu seu destino por meio do Plano de Metas: integrou definitivamente a economia brasileira ao movimento de internacionalização do capitalismo. Neste sentido, Juscelino perdeu as batalhas que Getúlio teria imaginado ganhar.

A grande virtude do texto de Carlos Lessa é o de estar impregnado desta atmosfera, sem que isso coloque em risco seu rigor analítico. Escapa às tentações da neutralidade "científica" e assume claramente o ponto de vista do que se poderia chamar de projeto "desenvolvimentista". Isto não o impede, porém, de avançar brilhantemente para além do que seria permitido pelos embates do momento.

A análise do Plano de Metas – êxtase do "desenvolvimentismo" é paradigmática. A concepção de um bloco integrado de investimentos, a plasticidade do aparelho econômico do Estado, a consolidação do processo de industrialização, todos estes aspectos – hoje associados imediatamente a essa etapa do desenvolvimento brasileiro – são articulados de forma pioneira no trabalho de Lessa.

A crise mundial da década de 1930 e a eclosão da Segunda Guerra Mundial tornaram a industrialização a única resposta adequada aos inconvenientes da dependência da demanda externa. O fazendão atrasado e melancólico haveria de ceder espaço para a aventura do desenvolvimento industrial.

A velha economia primário-exportadora, entre tantas, deixou a herança de deficiências na infraestrutura (energia elétrica, petróleo, transportes, comunicações), nas desigualdades regionais e na péssima distribuição de renda. Eleito em 1950, Getúlio Vargas impulsionou o projeto de industrialização. Lançou em 1951 o Plano de Eletrificação, criou o BNDE em 1952, a PETROBRAS em 1953.

Juscelino tomou posse em 1956 e prometeu avançar '50 anos em 5'. O desenvolvimento da indústria prosseguiu com a modernização dos setores já existentes e a constituição dos departamentos industriais que produzem equipamentos, componentes, insumos pesados e bens duráveis. O governo concentrou os gastos na infraestrutura.

O Plano de Metas contemplava cinco prioridades: energia, transportes, alimentação, indústrias de base e educação. A construção de Brasília e a abertura de estradas, como a Belém-Brasília, faziam parte do projeto de interiorização do desenvolvimento.

No âmbito das relações internacionais, o projeto juscelinista integrou a economia brasileira ao vigoroso movimento de internacionalização do capitalismo do pós-Guerra. Nas pegadas da prosperidade dos 30 Anos Gloriosos, as empresas europeias e americanas transladavam suas filiais para os países em desenvolvimento.

Na década de 1950, a economia brasileira apresentou um crescimento acumulado de 99%; na de 1960, de 80%; e nos anos 1970, de 131%. Nos 50 anos que terminaram no início da década dos 1980, a economia brasileira cresceu de forma acelerada e sofreu notáveis transformações.

A desorganização dos anos 1980, a década perdida, de um lado revigorou o cosmopolitismo das camadas dominantes, fazendo caducar os compromissos firmados em torno do objetivo comum do desenvolvimento; de outro, aumentaram as pressões das classes subalternas pelo reconhecimento integral de seus direitos políticos, sociais e econômicos.

O cosmopolitismo liberal não tem nada de novo. Vem de longa data a atitude basbaque da fração majoritária das camadas dominantes com o que vem de fora para dentro. O liberalismo à brasileira sempre combinou a rejeição (de todos os liberais) às intromissões da política na economia com uma profunda e mal dissimulada desconfiança na capacidade nativa de alcançar por conta própria as conquistas da sociedade industrial e de seus padrões modernos de convivência.

Muito ao contrário do que pregam os caipiras-cosmopolitas, aquela malta que circula pelo mundo sem entender nada do que acontece, o projeto desenvolvimentista integrou a economia brasileira ao vigoroso movimento de internacionalização do capitalismo do pós-Guerra.

Ao longo do período 1930-1980, o Estado brasileiro constituiu formas superiores de organização capitalista, consubstanciadas em um sistema financeiro público e na coordenação entre empresas estatais, privadas nacionais e estrangeiras.

O setor produtivo estatal, em um país periférico e de industrialização tardia, funcionava como um provedor de externalidades positivas para o setor privado: (1) O investimento público era o componente "autônomo" da demanda efetiva (sobretudo nas áreas de energia e transportes) e corria à frente da demanda corrente; (2) as empresas do governo ofereciam insumos generalizados (energia, aço, não ferrosos) em condições e preços adequados; e (3) começavam a se constituir, ainda de forma incipiente, em centros de inovação tecnológica.

Nos anos 1990, os "renovados" da periferia sucumbiram às forças da globalização e da integração dos mercados, sobretudo os financeiros. A estratégia de "desenvolvimento" apoiava-se na abertura comercial e na valorização cambial, predatórias à indústria nacional. Como apontou Ricardo Carneiro, no setor de bens de capital as importações passam de 20% da produção doméstica em 1990 para quase 100% em 1998.

O neoliberalismo à brasileira destruiu a sinergia entre investimento público e privado dos anos de crescimento acelerado. Durante a década de 1980, o país cresceu apenas 33% e nos 1990, pífios 19%.

Apesar do aumento de, aproximadamente, 50% do PIB na primeira década do século XXI, as vicissitudes foram aprofundadas. Um estudo publicado em junho deste ano pelo Bank for International Settlements concluiu que a performance da economia brasileira está forte e diretamente associada à evolução dos preços das commodities.

Não são poucos os que hoje alegam a irrelevância da industrialização para o desenvolvimento econômico. Em condições normais das sinapses neuronais, esse questionamento seria abalado pelos desdobramentos sociais e econômicos das experiências mais recentes de industrialização.

Como registra em artigo recente o economista de Harvard Dani Rodrik, a globalização e a formação das cadeias globais de valor foram abordadas virtuosamente pelas políticas nacionais asiáticas, sobretudo pelas chinesas, enquanto a América Latina retrocedeu.

Como os protagonistas dos filmes de terror de qualidade duvidosa, os mortos-vivos do fazendão atrasado ressuscitam para nos assombrar. Na economia, a imortalidade do zumbi geralmente é impulsionada pelo mundo da fantasia adornado por modelos tão abstratos quanto falaciosos.

O futuro do passado

No início dos anos 1990, os países vitimados pela crise da dívida externa da década anterior foram submetidos aos aconselhamentos do Consenso de Washington.

As palavras de ordem do "novo consenso" eram abertura comercial, liberalização das contas de capital, desregulamentação e "descompressão" dos sistemas financeiros domésticos, com a liberalização das taxas de juro, reforma do Estado, incluída a privatização de empresas públicas e da seguridade social, abandono das políticas "intervencionistas" de fomento às exportações, à indústria e à agricultura. As políticas industriais e de fomento coordenadas pelo Estado foram lançadas no rol dos pecados sem remissão.

Não é surpreendente que as interpretações liberais invertam as relações de determinação entre a derrocada fiscal dos anos 1980 e a crise do balanço de pagamentos. Foi o colapso do endividamento externo "neoliberal" dos anos 1970 que desatou a desordem fiscal e monetária dos anos 1980, a década perdida.

O financiamento em moeda estrangeira dos projetos listados no II Plano Nacional de Desenvolvimento (PND) engendrou a fragilização financeira das empresas públicas e privadas. Constrangidas pelas ilusões do dinheiro estrangeiro fácil e barato, as empresas estatais enfiaram-se no descasamento de moedas. Mais do que as privadas, foram abalroadas pelo choque de juros desatado em Washington em 1979. O início dos anos 1980 foi marcado por uma abrangente socialização dos prejuízos mediante a estatização das dívidas, as maxidesvalorizações cambiais, a aceleração da inflação acompanhada do "aperfeiçoamento" da indexação financeira, matriz da deformação da riqueza privada, concentrada na dívida pública e protegida pelas taxas de juro pós-fixadas.

A desorganização financeira e fiscal que se seguiu à crise da dívida externa forneceu combustível para alastrar as chamas da purificação mercadista. Ainda hoje, os economistas do consenso liberal-conservador apontam o "estatismo" do II PND como responsável pela crise da dívida externa. Calam-se e tratam de esconder os erros crassos cometidos em nome da abertura financeira e de seus "mercados eficientes".

O *opus magnum* das concepções que se lambuzam na crítica do desenvolvimentismo foi o "desmanche" da estrutura produtiva criada ao longo das cinco décadas inauguradas nos anos 30 do século XX. Depois de liderar, até meados dos anos 1970, a "perseguição" industrial entre os países ditos periféricos, com forte atração de investimento direto na manufatura, o Brasil caiu para a Série B do torneio global das economias "emergentes".

A vitória do Plano Real sobre a hiperinflação não impediu que a execução do plano cobrasse uma conta salgada. Insufladas pelo primitivismo das "aberturas" comercial e financeira dos anos 1990, a taxa Selic real média de 24% ao ano e a valorização cambial ministraram extrema-unção à indústria brasileira. A infeliz agoniza.

O Brasil dos Meirelles & Cia. engana a torcida com as reformas da Ponte para o Passado e com a "abertura da economia", apontadas como critérios de classificação do país para disputar a Série A do torneio global. Os "aberturistas da velha matriz" expulsam o investimento nacional e estrangeiro da manufatura e lançam os Canarinhos na Segunda Divisão. Conseguem duas proezas: o ajuste que desajusta e a integração que desintegra.

O futuro do presente

Em seu livro sobre o desenvolvimento recente dos países asiáticos, o professor da Escola Americana de Paris, Philip S. Golub, avalia as diferenças entre os países "emergentes" na era da globalização.

> Graças a um Estado desenvolvimentista forte, a China realiza seu projeto mais do que centenário de modernização. Diferentemente dos países mais vulneráveis que aprisionaram os poderes públicos na função de agentes do ajustamento da economia nacional às exigências da economia mundial, o Estado chinês soube garantir sua autonomia – entre altos e baixos, administrando as consequências sociais e ambientais do crescimento. A desdita dos fracassados foi agravada pela escalada chinesa e seu projeto nacional de integração à economia global. A integração chinesa à economia mundial em transformação, o sino-aberturismo, desrespeitou os cânones das novas e ridículas teorias macroeconômicas ensinadas nas universidades norte-americanas e transportadas para o Brasil pelos vira-latas que hoje infestam os mercados financeiros e a academia.

Apoiados no investimento direto estrangeiro, em suas empresas estatais, em seus bancos idem e no câmbio administrado, os chineses sustentam taxas elevadas de investimento. Em três décadas, alcançaram o almejado adensamento das cadeias produtivas, também articuladas no espaço interasiático. O feito resultou na redistribuição do valor agregado manufatureiro global para o colo do Império do Meio e de seus vizinhos.

A experiência chinesa combina o máximo de competição (a utilização do mercado como instrumento de desenvolvimento) e o máximo de controle. Entenderam perfeitamente que as políticas liberais recomendadas pelo Consenso de Washington não deveriam ser "copiadas" pelos países emergentes.

Assim, no mesmo compasso em que abriam a economia para o investimento estrangeiro, os chineses dedicaram-se a manter sob controle o sistema de crédito, modernizaram e fortaleceram as empresas estatais e sustentaram a política de subvalorizarão do câmbio. Os bancos públicos foram incumbidos de dirigir e facilitar o investimento produtivo e em infraestrutura.

3

Brasilidade e humanismo

Ricardo Bielschowsky[1]
Luiz Antonio Elias[2]

Resumo

Neste artigo os autores percorrem aspectos centrais da vida acadêmica e de homem público do mestre Carlos Lessa. Argumentam inicialmente que sua brilhante carreira reuniu as virtudes de homem ao mesmo tempo nacionalista e humanista, com um leque de cultura e de interesses verdadeiramente universalista. Em seguida, descrevem sua trajetória nos anos 1960 e 1970, incluindo uma temporada na CEPAL, e alguns dos trabalhos acadêmicos mais importantes que deixou como legado de professor em três universidades, Federal Fluminense (UFF), Federal do Rio de janeiro (UFRJ) e Universidade de Campinas (Unicamp). Sobre os anos 1980, assinalam sua participação política nos movimentos de luta pela democracia, por exemplo como assessor do PMDB e no movimento pela renovação dos economistas e, no primeiro governo civil depois da ditadura nacional, como diretor da área social do BNDES. Prosseguindo na trajetória do mestre, dão destaque à sua dedicação nos anos 1990 à discussão sobre o Estado do Rio e a cidade do Rio de Janeiro, que entendia ser uma "síntese de todos os Brasis", assim como à

---

1 Ricardo Bielschowsky é economista. PhD, professor titular do Instituto de Economia da Universidade Federal do Rio de Janeiro. É especialista em desenvolvimento e em pensamento econômico latino-americano e brasileiro. É autor, coautor ou organizador de más de 70 publicações, entre os quais mais de 20 livros, como por exemplo O pensamento econômico brasileiro (1930-64) – o ciclo ideológico do desenvolvimentismo, Investimentos e reformas no Brasil na década de 1990 e Cinquenta anos de pensamento da CEPAL.

2 Luiz Antonio Elias é economista, pesquisador aposentado do INPI, foi secretário de Desenvolvimento Tecnológico e Inovação e secretário executivo do Ministério da Ciência Tecnologia e Inovação MCTI no período de 2006 a 2014. Foi Chefe do departamento de Governo do BNDES,2015/16. Atuou junto a coordenação do Plano de Ação de CT&I de 2007/2010 e na Estratégia Nacional de CT&I ENCTI)2012/2015. Recebeu a Grão Cruz da Ordem Nacional do Mérito Científico, 2007 e Grande oficial da Ordem do Instituto Rio Branco, 2008

Enciclopédia da Brasilidade, que publicou nos anos 2000, quando assumiu a reitoria da UFRJ e pouco depois a presidência do BNDES.

Abstract

In this article, the authors cover central aspects of the academic and public life of Professor Carlos Lessa. They initially argue that his brilliant career brought together the virtues of a man who was both a nationalist and a humanist, with a truly universalist range of culture and interests. Then, they describe his trajectory in the 1960s and 1970s, including a period at CEPAL (United Nations), and some of the most important academic works he left as a legacy as a professor in three universities, UFF, UFRJ and Unicamp. Regarding the 1980s, they point out his political participation in the struggle for democracy, for example as an advisor to the PMDB and in the economists' renewal movement and, in the first civil government after the national dictatorship, as director of the BNDES' social area. Continuing in Lessa's trajectory, they highlight his dedication in the 1990s to the discussion about the State of Rio and the city of Rio de Janeiro, which he understood to be a "synthesis of all Brazils", as well as his *Enciclopédia da Brasilidade*, which he published in the 2000s, when he became University Dean in the UFRJ and shortly afterwards president of BNDES.

O presente artigo versa sobre a figura ilustre de Carlos Francisco Theodoro Machado Ribeiro de Lessa (1936-2020), grande brasileiro, nacionalista e humanista. Intelectual e homem público que combinou reflexão e ações. Simboliza, como poucos, uma geração que viveu intensamente o arranque do desenvolvimento brasileiro nos anos 1950. Resistiu com bravura ao retrocesso da ditadura, sem perder a sua crença inabalável na democracia como ferramenta de superação e instalação da inclusão social, definida por ele com a simples palavra *cidadania*.

Seu universo ultrapassava os muros da universidade, pela amplitude de suas contribuições como intelectual e pela diversidade de seus interesses. Era um amigo envolvente, casado com Marta, pai de Rodrigo, Teresa e Pedro, professor inesquecível, influenciador generoso, torcedor solitário do Olaria Atlético Clube e fundador de um bloco de carnaval no Rio de Janeiro, o Minerva Assanhada. Ele se definia de forma bem-humorada – e não sem um toque de falsa modéstia – como "um especialista em generalidades. Não estudo quase nada, mas não abro mão de dizer o que penso. Não ser um especialista me dá um grau de liberdade que eu vou tentar usar ao máximo aqui, hoje". Assim começou uma brilhante apresentação sobre o Brasil, na aula magna que fez na ENSP em 2016.

Esse era o grande Carlos Lessa, a quem dedicamos um emocionado agradecimento por sua contribuição a cada um de nós e, especialmente, pela esperança que sempre nos transmitiu sobre o futuro do país.

Lessa, o homem universal

Escrever sobre o intelectual, pesquisador e militante das grandes causas do Brasil, o amigo Carlos Lessa, provoca em nossa memória múltiplos momentos de seu pensamento abrangente, que mesclava sua enorme curiosidade intelectual com um cuidadoso tratamento democrático das divergências. Entre os intelectuais de todas as disciplinas de Ciências Sociais, foi orador particularmente eloquente, e certamente também um dos mais eruditos. Professor brilhante, foi docente no Instituto Rio Branco do Itamaraty (1961-1964), ministrou cursos na Cepal e no Ilpes, da ONU (1962-1968), no Instituto para Integração da América Latina (1966-1969). Exilado no Chile após o golpe militar de 1964, foi professor na Universidade do Chile (1967), retornou pouco antes do AI-5 e ajudou a fundar o Instituto de Economia da Unicamp, e foi professor da Faculdade de Economia da Universidade Federal Fluminense. Sua vida acadêmica se consolidou no Rio de Janeiro, como professor e decano do Instituto de Economia da UFRJ, onde foi admitido em 1978, por meio de concurso público

Apaixonado pelo Brasil, por seu povo, e comprometido com o desenvolvimento, entendia que a inclusão social deveria ser um processo associado a um binômio indissolúvel: construção da cidadania e autonomia da nação brasileira.

Lessa era um nacionalista nesse sentido essencial, compreendia que defender verdadeiramente a nação é construir uma institucionalidade republicana e democrática para o conjunto da população. E significa construir uma cidadania fundada em três eixos: um Estado de bem-estar e proteção social, uma macroeconomia de pleno emprego com valorização da força de trabalho, e estruturas produtivas que permitam a absorção do progresso técnico e o crescimento com permanente aumento de produtividade.

Ao longo de nossa história, tivemos grandes pensadores na linhagem histórico-estrutural cepalina. Seu *quarteto de ouro* foi formado por Celso Furtado, Maria da Conceição Tavares, Antônio Barros de Castro e Carlos Lessa. Entre os quatro, Lessa foi, talvez, o mais multidisciplinar de todos. Furtado foi o grande ensaísta da história econômica brasileira, numa pegada estruturalista e o grande economista do subdesenvolvimento; Conceição, a grande intérprete da dinâmica econômica brasileira a partir de 1930, (substituição de importações, Capitalismo perverso, capitalismo cíclico – que elaborou em sintonia fina com João Manuel Cardoso de Melo de "o Capitalismo Tardio"); Castro, o grande intérprete das mudanças estruturais pelo lado da produção, do investimento e do progresso técnico. Já Lessa foi quem, primeiro, fez as conexões entre economia, política econômica e Estado (entendido como instância de poder e de coalisão de classes proprietárias). Foi também um grande sociólogo, por suas contribuições às questões da cultura e da cidadania.

> suas ações e intervenções associavam a transcendência à imanência, o abstrato ao concreto (...) Era um homem sem medo, que admitia o sacrifício pessoal para defender suas ideias e seus princípios. Um homem universal. (Luiz Gonzaga de Mello Belluzzo, ECO.Unicamp, 2020).

Os anos 1960 e 1970: a CEPAL, e a política econômica do desenvolvimento

Entre as contribuições de Lessa, os dois livros mais famosos são o *Quinze anos de política econômica* (1975) e *Introdução à economia: uma abordagem estruturalista* (1974). Mas foi autor de vários outros títulos, entre os quais: *O conceito de política econômica. Ciência e/ou ideologia* (1976) e o texto sobre o PNDII "A estratégia de desenvolvimento 1974-1976: sonho e fracasso" (1978).

O livro *Quinze anos de política econômica* foi seu primeiro esforço voltado à relação entre Estado, economia e políticas de desenvolvimento. O texto se tornou uma marca registrada no pensamento econômico brasileiro. Lessa o escreveu no escritório do Rio de Janeiro da CEPAL afirmando, então, que a industrialização intencional se dera a partir de 1951, no segundo governo Vargas. Na apresentação do livro, Belluzzo escreveu: "Quinze anos é um clássico sobre um período clássico. Nesses anos, foram travadas batalhas decisivas pela consolidação do processo de industrialização".

O livro de introdução à economia, o famoso "Castro e Lessa", é uma ousadia daqueles dois jovens – foi concebido na década de 1960, no formato de apostilas para a CEPAL – uma ousadia intelectual, uma profissão de fé no método estruturalista. Entendiam que método não se presta apenas a interpretar os processos reais no subdesenvolvimento latino-americano, mas também a ensinar economia, a introduzir os alunos ao entendimento da economia pela perspectiva das estruturas de produção e de distribuição.

Como bem assinalou Sá Earp sobre seus primeiros escritos: "Seu caminho foi em direção às ideias da CEPAL, que serviram de reforço crítico em relação à economia política. Absorveu a noção de centro e periferia como um pilar para o entendimento da situação do Brasil e aceitou a industrialização como condição estrutural para a superação da pobreza e da miséria" (2010, p. 424).

Esses dois livros representam a "safra" de textos redigidos no contexto do trabalho com a CEPAL. Vale aqui uma nota pitoresca, sobre a convivência de Lessa, Castro e Maria da Conceição Tavares, no escritório da CEPAL no Rio de Janeiro, na primeira metade da década de 1960, com o notável economista chileno Anibal Pinto, então diretor desse escritório. Bielschowsky conta que, no período em que trabalhava na CEPAL em Santiago nos anos 1990, volta e meia Anibal Pinto passava por sua sala e o levava para um cafézinho na cantina. E perguntava, carinhosamente: *¿que es de Maria?, ¿y como están todos los muchachos, y como está mi querido Lessa?* Aí invariavelmente se lembrava da época em que Lessa, Conceição e Castro dividiam uma sala no escritório da CEPAL no Rio de Janeiro, onde ele era diretor, por volta de 1963. Pinto contava, rindo muito, saboreando a história, que era um horror, era uma barulheira sem fim, ele tinha que sair toda hora de sua sala para pedir aos três mais silêncio, e que seria bom que fossem tão silenciosos quanto brilhantes, que por favor discutissem o futuro do Brasil com menos ruído. Imaginem, esses três juntos, discutindo o Brasil em pleno 1963!

Era um momento especial na vida intelectual latino-americana, e Lessa estava tendo o privilégio de vivenciar esse clima na CEPAL. Como estudante, havia aprendido, com Prebisch e Furtado, que a América Latina deve ser entendida pelos três elementos que caracterizam seu subdesenvolvimento, por contrate às economias centrais: baixa diversidade produtiva e especialização em bens primários; heterogeneidade estrutural, com oferta ilimitada de mão de obra operando em níveis de subsistência, pobreza e má distribuição da propriedade e da renda; e institucionalidade pouco propensa às missões do desenvolvimento (Estados pequenos, baixa arrecadação, insuficiência de empresários etc.). Sob a batuta do mestre Anibal Pinto, no escritório da CEPAL no Rio de Janeiro, Lessa estava envolvido com a novidade analítica que se debatia na América Latina, a integração entre desenvolvimento produtivo e redistribuição de renda.

Alguns anos depois, escreveu o *O conceito de política econômica. Ciência e/ou ideologia*, dedicado a um refinado entendimento de que, por detrás da teoria econômica, se esconde a ideologia. Talvez por isso, volta e meia externava certa impaciência com a vida acadêmica em Economia. Para Fabio Sá Earp (2010), este foi o mais importante trabalho de Lessa no campo da teoria econômica e mereceria ter tido muito mais divulgação do que recebeu.

Outro livro importante foi o *Sonho e fracasso* (1978). É uma obra recheada de *insights* desafiadores, mas que, surpreendentemente, transmitia enorme ceticismo em relação ao segundo Plano Nacional de Desenvolvimento (PNDII). Afinal, o Plano era convergente com seu entusiasmo desenvolvimentista e industrializante, e, mais ainda, punha a economia em "marcha forçada" para aprofundar a industrialização, em meio às turbulências internacionais após o primeiro choque do petróleo, como mais tarde diriam Castro e Souza (1984). Mas Lessa carregou as baterias contra o Plano, maximizando seus defeitos e minimizando suas virtudes, influenciado, talvez, pelo momento histórico que atravessava o país, com a luta pela redemocratização, e com uma oposição a tudo que vinha do regime militar.

Os anos 1980: Lessa na política e no movimento de renovação dos economistas

Lessa foi um militante político profundamente envolvido com a realidade do Brasil, especialmente a partir dos finais da década de 1970 e inícios dos 1980. Assessorava o então PMDB na elaboração de programas partidários, em especial no amplamente divulgado "Esperança e Mudança" (PMDB, 1982). Foi engajado, como tantos outros intelectuais, no campo progressista e da esquerda, na transformação do Brasil e no retorno da Democracia, percorrendo com sua oratória e capacidade de persuasão universidades, associações de classe, sindicatos, e fóruns políticos.

> Lessa tinha uma filosofia de vida, um olhar que o empurrava para a ação racional visando transformar a vida na sociedade brasileira marcada pelo subdesenvolvimento e por uma desigualdade abismal, mas também para o contato com as pessoas através de uma grande capacidade de escuta, sentimento e de empatia. Lessa fez parte no Brasil daquela safra de economistas que buscaram levar à frente a abordagem do pensamento estruturalista iniciada por Celso Furtado, autor de quem Carlos Lessa foi, sem dúvidas, um dos mais brilhantes discípulos. (Carlos Medeiros, 2020).

Naquele momento, participa ativamente do chamado Movimento de Renovação dos Economistas, ao integrar a diretoria e a presidência do Instituto dos Economistas do Rio de Janeiro (IERJ) e posteriormente a presidência do Conselho Regional de Economia. Engajava-se num movimento amplo de economistas de distintas escolas de pensamento, como o Instituto de Economia da URFJ, o departamento de economia da PUC, a FGV, e diferentes instituições públicas, empresas privadas e associações classistas. Era um momento de mobilização da sociedade civil com o objetivo derrotar a política econômica empreendida pela ditadura e participar ativamente da redemocratização do Brasil.

No fim dos anos 1970, no início da longa transição à democracia e na véspera de uma das mais graves crises econômicas de nossa história, o IERJ surgiu como um braço combativo de resistência à ditadura e às amarras impostas pela política econômica, que impunha sacrifícios ao povo brasileiro. Em seguida, ao longo da chamada "década perdida", batia-se pela superação da estagnação e da retração da produção industrial, pela eliminação da inflação e pela redução da desigualdade social. Lessa foi um incansável difusor de ideias com esse conteúdo.

Difundiu-as também enquanto diretor no BNDES – sua primeira passagem na instituição, de 1985 e 1989 –, atuando na gestão e execução das primeiras operações com recursos do FINSOCIAL, dando significado ao ***S*** da sigla. Originava-se, naquele momento, a inclusão social no Planejamento e nas ações do setor público, não por acaso, coincidindo com a liderança de Ulysses Guimarães na formulação da "Constituição Cidadã", a de 1988, pela qual Lessa foi particularmente apaixonado. Como muitos outros cidadãos e líderes progressistas brasileiros, a escassa implementação dos direitos constitucionais o frustrou daí em diante.

Os anos 1990: Lessa, o Rio de Janeiro e sua brasilidade

O coração do Lessa era grande, as questões sociais o afligiam e sua impetuosidade o levava a repensar os espaços, em especial, a transformação do Rio de Janeiro. Nos anos 1990, entre outras missões, ele escolheu a de examinar, com seu olhar sociológico clínico, a cidade em que vivia. Tendo vivenciado a experiência política, ao lado de nomes como Ulysses Guimarães, Roberto Saturnino Braga e Roberto Requião, inicia, para além dos limites de professor, uma jornada de reflexão sobre o Rio de Janeiro, numa opção entusiasmada pelo Estado, uma paixão a mais em sua alma generosa, de valorização das tradições e diversidade da nação brasileira.

Na década de 1990, Lessa desenhou um plano de revitalização do Rio de Janeiro e daí nasceu um movimento próprio no restauro de prédios antigos no centro da cidade: "Fiquei impregnado dessa ideia e após recuperar o casarão da família, restaurei o quarteirão inteiro" (RYDLEWSKI, 2012), afirmava Lessa ao falar sobre seu esforço para transformar parte da cidade em espaços de lazer e cultura. Dentre tantas edificações revitalizadas por Lessa e entregues à sociedade está o prédio Ameno Resedá (nome do mais famoso rancho carnavalesco da cidade do Rio de Janeiro), um casarão centenário na esquina das ruas Bento Lisboa e Pedro Américo, onde funciona um espaço cultural e casa de shows.

> Homem do conhecimento, da ciência, era também da vida cotidiana, curioso com o comum do povo. Um batuta da Academia fascinado pelo batuque dos morros. Pensando grande e brigando por projetos de redenção do Brasil e de caminhos para o mundo, Lessa sabia como poucos valorizar seu espaço vivido e sua amada cidade, o Rio. (Chico Alencar, 2020).

Sua paixão pelo Rio de Janeiro desemboca no livro *Rio de todos os Brasis* (2000), segundo lançamento da coleção Metrópoles da Editora Record, em que navega pelos labirintos da história da formação socioeconômica do Rio de Janeiro. É uma coletânea de excelentes ensaios, distribuídos em onze capítulos, fruto de sua vida de pesquisador e das trocas em aulas, proferidas no Instituto de Economia da UFRJ, uma ode à cidade de seu encanto. Lessa percorre a trajetória histórica do Rio, desde os tempos coloniais, passando pela Sede do Império e pela primeira capital da República; e denuncia que o descontentamento com o Rio de Janeiro, presente no dia a dia dos cariocas, reflete a decepção com o próprio país. Nem por isto, porém, Lessa deixa de transmitir sua crença a alegria e criatividade do povo, que precisa ganhar espaço crescente para aflorar em forma continua.

Sua percepção sobre a cidade era a de um Rio de Janeiro que quase espelha o universo de virtudes e problemas brasileiros. Seria, por um lado, uma espécie de um símbolo de riqueza civilizatória – um dos berços de uma civilização mestiça, culturalmente fértil e criativa – mas, por outro, um símbolo do desequilibrado universo social brasileiro, do caos urbanístico, da miséria e da violência. E um Rio que, talvez mais do que o resto do Brasil, teria o desafio de ser obrigado a se reinventar para viabilizar um futuro de expansão econômica e progresso social.

Mais recentemente, Lessa organiza o livro – talvez o mais bonito de todos – que é a monumental *Enciclopédia da Brasilidade – autoestima em verde e amarelo* (2005). Trata-se de publicação do BNDES de 2005, uma obra de enorme profundidade, que busca ir à raiz da brasilidade, desde Dom João VI até os dias de hoje.

> Carlos Lessa não era um único. Ele se desdobra em múltiplos interesses. Era capaz de discorrer com profundidade desde cerâmica chinesa (e os contextos por ela ilustrada) até sobre a Barra da Tijuca como o laboratório de uma futura "carioquização". Passava seu olhar por todos os países, com foco incomum sobre o nosso País. Ele é intérprete do Brasil. Ler o Lessa é ler o carioca, o nacionalista, o popular, o contraoneomania, o crescimentista, o estadista, o protecionista, o desenvolvimentista, o estrategista. (Fernando Nogueira da Costa, ECO.Unicamp, 2020).

A Enciclopédia da Brasilidade traz 39 artigos sobre história do país e 19 estudos de festas populares. Como diz Fabio Sá Earp (2010), seu objetivo explícito é contribuir para a recuperação da autoestima nacional, como organizador do livro e redator de dois capítulos. O primeiro deles, sobre a história da dificuldade de construir a cidadania desde séculos anteriores, é um texto analiticamente muito denso e com uma qualidade literária ímpar, o texto mais bonito que Lessa escreveu.

Outro de seus artigos inesquecíveis é um textinho bem pequeno, uma delícia literária sobre a culinária brasileira, onde ele fala da criatividade na forma brasileira de se alimentar. Uma curiosidade: ele curtia muito, sociologicamente, a comida a quilo, gostava de falar da criatividade na composição dos pratos pelas pessoas, chegando a sushi e sashimi com feijoada, num mesmo prato. Ele ia aos restaurantes de comida a quilo para observar. Foi um grande observador da sociedade e da cultura brasileira. E se deliciava com isto.

Recomendamos que vejam ou revejam o filme do diretor José Mariani *Um sonho intenso*. Mariani soube aproveitar o brilhantismo do Lessa, teve a habilidade de "ancorar" o filme sobre a história econômica brasileira desde 1930 nas intervenções do mestre, como sempre brilhantes. Fez muito bem, não se fazem mais intelectuais como Carlos Lessa.

Anos 2000 e 2010: Lessa, a UFRJ e BNDES

Em 2002, Lessa assume a Reitoria da UFRJ, a primeira universidade federal do país. Para Lessa, cabe à universidade projetar a civilização brasileira para além de seus limites, enquanto espaço de preservação e reelaboração crítica da memória nacional; de contribuição para o desenvolvimento intelectual, científico e tecnológico e interação com centros de saber de outras nações.

> Seu trabalho, inteligência e patriotismo foram fundamentais para o BNDES retomar sua função de fomentar o desenvolvimento nacional. (Luiz Inácio Lula da Silva, PT, 2020).

As eleições presidenciais conduziram ao posto máximo da nação o maior líder da América Latina: Luiz Inácio Lula da Silva. Em 2003, Lessa volta ao BNDES, já na condição de presidente. Assume com a prioridade de colocar suas diretrizes e políticas de principal agente financeiro da transformação produtiva brasileira integradas ao projeto nacional do presidente Lula de promover a inclusão social, reduzir a desigualdade e combater a vulnerabilidade da economia brasileira.

> Enganam-se aqueles que veem na inclusão social apenas uma proposta legítima de justiça social. É isto e muito mais. É uma nova fórmula, central na construção de nosso futuro. É, simultaneamente, o atendimento a necessidades inadiáveis, geração de empregos e de espaços para a mobilidade e a ascensão social. É uma importante frente de oportunidades para os empresários. É um programa do tamanho do Brasil. (Discurso de Posse, 2003).

Sua atuação como presidente do BNDES foi relativamente breve e fiel às suas bandeiras. Entre os destaques, verificam-se sua atuação na área de saúde, nas cadeias produtivas industriais nos esforços de integração da América do Sul, e em várias outras frentes, sempre vislumbrando projetos que poderiam mudar o país. Para Lessa, o Banco era uma peça extremamente importante no financiamento da economia brasileira, um impulsionador das forças produtivas nacionais. Era urgente acabar com a fome no país e estabelecer a presença do Brasil no continente sul-americano de forma clara e inequívoca. Lessa afirmava que o BNDES deveria ter uma ampliação significativa da poupança institucional, pois o mercado não era capaz de fazer as operações necessárias para o desenvolvimento do país.

> Ele era acima de tudo um apaixonado pelo Rio de Janeiro, pelo Brasil e pela América Latina. Organizador da Enciclopédia da Brasilidade, um patriota – a vida de Lessa ensina – não pode ser uma fixação vazia pela bandeira nacional ou pela camisa da seleção brasileira. Muito menos por um respeito temeroso ou acrítico à história desse país. Em suma, não é como ser fã de um time de futebol. Patriotismo é algo mais profundo, que exige uma busca por conhecimento sobre a história e a cultura, popular e erudita, de um país. Exige também generosidade; ser patriota no Brasil é sonhar e lutar por um futuro coletivo melhor. Não é apenas sonhar com um país mais justo, mas com uma economia mais produtiva, mais eficiente. (Arthur Koblitz, presidente da Associação dos Funcionários do BNDES – AFBNDES, ECO. Unicamp, 2020).

Lessa partiu em 5 de junho de 2020, no Rio de Janeiro, deixando um enorme legado intelectual com profundo sentido humanista. O grande economista, que combinava ideias e atividades de grande impacto a ações tão prosaicas como reveladoras de sua personalidade inquieta e generosa – como a paixão por recuperar imóveis antigos na cidade que amava, entregando-os à sociedade em forma de arte e cultura – certamente faz enorme falta a todos que lutam nesses tempos de obscurantismo. Mais do que nunca, precisamos da luz de seu pensamento para superar os dias difíceis pelos quais temos passado. Lessa viveu seu tempo com dignidade e deixou em seu legado a persistente esperança na igualdade social e soberania nacional, o que nos inspira a acreditar em dias melhores.

Que venha o futuro e que tenhamos aprendido as lições que nos deixou Carlos Lessa!

Referências

ALENCAR, C. *A Terra é redonda. Carlos Lessa (1936-2020)*. Fonte: https://aterraeredonda.com.br/carlos-lessa-1936-2020/.

CASTRO, A. & LESSA, C. *Introdução à Economia: uma abordagem estruturalista*. Rio de Janeiro: Forense Universitária, 1974.

ECO.Unicamp. Fonte: IE Notícias: www.eco.unicamp.br/noticias/homenagens-a-carlos-lessa.

LESSA, C. *Enciclopédia da brasilidade: autoestima em verde e amarelo*. Rio de Janeiro: BNDES, 2005.

LESSA, C. Quinze Anos de Política Econômica. *Cadernos do Instituto de Filosofia e Ciências Humanas, n. 4*, Campinas: Ed. UNICAMP, 1975.

LESSA, C. *O conceito de política econômica: Ciência e/ou Ideologia?* Campinas: Tese de Doutoramento apresentada ao Instituto de Filosofia e Ciências Humanas da Universidade Estadual de Campinas, 1976.

LESSA, C. *A estratégia de desenvolvimento 1974-1976: sonho e fracasso*. Brasília: Fundação Centro de Formação do Servidor Público, FUNCEP, 1978.

LESSA, C. *O Rio de todos os Brasis*. Rio de Janeiro: Record, 2000.

MEDEIROS, C. (19 de junho de 2020). *Grupo de Economia Política IE-UFRJ*. Fonte: Excedente.org: https://www.excedente.org/blog/sobre-carlos-lessa/.

PMDB. (1982). "Esperança e mudança". *Revista do Partido do Movimento Democrático Brasileiro (PMDB)*, 1982.

PT. (05 de 06 de 2020). *Carlos Lessa, Presente!* Fonte: Partido dos Trabalhadores: https://pt.org.br/carlos-lessa-presente/.

RYDLEWSKI, C. "O economista de fachada". Época Negócios, 2012.

SÁ EARP, F. "Carlos Lessa". *Rev. Acon. Contemporânea*, 421-432, 2010.

4

Um brasileiro com B maiúsculo

Darc Costa[1]

Resumo

O artigo de Darc Costa "Um Brasileiro com B maiúsculo" dá conta da grande amizade entre o autor e o professor Carlos Lessa desde 1985, quando Lessa foi nomeado diretor do BNDES, para cuidar da área social do Banco, na gestão de Dilson Funaro. O autor mostra como Lessa exerceu com brilhantismo suas funções de diretor da área social do Banco e destaca algumas de suas ideias pioneiras, como o embrião do Programa Luz para Todos. O autor dá conta também da contribuição de Carlos Lessa na elaboração da Constituição de 1988 e a sua memorável atividade como professor e pesquisador da UFRJ, onde foi professor titular, decano, reitor e professor emérito. Por último, detém-se no convite do presidente Lula para que Lessa voltasse ao BNDES, na qualidade de Presidente daquela instituição e mostra o empenho de Lessa em fazer do Banco, de novo, um organismo voltado para promover o desenvolvimento nacional.

Abstract

Darc Costa's article "A Brazilian with a capital B" gives an account of the great friendship between the author and professor Carlos Lessa since 1985, when Lessa was appointed director of the BNDES, to take care of the Bank's social area, under Dilson Funaro´s administration. The author shows how

1 Darc Antonio da Luz Costa é graduado em Engenharia Civil pela Pontifícia Universidade Católica do Rio de Janeiro (1970), mestrado em Engenharia de Produção pela Pontifícia Universidade Católica do Rio de Janeiro (1976) e doutorado em Engenharia de Produção pela Universidade Federal do Rio de Janeiro (1998). Foi vice-presidente do Banco Nacional de Desenvolvimento Econômico e Social (BNDES, 2003-2004). Foi também professor visitante da COPPE-UFRJ e professor visitante no Programa de Pós Graduação em Economia Política Internacional da UFRJ.

Lessa brilliantly performed his duties as director of the Bank's social area and highlights some of his pioneering ideas, such as the embryo of the Luz para Todos Program. The author also reports on Carlos Lessa's contribution to the elaboration of the 1988 Constitution and his memorable activity as a professor and researcher at UFRJ, where he was a full professor, dean and professor emeritus. Finally, it focuses on President Lula's invitation for Lessa to return to the BNDES, as President of that institution, and shows Lessa's commitment to making the Bank, once again, an organization aimed at promoting national development.

Meu primeiro encontro com Carlos Lessa se deu em meados de 1985. Foi quando ele foi nomeado diretor do BNDES, no início do governo Sarney, para cuidar da área social do banco. Era o início da gestão na presidência do banco por parte de Dilson Funaro. Eu exercia, naquela época, a função de chefe da Consultoria Técnica e era o único técnico de carreira que tinha assento permanente na Diretoria. Nas reuniões desse colegiado, pude ver a grande capacidade que Lessa tinha de levantar questões, de apresentar soluções, de ter ideias que transformavam a atuação do banco, que acabaram por inserir aquela instituição no campo social.

Dilson Funaro logo saiu do banco para exercer o cargo de ministro da Fazenda e tentou levar Lessa para ajudá-lo, em Brasília, na sua nova função. Contudo, Lessa mostrou que podia continuar a colaborar com ele, sem abandonar sua missão de colocar o ***S*** de social no BNDES. E assim o fez. Todavia, naqueles quatro anos que se seguiram, muitas coisas mudaram no governo, mas foram anos em que Lessa exerceu com brilhantismo suas funções de diretor da área social.

Quantas ideias pioneiras de lavra do Lessa. Delas poderia citar várias de sua época como diretor da área social do banco. Cito, dentre outras, que agora me lembro, o embrião do programa de luz para todos, o programa de ambulâncias e de ônibus escolares para os municípios, o programa de reciclagem dos lixões, o das mães crecheiras etc. Lembro-me, também, dessa época, do apoio que Lessa deu à elaboração da Constituição de 1988, de suas ideias progressistas que lá foram incorporadas por sua ação junto aos constituintes, em especial o dr. Ulysses Guimarães e que, posteriormente, vieram a ser derrogadas pelos governos conservadores que se seguiram.

Sendo engenheiro, não tive oportunidade, como tantos, de ser seu aluno nos cursos de economia. Sabia de sua fama como um grande professor.

Nesses anos, pude ver que ele era muito mais que um grande professor. Era, na verdade, um daqueles poucos brasileiros capazes de serem colocados como reais conhecedores do Brasil, intérpretes de suas carências, de seu potencial, de suas mazelas e de seu destino, que ele via como grandioso. Lessa sempre foi apaixonado pela sua cidade, Rio de Janeiro, e pelo seu país, o Brasil.

Quando no início do governo do presidente Collor, Lessa já havia saído do banco e retornado ao magistério, agora não mais na UFF ou na UNICAMP, onde ele foi um dos responsáveis pela implantação dos seus cursos de graduação e pós-graduação de economia, antes de ir para o BNDES, mas, sim, agora, como professor titular na UFRJ. Mas, nessa época, eu já me considerava seu amigo pela convivência que havíamos tido no BNDES. Desde então, essa nossa amizade só cresceu a ponto de nos tornarmos sócios e nos considerarmos como irmãos. Lessa me inseriu no amplo círculo de amizades que cultivou ao longo de sua profícua vida.

Na década de noventa do século passado, Lessa teve duas graves doenças, mas suplantou-as sem diminuir seu nível de trabalho. As duas o levaram a se submeter a processos cirúrgicos e tratamentos prolongados. A primeira retirou-lhe de forma provisória a voz, e ele me pediu se eu não poderia dar uma classe eletiva sobre Economia dos Transportes, o que eu anuí de bom grado. A outra afetou sua mobilidade. Ainda sob o impacto dessas doenças, Lessa se mantinha operoso, escrevendo artigos, capítulos de livros que veio a publicar e estruturando cursos que, se recuperando, veio a ministrar.

Ao final da década de 1990, Lessa já havia voltado com toda a energia para as suas funções acadêmicas. Foi nessa época que foi eleito decano e, posteriormente, reitor da UFRJ.

No exercício da reitoria, ao iniciar o governo Lula, em 2003, Lessa veio a ser convidado, por este presidente da República, para voltar ao BNDES, na qualidade de presidente daquela instituição. Convidou-me, então, para ser vice-presidente do BNDES.

Recordo-me de seu empenho no sentido de corrigir os rumos daquele banco de fomento, o esforço que empreendeu para fazê-lo retornar às suas origens, a de ser de novo um organismo voltado para promover o desenvolvimento nacional e não mais um mero banco de investimento. De início, procedeu a uma ampla reforma administrativa. Partiu, logo após, para descascar os abacaxis que advinham dos processos de privatização, que ainda oneravam a instituição, cujo exemplo mais marcante foi o caso Eletropaulo. Propôs a compra das

ADRs da Petrobras, que o governo anterior, nos seus estertores, havia lançado na Bolsa de Nova Iorque. Contudo, teve esse seu pleito negado pelo governo, que alegava ser isso contrário aos cânones do mercado. Um erro cometido pelo governo Lula, pelo qual pagaríamos mais adiante muito caro. Todavia, foi essa negativa que o levou a tomar a iniciativa de comprar parcela das ações da Companhia Vale do Rio Doce, naquilo que se transformou, economicamente, no melhor negócio que o BNDES fez em toda a sua existência.

Investiu na construção de um arcabouço institucional que possibilitasse o financiamento da infraestrutura da América do Sul. Recuperou a área social, que, desde sua saída do Banco, havia se degradado. Elaborou, com a ajuda de amigos, um livro, a *Enciclopédia da Brasilidade*, para disponibilizá-lo às bibliotecas de todo o Brasil, onde abordava as potencialidades do país. Lançou o Cartão BNDES que se transformou no maior instrumento com que conta o pequeno e médio empresário em nosso país na construção de seu ativo fixo.

Mas sua permanente ação em prol da atividade produtiva, sua diligente atuação na busca do desenvolvimento, acabou o indispondo com aqueles que, no governo, zelavam unicamente pelos interesses do sistema financeiro. Os ministros da Indústria e Comércio, Luiz Fernando Furlan, da Fazenda, Antonio Palocci e o do Planejamento, Guido Mantega, em conjunto com Henrique Meirelles, presidente do Banco Central, moviam, nos idos de 2004, diuturnamente, junto ao presidente Lula, uma campanha contra a postura de Lessa no BNDES. Isto levou Lula a demiti-lo intempestivamente, nos fins de 2004.

Lessa volta então para a atividade de magistério, que veio a exercer até sua aposentadoria compulsória, tendo se laureado como professor emérito da UFRJ. Lessa volta-se, desta feita, para uma vivência do passado, de sua infância e juventude, quando usufruía dos afazeres da vida rural. Sabedor que eu tinha uma propriedade rural, na mesma região em que ele havia administrado uma fazenda de seus tios, perguntou se não poderia voltar às lides do campo, como meu sócio, nessas atividades. Assim constituímos uma sociedade que foi motivo de nossas alegrias, até que ele se foi. Desse período, eu muito aprendi com ele, usufruí de sua holística cultura e pude constatar seu sempre presente bom humor. Foi dessa época que ele, verificando o desconhecimento que o universitário médio tinha a respeito do Brasil, me propôs a criação do Instituto da Brasilidade, onde ele discorria, em magnificas exposições, sobre os interpretes do Brasil, mais de trinta, desde o padre Antonio Vieira até Darcy Ribeiro, algo que fez até o seu falecimento.

Pensei como melhor poderia homenageá-lo nesse meu texto. E concluí que o melhor seria mostrando quem era o Lessa, pelo próprio Lessa. Foi, então, que pesquisando sua obra, encontrei esse seu artigo com o título Projeto Nacional e Democracia, que ele publicou no jornal *Valor Econômico*, do dia 6 de julho de 2011, que não só sintetiza muitas das ideias do professor Lessa, mas também se encontra perfeitamente atualizado com as grandes questões que vivenciamos hoje em dia. A reprodução desse artigo dará ao leitor uma clara noção de quem foi Carlos Lessa e como ele pensava o nosso país:

> Um projeto nacional explicita o sonho de futuro de uma sociedade nacional. A Revolução Francesa perfilou seu projeto, de forma nítida, ao considerar o território o espaço geográfico tornado homogêneo sob o império de leis e instituições aprovadas pela sociedade e ao entender que o território era propriedade inalienável do povo. Com isso, desdobrou para o futuro o espaço aonde o povo nacional preserva sua soberania e explicitou os tributos como a base de sustentação do Estado nacional, assumindo como prioridade a integridade de seu povo. A partir daí a democracia passa a ser exaltada como o modo de convivência política e gestão do Estado nacional. Nação, povo, Estado e democracia, sonho nascido com a Revolução Francesa, serão os alicerces do projeto nacional da maioria de países.
>
> Em simultâneo com o projeto político perfilado pela Revolução Francesa, a Revolução Industrial inglesa transpôs o nível das forças produtivas e reconfigurou a organização econômica e social. A industrialização será o outro componente do projeto nacional explicitado, inicialmente, em um reduzido elenco de países: Estados Unidos, por meio de seus pais fundadores, colocam a industrialização como o alicerce econômico de sua consolidação nacional. Na Europa, a França incorpora o sonho industrial a seu projeto político e algumas nações se organizam pela fusão de fragmentos, caso da Alemanha, que contesta o liberalismo econômico inglês e afirma o conceito de desenvolvimento da economia nacional como um projeto-chave. A Itália atravessará um processo de unificação que sublinha a secularidade do Estado nacional. A Rússia czarista inicia transformações do corpo social, com o objetivo de se industrializar. O Japão realiza uma revolução que combina preservação das tradições nacionais e assimilação do conhecimento científico e tecnológico das nações industrializadas; realiza, sem rupturas, uma reforma agrária definidora de pequenos produtores familiares e institui grupos industriais-financeiros como campeões nacionais.
>
> Esse reduzido e bem-sucedido elenco de industrializações aderiu ao liberalismo comercial inglês e passou a ver virtudes na economia de mercado.

O resto do mundo ficou disponível para os impérios coloniais: à Europa oriental e à ibero-américa coube o papel de fornecer alimentos e matérias-primas; alguns, a posteriori, despertaram para o sonho industrializante e fizeram da instalação de sistemas industriais a coluna vertebral de projetos nacionais desenvolvimentistas.

Pensar o futuro ilumina o presente; restaura esperanças e dá substância à retórica democrática

O Brasil foi exitoso com seu projeto nacional-desenvolvimentista, mesmo combinando o conservadorismo agrário com a modernização urbana. De 1930 até 1980 teve uma evolução das forças produtivas extremamente dinâmica. Cresceu o PIB 7% ao ano. e transferiu 80% de sua população para a rede urbana. Apesar de assimilar variadas instituições referentes às políticas sociais – construiu o sistema de previdência social que inclui praticamente todos os brasileiros, foi extremamente lento, para não dizer displicente, em relação ao povo. O problema social brasileiro, antes circunscrito ao campo, transferiu-se para a rede urbana-metropolitana. As carências múltiplas de habitação, saúde e alimentação "prosperaram" num cenário social de péssima distribuição de renda e propriedade.

Após o regime militar autoritário, o Brasil reconstrói o Estado de direito e a Constituição de 1988 propõe como projeto nacional resolver a questão social, assumindo a ideia de um orçamento de seguridade social que agregaria a legislação de proteção ao trabalho, a prioridade à saúde e à assistência social dos grupos fragilizados do corpo social. A Constituição preservou o Estado brasileiro com as instituições e instrumentos político-econômicos estabelecidos ao longo do projeto nacional desenvolvimentista; manteve as empresas estatais e sublinhou a definição do que seria empresa nacional.

Com o risco de toda simplificação, o processo inflacionário acelerado e a pressão ideológica e operacional do neoliberalismo de Thatcher, Reagan e outros, somados à fragilidade das contas externas, leva o Brasil a desmantelar a Constituição, esvaziando a ideia de orçamento de seguridade e desmontando o instrumental político-econômico do Estado nacional brasileiro. O sonho da industrialização foi dissolvido pelo discurso pró-globalização e pelo esgotamento do modelo de desenvolvimento. O Brasil aparece com lento crescimento econômico, emergência de tensões sociais urbanas e cronificação de desigualdades.

Durante a luta pela restauração democrática, o discurso unificador da frente hiper ampla contra a ordem militar-política havia reduzido todos os problemas nacionais à presença do autoritarismo. Não houve a discussão das matrizes do autoritarismo brasileiro; a democracia foi "vendida" como uma panaceia para todos os problemas brasileiros. A ausência

> de eleições diretas cancelou discussões preparatórias de uma nova etapa para o Brasil. O fracasso político-econômico de enfrentamento da inflação abriu caminho para as receitas neoliberais e delas emanaram a estagnação macroeconômica e retrocesso nas forças produtivas. A juventude pós-autoritarismo perdeu a esperança no futuro brasileiro. Quando do primeiro mandato do presidente Lula, o ministro Gushiken ficou (corretamente) preocupado com o Brasil em pior posição ante as demais nações ibero-americanas, em matéria de autoestima e lançou a campanha que teve como mote: "o melhor do Brasil é o brasileiro". Hoje, já é claro o sinal de senilidade da campanha, a partir do sonho do jovem brasileiro de migrar para o exterior.
>
> Não há pior veneno para o futuro nacional do que o desânimo que acompanha a perda de esperança da juventude quanto ao país. Explicitar um projeto nacional é prioridade para a preservação da identidade e da autoestima do Brasil; exige colocar o presente do país em pauta. Um projeto nacional é sempre percebido e adotado em parte pelos atores sociais que preconizam mudanças mais ou menos acentuadas em dimensões estruturais e comportamentais de uma sociedade nacional. Obriga os conservadores a saírem da casca; cria uma diferenciação entre aqueles que querem preservar intacto o status quo e aqueles que admitem - via negociação - adaptações e transformações parciais. Pensar o futuro ilumina o presente; restaura esperanças e dá substância à retórica democrática convertendo-a em prática substantiva social e política.
>
> O planejamento como atividade pública é construtor da grande pauta de referência para a juventude. As carreiras de planejamento (inclusive das empresas estatais remanescentes) formam uma burocracia que não pode ficar obscura e silenciosa. Como uma dimensão essencial de sua atividade, têm que estar abertas aos sinais da sociedade e se expor ao debate.

Outra faceta da sua inesquecível personalidade é como o Lessa pesquisava e acompanhava o comportamento do povo, como se dedicava a interpretar a cultura popular, a gastronomia, as artes, as festas, o artesanato, as devoções, enfim tudo aquilo que caracterizava a identidade cultural brasileira. Nessa sua faceta, Lessa se envolvia por completo. Buscava as raízes que fundamentavam comportamentos, as expunham. Procurava resolver alguns enigmas que as escondiam.

Lembro-me de uma passagem que me marcou. Lessa havia lido uma biografia do Padre Cicero. Motivado por uma avaliação correta de que o biografado era vítima de uma injustiça da Igreja Católica, resolveu que seria de bom alvitre procurar reparar esse erro. Conversou com um amigo, Roberto

Requião, na época senador, alguém muito conhecido nos parlamentos europeus, por ter sido presidente da Comissão Parlamentar do Mercosul, e o convenceu a irem a Roma para conversarem com a Igreja, para que ela retirasse a excomunhão, que pesava sobre o prelado. Fui nessa viagem e pude ver como a brilhante exposição de Lessa não só alterou o errado julgamento pretérito, retirando a excomunhão que pesava sobre o Padre Cícero, como acabou levando o pároco a estar na lista para santificação.

Carlos Lessa foi professor emérito de economia brasileira, reitor da UFRJ e presidente do BNDES e um dos maiores intelectuais que tivemos, nascidos no século XX, como foi demonstrado no artigo transcrito acima e nos livros que escreveu.

Todavia, Lessa foi, antes de tudo, um grande brasileiro, um Brasileiro com B maiúsculo.

5

Um professor genial!

Hildete Pereira de Melo[1]

Resumo

Estas notas memorialista relembram o professor, político e intelectual Carlos Lessa e tem como fio condutor sua atuação na coordenação do curso de Economia da Universidade Federal Fluminense (UFF), na primeira metade dos anos 1970. Parte-se de uma breve retrospectiva da história do ensino de Economia no país e do curso de Ciências Econômicas da UFF. E em seguida, narra-se sua atuação tanto como coordenador e como professor nessa instituição. A relevância de sua contribuição é destacada pelos depoimentos de ex-alunos/as ao introduzir, nas diversas disciplinas curriculares, os paradigmas cepalinos sobre o desenvolvimento econômico e o papel do setor público nesse processo. Sua expulsão e sua grande influência marcaram a trajetória da Economia/UFF ao longo das décadas seguintes. Por último, ressalta-se que, em 2022, a Faculdade de Economia/UFF completa 80 anos de sua fundação e narrar o papel destacado do professor Carlos Lessa nesta construção é o nosso compromisso.

1 Hildete Pereira de Melo é graduada em Faculdade de Ciências Econômicas pela Universidade Federal da Paraíba, Curso de Especialização em Desenvolvimento Econômico pela Université de Toulouse (França), Mestrado em Engenharia de Produção pela Universidade Federal do Rio de Janeiro e Doutorado em Economia da Indústria e da Tecnologia pela Universidade Federal do Rio de Janeiro. Desde 1972 é professora da Universidade Federal Fluminense. Atualmente é docente do Programa de Pós-Graduação em Política Social e do Núcleo de Pesquisas em Gênero e Economia da UFF. Foi Diretora Financeira do Centro Internacional Celso Furtado de Políticas para o Desenvolvimento (2004-2007); Gestora Pública da Secretaria de Políticas para as Mulheres da Presidência da República em 2009/2010 e de 2012/2014. Dirigente das Associações Acadêmicas: Associação Brasileira de Pesquisadores em História Econômica (ABPHE) e da Associação Brasileira de Estudos do Trabalho (ABET) em várias gestões nos anos 1990 e 2016/2017. Editora da Revista Gênero/UFF de 2004 a 12/2016. Tem experiência em pesquisa e é autora de livros, artigos e capítulos nas áreas de História Econômica Brasileira, História das Mulheres e nos seguintes temas: economia feminista, mercado de trabalho, políticas públicas e desenvolvimento econômico do Rio de Janeiro.

Abstract

These memoirist notes recall the professor, politician and intellectual Carlos Lessa and focus on his role as coordinator of the Economics course at the Universidade Federal Fluminense (UFF), in the first half of the 1970s. The article starts with a brief retrospective of the history of Economics teaching in Brazil and at UFF, and, then, addresses his performance there, both as a professor and as coordinator. The relevance of his contribution is highlighted by the testimonies of former students, specially for introducing, in the curricular subjects, ECLAC's thought on economic development and the role of the public sector in that process. His expulsion and his great influence marked the trajectory of the Economy/UFF over the following decades. Finally, it is noted that, in 2022, the Faculty of Economics/UFF completes 80 years of its foundation. Narrating the outstanding role of Professor Carlos Lessa in this construction is our commitment.

Estas memórias relembram o meu encontro com o professor, político e intelectual Carlos Lessa, figura significativa na construção da minha vida profissional e nas de muitas outras pessoas que nas décadas de 1960 e 1970 sonhavam em aprender Economia e construir um Brasil mais igual[2].

Cheguei ao Rio de Janeiro em janeiro de 1970 com minha família, meu marido que vinha assumir o cargo de professor do Programa de Pós-Graduação de Engenharia da COPPE/UFRJ e dois filhos nos braços. Que fazer? Trazia no meu matulão um diploma de Ciências Econômicas pela Universidade Federal da Paraíba – Campus Campina Grande, um diploma de Especialização em Desenvolvimento Econômico da Faculdade de Direito e Economia da Universidade de Toulouse (França) e um doutorado inacabado. Aqui cheguei totalmente desconhecida e minhas relações limitavam-

2 Carlos Francisco Theodoro Machado Ribeiro de Lessa nasceu em 30/07/1936 no Rio de Janeiro, em 1959 graduou-se em Ciências Econômicas pela antiga Universidade do Brasil, fez mestrado em Análise Econômica pelo Conselho Nacional de Economia, em 1960, e o doutorado no Instituto de Filosofia e Ciências Humanas/Unicamp, em 1976. Exilou-se no Chile em 1964 e retornou ao Brasil no meio do ano. Foi professor da Faculdade de Economia e Administração/UFF de 1968-1972, do Instituto Rio Branco do Itamaraty (1961-64). Ministrou cursos na Cepal e no ILPES (ONU) nos anos de 1962 a 1968, no Instituto para Integração da América Latina (1966-69), na Universidade do Chile, na Unicamp (1974-1994). Dirigiu a área social do BNDES em 1985-1989. Reitor eleito da Universidade Federal do Rio de Janeiro, em 2002 e licenciou-se em 2004 para assumir a presidência do BNDES. Faleceu no Rio de Janeiro em 05 de junho de 2020, de Covid-19.

-se aos colegas do meu marido que tinham cursado, com ele, Engenharia Eletrônica e os novos colegas da COPPE. Agarrei a primeira coisa que apareceu: fui recenseadora do Censo Demográfico de 1970, chefe de Posto de Coleta, mas era emprego temporário e fechada a coleta voltei à pacata vida de dona de casa.

Em 1971, inscrevi-me num concurso para técnica da IBM, mas casada, com dois filhos, esta inscrição não foi aceita... podia ter impetrado um mandado de segurança, mas fui desaconselhada por um funcionário da empresa que faria o concurso, mas seria reprovada. Esta foi minha primeira experiência "explícita" com a discriminação de gênero e corria o ano de 1970. Decidi voltar a Universidade e inscrevi-me no "mestrado" de Informática da PUC-Rio. E minha vida mudou, na turma encontrei duas economistas e uma delas abriu-me a possibilidade de substituir um colega doente na Faculdade de Economia/UFF. Fui aceita como substituta em outubro de 1972 e em janeiro de 1973 fiz concurso para entrar no quadro docente e lá estou até hoje[3].

Na Faculdade de Economia/UFF o nome do professor Carlos Lessa era sagrado naqueles tempos, idolatrado por aqueles que tinham sido seus alunos e ainda mantinha um carinho especial com os docentes da Economia/UFF, reunindo algumas vezes os docentes na sua casa/apartamento para uma discussão sobre a teoria do desenvolvimento econômico. Frequentei estas reuniões, primeiro em Copacabana e depois na casa da rua Bogari/Lagoa (Rio de Janeiro/RJ). E aprendi a admirar o professor, sua dedicação com seus alunos/as, nestas conversas informais das manhas de sábado em sua residência.

Portanto, estas notas foram escritas sem que eu tenha sido aluna do professor Carlos Lessa, fui sim sua orientanda de doutorado no Instituto de Economia/UFRJ, nos anos de 1989 a 1993. Minha primeira orientadora foi a professora Maria Bárbara Levi (1943-1992), mas esta orientação foi interrompida pelo seu falecimento em abril de 1992. O professor Carlos Lessa carinhosamente assumiu a orientação, e sua sensibilidade e sólidos conhecimentos da economia e da história do desenvolvimento capitalista permitiu a continuidade da minha pesquisa doutoral sobre a trajetória do café fluminense, defendida em 1993.

O fio condutor destas notas memorialistas sobre o professor Carlos Lessa tem como base sua atuação na coordenação do curso de Economia da

3 Este concurso era interno ao Departamento de Economia e o regime de trabalho era celetista.

Universidade Federal Fluminense e sua participação na formação dos seus docentes na primeira metade dos anos 1970. Estes foram tempos difíceis vividos pelos educadores brasileiros, nos anos de chumbo dos governos militares. Estas memórias foram construídas da seguinte forma: primeiro é feito uma breve retrospectiva da história do ensino de Economia no país e no antigo Estado do Rio de Janeiro – curso de Ciências Econômicas de Niterói/RJ. Na segunda parte, narra a atuação do professor Lessa, tanto como seu coordenador como também como professor. A relevância do seu papel coordenador é destacada pelos ex-alunos/as ao introduzir os paradigmas cepalinos sobre o desenvolvimento econômico, o significado indireto e direto do setor público neste processo nas diversas disciplinas curriculares. Sua expulsão e grande influência na trajetória da Faculdade de Economia/UFF dos tempos duros da ditadura aos tempos neoliberais. Esta narrativa tem como fio condutor as lembranças de seus alunos do passado e alguns tornaram-se os futuros docentes na própria UFF e em diferentes universidades.

Breves notas sobre a origem da Faculdade de Economia/UFF

As faculdades de Ciências Econômicas no Brasil vão surgir no país a partir da aprovação, em 11 de abril de 1931, do Decreto 19.851 que tratava do Estatuto das Universidades Brasileiras, para muitos, o marco inicial da concepção da universidade no Brasil (Castro, 2001, p. 27). No entanto, como resposta a esta regulamentação, em 1938 o Decreto 421/1938 foi o ponto de partida para a instalação no território nacional de faculdades e escolas superiores privadas. E logo foram criadas a Faculdade de Ciências Econômicas e Administrativas do Rio de Janeiro (FCEAR), na cidade do Rio de Janeiro, então Capital Federal, atualmente Instituto de Economia da Universidade Federal do Rio os membros da de Janeiro (UFRJ), e na cidade de São Paulo, a Faculdade de Ciências Econômicas Álvaro Penteado (FCEAP). Em 1941, foi criada a Faculdade de Ciências Econômicas e Administrativas de Minas Gerais (FCEAMG) e, em 1942, a Faculdade de Ciências Econômicas e Administrativas de Niterói-RJ, nossa atual Faculdade de Economia da Universidade Federal Fluminense. Foram iniciativas privadas as primeiras experiências do ensino de Economia no Brasil.

Desta forma, nossa Faculdade foi criada como um empreendimento privado, uma iniciativa do Colégio Plínio Leite. Em 11 de janeiro de 1943, o diretor Plínio Leite reuniu a congregação e elegeu Laércio Caldeira Andrada como vice-diretor, e este professor permaneceu muitos anos à frente da Faculdade, foi na realidade seu diretor, e em 1954 liderou, em conjunto com a congregação, o controle da instituição. Ao longo dos anos 1950, os fluminenses haviam feito um movimento para criar uma universidade no antigo estado do Rio de Janeiro, e todas haviam malogrado. Finalmente, em 1959, o deputado federal Vasconcelos Torres (PSD-RJ) apresentou um projeto para a criação de uma universidade federal no estado, a partir das cinco instituições públicas federais – Direito, Medicina, Odontologia, Farmácia e Veterinária e as instituições privadas – Filosofia, Ciências e Letras e Ciências Econômicas. Em 1960, este movimento da elite niteroiense foi vitorioso e foi criada a Universidade Federal Fluminense, logo em seguida a Faculdade de Economia foi incorporada à esta Universidade. O professor Laércio Caldeira de Andrade dirigia a Faculdade e em 1966 passou a direção ao professor Dálgio Vianna Cunha, nomeado pelo governo militar, e em 1967 foi criado o turno diurno de Ciências Econômicas (MELO & DWECK, 2017, p. 23).

O professor Lessa chega à Faculdade de Ciências Econômicas/ Economia/ UFF

A federalização e a criação do curso diurno mudam tudo! Provavelmente a "luta dos excedentes" foi o estopim para a transformação e profunda renovação no ensino da Economia em Niterói e nas demais cidades e estados. Analisando apenas o caso fluminense no vestibular daquele ano, cerca de 180 estudantes tinham sido aprovados para o curso de Ciências Econômicas de Niterói, mas só havia 60 vagas. E esta não era uma questão apenas de Niterói, mas um problema generalizado entre as faculdades e fez explodir o movimento estudantil em todo o território nacional pela ampliação de vagas e a contratação de mais docentes.

As revoltas de estudantis de 1968 também tinham chegado por aqui e na Economia elas tiveram como mote a melhoria do ensino. A pressão estudantil provocou a transferência de professores para a Faculdade de Direito e dos contabilistas para os recém-criado Departamento de Contabilidade e Administração. Notem que essa agitação estudantil no âmbito da FEA/UFF, durante os anos 1967 a 1969, provocou uma enorme transformação na formação dos economistas que agora buscavam maior qualificação profissional para participarem do "novo" serviço público tais como no BNDE, SUDENE, no planejamento econômico que agora era necessário para a modernização da economia brasileira nos anos 1960. Criou-se o Instituto de Pesquisas Econômicas e Aplicadas (IPEA), o sistema financeiro modernizou-se e tudo isso abriu novas perspectivas para os economistas. Também agitou o público estudantil: "Os alunos das turmas de 1965, 1966 e 1967, pioneiros no processo de transformação, participaram, em diferentes postos, das gestões do Diretório Acadêmico Hermann Junior, eleitas naqueles anos" (depoimento de Lenildo Fernandes Silva, em MELO & DWECK, 2017, p. 87).

Em 1967 foi realizado o primeiro concurso para docente da Faculdade de Ciências Econômicas. As professoras Satie Mizubuti e a socióloga Miriam Limoeiro foram as professoras pioneiras da Faculdade de Economia da UFF. Tinha sido um concurso difícil, porque havia um candidato da elite política fluminense concorrendo e sem a atuação do movimento estudantil para garantir que a competência fosse respeitada a congregação teria aprovado o candidato Antônio Torres e não a professora Satie Mizubuti, a mais competente. Este acontecimento teve enorme repercussão na cidade pela derrota do filho do governador Paulo Torres, este capitão do Exército e chefe do Departamento de Ordem Política e Social (DOPS), agência governamental da repressão política do Estado brasileiro. Este concurso e seu resultado fortaleceu a resistência estudantil e potencializou as ações dos docentes recém-contratados.

Os ventos da revolta estudantil foram fortes e trouxeram novos docentes – agora os técnicos do Escritório da CEPAL: Carlos Lessa, Antônio de Barros Castro, Claudio Salm, Roberto M.R. Gamboa, Saturnino Braga, Carlos Consenza e Frederino Amorim[4]. A chegada desses professores à instituição, em 1968 e 1969, colocou-a em evidência. Num café da tarde em sua residência, a professora Maria da Conceição Tavares contou-me que eles haviam conversado e ele iria para a Economia/UFF e ela ficaria na resistência da Faculdade de Ciências Econômica da Universidade do Brasil (posteriormente UFRJ)[5].

A dupla Antônio de Barros Castro e Carlos Lessa tinham lançado, em 1967, o livro *Introdução à economia: uma abordagem estruturalista*, conhecido como de autoria "Castro & Lessa", este livro foi uma bíblia da hete-

4 Esta história está contada em Melo & Dweck, 2017.

5 Conversa entre a professora Maria da Conceição Tavares e Hildete Pereira de Melo em 2017, quando esta última organizava *Maria da Conceição Tavares – vida, ideias, teorias e políticas*, São Paulo, Expressão Popular, Fundação Perseu Abramo e Centro Internacional Celso Furtado de Políticas para o Desenvolvimento, 2019, em setembro de 2018.

rodoxia econômica e foi adotado como texto obrigatório dos novos cursos de Economia que rapidamente se espalharam do norte ao sul do país.

A vinda de Carlos Lessa e Antônio de Barros Castro[6], que representavam a vanguarda do pensamento desenvolvimentista, atraiu para a Economia/UFF jovens economistas promissores, como Ricardo Tolipan, Jane Souto, Eustáquio Reis, Liana Aureliano, Sérgio Goes de Paula. Foi uma renovação completa do quadro de docentes e, em 1968, Carlos Francisco Theodoro Machado Ribeiro de Lessa (1936-2020) – o professor Lessa – assumiu o recém-criado cargo de coordenador do curso de Ciências Econômicas. A chegada do professor Carlos Lessa e sua nomeação como o primeiro coordenador do curso de Economia e Administração/UFF, nas palavras de um estudante daqueles anos, foi "um sopro de vitalidade varreu o Curso" (MELO & DWECK, 2017, p. 29).

A agitação estudantil desse ano exigia transformações no sistema universitário e os estudantes organizados no diretório propõem um seminário para discutir estas mudanças. O professor Lessa foi o orientador do seminário e o Diretório Acadêmico Hermann Junior organizou o *I Seminário de Professores e Alunos da Faculdade de Economia e Administração da UFF*, convocado pelo diretor, por meio da Portaria 19 de 30/07/1968, e este realizou-se em agosto daquele mesmo ano.

Estudantes e professores tentavam construir uma ponte para a transformação do ensino universitário e tornar o ensino de Economia mais plural e necessário para a modernização da economia brasileira. Foi uma semana de debates uma sobre "formação profissional", discutindo o currículo e programas das disciplinas, outra sobre "procedimentos pedagógicos" e a última sobre o curso de Administração. E uma sessão plenária para aprovar um Relatório Final do Seminário.

Este relatório foi, posteriormente, aprovado pelo Conselho Departamental em 15 de novembro de 1968. Observem que estudantes e os novos professores que haviam chegado com o professor Carlos Lessa propunham uma universi-

---

6 Antônio Barros de Castro nasceu no Rio de Janeiro, em 1938. Foi um economista desenvolvimentista e acadêmico respeitado no meio universitário nacional e latino-americano. Graduou-se em Economia em 1959 pela UFRJ e, em 1977, defendeu o doutorado na UNICAMP. Professor Emérito da UFRJ, lecionou no Instituto de Economia desta universidade. Trabalhou por vários anos em diversas universidades estrangeiras. Foi presidente do BNDES de outubro de 1992 a março de 1993, e depois conselheiro, de 2004 a 2010. Todavia, entre os anos de 2005 a 2007 ocupou a diretoria de Planejamento do banco. Foi autor de inúmeros livros e artigos sobre a economia brasileira. Faleceu no Rio de Janeiro, em 22 de agosto de 2011.

dade unitária, livre e autônoma, integrada à sociedade. Também o aumento do número de vagas, ensino e pesquisa sem discriminação política, religiosa, de sexo, cor, para a formação de líderes para o desenvolvimento do país. A organização por meio de departamentos, com os professores a eles vinculados e não às cadeiras e disciplinas.

Desta forma, o seminário recomendava uma formação acadêmica com ênfase no desenvolvimento da perspectiva crítica e capacidade analítica dos fenômenos do domínio econômico. Uma coordenação técnico-pedagógico com menos rigidez na escolha das combinações de disciplinas, possibilidades de realização de disciplinas em outras unidades, tempo integral para os professores, concessão de bolsa de estudos a alunos pesquisadores e monitores, cem como para estudantes carentes (MELO & DWECK, 2017, p. 92).

Estas propostas foram discutidas em 1968, meses antes da decretação do AI-5 (13/12/1968), e aconteceram de forma pioneira na Economia/UFF. No plano federal, no ano seguinte, o Ministério da Educação (MEC), na gestão do ministro Jarbas Passarinho[7], promulgou a Lei 5.540, de 28 de novembro de 1968 – A Reforma Universitária. Também discutia uma modernização do setor público e uma reforma universitária que foi realizada em 1969. Neste ano, o Ministério de Educação modificou de forma profunda a estrutura universitária nacional: instituindo o sistema departamental, centros e institutos universitários. Além de introduzir mudanças nas universidades federais, a Reforma Universitária de 1969 também possibilitou a expansão do ensino universitário privado no Brasil. Como afirma Martins (2009), o governo militar, prevendo que não poderia atender a demanda crescente de acesso ao ensino universitário público, criou as condições para sua expansão privada (embora esta questão não será analisada neste trabalho). Portanto, a reforma

7 Jarbas Passarinho nasceu em Xapuri (Acre) em 1920. Seguiu a carreira militar, com o golpe de 1964 foi nomeado por Castelo Branco governador do Pará. Foi eleito senador em 1966 e em 1986. Foi ministros dos governos militares nas pastas de Trabalho e Previdência Social e de Educação. Foi na sua gestão no Ministério da Educação que foi promulgada “Reforma Universitária” de 1969. Aplicou sem dor e nem piedade o Decreto 477 que permitia a expulsão sumaria de alunos e docentes. Provavelmente sua mais famosa frase refere-se à “célebre” reunião ministerial de 13 de dezembro de 1969, no governo Costa e Silva, quando declarou “Às favas, senhor Presidente, neste momento todos e todos os escrúpulos de consciência” para justificar seu voto favorável pela decretação do Ato Institucional nº 5 (AI-5), o mais duro dos dezessete atos institucionais do regime militar. Este cassou mandato de parlamentares, fez intervenções em estados e municípios, suspendeu os direitos políticos de milhares de pessoas, ampliando a tortura no Brasil. Faleceu em Brasília em 06 de junho de 2016. Fonte: globo.com.g1/política/noticias/2016/06/ex-ministro-e-ex-governador-do-para-jarbas-passarinho-morre-em-brasilia.htm/. Acesso em: 16 jul. 2022.

Passarinho, como ficou conhecida, mudava os estatutos das universidades públicas, mas permitia que a demanda crescente por ensino universitário fosse atendida pelo setor privado. No entanto, a Universidade Federal Fluminense (UFF) ficou no meio do caminho, implantou o novo sem desmanchar o velho e a Faculdade de Economia e Administração permaneceu vinculada ao Centro de Estudos Sociais Aplicados (MELO & DWECK, 2017, p. 27).

Todavia, a luta dos estudantes, que havia explodido pela abertura de vagas, transbordou no desejo de uma melhoria no curso, que devia propiciar novas respostas o momento vivido pela economia nacional. Até aqueles anos, o ensino de economia e a formação do economista, como profissional, admitia uma grande interdisciplinaridade com as carreiras jurídicas e de contabilista, mas agora as demandas do mercado de trabalho e do Estado pediam profissionais com uma formação teórica-histórica sólida nos pressupostos da ciência econômica e do desenvolvimento. E a chegada do professor Lessa era uma resposta fundamental para os novos tempos.

Testemunhos de ex-alunos/as

A memória dos estudantes daqueles anos é eloquente quanto ao entusiasmo provocado pela sua atuação no espaço acadêmico niteroiense. Nas palavras de uma ex-aluna: "o lugar era um oásis à mediocridade e ao pensamento conservador dominante. O coordenador era o professor Carlos Lessa que, com sua vibração e capacidade, aglutinava professores e alunos em torno do pensamento estruturalista no Brasil" (depoimento de Angela Ganem, em MELO & DWECK, 2017, p. 79)[8].

O estudante e presidente do diretório acadêmico – Lenildo Fernandes da Silva, gestão 1967 a 1968 – escreveu: "O processo de transformação da Economia, no período 1965-1970, pode ser entendido a partir da melhoria da qualidade do corpo de professores, da completa reformulação do currículo e programas, da implantação de um curso mais crítico e preocupado em discutir a realidade nacional, do início da realização de concursos para a seleção e ingresso no corpo docente" (MELO & DWECK, 2017, p. 96).

O depoimento do estudante e coordenador do departamento cultural do diretório acadêmico – Claudio Monteiro Considera, gestão 1968 a 1969 – afirma que:

---

8 Ângela Ganem foi ex-aluna, professora e coordenadora da Pós-Graduação de Economia, de 1969 a 1972, da Faculdade de Economia/UFF.

> À nossa escola devo uma grande parcela do que viria a ser minha trajetória profissional. Como membro do Diretório Acadêmico Hermann Junior (DAHJ), participei ativamente do movimento de transformação de nossa escola de um curso de bacharéis para um curso moderno, em linha com os mais avançados do Brasil. Esse movimento, que havia sido iniciado pela turma de meus colegas Antônio Parreiras, Jonas Zonistein e Lenildo Fernandes, dentre outros, foi continuado pela nossa turma com a ajuda de muitos professores, como Carlos Lessa, Antônio Barros de Castro, Saturnino Braga, Luís Claudio Marinho, oriundos do Escritório Cepal/Ilpes no Brasil e vários outros vindos do Ipea, como Francisco Beato, Vânia Tavares e Augusto Cesar Areal. (MELO & DWECK, 2017, p. 96-97).

Outro depoimento dos estudantes do passado é de José Alberto Paraíba Peixoto (Turma 1967 a 1970):

> A história da Faculdade de Economia da UFF tem sua história associada ao quadro político do país, o que faz de seus alunos e professores, principalmente na fase da ditadura militar, protagonistas. A minha origem é de classe baixa. Na época de minha entrada na faculdade, já acostumado aos cursos noturnos e sempre tendo que custear a própria formação, o curso pré-vestibular Hermann Junior veio na medida certa. [...] no Curso de Introdução à Economia, [...] o método do conhecimento em economia apresentava uma visão sistêmica do funcionamento da economia. As aulas eram acompanhadas dos textos de Oskar Lange (Moderna Economia Política), e do Castro & Lessa, recém-lançado na época (1° Edição de 1967), e mais algumas apostilhas da CEPAL [...] já neste semestre a tônica era a do pensamento crítico. [...] Nos semestres que se seguiam aos cursos básicos, as oportunidades de bons cursos eram muitas, quer em Macroeconomia (professor Lessa), Microeconomia (professor Consenza) ou em História do Pensamento Econômico (professor Beato).[9]

Estes testemunhos de ex-alunos/as contam a história da renovação da Faculdade de Economia/UFF e atestam o protagonismo do professor Carlos Lessa na sua passagem pela coordenação do curso naqueles anos. Seguramente foi sua liderança que imprimiu a linha do pensamento cepalino, com enfoque keynesiano nas diversas disciplinas da Contabilidade Social, as quatro disciplinas de Macroeconomia, ministradas por ele, seguida das disciplinas de Desenvolvimento Econômico e Planejamento com a turma

9 Tanto Claudio Monteiro Considera como José Alberto Paraíba Peixoto foram professores da Faculdade de Economia/UFF nos anos seguintes.

do BNDE (Clemente Pereira e Silvandro Cardoso). Todas estas mudanças nos diversos conteúdos disciplinares eram uma estratégia discutida pela jovem guarda cepalina formada pelo Escritório da CEPAL/BNDE, primeiro sob a coordenação de Anibal Pinto (entre 1961 e 1964) e depois sob a direção Maria da Conceição Tavares. Uma plêiade de jovens estudantes tinha sido formada naqueles anos, entre eles Maria da Conceição Tavares, Carlos Lessa, entre outros. Esta atitude de difundir as teorias cepalinas nas graduações de Economia foi contada pela professora Maria da Conceição Tavares: ela permaneceria na Faculdade de Ciências Econômicas da Universidade do Brasil e ele iria para Niterói e assim lutariam para introduzir o pensamento cepalino no ensino de Economia[10].

Coordenador e professor da Economia/UFF, o professor Carlos Lessa negociou um empréstimo no BNDE para construir mais um andar no prédio novo da faculdade (naqueles anos na rua Tiradentes, 17, Ingá, Niterói). Houve uma solenidade para celebrar o convênio, mas o reitor Jorge Emmanuel Ferreira Barbosa (gestão 1970 a 1974) não compareceu. O professor Carlos Lessa, logo depois, pediu demissão da UFF.

Ao longo do tempo convivi com o professor Lessa em muitas oportunidades: nas reuniões que aconteciam nos anos 1972 e 1973 em sua residência para debater o conteúdo de nossas disciplinas na Economia/UFF; nas lutas políticas pela redemocratização do Brasil; como sua orientanda de doutorado nos anos de 1992 e 1993; nos encontros de economistas ou nos debates sobre a economia do Rio de Janeiro; ou mesmo na casa da professora Maria da Conceição Tavares – nunca ousei perguntar o que tinha provocado seu pedido de demissão da UFF. Nas conversas do cafézinho no bar da faculdade dizia-se que o reitor estava sendo pressionado pelos órgãos de segurança pela ousadia dos debates e do ensino ministrados pelos professores da Faculdade de Economia/UFF, e o professor Lessa era responsabilizado como seu mentor intelectual. O professor Carlos saiu, mas suas ideias e orientação continuaram, até que a pata militar entrou pesado com a perseguição e prisão em março de 1976 do coordenador do curso de Economia – professor Airton de Albuquerque Queiroz – e esta prisão desencadeou uma caça às bruxas, culminando com a demissões de mais de uma dezena de docentes. O corpo docente

10 Conversa entre a professora Maria da Conceição Tavares e Hildete Pereira de Melo em 2017, no momento em que a última estava organizando com ela o livro *Maria da Conceição Tavares, Vida, ideias, teoria e políticas*.

resistiu como pôde naqueles dias sombrios à prepotência tanto das autoridades universitárias da UFF como dos órgãos de segurança. Foi um período muito difícil, os dirigentes da UFF queriam esvaziar o curso de Economia e extinguiram o curso diurno, mas os/as docentes resistiram e continuaram na luta para manter a qualidade do curso, que já era reconhecido como um dos melhores do país (MELO & DWECK, 2017, p. 29-32). E, olhando para trás, vemos que os professores/as venceram esta batalha.

Reflexões finais

Estas notas memorialistas sobre a atuação do professor Carlos Lessa na modernização do curso de Economia da Universidade Fluminense na virada dos anos 1960 e início de 1970, num dos momentos mais tristes vividos pela sociedade brasileira, das punições arbitrárias e da explosão das transformações na mudança do paradigma da ciência jurídica e da contabilidade até então dominante no ensino de Economia. A chegada da equipe de jovens economistas, coordenados pelo nosso "eterno" professor Carlos Lessa, que com sua vibração e capacidade aglutinava docentes e estudantes em torno do pensamento estruturalista no Brasil fez a diferença! Como escreveu sua velha amiga e companheira de lutas, a professora Maria da Conceição Tavares, "resistir é preciso" e diante da miséria que assola o país, do desemprego, subemprego e desalento relembrar os ensinamentos dos nossos mestres é nossa missão.

A Faculdade de Economia/UFF completou 80 anos de sua fundação em 2022, e nesta trajetória contribuiu para a formação de quadros técnicos qualificados para servirem a sociedade. Neste momento não podemos esquecer do papel desempenhado pelo professor Carlos Lessa nesta construção, sua alegria em ensinar, sua competência, generosidade e o eterno compromisso com a democracia.

Professor Carlos Lessa presente!

Referências

CASTRO, Nivalde J. de. *O economista: história da profissão no Brasil*. Rio de Janeiro: COFECON; CORECON-RJ, 2001.

MARTINS, Carlos Benedito, "A reforma universitária de 1968 e a abertura para o ensino superior privado no Brasil". *Educação & Sociedade*, Revista do Centro de

Estudos de Educação e Sociedade – CEDES, Faculdade de Educação, Campinas, Vol. 30 (106), abril de 2009.

https://doi.org/10.1590/S0101-73302009000100002.

MELO, Hildete Pereira de & DWECK, Ruth Helena. *Economia, História e Memórias: A trajetória da Faculdade de Economia da UFF.* Niterói: EDUFF, 2017.

MELO, Hildete Pereira de (Org.). *Maria da Conceição Tavares – vida, ideias, teorias e políticas.* São Paulo: Expressão Popular, Fundação Perseu Abramo e Centro Internacional Celso Furtado de Políticas para o Desenvolvimento, 2019.

6

Castro-Lessa: Um único autor ou dois grandes mestres

Fernando Nogueira da Costa[1]

"Se quiser apresentar o Brasil a um estrangeiro, leve-o a um restaurante a quilo, será o único lugar do mundo onde se mistura sushi e sashimi com feijoada!"

(Carlos Lessa em palestra a empresários, confirmado pessoalmente e acrescentado: – *Em nova versão, eu digo:'é o único lugar onde se esconde o nhoque sob uma folha de alface'!"*).

Resumo

Releitura do livro de *Introdução à Economia* conhecido como Castro & Lessa, ½ século depois de ter iniciado meus estudos por ele, para verificar sua atualidade. Comparo a abordagem estruturalista dos meus mestres com a abordagem da complexidade sistêmica, na fronteira teórica contemporânea. A economia (atividade) é vista como um componente do sistema complexo emergente de suas interações com os demais componentes da realidade: atividade política (ações coletivas em busca de impor interesses próprios), estratificação social (desigualdade entre indivíduos e agrupamentos sociais, inclusive por castas de natureza ocupacional e párias sem direitos da cidadania), psicologia econômica, meio-ambiente natural e institucional, capacidade de adequação evolucionária etc. A visão holística analisa esse sistema complexo como um todo e não de maneira fragmentada. Castro-e-Lessa não compreendem os setores produtivos e/ou os agentes econômicos como atuassem de maneira separada, mas sim como um conjunto de atividades com atuação interdependente para a emergência sistêmica.

1 Fernando Nogueira da Costa é Professor Titular do IE-Unicamp: http://fernandonogueiracosta.wordpress.com/. E-mail: fernandonogueiracosta@gmail.com.

Abstract

I reread the book Introduction to Economics, known as Castro & Lessa, half century after I began my studies with it, to verify its relevance. I compare the structuralist approach of my masters with the approach of systemic complexity, on the contemporary theoretical frontier. The economy (activity) is seen as a component of the complex system emerging from its interactions with the other components of reality: political activity (collective actions seeking to impose their own interests), social stratification (inequality between individuals and social groupings, including by caste occupation and outcasts without citizenship rights), economic psychology, natural and institutional environment, evolutionary adaptability, etc. The holistic view analyzes this complex system as a whole and not in a fragmented way. Castro & Lessa does not understand the productive sectors and/or the economic agents as acting separately, but as a set of activities with interdependent action for the systemic emergency.

Retornando de uma palestra no Rio de Janeiro, encontrei, por acaso, o professor Carlos Lessa no aeroporto Santos Dumont, acompanhado dos colegas Ernani Torres e Ricardo Bielschowsky. No meio de amigos, ele me abraçou e lhes disse sem a menor inibição: "Fernando escreveu o melhor livro sobre bancos no Brasil! É excepcional!".

Nunca antes lágrimas tinham vindo aos meus olhos por emoção profissional. “Mestre sem reconhecer o avanço do discípulo é um mal mestre” (Elsner, professor de música de Chopin). O professor Lessa é insuperável em humor junto com cultura!

Deste modo, é sempre uma alegria lembrar meu caro amigo e professor. O convite da Associação Brasileira de Economistas pela Democracia (ABED) para eu escrever, em especial, sobre o livro *Introdução à Economia: Uma Abordagem Estruturalista*, de coautoria de Antônio Barros de Castro (outro Grande Mestre e amigo) e Carlos Francisco Lessa, é uma grande honra.

Afinal, há 50 anos, em 1971, comecei a estudar Economia através dele, adotado por um professor da FACE-UFMG, ex-professor da UnB, tendo sido aluno de curso da CEPAL. Foi uma sorte iniciar minha formação com uma abordagem estruturalista – e não neoclássica ou monetarista, dominantes do *mainstream* na época.

Mas penso a razão do convite ter sido o lançamento, há duas décadas atrás, de um livro de Introdução à Economia de minha autoria, intitulado *Economia em 10 Lições*. O livro almejava a "alfabetização econômica", ou seja, a propagação da leitura de Economia.

Na verdade, eu nada disse de novo, sem os economistas conhecerem, nesse livro. Apenas propus *uma nova maneira de dizer o já conhecido*, na profissão, para quem não o conhecia, considerado *leigo* por economistas.

Fiz isso através de diálogos. Passei o livro conversando comigo mesmo, mas através de personagens.

Nele, os temas "subordinam" as escolas de pensamento, ou seja, é apresentado, dentro de cada tema fundamental, o dito pelas diversas escolas e/ou autores. Escrevi um livro de Introdução à Economia Fundamental com *uma abordagem pluralista*.

A ideia era oferecer um conhecimento do funcionamento sistêmico da economia, *complexo* porque resultante das interações entre múltiplas decisões individuais. Tratava-se do leitor, partindo de uma visão particular de seus interesses imediatos (ótica microeconômica), obter uma visão global, social e coletiva da economia de sua comunidade (ótica macroeconômica).

Fora um capítulo inicial para discutir a decisão de estudar Economia e um final para apresentar uma *visão sistêmica* com a abordagem do circuito monetário, dividi as demais quatro partes do livro em sequências de dois capítulos: um *microeconômico* sobre as decisões práticas econômico-financeiras, outro *macroeconômico* sobre as resultantes das interações dessas decisões.

Então, um capítulo sobre fixar margem de lucro e/ou preço, isto é, teorias da firma e estruturas de mercado (competitivo, oligopolista, monopolista), foi seguido de outro sobre mercado de ativos e nível dos preços: inflação corrente ou de ativos; multiplicador monetário via sistema bancário; crise financeira.

Um capítulo sobre produzir para mercado interno ou externo (importação/exportação), divisão de trabalho e produtividade, foi acompanhado de outro sobre mercado de trabalho e nível de emprego: teorias do desemprego, inclusive o tecnológico.

Gastar em consumo e/ou investimento envolveu a teoria do consumidor e os determinantes do investimento. Somei à visão de ciclo e tendência do crescimento o debate sobre desenvolvimento econômico com as diversas teorias do subdesenvolvimento.

Regular a economia de mercado via política econômica exige conhecimento (datado e localizado) sobre política fiscal, política monetária, política cambial e graus de mobilidade de capital. Em uma macroeconomia aberta, apresentei o mercado de câmbio e crise cambial, com análise dos determinantes da taxa de câmbio; abordagens do balanço de pagamentos; teorias do comércio internacional. Só. O necessário – e imagino suficiente – para obter uma *visão holista* (do todo) das atividades econômicas.

Portanto, meu desafio aqui será reler o Castro & Lessa, meio século depois, para verificar sua atualidade, inclusive comparando a *abordagem estruturalista* dos meus mestres com *a abordagem da complexidade sistêmica,* na fronteira teórica contemporânea. Terei de ter cuidado para não cometer o pecado do *anacronismo*: consiste em erro cronológico, quando determinados conceitos e pensamentos são usados para retratar uma época diferente daquela à qual de fato pertencem.

Preâmbulos biográficos

Elisa Kluger, em sua tese de doutorado *Meritocracia de laços: gênese e reconfigurações do espaço dos economistas no Brasil,* defendida no Departamento de Sociologia da FFLCH-USP, em 2017, narra a história do ambiente institucional vivenciado pelos coautores durante a elaboração do livro aqui comentado. Vale a pena reproduzi-la.

Aníbal Pinto Santa Cruz chegou ao Brasil em 1960 e permaneceu no Rio de Janeiro até 1965. Em sua equipe do Centro Cepal-BNDE estavam Antônio Barros de Castro, Carlos Lessa e Maria da Conceição Tavares, três amigos economistas em início de carreira.

Carlos Lessa foi o primeiro a ingressar no escritório. Ele era estagiário do Ministério da Fazenda, em uma equipe dirigida pelo fiscalista Gerson Augusto da Silva, ao qual foi dedicado o livro-texto "Castro e Lessa". Ele estava trabalhando na preparação do tratado de Montevidéu (1960), o qual daria origem à Associação Latino-Americana de Livre Comércio.

> Nessa ocasião, eu lidei com muita gente da divisão de comércio exterior da Cepal. Eles deram indicação ao Osvaldo Sunkel, com a missão de vir para o Brasil abrir o escritório Cepal-BNDE, de eu ser um brasileiro interessante para recrutar para a organização [...]. Aí eu comecei a minha carreira como vice-diretor do centro Cepal-BNDE. O Sunkel era o diretor e eu era o vice-diretor. Pouco tempo depois, Aníbal Pinto substituiu o Sunkel e aí o

> escritório cresceu por agregação de Castro, Conceição, de uma porção de jovens economistas. Depois fizeram carreira, muitos deles na Universidade de Campinas. (Entrevista de Carlos Lessa à autora, 2012).

Carlos Lessa conta: já conhecia Maria da Conceição Tavares e Antonio Barros de Castro antes da reunião dos três no Centro CEPAL-BNDE. Lessa conheceu Castro no Colégio Padre Antonio Vieira, uma das principais instituições de formação dos rebentos masculinos de famílias tradicionais católicas da elite brasileira.

Kluger faz uma observação sobre as escolas católicas de grande prestígio, onde os jovens da elite cresciam e eram educados em meio a seus pares. "Essas instituições, juntamente com as famílias, incutiam a crença na excelência e excepcionalidade, naturalizando a ideia de seus alunos poderem vir a ocupar os postos de direção da sociedade. Ajudavam, ademais, a criar as afinidades culturais, sociais e políticas a partir das quais se teciam os laços de amizade que uniriam os futuros dirigentes nacionais".

Carlos Lessa e Antonio Barros de Castro foram colegas novamente na Faculdade Nacional de Ciências Econômicas (FNCE) da Universidade do Brasil (posteriormente UFRJ), onde ingressaram em 1956.

Castro dá o seguinte depoimento sobre sua vida na universidade:

> Cursei, no Rio de Janeiro, a antiga Faculdade Nacional de Economia, na mesma turma de Carlos Lessa, amigo inseparável de muitos anos. Era uma boa escola, apesar de extremamente conservadora. As figuras marcantes eram: Octavio Bulhões, Roberto Campos, Antônio Dias Leite e San Thiago Dantas. Eram quatro notáveis professores [...] o grande problema da nossa escola era *o insulamento*. Jamais foi mencionado, por exemplo, o debate Roberto Simonsen versus Eugênio Gudin. A CEPAL também não era referida. A publicação do livro *Formação Econômica do Brasil* de Celso Furtado teve repercussão nula. Como disse, era uma escola extremamente conservadora: uma redoma. (CASTRO, 1999, p. 156).

A opinião de Lessa sobre sua Escola não é diferente. Ele também reclama da falta de diversidade dos conteúdos ministrados, afirmando não haver sequer uma referência a Keynes. Nela, o Brasil nunca foi tratado como uma economia com especificidades. Ainda assim, ele julga sólida a formação recebida: "nós tínhamos um conjunto de professores praticamente todos conservadores, mas muito bem preparados. Figuras assim, estelares, tipo Eugênio Gudin

[...] San Thiago Dantas era uma figura fantástica. Deslumbrante! Talvez o melhor professor, em toda a minha vida, foi Roberto Campos, ele era um homem extremamente culto" (LESSA, 2012).

"Meu curso de Economia foi um curso muito curioso para os padrões atuais, pois eu li os grandes autores neoclássicos e suas obras originais [...]. Ora, o pensamento liberal em sua melhor versão leva à discussão conceitual. O manual anglo-saxão atual não leva a isso" (LESSA, 1981, p. 165).

Tanto Castro quanto Lessa sustentam: só depois de formados assumiram posturas críticas em relação ao pensamento econômico produzido e ministrado na FNCE.

Como Lessa, Castro e outros dois colegas, David Langier e Ruy Formosi, trabalharam, durante a graduação, no Conselho de Política Aduaneira, com Gérson Augusto da Silva. Castro o considerava como um "pai intelectual". Ele despertou seu interesse pela política econômica.

No fim da graduação, Barros de Castro recebeu a medalha Visconde de Cairu por seu desempenho acadêmico. Com isso, obteve uma bolsa da Fundação Rockefeller para complementar seus estudos no exterior.

Castro já dominava o inglês e o francês, mas optou inicialmente pela Inglaterra, para onde foi também seu colega e amigo Langier. Ele ingressou na LSE em 1960. Lá estudaria com o mesmo Lionel Robbins orientador dos estudos de Sunkel anos antes, mas disse ele: "estudei só marginalmente Economia. Eu me interessava mesmo era pelo curso de Filosofia da Ciência e sobretudo pelo seminário do [Karl] Popper. Ele foi a maior experiência intelectual da minha vida".

Depois de um ano em Londres, Castro mudou-se para Paris, onde estudou Matemática e Estatística no *Centre d'Études des Programmes Économiques*. Nele lecionava Edmond Malinvaud, economista, como Gerard Debreu, integrante do grupo de jovens ao redor de Maurice Allais, economista com formação em Matemática, diploma de politécnico e experiência na administração de Estado, tendo sido pioneiros na construção da visões matematizadas.

Enquanto Castro estudava na Europa, Lessa fazia o curso de aperfeiçoamento ministrado pelo Conselho Nacional de Economia (CNE). Ao concluí-lo, Lessa passou a lecionar no Instituto Rio Branco e trabalhar no próprio CNE, a convite de Juvenal Osório. O Conselho enviou-o para o Nordeste para fazer um diagnóstico sobre a economia da região metropolitana de Recife.

Sobre a ocasião, Lessa disse:

> Eu visitei as favelas do Recife. Visitei Nova Brasília e fiquei em um estado de revolta com a elite brasileira. Como deixam as pessoas vivam nessas condições desumanas?! Como quem tem apartamentos de luxo na Barra, na praia da Boa Viagem, por trás essas favelas pútridas, curtas, com pessoas pigmeus, envelhecidos, imundos?! A sociedade está errada!
>
> Então, eu passei por uma posição crítica em relação à sociedade sem ter sido doutrinado por nenhum grupo propriamente. Foi, digamos assim, um resultado, digamos assim, da minha maneira romântica de ver as favelas do Rio e o choque de ver a favela de alagado. Depois que eu conheci a favela dos alagados de Salvador, aí virei obcecado pelo tema *favelas*, estudei o tema *favelas* obstinadamente. (Carlos Lessa, entrevista à autora, 2012).

As favelas e a leitura de Celso Furtado foram, na opinião de Lessa, os estopins de sua orientação crítica. Pouco tempo transcorreu até sua orientação encontrar eco no pensamento e ação da CEPAL, onde diz ter mergulhado "de cabeça na agenda brasileira e na agenda latino-americana" (LESSA, 1981, p. 166).

Depois de concluir a graduação, em 1960, de conquistar o prêmio Visconde de Cairu de melhor desempenho acadêmico e de concluir o curso da CEPAL, Maria da Conceição Tavares foi convidada para juntar-se à equipe de seu colega de faculdade Carlos Lessa no Centro CEPAL-BNDE. Pouco depois, Antônio Barros de Castro voltou ao Brasil e foi também integrado ao Centro. Castro, Lessa e Tavares formaram, então, um trio, por muitos anos, com caminhos teóricos e políticos semelhantes.

Quando Castro retorna de Paris, já encontra seu colega Lessa e uma economista da turma seguinte da Universidade do Brasil [futura UFRJ], Maria da Conceição Tavares, trabalhando no recém-criado Centro CEPAL-BNDE. Eles apresentaram Castro ao novo chefe, Aníbal Pinto Santa Cruz. Este o convida a juntar-se à equipe em dezembro de 1962 (CASTRO, 1999, p. 159).

Aníbal Pinto, o segundo diretor do Centro CEPAL-BNDE, tornou-se uma espécie de mentor dos jovens economistas brasileiros. Enxergavam nele "um homem sábio", "com grande capacidade institucional", "antidogmático", "com uma tendência à iconoclastia" e "engajado na luta pela transformação social".

Sob a direção de Aníbal Pinto, Conceição começou a escrever o ensaio *Auge e Declínio do Processo de Substituição de Importações no Brasil* e Lessa preparou o *Quinze Anos de Política Econômica no Brasil*. Além de guiar as pesquisas de Conceição e Lessa, Aníbal encomendou a Castro e Lessa, um manual para ser usado nos cursos intensivos da CEPAL no Brasil.

Ele deveria ser adequado para ensinar pessoas com as mais diversas formações e experiências profissionais. O resultado foi o livro *Introdução à economia: uma abordagem estruturalista* (1967), também conhecido como o "Castro e Lessa".

Ele empregava *a perspectiva sistêmico-estrutural,* adotada pela CEPAL para discutir os problemas econômicos específicos da realidade brasileira, ressaltando o poder de transformação do planejamento e das políticas de desenvolvimento (Ana Célia Castro, entrevista à autora, 2014; CASTRO, 2000, p. 823; Carlos Lessa, entrevista à autora, 2012; CRUZ, 1977, p. 9; LESSA, 1998, pp. 8-9; SERRA, 2010; TAVARES, 2010).

O livro *Introdução à Economia* foi dedicado a Gerson Augusto da Silva. Ele fora importante influência na vida dos dois autores. No livro há também um agradecimento à Conceição Tavares: "ao longo dos quatro anos durante os quais essa obra se desenvolveu [...] nos oferecia ela críticas e sugestões e se algum rigor o trabalho apresenta deve-se, em grande medida, ao seu aguçado espírito crítico e ao seu incansável desejo de cooperar" (CASTRO & LESSA, 1977, p. 17).

Quando o Manual ficou pronto e foi lançado, Lessa já havia deixado o Brasil para fugir da repressão. Ela se alastrara após o golpe de 1964. Ele conta, logo após a instalação do governo militar, deu um curso "meio rebelde", "caindo de porrada" nos militares. "Um aluno chegou perto de mim e disse: ô professor, os militares estão ficando incomodados com o senhor, já tem denúncias". Foi quando as Nações Unidas "acharam ser melhor eu me retirar do Brasil, porque se criava uma situação complicada" na qual sua segurança poderia ser ameaçada (Entrevista de Carlos Lessa à autora, 2012).

Aníbal Pinto providenciou para que Lessa fosse transferido para a sede da CEPAL no Chile. Chegou ele a Santiago logo em 1964.

Conceição Tavares destaca o papel desempenhado por Aníbal Pinto, tanto na montagem de uma escola cepalina no Brasil, quanto na integração dos brasileiros oficialmente exilados e autoexilados no Chile. Quando do falecimento de Aníbal Pinto, Conceição escreveu, segundo está na tese de Elisa Kluger:

> Sei que prantearam a sua morte, pelo muito lhe devido, muitos amigos em várias partes do mundo, seguidores, no entanto, por caminhos distintos. Mas falo hoje apenas pelos brasileiros, onde fez um grande número de discípulos na direção do Centro CEPAL-BNDE, de 1960 a 1964. Creio repre-

> sentar a todos, por eu ter sido neste país, juntamente com Carlos Lessa e Antônio Barros de Castro, uma das suas discípulas mais antigas e fiéis. Ensinou-nos os fundamentos da Economia Política e, com a paciência, o entusiasmo e a generosidade características dele, guiou os nossos primeiros ensaios sobre economia brasileira.
>
> Além disso, ajudou, por meio dos cursos CEPAL-BNDE, a formar dezenas de economistas originários das burocracias públicas, da universidade e da política. Os mais ativos na política de resistência à ditadura acabaram no exílio e vários deles se reencontraram no Chile, onde, na CEPAL, na ESCOLATINA [Escuela Latinoamericana de Economía de la Universidad de Chile] e na FLACSO [Faculdade Latino-Americana de Ciências Sociais], continuaram desenvolvendo, junto com o mestre, seu pensamento econômico e social em forma mais rigorosa.
>
> Os resistentes no Brasil criaram vários centros de ensino e pesquisa, o mais notório dos quais foi o Departamento de Economia da Universidade de Campinas. Como núcleo de resistência e pensamento econômico independente, grupos de economistas da UFRJ [Universidade Federal do Rio de Janeiro], da UFF [Universidade Federal Fluminense], continuaram como puderam o seu trabalho [...]. Da sensibilidade humana de Aníbal Pinto, ao incorporar aos seus discípulos gente jovem e exilada no Chile de toda a América Latina, muitos poderiam dar testemunhos. No Brasil, temos vários casos, mas creio ser o mais notável o de José Serra. Ele, sendo engenheiro e exilado, iniciou sua carreira como economista, no Chile, sob a proteção intelectual e afetuosa de D. Anibal [Pinto Santa Cruz]. (TAVARES, 1996, pp. 5-6).

Por motivos distintos – fugir do regime militar, antecipar-se à perseguição, buscando um ambiente de maior liberdade intelectual, ou em busca de qualificação profissional – Carlos Lessa, Antônio Barros de Castro, Maria da Conceição Tavares, Francisco Biato e Herbert de Souza do Centro CEPAL-BNDE foram para o Chile, respectivamente, em 1964, 1969, 1968, 1966 e 1972.

Método

O Prefácio do livro de Castro e Lessa foi escrito por Aníbal Pinto. Explica: “este livro nasceu em resposta a uma necessidade concreta: fornecer aos alunos dos Cursos Intensivos, organizados pelo Centro CEPAL-BNDE, um texto de Introdução à Economia para lhes servir como uniformização de perspectivas e aproveitar os conhecimentos mais especializados, apresentados nas fases mais avançadas do currículo” (1967, p. 9).

A origem e o desenvolvimento deste trabalho basearam-se em algumas orientações primordiais. Elas lhe deram originalidade e personalidade científica e intelectual.

"A primeira e principal diretriz é partir da concepção de um SISTEMA ECONÔMICO [caixa-alta no original], isto é, um conjunto de fenômenos inter-relacionados. Deve ser *apreciado em sua totalidade* caso se deseje entender quaisquer de suas partes. Em resumo, trata-se do ponto de partida de um *enfoque estrutural*" (1967, p. 10) [destaques em itálico meus].

Sem anacronismo, é possível dizer que os coautores foram a vanguarda antecipatória dessa *visão sistêmica e holista*. Hoje, ela caracteriza a fronteira teórica da Ciência da Complexidade.

A economia (atividade) é vista como um componente do sistema complexo emergente de suas interações com os demais componentes da realidade: atividade política (ações coletivas em busca de impor interesses próprios), estratificação social (desigualdade entre indivíduos e agrupamentos sociais, inclusive por castas de natureza ocupacional e párias sem direitos da cidadania), psicologia econômica, meio ambiente natural e institucional, capacidade de adequação evolucionária etc. De modo geral, a *visão holística* significa observar ou analisar esse sistema complexo de forma global, ou seja, como um todo e não de maneira fragmentada.

Em paralelo transdisciplinar, *Gestalt*, *Gestaltismo* ou Psicologia da Forma é uma doutrina da Psicologia baseada na ideia da compreensão da totalidade para haver a percepção das partes. *Gestalt* é uma palavra de origem germânica, com uma tradução aproximada de "forma" ou "figura".

As Leis Básicas da *Gestalt*, de acordo com a percepção da mente humana, são:

1. *Lei da Semelhança*: imagens similares tendem a se agruparem entre si;
2. *Lei da Proximidade*: elementos próximos tendem a se agrupar, formando imagens únicas;
3. *Lei da Continuidade*: pontos conectados pelo formato de uma reta ou curva, transmitem a sensação de haver uma única linha de ligação;
4. *Lei da Simplicidade*: os elementos presentes em determinado ambiente são vistos da forma mais simples possível, isto para haver a rápida assimilação do ambiente ou do elemento;

5. *Lei do Fechamento*: elementos aparentando se completar são interpretados como um objeto completo;
6. *Lei da Unificação*: espaços vazios de imagens abstratas são preenchidos instintivamente para elas serem compreendidas pela mente humana.

Castro e Lessa representam *um repúdio à visão atomística*. Essa doutrina, elaborada pelos pensadores gregos da Antiguidade (a.C.), vê toda a matéria ser formada por átomos, partículas minúsculas, eternas e indivisíveis. Unindo-se e separando-se no espaço através de forças mecânicas, determinam o nascimento e a desagregação de todos os seres.

Durante o século XIX, a ideia de átomo foi considerada por grande parte da comunidade científica como uma hipótese fundamental para uma interpretação quantitativa de dados empíricos, mesmo existindo dúvidas e especulações sobre a realidade dos átomos. Em parte, eram de ordem filosófica.

O grande desafio a ser enfrentado pelos atomistas para tornar *a hipótese atomista* amplamente aceitável era concretizar a necessária articulação entre as dimensões *macroscópica* e *microscópica*. Por extensão, a Ciência Econômica, historicamente, em busca de *status* científico, mimetizou a Física também no *atomismo*.

Pelo contrário, Castro e Lessa não compreendem os setores produtivos e/ou os agentes econômicos como atuassem de maneira separada, mas sim como um conjunto de atividades com atuação interdependente para *a emergência sistêmica*. A partir dessa *visão holística* é possível reunir todos os pontos de tomadas de decisão e colocar em papel seus valores mais profundos.

É um processo unificador, capaz de capacitar as pessoas estudiosas da Economia a obterem uma visão macrossistêmica e/ou macroeconômica para uso posterior de instrumentos de política pública, social e econômica. Atua como contraponto ao *individualismo liberal do antropocentrismo*, isto é, colocar a humanidade como centro do universo, avaliado de acordo com a sua relação com o ser humano.

Aníbal Pinto, no Prefácio do livro, critica a *visão atomística* "em voga". Este enfoque parte de *microentidades* como "o consumidor" ou "a empresa", para depois tentar reuni-las e homogeneizar coisas díspares pela atuação em um livre mercado, visto como algo de natureza quase mítica – ou sobrenatural como O Mercado onipresente, onipotente e onisciente –, sob presunções comprovadamente irrealistas da existência de livre concorrência em qualquer nível de abstração.

Quando o analista se depara, na realidade concreta, com "a concorrência imperfeita", busca desesperadamente extinguir as conquistas sociais, vistas como obstáculos aos poderosos se aproveitarem de "O Livre Mercado". Este é pressuposto ser justo de nascença, pois a direita vê as *desigualdades sociais*, desde "a sorte do berço", serem insuperáveis como fossem *desigualdades naturais*!

Aníbal Pinto ressalva, sob o ponto de vista deste livro do Castro e Lessa, tais categorias ou elementos convencionais terem lugar somente após ter-se estabelecido o marco ou "esqueleto" geral e colocado claramente os fatores e relações condicionantes objetivos de sua realidade e comportamento. "Esta perspectiva estrutural da economia associa-se com a noção, não menos substantiva, de o Sistema Produtivo-Distributivo estar inserido no contexto mais amplo da realidade social-global. Esta, assim, como todos seus componentes, encontra-se configurada histórica e espacialmente".

Dessa forma, os cepalinos rechaçam a *tese monoeconômica*. Adotam a concepção de os países subdesenvolvidos possuírem características econômicas distintas dos países industrializados avançados. Em consequência, a análise econômica tradicional, concentrada e/ou focalizada nestes últimos países, deveria modificar-se em alguns aspectos importantes, quando se aplicasse aos países subdesenvolvidos.

No entanto, eles não são nem dogmáticos, nem sectários. Defendem *a afirmação do benefício mútuo*, isto é, a assertiva de as relações econômicas existentes entre esses dois grupos de países (desenvolvidos e subdesenvolvidos) poderem se configurar de forma tal a ambos se beneficiarem.

A Economia do Desenvolvimento, com origem cepalina, conjuga a rejeição da aplicabilidade da análise ortodoxa às economias subdesenvolvidas com a crença de os países desenvolvidos poderem contribuir ao desenvolvimento dos subdesenvolvidos, via comércio exterior, caso as vantagens competitivas dos industriais não fossem monopolizadas. A transferência do domínio tecnológico e a obtenção de relativa autonomia financeira, com a plena implantação do capitalismo financeiro na periferia, seriam conquistas a serem obtidas pelos países subdesenvolvidos a caminho da industrialização, como estava então a economia brasileira.

Aníbal Pinto explica a abordagem *estruturalista*. "Se partirmos do termo '*estrutura*' notaremos, em primeiro lugar, se tratar de uma expressão transferida das Ciências Naturais para as Ciências Sociais". Em ambas tem uma acepção básica comum: *estrutura* é a distribuição e a ordem das partes constituintes de um edifício ou a distribuição das partes do corpo. Até mesmo uma obra do espírito pode ter uma distribuição e uma ordem composta de maneira *estruturante*.

Em Economia, o conceito de *estrutura* pode ser entendido como "as proporções e relações características de um conjunto econômico localizado no tempo e no espaço". Distingue a ordem e a integração das partes de um corpo unificado ou de um sistema.

Frente à heterogeneidade das unidades, formadoras do conjunto, apresenta-se a ideia de *interdependência*, da integração desses elementos. Para Aníbal Pinto (1967, p. 11), "a visão marxista da sociedade seria, talvez, a primeira explicitamente 'estrutural'".

A essência de outra acepção da qualificação "estrutural" é a distinção entre os elementos de natureza mais ou menos duradoura e outros de caráter circunstancial ou transitório. *Fatores estruturais*, no transcurso de um período determinado, apresentam-se como relativamente estáveis em comparação com *fatores conjunturais*. Estrutura é mais permanente, conjuntura se transforma logo.

Na *análise estruturalista*, identifica-se os fatores estruturais como características típicas das economias latino-americanas, configuradoras de suas condições e estágio de subdesenvolvimento. Abomina a *abordagem fenomenológica* como base de um comportamento estanque, onde a política econômica poderia ser implementada em espécie de vazio social e político. O fetichismo das relações entre coisas obscureceria as relações subjacentes entre pessoas, estabelecidas em contextos sociais mais amplos.

Sob a aparente negociação igualitária de coisas, existem por trás relações de produção desiguais ou exploradoras de má remuneração. Os fatores econômicos e os extraeconômicos são significativos para a análise de qualquer sistema socioeconômico.

A abstração do fenômeno econômico puro é apenas uma primeira etapa metodológica. Em seguida, a Teoria Pura necessita se transformar em Teoria Aplicada com a incorporação de outras áreas de conhecimentos disciplinares. Ambos passos são pré-requisitos para as melhores Decisões Práticas, datadas e localizadas, no nível mais concreto.

O reducionismo inicial, para ser superado, requer a posterior vinculação com outros elementos condicionantes, ou seja, a colocação da análise em enquadramentos cada vez mais amplos. Aníbal Pinto chama isso de "comunicação interdisciplinar".

Traduz-se em equipes multiespecializadas, como se fez na CEPAL, com a inevitável "intromissão" em campos alheios, porém pertinentes. Os comportamentos estanques, na realidade, não existem, apenas os grêmios corporativos impuseram a divisão de trabalho intelectual.

Em 1967, ele já tratava esses comportamentos estanques como uma reminiscência a ser ultrapassada. "Trata-se de outro ciclo a se fechar: da especialização extrema ao retorno obrigatório às inter-relações entre todas as disciplinas sociais – e todas as Ciências *à la* Aristóteles". Ressaltava: "esta última fase, evidentemente, encontra-se apenas no início".

Finalmente, ele diz algo sobre o caráter histórico e o condicionamento espacial dos sistemas econômicos. Contra os adversários do pensamento da CEPAL, ele alerta: "não se trata da pretensa busca de uma Ciência Econômica regional ou nacional".

O embaixador Abraham Lincoln Gordon ajudou a desenvolver a Aliança para o Progresso, um programa do governo estadunidense de assistência à América Latina, feito com o propósito de evitar que os países da região aderissem a revoluções e ao socialismo como alternativa para o progresso socioeconômico, como havia ocorrido em Cuba. De 1961 a 1966, Gordon serviu como embaixador dos Estados Unidos no Brasil, exercendo papel importante no apoio às articulações da oposição ao presidente João Goulart, resultantes no golpe militar de 1964.

Contra a CEPAL, ele pregava: "não deve mais haver uma Ciência Econômica latino-americana, assim como também não deve haver uma Física ou Matemática latino-americanas".

Ele ignorava as diferenças mais elementares entre Ciências Sociais e Ciências Naturais. As primeiras observam *o caráter histórico dos fenômenos*, depois, fazem abstrações conceituais e testam os conceitos para verificar se os fenômenos se modificaram com o tempo. Nas Ciências Naturais, o progresso na pesquisa pode se dar por aproximações cada vez maiores do conhecimento de um *sistema natural ou repetitivo*, como na Física, ou um *sistema com evolução orgânica* tão lenta a ponto de ser difícil a Biologia registrá-la ao longo do tempo da seleção natural.

Alguns fenômenos econômicos e sociais têm uma relativa constância, ou seja, algumas características "atemporais" ou "aespaciais". Em alto nível de abstração, todos indivíduos têm necessidades de decisões a respeito de alocação de seus recursos escassos para propiciar sua maior satisfação. Têm de escolher a preferência por alguns bens e o sacrifício de outros.

"Ao se confrontar essas abstrações gerais com uma realidade concreta determinada a fim de compreendê-la e/ou modificá-la será indispensável incorporar elementos substanciais e relativamente específicos à mesma", afirmou Aníbal Pinto. O que mais importa são, precisamente, as diferenças e as particularidades do problema econômico em cada caso concreto.

A Teoria Aplicada não é "outra Teoria Abstrata", substituta com negação absoluta das abstrações mais gerais. Trata-se de "baixar à terra", especificando-as.

Em resumo, segundo o prefácio escrito por Aníbal Pinto:

> (...) a validade *atemporal* ou *aespacial* das proposições fundamentais da teoria econômica está em relação direta com seu *nível de abstração*. Uma maior generalidade e aplicabilidade corresponde a um nível mais alto de abstração. Mas, por sua vez, quanto mais abstratas sejam as formulações, menor será seu valor explicativo e sua validade operacional frente a uma situação concreta.

O livro de *Introdução à Economia* de Castro e Lessa lembra o quadro mais geral no qual estão colocados *os fatores econômicos*, assim com sua relação com a problemática e as circunstâncias dos países subdesenvolvidos, sobretudo os da América Latina.

Em seu obituário, escrito pelo professor associado do IE-UFRJ, Fábio Sá Earp, este conta ter sido:

> (...) sua obra mais conhecida, o manual *Introdução à Economia: uma Abordagem Estruturalista*, em colaboração com Antonio Barros de Castro. O popular Castro e Lessa foi concebido também no início dos anos 1960, sob a forma de apostilas para os cursos de Desenvolvimento Econômico, oferecidos a CEPAL.
>
> Na época, o ensino de Economia em todo o mundo era iniciado pelo estudo do manual de Paul Samuelson – ainda hoje, em edições atualizadas, o manual com a maior tiragem no campo. Enquanto Samuelson fazia uma Introdução à Macro e à Micro de origem neoclássica, padrão entre os manuais até nossos dias, o Castro e Lessa fazia parte de um contra discurso orquestrado pela CEPAL, uma abordagem alternativa produzida especialmente para o público latino-americano.

Procurava apresentar categorias analíticas voltadas para as especificidades da economia da região, escapando às restrições da micro neoclássica e do keynesianismo bastardo. *Introdução à Economia* preocupava-se em recuperar a ideia da Economia Política de o objeto do estudo de Economia dever ser a abordagem das estruturas de produção e de repartição, e apresentava pela primeira vez em português a Matriz de Leontieff. *Uma deficiência desse trabalho, afirmou Lessa posteriormente, foi não tratar da questão social.*

A obra atendeu a uma demanda reprimida dos economistas. Desejavam uma alternativa à economia neoclássica, mas não queriam enredar-se na análise marxista.

O Castro e Lessa esperou quase uma década antes de ser publicado, e desde então se tornou um sucesso editorial. Em 2005, chegou à sua 37ª edição brasileira e teve pelo menos 10 edições em espanhol, além das versões piratas. Foi o único livro brasileiro de Economia até hoje com uma tiragem comparável à da *Formação Econômica do Brasil*, de Celso Furtado. Este teve 35 edições no país, mas muito maior difusão internacional.

Abordagem sistêmica

Funcionalismo é um paradigma científico. Busca entender uma sociedade a partir das suas regras de funcionamento e das diferentes funções nela desempenhadas, no caso, seja por agentes econômicos Pessoas Físicas, seja por entidades públicas ou privadas (Pessoas Jurídicas).

De acordo com os teóricos funcionalistas, cada indivíduo em uma sociedade exerce uma *função* – uma regra relacionando cada elemento de um conjunto a um único elemento de outro –, e o conjunto de todas as funções permite o funcionamento harmônico da sociedade como fosse um mecanismo. Os estudos funcionalistas dos grupos sociais buscam analisar suas instituições e suas regras, como família, religião, crenças, modos de produção e educação.

O *funcionalismo* teve sua origem na Antropologia e na Sociologia, mas também é aplicado em outras áreas das Ciências Humanas, como na Psicologia e na Filosofia. Na Economia não foi assumido às claras, exceto no conceito de Função Produção.

Em Microeconomia, uma Função Produção expressa a relação entre as entradas e as saídas de uma organização. Descreve, de forma gráfica ou matemática, os *outputs* (produtos) a serem obtidos da combinação de diferentes quantidades de *inputs* (matérias-primas).

A relação entre os insumos (fatores de produção) e a produção é afetada tanto pela proporção na qual os insumos são combinados quanto pela escala de utilização desses insumos. Essa seria a definição de *função de produção*, ideia-chave para o cálculo do valor adicionado sobre o consumo intermediário. Ele se subdivide em distintas formas de *renda* (salário, lucro, juros e aluguel) e/ou entre os componentes da *demanda final*: consumo, investimento, gasto governamental e exportação líquida de importação.

A mesma produção pode ser medida como *oferta* – isto é, como a criação de novos bens e serviços –, como *demanda* – ou seja, como consumo de produtos de uso pessoal e de meios de produção –, e como *renda* – enquanto geração de salários dos trabalhadores, lucros dos capitalistas e rendas dos demais proprietários.

A obra de John Maynard Keynes serviu de ponto de partida para a montagem do Sistema de Contas Nacionais. Ele almejava a construção de um conjunto de equações contábeis com o intuito de mostrar a noção neoclássica de equilíbrio com pleno emprego não corresponder à realidade. *Ciência é medição – e comparabilidade no tempo e no espaço.*

Keynes criticava o conceito neoclássico de *função produção*, pois não seria possível agregar grandezas heterogêneas e subjetivas. Esse conceito não serviria para medir a renda monetária. Além disso, um conjunto não homogêneo de bens e serviços não poderia ser reduzido a unidades comparáveis de capital e trabalho.

A objeção de Keynes não era quanto à medida estatística da renda, mas quanto à própria concepção teórica do modelo neoclássico. Suas categorias seriam valores subjetivos e não mensuráveis. Qualquer modelo resultante dessa teoria não possuiria qualquer relação com a realidade.

Keynes limitou-se ao uso da moeda e do trabalho como unidades de medida. Substituiu, dessa forma, categorias subjetivas "puramente teóricas" por categorias "concretas".

Os conceitos adotados por ele foram extraídos da própria realidade em estudo. Definiu a renda do capital a partir do valor das vendas menos o valor das compras somado aos pagamentos dos trabalhadores assalariados. Era uma definição de lucro de acordo com o senso comum em uma economia de mercado capitalista.

A adoção por Keynes do Método das Partidas Dobradas nas Contas Nacionais representou uma extensão para o conjunto da economia da abordagem adotada na análise das contas do governo inglês, durante do esforço de "economia de guerra", na II Guerra Mundial. Dessa forma, Keynes pode construir a Conta do Governo, distinguindo as contas de rendas (créditos) das contas de despesas (débitos) para, através do saldo contábil, estimar o superávit ou o déficit governamental.

O registro dos dados através das partidas dobradas permitiu-o evidenciar as relações entre os fluxos de renda e despesa, produção e consumo, poupança e investimento, assim como entre a economia nacional e o exterior.

O Sistema de Contas Nacionais, desenhado por Keynes, em 1940, foi, de fato, o precursor do Sistema de Contas Nacionais moderno – e roteiro da apresentação do manual Castro e Lessa. Ele apenas não apresentou o seu modelo de contas nacionais sob a forma de tabelas – Produção; Apropriação e Utilização Privada e Pública da Renda e de Capital –, mas por meio de um conjunto de equações contábeis.

As tabelas do Sistema de Contas Nacionais foram, pela primeira vez, construídas por Meade e Stone, em 1941, sob a coordenação de Keynes, e adotadas pela Organização das Nações Unidas – ONU, em 1953. Foi quando ela publicou a primeira versão do Manual de Contas Nacionais [*A System of National Accounts*], contendo as recomendações para a montagem de sistemas padronizados de Contas Nacionais, nos países membros, de forma a garantir a comparabilidade internacional dos resultados.

O Sistema de Contas Nacionais passaria a ser visto como um instrumento de análise macroeconômica por:

1. medir a renda nacional (passada e presente) dos países;
2. integrar as finanças públicas às demais variáveis macroeconômicas;
3. elaborar modelos de previsão e planejamento do comportamento dos agregados macroeconômicos.

Castro e Lessa seguiram o SCN, mas não as normas da ilegível literatura acadêmica contemporânea com muitas publicações e poucos leitores. Não fizeram exibição de erudição com inúmeras citações de autores, usados muitas vezes como "argumento de autoridade". *Hoje, citar excita os puros academistas...*

O leitor do Castro e Lessa não obterá uma Introdução à História do Pensamento Econômico. Terá sim um método para pensar a economia (atividade) como um componente de um Sistema Complexo – *avant la lettre*, isto é, "antes de o termo existir".

Os três primeiros capítulos do livro de *Introdução à Economia* se referem ao Sistema Econômico. “Os variados elementos participantes da vida econômica de uma Nação, assim como suas conexões e dependências, somam-se em um todo denominado Sistema Econômico, cuja apresentação gradativa é o objeto das páginas seguintes” (1967, p. 21).

Castro e Lessa destacam *os homens*, em última instância, serem as explicações para a existência, o dinamismo e a condução do sistema. Cada qual era usualmente apresentado pela teoria neoclássica, para fins de análise econômica, como um ser racional. Agindo individualmente, buscaria extrair o máximo de vantagens das oportunidades deparadas. Assim sendo, competiria à Ciência Econômica desdobrar os princípios lógicos subjacentes ao comportamento dos chamados *agentes econômicos*.

“Tal concepção está em *diametral oposição* ao espírito deste curso. Ele não visa a fornecer instrumentos analíticos de racionalização do comportamento individual, mas sim apontar a estrutura e o funcionamento de um Sistema Econômico” (1967, p. 21).

Apesar dessa ressalva, os coautores não argumentam com base nos agrupamentos sociais, seja por estratificação da sociedade em classes de renda e/ou riqueza, seja em castas de natureza ocupacional. Não apelam ao marxismo, para a “denúncia do sistema capitalista”, regido por luta de classes.

A divisão de uma economia em setores e o estudo de seus pesos relativos tem seu valor analítico multiplicado ao Castro e Lessa focalizarem a absorção de fatores pelos três setores – primário (Agropecuária), secundário (Indústria) e terciário (Serviços) – segundo o estágio de desenvolvimento alcançado.

Por exemplo, dizem: “se calcularmos o setor prismático sob o ângulo do emprego dos fatores, seu papel difere radicalmente caso se trate de Nações desenvolvidas ou atrasadas”. As economias maduras, em flagrante contraste, dedicam parcela diminuta de sua população ocupada a atividades agrícolas – e estas se apresentam intensamente capitalizadas e/ou mecanizadas.

“A análise simultânea do peso relativo de cada setor na totalidade da economia e da composição fatorial interna e comparada dos três setores fornece uma primeira imagem das estruturas produtivas dos diversos sistemas” (1967, p. 27). O crescimento do setor industrial era a maior meta dos nacional-desenvolvimentistas cepalinos.

Os coautores estruturalistas apresentam quadros para ilustrar, de maneira inequívoca, o relacionamento existente entre grau de desenvolvimento e estruturas produtivas e ocupacionais.

O funcionamento das unidades produtoras, integradas em um conjunto denominado Aparelho Produtivo, dá origem a dois fluxos simultâneos:

1. o *fluxo real*, constituído de bens e serviços; e
2. o *fluxo nominal*, reunindo os rendimentos distribuídos pelo sistema em operação.

Os *fluxos*, gerados em um período de tempo, transitam pelo Sistema Econômico, contrastando com os *estoques* – de ativos, isto é, formas de manutenção de riqueza –, acumulados no Sistema. Entretanto, essa dicotomia básica exposta no processo produtivo entre a corrente "real" de bens e serviços e a corrente "nominal" de rendimentos fraturou o raciocínio de muitos economistas ao considerar aquele *produtivo* e este *improdutivo*, compreendido como desnecessário ou supérfluo.

Essa dicotomia se refletiu em outras denominações como produto e renda, oferta e demanda, vendas e compras. Daí houve um salto para o (equivocado) pensamento crítico à "financeirização" como uma excrescência no capitalismo. No entanto, Castro e Lessa mostraram, didaticamente a organicidade do Sistema Econômico, inclusive ilustrando em seis gráficos, em páginas duplas, ele, seu esquema circulatório, a inserção da unidade produtora (empresas não financeiras) e a repartição do produto.

Em nenhuma passagem cometem o equívoco de referir a "setor externo", tampouco a "setor bancário". Isto embora apresentem um capítulo dedicado ao Setor Público como produtor de bens e serviços, inclusive discutem o financiamento das atividades públicas.

Observam o Sistema Econômico em operação impor a necessidade de recursos monetários. Dedicam um capítulo ao Sistema Monetário-Financeiro.

"A progressiva divisão do trabalho social e a produção para o mercado, com monetização das trocas, levantam as questões atendidas pelo Sistema Monetário de nossas economias", dizem eles. A evolução dos Sistemas acarreta o surgimento de operações onde não mais se dão, em simultâneo, a venda de mercadorias e o respectivo pagamento em espécie.

Dentre os fenômenos acontecidos ao longo do tempo, implicando em defasagem entre o trânsito real e o financeiro, assinalam:

- a extensão do comércio por distantes regiões do globo, acarretando a separação não apenas espacial, mas temporal, de compradores e vendedores;

- o fenômeno de estocagem de mercadorias por parte do comércio, para elas estarem disponíveis no momento e local onde o público as deseja comprar;
- a necessidade por parte das empresas de remunerar o trabalho e demais fatores de produção, assim como adquirir insumos, durante o processo produtivo, e cujos resultados só posteriormente serão colhidos.

Esses fenômenos listados têm em comum implicar no *descompasso entre os fluxos reais e nominais* sob forma de rendimentos monetizados por determinados agentes econômicos. A solução correntemente adotada para esse problema é o recurso a instrumentos de troca, mediante os quais certos agentes se dispõem a ceder, de imediato, determinados bens econômicos, obtendo em troca promessas de contraprestações futuras, ou seja, títulos de dívida ou crédito.

Castro e Lessa afirmam corretamente: "a própria moeda não passa de um *título de crédito*" (1967, p. 107). Quem a recebe está, na realidade, aceitando, em troca de algum produto ou de um serviço prestado, um contrato de compromisso, a qualquer momento, cobrar da sociedade a devida contrapartida, mediante aquisição de outro bem ou serviço.

"Assim, a moeda diferente dos títulos de dívida ou crédito propriamente ditos apenas porque estes têm seu vencimento preestabelecido quanto à data e ainda submetido ao real cumprimento pelo devedor da promessa de pagamento – não podendo, em consequência, preencher as funções de 'meios de pagamento'" (1967, p. 107).

Apresentam como uma das funções primordiais dos bancos comerciais, precisamente, converter títulos de crédito em meios de pagamento. Com isso se entende porque a disseminação das *operações a crédito*, tornada uma das características da economia moderna, verificou-se paralelamente ao desenvolvimento dos Sistemas Bancários.

Apresentam dessa forma a dupla de instrumentos, pelo ângulo nominal, acompanhantes da totalidade das trocas efetivadas no Sistema Econômico-Financeiro em funcionamento – *os meios de pagamento* e *os títulos de crédito.*

Quando Castro e Lessa tratam da necessidade de recursos monetários do sistema em operação, nos regimes caracterizados pela propriedade privada, ressaltam indivíduos e empresas, em dependência de sua estrutura econômica, deterem um certo patrimônio. Genericamente, eles citam apenas dois tipos de bens: *ativos reais* e *ativos financeiros.*

Um patrimônio líquido tem maior grau de liquidez quanto maior proporção de seus componentes se apresentar sob a forma geral universalmente aceita pela comunidade como contrapartida de transações. *A moeda é a riqueza plenamente líquida.*

Eles distinguem nos *ativos* – formas de manutenção de riqueza – uma fração caracterizada por certa estabilidade e uma outra periodicamente reconstituída, via receita de rendimentos, e continuamente diminuída, via despesas correntes. A manutenção de parcela do patrimônio sob forma absolutamente líquida, ou seja, em moeda, se justifica pelos desencontros resultantes da descontinuidade da receita face à continuidade de gastos enfrentados por empresas e lares domésticos.

Daí eles apresentam, acriticamente, a Teoria Quantitativa da Moeda. Também de forma convencional mostram o Sistema de Reserva Fracionária, ou seja, os bancos comerciais fazerem empréstimos e operações financeiras em um valor superior aos depósitos em seu encaixe monetário. Com a *reserva fracionária*, estas instituições podem emprestar ou investir um dinheiro, de fato, elas não possuído naquele momento.

Demonstram pela conjugação das atividades do Banco Central (fonte de moeda manual) e da cadeia de bancos de depósitos (multiplicadores de moeda) serem atendidas as necessidades de liquidez do Sistema Econômico. Considerados os bancos comerciais e o Banco Central, apenas mencionam *en passant* (ligeira e circunstancialmente) a figura dos demais Intermediários Financeiros, para completar a apresentação das entidades dominantes do circuito monetário-creditício e componentes, conjuntamente, do Sistema Monetário Financeiro.

"Cabe aos Intermediários Financeiros transportar os saldos de poupança, engendrados por empresas e pessoas, para os pontos onde se manifestem déficits de financiamento: empresas não financeiras ou governos" (1967, p. 117).

Extrapolação construtiva ao Castro e Lessa

No sentido de extrapolação, cabe aos seus discípulos alargar esse escopo, para a mensagem do Castro e Lessa não ficar datada. Lembremos, o manual foi escrito logo após João Goulart ser deposto, dando origem ao Golpe Militar de 1964, quando reformas econômicas visaram reestruturar o mercado financeiro há quase 60 anos.

Naquela época, foram editadas novas leis para o Mercado de Capitais:

- Lei 4.537/64 instituiu a correção monetária, através da criação das ORTN;
- Lei 4.595/64, denominada Lei da Reforma Bancária, reformulou todo o sistema nacional de intermediação financeira e criou o Conselho Monetário Nacional e o Banco Central;
- Lei 4.728, de 14.04.65, primeira Lei de Mercado de Capitais, disciplinou esse mercado e estabeleceu medidas para seu desenvolvimento.

Hoje, um economista atualizado tem o desafio de lidar com os seguintes componentes interativos de um Sistema Complexo. Deve inter-relacioná-los seja em leitura por linhas, seja por colunas.

SETORES PRODUTIVOS	DEMANDA INTERMEDIÁRIA	DEMANDA FINAL
Setor Primário: Agropecuária	Insumos e Fertilizantes	Consumo
Setor Secundário: Indústria	Bens Intermediários	Investimentos
Setor Terciário: Serviços	Bens Finais	Gasto Governamental
Resto do Mundo	Insumos importados	Exportação
VALOR ADICIONADO = RENDAS	ATIVOS NEGOCIADOS EM MERCADOS	Importação
Salário	Mercado de trabalho	Nível de Emprego
Lucro	Mercado de Bens e Serviços	Nível dos Preços
Aluguel	Mercado Imobiliário	Déficit Habitacional
Juros	Mercado de Ativos Financeiros	Alavancagem Financeira
Dividendos e Ganhos de Capital	Mercado de Capitais	IPOs e *Follow-on* / Fusões e Aquisições
Câmbio	Mercado de Câmbio	Fudamentos e Outros Determinantes
Lucro Comercial	Mercado de Comércio Exterior	Balanço Comercial e Balanço de Pagamentos
Divisão de Trabalho	Mercado de Patentes Tecnológicas	Produtividade
Regulação vi Política Econômica	Instrumentos em Curto Prazo	Planejamento em Longo Prazo
VALOR BRUTO DA PRODUÇÃO	CONFLITOS DISTRIBUTIVOS	CIRCULAÇÃO MONETÁRIA E FINANCEIRA

Para tanto, há conceitos organizadores como os seguintes. São três as funções-chaves do Sistema Bancário do qual todos somos partes (clientes):

1. *Subsistema de Crédito*: financiar a expansão de capacidade produtiva, produção (capital de giro), consumo, habitação, compra de ativos baratos para vender caro (especulação) etc., e aumentar a oferta de empregos;
2. *Subsistema de Gestão de Dinheiro*: propiciar investimentos financeiros para proteger o poder aquisitivo das reservas e seus rendimentos financeiros substituírem a renda do trabalho na aposentadoria;
3. *Subsistema de Pagamentos*: dar acesso popular ao sistema de pagamentos escriturais (eletrônicos ou digitais) para oferecer segurança e facilidade prática.

O *mercado de ações* é essencial para o processo de fusões e aquisições de sociedades abertas. Trata-se de fazer uso de dinheiro de outras pessoas em benefício próprio: conseguir associados, manter gestão e participação acionária com divisão de lucros ou prejuízos. Quando se alcança certo volume de operações (e uma marca notável junto ao mercado) se providencia a abertura de capital: IPO (*Oferta Pública Inicial*) de parte minoritária do capital sob forma de ações com a cotação atribuída por participantes do mercado secundário, isto é, na bolsa de valores.

Depois, o desafio é tomar dinheiro emprestado para *fusões e aquisições*. Com isso, há elevação do valor de mercado e enriquecimento pessoal dos sócios-fundadores.

Na capitalização via lançamento de ações, o controlador faz a divisão dos lucros esperados ou dos prejuízos inesperados sem o risco de ser devedor. A tomada de empréstimos propicia *alavancagem financeira*: aumentar a escala do negócio e a rentabilidade patrimonial do capital próprio com o uso de capital de terceiros.

Nesse caso, o devedor assume *o risco de fragilidade financeira* caso o lucro operacional esperado não se confirmar e o novo faturamento ficar abaixo dos juros dos empréstimos. Como há uma garantia patrimonial como colateral do empréstimo, solicitada pelo credor ao devedor, para compensar o risco da inadimplência, o valor tomado do inadimplente depende da volatilidade das cotações dos ativos. Ela leva às variações do valor das garantias patrimoniais.

Os interesses dos portadores de ações estão relacionados à política empresarial das Sociedades Anônimas (SA) quanto à *distribuição dos dividendos*. O risco dos acionistas é haver *diluição da participação* nessa renda recebida com emissões de novas ações. Buscam a obtenção da maior taxa de retorno possível de suas ações, considerando sua *aversão ao risco*.

A *taxa de retorno de uma ação* em dado período depende de três fatores:

1. da cotação no início do período;
2. do valor dos dividendos líquidos distribuídos durante o período;
3. do valor do ganho ou perda de capital, descontados impostos e custos de transação com ações, resultante da alteração de sua cotação no período.

Cotações dependem da predominância entre diversas especulações sobre futuro. Certos acionistas acham que a precificação deve refletir, de imediato, as expectativas dos especuladores quanto aos dividendos e aos ganhos futuros.

Nessa avaliação, pensam como *fundamentalistas*, com análise dos fundamentos microeconômicos, setoriais e macroeconômicos, e não como *grafistas*, com análise apenas da tendência evolutiva das cotações, quando uns buscam se antecipar aos outros. Na realidade, a cotação de qualquer ação dependerá mais da circularidade das *expectativas correntes* dos participantes do mercado de ações sobre suas próprias *expectativas futuras*...

Os *aumentos de capital das empresas* ocorrem através de:

1. incorporações de reservas em lugar de distribuição de bonificações;
2. novas emissões destinadas a trocas de ações de outras companhias em processo de fusão/incorporação ou de aquisição;
3. emissões de dinheiro "novo": capitalização dando preferência aos acionistas para a subscrição de novas ações.

Emissões de ações constituem uma fonte de financiamento secundária. Há inconveniência e custos (administrativos e de corretagem) implicados. As emissões não são apreciadas pelos acionistas, devido à diluição da participação acionária.

Elas tendem a levar as cotações a diminuírem e, assim, a infringir uma perda de capital aos acionistas. No entanto, se a nova emissão se der em contexto de melhoria das expectativas sobre fluxos de retornos, haveria tendência de a elevar o preço da ação a ponto de anular a esperada tendência declinante da cotação.

Esse é o caso de os participantes do mercado de ações acreditarem em o "dinheiro novo emitido" ser aplicado em anunciado projeto lucrativo com futuro ganho de capital. Essa crença exige os investidores estarem bem informados sobre a possível lucratividade do projeto de investimento da empresa.

O limite dado pelo *grau de endividamento* da empresa, baseado no Princípio do Risco Crescente, torna necessário aumentar os lucros retidos até serem suficientes para autofinanciamento do restante. Este *autofinanciamento* pode implicar em uma acentuada redução da taxa de distribuição de dividendos. Nesse caso, uma Oferta Subsequente de Ações (*follow-on*) com possibilidade de subscrição seria menos prejudicial aos interesses de seus acionistas.

Por fim, cabe ressaltar: a avaliação de companhia aberta depende dos ciclos da Bolsa de Valores, ou seja, de sequências de *boom/crash*. Em *boom* (alta), quanto maior for o preço da ação, menos ações serão emitidas, e haverá redução da diluição das participações dos atuais acionistas. Em *ciclo baixista*, o menor preço das ações eleva a quantidade delas dadas em garantia de empréstimos.

A *política de recompra de ações* reduz a quantidade em circulação e ajuda a elevar o lucro por ação. Esta é uma alternativa aos dividendos para devolver capital aos acionistas.

As *bonificações dos executivos* estão atreladas ao desempenho da ação. A queda da valorização (e do Preço/Lucro) provoca sentimento de pauperização, inclusive com queda no *ranking* de maiores empresas. Daí seus executivos usam a tática de *recompra de ações*, para as valorizar com "fechamento de capital: quem permanecer como acionista receberá mais dividendos.

Quanto maior o valor de mercado da SA, mais valiosas são suas ações para seus propósitos. A estratégia é sempre elevar o valor de mercado das companhias adquiridas (antes registradas apenas como "valor contábil"), para valer aquilo cujos investidores esperam (ou rezam para) ela valer.

Divide-se a *holding* em companhias abertas, de acordo com as linhas de produtos, para criar ações para elas, vende-se menos da metade destas ações para o público, e deixa o mercado inflar o seu valor. Todo esse negócio estratégico custa quase nada além do gasto puramente administrativo e burocrático envolvido em emissões de ações.

Se o preço das ações de uma concorrente é baixo, é tático adquirir seu controle de forma relativamente barata. É possível tomar empréstimos para sua aquisição, usando as próprias ações em alta como garantia ao seu credor e colocar a dívida nas contas da empresa incorporada.

A oferta pública de suas ações pode pagar toda a dívida, transferida originalmente para os livros contábeis da companhia comprada – e separada por linha de produtos. Concentra-se assim o mercado ao adquirir uma corporação concorrente sem usar, no fim das contas, capital próprio da *holding*.

O risco desse modelo de negócio é sobrecarregar a SA de dívidas e não entregar o lucro e consequentes dividendos esperados. A tática de fazer aquisições em série, financiadas por dívida, seguidas por um corte implacável de custos, para pagar pelo próximo "*takeover*", encalha quando os investidores se assustam com o enorme endividamento, registrado em balanço contábil. Passam a esperar a diminuição dos dividendos para pagá-lo.

O novo desafio passa a ser *como administrar as dívidas da companhia*, enquanto muda a cultura, voltada para os negócios de fusões e aquisições e o aumento das eficiências internas. Passa a se fazer uma campanha de propaganda para convencimento dos consumidores a comprar mais – e ela produzir e vender – seus produtos.

Esse direcionamento contemporâneo do capitalismo real, onde não se distingue entre "setor real" e "setor financeiro", mas se trata as atividades produtivas e financeiras como subsistemas componentes um único Sistema Econômico-Financeiro, deve ser ensinado a todos os aprendizes de Economia. Se possível for, com o didatismo aprendido com os mestres Castro e Lessa!

Considerações finais

O professor Carlos Lessa, em uma aula pública famosa, dada nos anos 1970. Usou um exemplo para ilustrar uma operação analítica, cujo objeto era... uma vaca!

Dessa metáfora ele deduzia *toda análise econômica ser uma operação de partição de ideias*. A operação analítica se dá com um objeto idealizado. A coleção de partes obtidas pelo analista é composta de conceitos. Mas esse objeto colocado sob análise admite, da mesma maneira feita com a vaca Madalena, inúmeros modos de partição.

Por trás de cada conjunto de conceitos econômicos, existem critérios implícitos ou explícitos. Dependendo dos conceitos tomados, mantendo oculto *o critério de partição*, podemos demonstrar qualquer coisa. Porém, não ressuscita a Madalena, isto é, O Todo antes destrinchado, seja por um açougueiro, seja por um veterinário.

Mas quem era o Lessa? Como ele mesmo se apresentava, era filho da aristocracia carioca. No entanto, sua mãe lhe ensinou a gostar do povo brasileiro. Ela foi uma das primeiras mulheres da alta sociedade carioca a fazer assistência social nos morros. Negros frequentavam sua casa.

Carlos Lessa não era um único. Ele se desdobrava em múltiplos interesses. Era capaz de discorrer com profundidade desde cerâmica chinesa (e os contextos por ela ilustrada) até sobre a Barra da Tijuca como o laboratório de uma futura "carioquização". Passava seu olhar por todos os países, com foco incomum sobre o nosso País.

Ele é *O Intérprete do Brasil*. Ler o Lessa é ler o carioca, o nacionalista, o popular, o contraoneomania, o crescimentista, o estadista, o protecionista, o desenvolvimentista, o estrategista.

Para entender o fio condutor do pensamento econômico, social e político de Carlos Lessa, creio a ideia-chave ser a da Nação. A etimologia coloca a origem dessa palavra no latim *natio*, de *natus* (nascido).

Seu elemento fundamental é a reunião de pessoas, geralmente do mesmo grupo étnico, falando o mesmo idioma e tendo os mesmos costumes, formando assim, um Povo. Seus componentes trazem consigo as mesmas características étnicas e se mantêm unidos pelos hábitos, tradições, religião, língua e consciência nacional.

A rigor, os elementos território, língua, religião, costumes e tradição, por si sós, não constituem o caráter da Nação. São requisitos secundários integrantes de sua formação.

O elemento dominante se mostra na condição subjetiva de seus habitantes para a evidência de uma nação. Assenta-se no vínculo capaz de unir esses indivíduos, determinando entre eles a convicção de um querer viver coletivo.

Fundamental é *a consciência de sua nacionalidade*, em virtude da qual se sentem constituindo um país. Este se torna distinto de qualquer outro, com vida própria, interesses especiais e necessidades peculiares.

O Estado é uma forma política, adotada por um povo com vontade política ou por vários povos de nacionalidades distintas. Só constitui uma nação caso se submetam a um poder público soberano, emanado da sua própria vontade.

Este lhes vem dar unidade política. Nesse caso, a nação preexiste ainda sem qualquer espécie de organização legal.

Habitualmente, é utilizada em sinonímia de Estado. Na realidade, significa sua substância humana. Atua aquele em seu nome e no seu próprio interesse, isto é, pelo seu bem-estar, por sua honra, por sua independência e por sua prosperidade.

Como posso expressar tudo aprendido com meu querido e Grande Mestre Carlos Lessa? Seu pensamento nacionalista e humor me inspiraram – e sempre me inspirarão!

Referências

CASTRO, Adelina Barros de. *Outrora... e Sempre.* Rio de Janeiro: Cia Brasileira de Artes Gráficas, 1978.

CASTRO, Antonio Barros de e LESSA, Carlos. *Introdução à Economia: uma abordagem estruturalista.* Rio de Janeiro: Forense-Universitária, 1967 (1ª edição).

CASTRO, Antonio Barros de. *Discurso de posse na presidência do BNDES* [DVD]. Rio de Janeiro: Arquivo do BNDES, 1992a.

CASTRO, Antonio Barros de. "Entrevista com Antonio Barros de Castro". In: MANTEGA, Guido & REGO, José Marcio. *Conversas com Economistas Brasileiros II.* São Paulo: Editora 34, 1999.

CASTRO, Antonio Barros de. "Antonio Barros de Castro: a solidão do corredor de longa distância". *Economia Aplicada,* v. 4, n. 4, 2000, pp. 823-839.

COSTA, Fernando Nogueira da. *Economia em 10 Lições.* São Paulo: Makron-Books; 2000.

KLUGER, Elisa. *Meritocracia de laços: gênese e reconfigurações do espaço dos economistas no Brasil.* Tese (doutorado em Sociologia). São Paulo: Universidade de São Paulo, 2017.

LESSA, Carlos. "Entrevista com o economista Carlos Lessa realizada por Nelson Castan, Rubens Soares de Lima e Enéas Costa de Souza em outubro de 1981". *Ensaios FEE,* v. 2, n. 1, 1981, pp. 165-174.

LESSA, Carlos. "Conferência sobre o pensamento de Aníbal Pinto". *Revista de Economia Contemporânea,* n. 3, 1998, pp. 5-11.

LESSA, Carlos. *Discurso de posse na presidência do BNDES* [DVD]. Rio de Janeiro: Arquivo do BNDES, 2003.

LESSA, Carlos. "Entrevista com o economista Carlos Lessa realizada por Graziela Wolfart, Greyce Vargas e Rafaela Kley". *Revista do Instituto Humanitas Unisinos,* v. 10, n. 344, 2010, Disponível em: http://www.ihuonline.unisinos.br/index.php?option=com_content&view=article&id=3529&secao=344. Acesso em: 18 dez. 2022.

7

Conversa no estacionamento, ou a aula de Carlos Lessa sobre a questão nacional

Gloria Moraes[1]

Resumo

O artigo de Gloria Moraes "Conversa no Estacionamento, ou a aula de Carlos Lessa sobre a questão nacional" parte do relato de uma conversa pessoal com o professor Lessa, para alcançar algumas das teses mais importantes de Lessa sobre a questão "nacional". Os limites ao desenvolvimento econômico e à política econômica, a importância de se entender as questões externas, as instituições e instrumentos disponíveis, as composições de interesses internos, tanto no governo quanto no congresso, assim como as articulações entre grupos políticos e donos do capital, são considerados decisivos para definir prioridades. Numa primeira parte, a autora dá conta da importância de Lessa e de outros intelectuais progressistas, como Maria da Conceição Tavares, no debate sobre as questões brasileiras em plena ditadura militar e de sua influência na militância estudantil, como a autora, de organizações clandestinas revolucionárias, mesmo quando a maioria os considerava "reformistas". Numa segunda parte, a autora mostra como, ainda jovem economista da Embratel, na construção do Núcleo de Economistas do Partido dos Trabalhadores, foi se aproximando das ideias da "Escola de Campinas", ainda que com muitas dúvidas sobre a importância de se construir no Brasil uma infraestrutura nacional de telecomunicações. Faz então o relato da "conversa no estacionamento" em que Lessa mostra a importância de se

1 Gloria Moraes é graduada em Economia, pela antiga FEA, hoje Instituto de Economia (IE) da UFRJ; é mestre e doutora em Engenharia de Produção pela COPPE-UFRJ. Foi economista da EMBRATEL durante 22 anos; coordenadora e pesquisadora do Centro Celso Furtado (CICEF); pesquisadora da RNP e do IPEA; coordenadora da Rede Pró-Rio; professora do curso de Economia da Faculdade Mackenzie-Rio.

olhar tanto para as questões externas quanto para as condições de contorno existentes nacionalmente, antes de desenhar um projeto político nacional. A autora parte dessa conversa para uma análise da sua trajetória militante e acadêmica, entrelaçada ao longo do tempo com as questões enunciadas por Lessa nessa conversa marcante, que modificou de forma decisiva a sua relação com a Embratel e com a questão nacional. A partir daí, numa terceira parte, analisa a trajetória e a obra de Lessa, seus principais textos, além da sua atuação política, desde a CEPAL ao BNDES, passando pela reitoria da UFRJ.

Abstract

Gloria Moraes' article "Conversation in the Parking Lot, or Carlos Lessa's Class on the National Question" starts from the report of a personal conversation with Professor Lessa, to reach some of Lessa's most important theses on the "national" question. The limits to economic development and economic policy, the importance of understanding external issues, the institutions and instruments available, the composition of internal interests, both in government and in congress, as well as the articulations between political groups and owners of capital, are considered decisive for setting priorities. In a first part, the author explains the importance of Lessa and other progressive intellectuals, such as Maria da Conceição Tavares, in the debate on Brazilian issues during the military dictatorship and their influence on student militancy, like the author, of revolutionary clandestine organizations , even when the majority considered them "reformists". In a second part, the author shows how, still a young economist at Embratel, in the construction of the Núcleo de Economistas do Partido dos Trabalhadores, she gradually approached the ideas of the "Escola de Campinas", although with many doubts about the importance of building in the Brazil a national telecommunications infrastructure. She then reports on the "conversation in the parking lot" in which Lessa shows the importance of looking both at external issues and at nationally existing boundary conditions, before designing a national political project. The author departs from this conversation for an analysis of her militant and academic trajectory, intertwined over time with the issues enunciated by Lessa in that remarkable conversation, which decisively changed her relationship with Embratel and with the national question. From there, in a third part, it analyzes Lessa's trajectory and work, his main texts, in addition to his political activities, from ECLAC to BNDES, passing through the rectory of UFRJ.

O encontro

Conhecia o professor Calor Lessa de palestras, pois era comum, em meados dos anos 1970 e início dos 1980, assistirmos grandes conferências com os professores e intelectuais progressistas. Eles, corajosamente, impulsionavam o debate sobre as questões brasileiras em plena ditadura militar. Em espaços como o da Cândido Mendes, da Santa Úrsula – centros universitários privados do Rio de Janeiro – esses intelectuais reuniam estudantes de todas as formações e matizes. Queríamos ouvir o que pensavam aqueles que ousavam desafiar a ditadura militar. Maria da Conceição Tavares, Chico de Oliveira, Marilena Chaui, Carlos Lessa e tantos outros eram vozes dissonantes que enfrentavam os limites da repressão apontando um outro projeto de país. O Brasil que eles apresentavam à juventude tinha futuro, não tinha como "âncora" o arrocho salarial, possibilitava uma melhor distribuição de renda e riqueza, mas, sobretudo, era um país democrático, com funcionamento pleno das instituições de Estado de direito e liberdade política.

Embora muitos de nós fossemos "afiliados" a organizações clandestinas – marxistas, trotskistas, stalinistas, todas revolucionárias por excelência –, saíamos dessas palestras extasiados, com força para mudar nosso destino. Nos bares das redondezas, após a conferência, a conversa era infinita e, mesmo com grana curta, passávamos a noite bebericando, tomando um caldo quente, enebriados pelas performances dos grandes mestres. Sem dúvida, admirávamos esses professores por sua coragem, audácia, total domínio do conhecimento e do discurso, mas os considerávamos reformistas e conservadores. Nós, os revolucionários, nos mantínhamos arraigados ao internacionalismo, às nossas ideias, expressas nos documentos das O.[2], e possíveis "ações" futuras.

Lessa não foi meu professor na graduação em Economia, cursada na mesma FEA-UFRJ em que ele se formou, mas nos aproximamos em 1977, pois fazíamos parte do Movimento de Renovação dos Economistas do Rio de Janeiro. A luta pela democracia não era apenas uma luta política, mas travada em todas as trincheiras possíveis. Ampliávamos a luta no campo acadêmico e no fazer do economista, acompanhando as políticas econômicas de forma crítica. Aprofundamos o debate, renovamos as instituições representativas da categoria – o Conselho Regional de Economia (CORECON)

2 Nos documentos das organizações clandestinas, que circulavam entre nós, por segurança não havia nomes, nem de pessoas e nem da organização, sendo comum o uso de O.

e o Sindicato dos Economistas – e, de quebra, fundamos o Instituto dos Economistas do Rio de Janeiro (IERJ).

No IERJ, nossa principal trincheira alinhou de um lado nossos professores, que formaram sua primeira diretoria, e de outro lado nós, jovens economistas com fôlego para ampliarmos o movimento e filiarmos novos colegas. O IERJ tornou-se o ponto de encontro de todos nós, promovendo debates, estudos e críticas à política econômica em seu jornal. Lá, na sede da avenida 13 de maio, pela primeira vez, o debate sobre a questão nacional fez sentido para mim. Parei para ouvir as ponderações do Carlos Lessa e do Adilson de Oliveira e saí me perguntando se era possível, ao mesmo tempo, se pretender revolucionária e pensar o Estado brasileiro.

Era uma jovem economista da EMBRATEL e tinha muitas dúvidas sobre a importância de aqui se construir uma infraestrutura nacional de telecomunicações, essencial para a integração do território e, também, para a expansão do capital. A construção do Núcleo dos Economistas do Partido dos Trabalhadores (PT), sob a liderança do Fernando Costa, do Sergio Góes e do Antônio Neiva (o Sossonho), de alguma forma, foi me aproximando das ideias da "Escola de Campinas" e trazendo a realidade brasileira para a formação bem frágil que tínhamos, pois creio que grande parte dos meus colegas de turma tinha dúvidas tão complexas quanto as minhas.

Haveria eleições no IERJ e as "estrelas" da Economia formaram a Chapa A, cuja candidata à presidência era a Maria da Conceição Tavares. Na oposição, nós, da Chapa B, uma chapa quase "puro-sangue" do PT. Perdemos por pouco, mas ganhamos envergadura e legitimidade na categoria dos economistas. Anos depois, em 1994, Conceição já eleita deputada federal pelo PT, comemoramos com um almoço na casa dela, nas Laranjeiras. Ela na cabeceira da mesa e nós, seus alunos, ao seu redor. Ali estava quase toda a Chapa B. Brincamos com a professora: finalmente ela havia escolhido o lado certo!

Lessa também, tal como a Professora, anteriormente, fizera parte do Partido do Movimento Democrático Brasileiro (PMDB)[3], criado em 1980. Junto com outros intelectuais progressistas, Lessa fazia parte do grupo liderado pelo dr. Ulysses Guimarães e chegou a disputar uma vaga na Câmara

3 Em 1982, junto com Luciano Coutinho, foi um dos redatores do programa do PMDB, amplamente divulgado em um documento chamado "Esperança e Mudança", que sintetizava os anseios daqueles então conhecidos como "os economistas da oposição". Lutando pela redemocratização, Carlos Lessa fez inúmeras palestras por todo o Brasil, tornando-se mais conhecido do que já era.

dos Deputados pelo PMDB do Rio de Janeiro. Não fiz a campanha do professor Carlos Lessa, pois não votava no PMDB, preferindo votar nulo, "marcando posição", mas sua campanha agregou grande número de intelectuais e ex-alunos, alguns jamais haviam distribuído "santinhos" nas ruas do Rio de Janeiro, na saída da Central do Brasil, da Leopoldina, da Rodoviária. Não havia redes sociais e tínhamos que ir para a rua, subir morro, tudo no "corpo a corpo". Infelizmente, agora assim penso, Lessa não obteve votos suficientes para se eleger deputado federal.

Pouco tempo depois nos encontramos na missa de sétimo dia da mãe de um amigo comum, ali na Paróquia Cristo Redentor, na rua das Laranjeiras. Finda a missa, fomos com os amigos andando até o estacionamento, no pátio na frente da igreja. Todos pegaram seus carros, foram embora, mas eu morava na esquina da General Glicério com Ortiz Monteiro e o Lessa no Cosme Velho, e voltaríamos para casa a pé. Ficamos frente a frente, eu e o Professor. Ele foi direto. Me disse que me achava bonita, legal, inteligente, mas que eu não entendia nada da geração dele, enquanto ele se esforçava para entender a minha. Levei um susto! Jamais havíamos falado diretamente, sem mediações "acadêmicas".

Sem cerimônia alguma, ele me disse que não cabia no PT. Que nós, embora nos propuséssemos a ser um partido de massas, não fazíamos a menor ideia do que fazer com um país do tamanho do Brasil e que tinha no Estado o principal agente do desenvolvimento. Ridiculamente, argumentei com o Lessa sobre a questão do Estado, sua importância como agente dinamizador do capitalismo brasileiro. Ele deve ter rido de mim, por dentro, mas percebeu que fui honesta em minha argumentação e que minha compreensão era limitada. Foi gentil, generoso e, ali mesmo, começou a aula. Ficamos encostados em um carro por uns 40 minutos, ou mais.

Lessa discorreu sobre os limites do desenvolvimento brasileiro, me ensinando que além de olhar para as questões externas, para as instituições e instrumentos disponíveis, que nós deveríamos também saber avaliar as composições de interesses no governo e, também, no Congresso. Saber identificar as articulações existentes entre os grupos políticos e os "donos" do capital era algo fundamental para a definição de prioridades, pois teríamos que desenhar um projeto político nacional, mesmo que nele os trabalhadores fossem os protagonistas. Me repetiu algumas vezes: não se ganha um governo para um mandato, se ganha um governo pensando no longo prazo, na sucessão, nos apoios e alianças que são feitas e nem sempre explicitadas. Me perguntou algumas vezes: você tem ideia da diversidade do empresariado nacional? Tem mapeado os setores produtivos e suas lideranças? Tem ideia do tipo de inserção internacional que desejam ter? Aí já não era mais comigo que dialogava, mas sim com uma militante do PT. Saí dali um pouco "nocauteada", pois eu não tinha resposta para suas perguntas.

Andando ao vento, no fim da tarde, pela General Glicério, uma das ruas mais belas e arborizadas do Rio de Janeiro, me dei conta de que o Lessa me "imprensara na parede". Eu não tinha a menor ideia sobre as questões que ele levantara, muito menos de como o PT articulava e enunciava essas questões. Pensava em transformar o Brasil movida por um sentimento infantil de justiça, que acompanhara a todos da minha família, sobretudo contra o lacerdismo e a UDN. Fui criada numa família na qual meu avô repetia que o poder de Deus era o poder dos homens aqui na Terra, e reconhecer nossos erros, e assumi-los, era meio caminho para o próximo embate. E o embate era certo. Entrei no Movimento Estudantil pois queria uma sociedade mais justa, equânime; me aproximei da O. porque ela me pareceu mais aguerrida que outras; militava no PT porque me sentia parte da classe trabalhadora e era um partido nascente, sem os "vícios" do PDT do Brizola, sem o abrigo que o PMDB se tornara para conservadores de qualquer natureza. O Lessa, talvez sem desejar fazê-lo, me colocara em xeque-mate: você sabe o que está fazendo, mocinha? Não falou, mas, para boa entendedora, bastava.

Fui sempre boa aluna, e procurei entender um pouco mais do meu setor, ou seja, das telecomunicações, de suas transformações e de sua importância para o desenvolvimento brasileiro, mas a conversa com o Lessa modificou a minha relação com a Embratel, e trabalhar lá passou a fazer sentido. Entendi a importância de se ter uma infraestrutura integrada de telecomunicações, que abrangesse e interligasse todo o território nacional. Quando estive no Congresso Nacional "a serviço", procurando explicar para os parlamentares a importância de mantermos a integridade do sistema de transmissão de longa distância, inclusive e, principalmente, o satélite, os colegas das "teles" não entendiam muito bem a minha posição e a de meia dúzia de gatos pingados. Julgavam-nos meramente corporativos, em defesa da Embratel e pouco preocupados com a privatização, que já era inevitável. Eu, porque o Professor e minha Professora – assim chamo a Conceição até hoje, e gosto – me ensinaram, vinha acompanhando as mudanças internacionais e as mudanças institucionais no Brasil.

Primeiro, a primazia da tecnologia *wireless*, favorecendo a retomada da liderança norte-americana, depois as transformações institucionais brasileiras, modificando definições cruciais, como a de empresa nacional, de serviço público, de serviços especializados e que já apontavam para os limites da manutenção do monopólio da União. Privatizar e não privatizar, ambas tinham consequências complexas e pouco entendidas. Eram muitos os conflitos de interesses, entre grupos internos e externos que foram se agravando: entre o setor de telecomunicações e o de informática, hoje tudo agregado na sigla TICs. Fui acompanhando a disputa por recursos públicos para a atualização de investimentos, visando a digitalização das redes, principalmente entre a EMBRATEL e as "Teles" estaduais. Passei a acompanhar a competição entre a EMBRATEL e o Laboratório Nacional de Redes de Computadores (LARC)[4], sobre o uso de redes para a passagem de informações técnico científicas. Passei a acompanhar as mudanças em outros países e os interesses dos capitais externos na "Joia da Coroa", conforme a mídia nacional se referia ao grupo de empresas que formavam a TELEBRAS, ao mesmo tempo que desqualificava seus serviços e importância e destacava os benefícios da privatização, considerada inevitável.

Em 1998, quando a EMBRATEL estava sendo privatizada, encontrei com o Lessa, por acaso, e tivemos outra conversa maravilhosa. O então ministro das Comunicações e ex-professor do IE da UNICAMP, Luiz Carlos Mendonça de Barros, havia declarado, em relação à privatização do Sistema TELEBRAS, que não adiantava definir os termos da privatização, principalmente em relação à sua extensão, pois ao chegar na reunião da Organização Mundial do Comércio (OMC) tudo se modificaria. O que poucos sabiam era que o setor de telecomunicações era um dos condicionantes do fechamento do acordo de serviços, e que a pressão dos "parceiros" internacionais era insustentável. Andamos pelo Centro, encostamos para tomarmos um café e ele me disse: "você prestou atenção à aula. Fiquei contente!".

Também em 1998, finalmente, sua tese, intitulada "A estratégia de desenvolvimento 1974-1976. Sonho e fracasso", que apenas circulara mimeo-

4 O Laboratório Nacional de Redes de Computadores (LARC) foi criado em 1979, como uma espécie de entidade "virtual", objetivando integrar esforços institucionais na área de redes de computadores, gerar um *know-how* de âmbito nacional nesta área, promover o intercâmbio de *software* e informação científica, através da integração de laboratórios de computação das instituições participantes. Além de questões relativas a *gateways*, o uso de redes de telecomunicações implicava a cobrança de tarifas.

grafada, fora publicada na coleção 30 Anos do IE-Unicamp. Li com cuidado sua tese, assim como li outra tese pouco conhecida, do professor Luciano Martins[5], "Estado Capitalista e Burocracia no Brasil Pós-64", ambas sobre o Estado brasileiro. Não apenas entendi o que o Professor me ensinara no estacionamento, anos atrás, mas percebi que isto era o que me interessava. Virei sua amiga, ele meu orientador e querido mestre. Não mais nos perdemos e eu passei a ser uma defensora aguerrida da questão nacional: decisiva para os rumos que desejamos tomar, como nação.

Eu, que sempre desejara ser "revolucionária", mas sempre estivera preocupada com as alergias que tenho a picadas de insetos, carrapatos, com o amor aos meus cachorros, tudo o que nos tempos da O. era considerado desvio "pequeno burguês", finalmente me sentia confortável: me tornara uma reformista inveterada. Havia mudado: profissionalmente, politicamente e partidariamente, embora continue afiliada ao PT e seja uma petista apaixonada pelo maior partido de massas brasileiro. Às vésperas de completar 70 anos, depois de ter sido sua aluna na COPPE-UFRJ, discípula, orientanda e amiga, de ainda me emocionar quando penso na última conversa que tivemos, no escritório do Darc Costa, olho para trás, repasso o Movimento Estudantil (ME) e nos reconheço aguerridos, mas bobos e pretensiosos.

O Professor Carlos Lessa – Lessinha para seus amigos –, já era, naquele tempo, muito mais do que um intelectual progressista, muito mais que um "reformista" como pensávamos. Era um pensador do Brasil, um pensador do Rio de Janeiro, um intelectual de grande envergadura, comparável a Roberto Simonsen, a Caio Prado Jr. e outros, com uma compreensão do Brasil que poucos de nós possuímos. Lessa era um empreendedor, uma pessoa inquieta, um amante da cultura e, sobretudo, do Rio de Janeiro, nos alertando para a degradação e a fragilização da cidade e do estado. Tal como Celso Furtado, ele queria mudanças e aceitava ser um agente do Estado, pois era um ser inquieto, por essência, transformador. Lessa era como um regente que, ao invés de uma orquestra, regia uma instituição, uma turma e, também uma plateia, de qualquer natureza. Um amante dos prazeres da

---

5 Luciano Martins de Almeida (1934-2014) foi professor titular da Uerj e da Unicamp, ensinou nas universidades de Paris-Nanterre, Brasília e Columbia. Foi embaixador do Brasil em Cuba. Foi pesquisador da Ecole des Hautes Etudes en Sciences Sociales, de Paris. É autor de inúmeros artigos, ensaios e livros, dentre os quais *Pouvoir et développment économique – Structures de Pouvoir et système de décisions au Brésil, Estado Capitalista e Burocracia no Brasil Pós-64*.

vida, tornava o ambiente mais leve, nos fazia rir com sua irreverência, nos deixava indignados com nossa triste realidade, nos ensinava a pensar e a ter vontade de mudar o Brasil.

A trajetória

Lessa nasceu no Rio de Janeiro, cidade que tanto amou, em 1936. Formou-se em Ciências Econômicas, em 1959, na Faculdade de Economia e Administração da Universidade do Brasil (FEA-UB), hoje Universidade Federal do Rio de Janeiro (UFRJ)[6]. De família abastada, pai erudito, carregava um nome pomposo: Carlos Francisco Theodoro Machado Ribeiro de Lessa[7]. Muitas vezes, Lessa foi tratado com algum sarcasmo, dado que, além da ascendência "aristocrática", era nacionalista.

Iniciou seu curso de mestrado em Análise Econômica no Conselho Nacional de Economia (CNE) e logo foi lecionar no curso de formação de diplomatas do Instituto Rio Branco (IRB), do Ministério das Relações Exteriores (MRE). Em 1962, influenciado pelas ideias da Comissão de Estudos Econômicos para a América Latina (CEPAL)[8] e pela leitura de *Formação Econômica do Brasil*[9], de Celso Furtado, Lessa mergulhou intensamente nos problemas brasileiros. Pela CEPAL, ministrou aulas sobre o desenvolvimento econômico em vários estados brasileiros: no Rio de Janeiro, em Minas Gerais, no Ceará e no Rio Grande do Sul. No mesmo ano, também deu cursos em Recife e Salvador,

---

6 O primeiro curso de graduação em Economia no Brasil data de 1946, alocado na Faculdade de Ciências Econômicas da Universidade do Brasil, posteriormente denominada Faculdade de Economia e Administração (FEA), atual Instituto de Economia da Universidade Federal do Rio de Janeiro.

7 MORAES, G. Dados retirados do Verbete Biográfico – CPDOC/FGV. Disponível em: http://www.fgv.br/cpdoc/acervo/dicionarios/verbete-biografico/lessa-carlos. Acesso: 20 jun. 2022.

8 A CEPAL é um organismo vinculado ao Conselho Econômico e Social da Organização das Nações Unidas (ONU), criado em 1948, e que agregou economistas como Aníbal Pinto, Aldo Ferrer, Celso Furtado, e outros, liderados por Prebisch. Em 1949, o Manifesto da CEPAL, de autoria de Prebisch marcaria a agenda teórica das décadas seguintes e lideraria o trabalho de alguns dos intelectuais latino-americanos mais brilhantes desse tempo, que atuariam na instituição procurando novos caminhos de superação do subdesenvolvimento. Hoje, a CEPAL agrega também estudos sobre o Caribe.

9 A publicação de *Formação Econômica do Brasil*, em janeiro de 1959, foi um marco nas publicações da área de Economia, ficando entre os livros mais vendidos no país. Escrito e publicado num momento de otimismo, Furtado foi original em debruçar-se sobre o passado para tentar apresentar o presente e as raízes dos problemas que dificultavam o desenvolvimento brasileiro. Furtado, desde então, é um dos grandes intérpretes do Brasil, tornando Formação Econômica do Brasil uma obra clássica no campo da Economia, da História, da Sociologia, da Política, enfim, essencial para quem deseja pensar o Brasil.

vinculados à Superintendência do Desenvolvimento do Nordeste (SUDENE), tornando-se referência no pensamento econômico nacional.

Também para a CEPAL, em 1964, produziu seu primeiro estudo de peso: um relatório abordando a industrialização brasileira e as estratégias de desenvolvimento no pós-Guerra, no qual mereceram destaque a criação do BNDE (1952) e da PETROBRAS (1953), além do Plano de Metas, de Juscelino Kubitschek (1956-1960), com a implantação do complexo industrial metal mecânico brasileiro. Este relatório originou seu primeiro livro, intitulado *Quinze anos de política econômica*, que circulou mimeografado até ser, finalmente, publicado em 1981. Nele, Lessa usa o esquema analítico Centro x Periferia, de Raúl Prebisch, para reinterpretar a inserção brasileira e destacar a importância da industrialização como condição estrutural para a superação do subdesenvolvimento, do atraso, da pobreza e da miséria.

> Quando eu escrevi *Quinze anos...*, para mim, estava muito claro que o êxito do desenvolvimento de processos produtivos não tinha paralelo nem sincronismo adequado com o desenvolvimento das forças sociais. Na verdade, era muito evidente que a hipótese central dos planos dos anos 1930, 1940 e 1950 – que era a ideia de que, com a industrialização e a urbanização, automaticamente viria o desenvolvimento social – não era verdadeira. Aí vem o golpe de 1964, e há todo um período em que o BNDE é operacionalizado como instrumento e agência de desenvolvimento – tanto que o desenvolvimento do setor petroquímico nacional, que foi a grande frente de industrialização acionada nos anos 1960, sai todo ele do BNDE. Eu estava militando na oposição, tinha ido para o exílio e voltei, e para mim era muito claro que a vulnerabilidade social brasileira exigiria uma importante mudança de prioridades. (LESSA, p. 251).

Para Sá Earp (2010)[10], *Quinze anos...* não é uma típica obra cepalina, pois na época prevalecia na CEPAL a ideia de um planejamento indicativo, que conduziria a um crescimento equilibrado, tal como preconiza o modelo Harrod-Domar. Para Sá Earp, Lessa procurava mostrar o desenvolvimento econômico como fruto da ação demiúrgica, ou onisciente, do Estado nacional, que procurou, mesmo com descontinuidades, corrigir as deficiências do mercado. Certo é que *Quinze anos...* se tornou não apenas um clássico, mas uma obra obrigatória para quem procura entender o papel do Estado brasileiro e a im-

10 EARP, F. S. "Carlos Lessa – Memória do IE-UFRJ". *Rev. econ. contemp. 14* (2), Ago. 2010. Disponível em: https://www.scielo.br/j/rec/a/dw5XvxXFqG9YC4VWqvqRQgf/?lang=pt. Acesso em: 10 jun. 2022.

portância da política econômica para o processo de industrialização. No meu caso, é uma obra esclarecedora acerca da questão nacional e como ela vai imergindo de interesses tão divergentes.

Em 1964, Lessa concluiu o mestrado, mas o golpe militar que derrubou o presidente João Goulart forçou vários brasileiros a darem uma guinada em suas vidas. Lessa lecionava na Universidade Federal Fluminense (UFF), para onde fora reestruturar o curso de Economia, mas o recrudescimento da repressão aos que resistiam e se organizavam, fossem trabalhadores, estudantes, intelectuais, profissionais liberais, religiosos e políticos, mostrava que os militares pretendiam ficar e que os idealizadores do golpe não admitiriam adversários, em nenhuma hipótese. O comprometimento com as reformas de base e com a reestruturação e modernização do país, durante os anos anteriores, levou Lessa, assim como tantos outros, a deixar o Brasil.

Entre 1965 e 1968, Lessa lecionou no Instituto Latinoamericano y del Caribe de Planificación Econômica y Social (ILPES/ONU), ficando baseado no Chile, depois na Nicarágua e em El Salvador. Entre 1966 e 1969, esteve vinculado ao Centro Interamericano de Capacitação em Administração Pública, atuando em Buenos Aires e Caracas. No mesmo período, foi também professor do Instituto para Integração da América Latina (INTAL), financiado pelo Banco Interamericano de Desenvolvimento (BID), localizado na capital argentina. Em 1967, lecionou no curso de pós-graduação da Escola Latino-Americana do Instituto de Economia da Universidade do Chile, em Santiago, a famosa ESCOLATINA. Foi também nesse período, em meados dos anos 1960, que Lessa escreveu outra obra importante, dessa vez em parceria com o professor Antonio Barros de Castro[11]: *Introdução à economia – uma abordagem estruturalista.*

Concebido em forma de apostilas para os cursos de desenvolvimento econômico que a CEPAL oferecia, o 'Castro e Lessa' – assim ficou conhecido o manual dos jovens professores brasileiros –, era parte de uma tentativa de atualizar o ensino de Economia, principalmente para a América Latina. Conforme Sá

11 Antônio Barros de Castro (1938-2011), também se formou em Economia pela FEA da UB, e quatro anos depois foi para o Instituto Latino-Americano de Pesquisa Econômico-Social da Comissão Econômica para a América Latina (CEPAL), onde permaneceu até 1972. Lecionou em Cambridge, na Inglaterra, como professor-visitante, e em 1974 retornou ao Brasil. Lecionou no IE-UNICAMP, depois foi professor da Coordenação dos Programas de Pós-Graduação de Engenharia (COPPE) da UFRJ. Em 1981 afastou-se da COPPE e se tornou professor titular da FEA e do Instituto de Economia Industrial (IEI) da UFRJ, onde permaneceria até 1991. Foi presidente do BNDES durante o governo Itamar Franco. Sobre Barros de Castro recomendamos consultar A. Toste, CPDOC/FGV. Verbetes DHBB. Disponível em: http://www.fgv.br/cpdoc/acervo/dicionarios/verbete-biografico/antonio-barros-de-castro.

Earp (2010), o ensino de Economia, até então, utilizava o manual escrito por Paul Samuelson, que continha uma abordagem um tanto neoclássica, enquanto o "Castro e Lessa" procurava recuperar e atualizar a tradição da Economia Política, enfatizando as estruturas de produção e de repartição, além de apresentar aos estudantes brasileiros e latino-americanos a Matriz de Leontief[12].

Ao retornar ao Brasil, em 1969, Lessa não era apenas um jovem professor, mas um pensador da economia brasileira e das questões latino-americanas. A superação do subdesenvolvimento, os limites do desenvolvimento nacional e da industrialização, a deterioração dos termos de troca e a substituição de importações, faziam parte da agenda da CEPAL que norteava os debates políticos e econômicos nos países da América Latina. A estas questões, Lessa acrescentava o Estado nacional e a política econômica, sobre a qual discorrerá em uma de suas teses. Contratado pelo Instituto de Estudos em Administração Pública da Fundação Getúlio Vargas (IEAP/FGV), no Rio de Janeiro, Lessa passou a ministrar as disciplinas de Introdução à Economia Política e de Introdução ao Planejamento na Economia Brasileira, permanecendo na instituição até 1973, quando iniciou suas atividades na iniciativa privada, tornando-se diretor da firma Clan S.A. Consultoria e Planejamento, uma organização que durou até 1979.

Após reestruturar e modernizar o curso de Economia da Universidade Federal Fluminense (IE-UFF), onde permaneceu de 1968 a 1971, para lá levando nomes que renovariam seu quadro de professores, como Antonio Barros de Castro, Claudio Salm, Roberto Cosenza e outros[13], em 1974, Carlos Lessa, seguindo sua trajetória no campo da Economia Política, apresentou tese para professor titular de Política Econômica do Instituto de Filosofia e Ciências Humanas (IFCH) da UNICAMP. Em 1976, apresentou sua tese de doutorado, no mesmo IFCH/UNICAMP: *O conceito de política econômica. Ciência e/ou ideologia?*[14]. Neste trabalho, publicado apenas em 1998, na

12 Wassily Leontief, economista russo naturalizado norte-americano, recebeu o Nobel de Economia em 1973, em função de ter desenvolvido a matriz insumo-produto, denominada de Matriz de Leontief, apresentada no livro *The Structure of the American Economy*, publicado em 1941. A matriz insumo-produto tornou-se em um instrumento decisivo para as atividades de planejamento estratégico, aqui no Brasil, com o IBGE passando a utilizar esse instrumento.

13 Sobre este período, recomendamos consultar H. P. Melo H. P. e R. H. Dweck, *Economia, história e memórias: a trajetória da Faculdade de Economia da UFF*, 2017.

14 Esta tese, além de publicada na edição comemorativa dos 30 Anos do IE-UNICAMP, pode ser encontrada no seu formato original, datilografada e digitalizada, contendo 538 páginas, no seguinte endereço: https://www.joserobertoafonso.com.br/o-conceito-de-politica-economica-lessa/. Acesso em: 20 jun. 2022.

coleção Unicamp/30 Anos, Lessa fez uma varredura do debate travado entre seus pares, na Cepal, mas, sobretudo, visitou e transitou pelo debate sobre a Teoria Econômica com uma erudição espantosa. Ainda hoje, olho a bibliografia referenciada e identifico autores que muitos de nós desconhecemos.

Vale lembrar que, durante a ditadura militar, algumas universidades ganharam destaque, como a UNB e a Unicamp, não apenas pela resistência de seus professores e alunos, mas também porque definiriam linhas de atuação, de ensino e pesquisa, apontando para novas direções. Diferente do formalismo, do conservadorismo e do liberalismo que marcaram as universidades nos anos iniciais dos governos militares, alguns centros apresentavam proposições inovadoras para questões estruturais que deviam ser enfrentadas. Abdicando do ensino convencional, procuravam novos pensares e novas formulações para o enfrentamento do conservadorismo, da repressão, da superação do atraso e do subdesenvolvimento. Dentre essas instituições, destacamos a Universidade de Campinas (Unicamp), cujo Instituto de Filosofia e Ciências Humanas (IFCH)[15] seria decisivo para a formação de Carlos Lessa, embora nem sempre seu nome seja relacionado à "Escola de Campinas".

A Unicamp foi criada em 1965 e a instalação do seu Departamento de Economia e Planejamento Econômico (DEPE), em 1968, mudaria os rumos do ensino das Ciências Sociais e, particularmente, do ensino da Economia no Brasil. Foi do DEPE que se originaria o ICHF e, mais tarde, o Instituto de Economia (IE), uma das principais escolas de pensamento econômico do país. O DEPE, do IFCH-Unicamp, iniciou suas atividades com cursos de Economia e de Planejamento Econômico em nível de pós-graduação. Em 1970 teve início o curso de graduação em Ciências Econômicas, enquanto os

15 Em 09/09/1965, o Conselho Estadual de Educação, do estado de São Paulo, designou uma Comissão Organizadora da Universidade de Campinas (Unicamp), formada pelos professores Zeferino Vaz (presidente), Paulo Gomes Romeo e Antonio Augusto de Almeida. Em 05/10/1966 a pedra de fundação da Unicamp foi firmada pelo presidente Marechal Humberto de Alencar Castelo Branco, sendo nomeado reitor o prof. Zeferino Vaz. Doravante, a Unicamp irá construindo suas instalações na gleba doada na cidade de Campinas e agregando unidades existentes em outras cidades do estado de São Paulo. Em 1968, é inaugurado o primeiro edifício no campus, que irá abrigar o Instituto de Biologia (IB), e mais tarde a Administração. Também neste ano foi criado o Departamento de Planejamento Econômico e Social, que daria origem ao Instituto de Filosofia e Ciências Humanas (IFCH) e mais tarde ao Instituto de Economia (IE), uma das principais escolas de pensamento econômico do país. Nos anos 1970, a Unicamp já é um importante polo de produção de pesquisas e conhecimentos, com uma cultura universitária própria agregando intelectuais do quilate de César Lattes, André Tosello, Sérgio Porto, Gleb Wataghin, Vital Brasil, Marcelo Damy, José Ellis Ripper Filho, João Manuel Cardoso de Mello, Rogério Cerqueira Leite, Giuseppe Cilento e Benito Juarez, Maria da Conceição Tavares, dentre outros.

cursos de mestrado e de doutorado em Economia foram implantados apenas em 1974 e 1977, respectivamente.

Em 1984, o DEPE se transformaria no Instituto de Economia (IE) da Unicamp, passando a fornecer quadros importantes para os setores públicos e privados brasileiros, notabilizando-se pela participação de seus docentes, pesquisadores e alunos nos debates públicos sobre as grandes questões nacionais e internacionais. Sem dúvida, a "Escola de Campinas" foi essencial para fomentar o debate crítico no Brasil, conforme a tradição estruturalista latino-americana da Cepal, e decisiva para a difusão de um conjunto de referências teóricas não apenas para o estudo da Economia, mas também para as Ciências Sociais. O ensino das ideias de Marx, de Michal Kalecki, de J. M. Keynes, de J. A. Schumpeter, de Joan Robinson, e tantos outros, além de aprofundadas, favoreceram a elaboração de novas interpretações sobre o desenvolvimento, sobre a evolução da economia brasileira e sobre as políticas econômicas e sociais, com seus novos desafios[16]. E foi na Unicamp que Lessa tornou-se professor titular de Política Econômica.

Na Unicamp, onde permaneceu no Instituto de Economia (IE) até 1994, Lessa lecionou as disciplinas de Teoria Econômica, Política Econômica e Economia Brasileira. Seus alunos escreveram teses e dissertações sobre períodos específicos do desenvolvimento brasileiro. Enveredando por um caminho metodológico inovador, com seus alunos, de forma pioneira, Lessa e eles foram reconstituindo a história, enunciando os instrumentos disponíveis e as instituições disponíveis, assim dissecando a política econômica de cada período e as forças políticas e econômicas de então. De alguma forma, mesmo sem ter estudado no IE-Unicamp, fui lendo essas teses, construindo identidades, fazendo amizades, acabando por me sentir um pouco "campineira" também.

Em 1978, com a tese intitulada *A estratégia de desenvolvimento 1974-1976. Sonho e fracasso*, também publicada na coleção 30 Anos do IE-Unicamp, já citada, Lessa tornou-se professor titular de Economia Brasileira do Instituto de Economia (IE) da UFRJ e da pós-graduação do Instituto de Economia Industrial IEI/UFRJ, recém-criado. Ele e Conceição Tavares, por

16 A especialização e a diversificação existentes no IE-Unicamp podem ser mais bem compreendidas quando observamos as mais de 30 linhas de investigação, distribuídas por onze Centros e Núcleos de Pesquisa. Hoje o IE-Unicamp possui dois programas de Pós-Graduação, com Mestrado e Doutorado: Economia e Desenvolvimento Econômico, este se desdobrando em cinco áreas temáticas: História Econômica; Economia Social e do Trabalho; Economia Agrícola e do Meio Ambiente; Economia Regional e Urbana; Padrões e Estratégias de Desenvolvimento.

ele carinhosamente chamada de "Ceiça", trouxeram a si a tarefa de reestruturar o curso da UFRJ, ainda defasado e limitado pelas intervenções sofridas durante a ditadura militar. Lecionando a disciplina de Industrialização Brasileira, na pós-graduação, e as disciplinas Economia Brasileira II e Economia e Sociedade no Rio de Janeiro, na graduação, Lessa e Conceição revigoravam a instituição e o debate econômico no Rio de Janeiro. Também nesse período, Lessa foi consultor do Centro de Estudos e Pesquisas da FINEP e da Fundação para o Desenvolvimento da Administração Pública do governo de São Paulo (FUNDAP), atividade que desempenharia até 1983.

Com *A estratégia de desenvolvimento...*, Lessa deu continuidade, ou melhor, retomou o caminho já trilhado em *Quinze anos de política econômica* e nas tantas teses sobre Política Econômica Brasileira que orientou. Usando o II Plano Nacional de Política Econômica (II PND), do governo Geisel, como guia do percurso investigado, em *A estratégia de desenvolvimento...*, Lessa esboçou um roteiro, no qual se propunha a organizar não apenas a constituição do Plano, descrevendo suas principais diretivas, mas também enunciando as articulações e interesses articulados politicamente no período. Ao desvendar o papel do Estado e da política econômica que caracterizou o II PND e ao analisar a implantação da indústria pesada e os investimentos necessários para completar a infraestrutura no Brasil, em condições internacionais tão adversas, Lessa exigiu de si extremado rigor analítico e metodológico. A complexidade da conjuntura e os limites das instituições e instrumentos existentes formavam um quebra-cabeça que conduzia o analista mais descuidado a incorrer em erros e numa simplificação do diagnóstico.

Pode nos parecer fácil, nos dias de hoje, dissecar o II PND, agora tratado em teses, artigos e presente em tantos manuais de Economia Brasileira. No entanto, Lessa abraçou essa tarefa, de grande complexidade, envergadura e grandiosidade, no auge do "fracasso", buscando recuperar os elementos nos quais a elaboração do II PND e a avaliação de sua viabilidade estavam assentados. Procura identificar as medidas de política econômica adotadas, verificando a consistência dessas com a estrutura existente na economia brasileira. Procura dissecar a política econômica articulada em torno do aparato de Estado que, em regime de exceção, procurava desenhar e projetar o futuro em meio a tantos interesses divergentes, públicos e privados. Se não foi uma tarefa simples para o governo Geisel levar adiante a política econômica do II PND, também não foi mais fácil para Lessa que se comprometeu em desvendá-la, com rigor acadêmico.

Conforme enunciou Macarini (2010)[17], para Lessa o "conceito de política econômica" nunca foi muito claro na história do pensamento econômico, sendo, para desvendá-lo, necessário adentrar numa imensa "floresta tropical", tal o "emaranhado conceitual" criado. Num país como o Brasil, naquela conjuntura e com os limites estruturais existentes, a "floresta tropical", sem dúvida, era muito densa. Se paramos para olhar as mudanças estruturais que estavam sendo postas em andamento no capitalismo contemporâneo, em função do processo de retomada da hegemonia norte-americana, era praticamente impossível demarcar e encontrar o caminho, pois o II PND foi gestado em momento de inflexão, nacional e internacional.

Não é objeto desse artigo, sabemos, mas, simplificadamente, podemos dizer que a ortodoxia que se instalou, junto com os anos iniciais do golpe militar de 1964, acabou ficando na esteira das reformas estruturais do Programa de Ação Econômica do Governo (PAEG). Os resultados macroeconômicos do PAEG ficaram muito aquém do esperado, mesmo que as medidas de contenção da inflação e do gasto público tenham sido severas, impondo, o maior arrocho salarial que a classe trabalhadora brasileira já sofrera, sendo este a verdadeira "âncora" da política econômica do governo. Certo é que o governo Castelo Branco se valeu da intensa repressão e do total apoio ao golpe, por parte da classe empresarial e de segmentos médios de renda, para levar adiante suas políticas e objetivos. O tamanho da economia brasileira, que crescera durante o período desenvolvimentista, exigia novas instituições e instrumentos bem como mudanças estruturais, tais como a criação de um sistema financeiro e de um banco central, já enunciadas como necessárias no Plano Trienal, elaborado por Celso Furtado, durante o governo Goulart. Com o "milagre econômico", o Brasil abraçava um novo projeto de desenvolvimento, conservador, mas, mesmo assim, disposto a não abandonar de todo o processo de substituição de importações.

O Plano Estratégico de Desenvolvimento (PED – 1968-1970) começou a ser elaborado, ainda no governo Costa e Silva, a partir de diagnóstico do desenvolvimento da economia brasileira que se estendia do pós-Guerra até 1967, esmiuçando a retração existente entre 1961-1963 e as bruscas oscilações no produto industrial entre 1964 e 1966[18]. Embora ressaltasse os avanços alcançados no

17 MACARINI, J. P. "Contribuições de Carlos Lessa para o estudo da política econômica no Brasil". *Texto para Discussão*. IE/Unicamp n. 180, julho 2010. Disponível em: https://www.eco.unicamp.br/images/arquivos/artigos/1810/texto180.pdf.

18 No diagnóstico, foram apontadas como causas das crises as características do modelo de

governo anterior, ou seja, na primeira fase do golpe militar, dentre esses o restabelecimento da ordem, da credibilidade e da retomada dos investimentos em infraestrutura. Em linhas gerais, o PED procurava inaugurar uma nova estratégia de desenvolvimento econômico e social sem, no entanto, descuidar-se do controle inflacionário. Para tal, o fortalecimento da empresa privada, a estabilização gradativa de preços, o crescimento dos investimentos em infraestrutura e a expansão do nível de emprego e do mercado interno foram considerados essenciais para reverter o ciclo recessivo que aqui já se instaurava. A expectativa era de que o crescimento do PIB ficasse em torno de 6% ao ano (a.a.), ou seja, equivalente à taxa média verificada entre 1947 e 1961.

Ao PED seguiu-se o I PND, elaborado sob a orientação do ministro do Planejamento, João Paulo dos Reis Veloso, que consolidava os objetivos básicos da política econômica do governo Garrastazu Médici. O I PND pretendia colocar o Brasil no rol das nações desenvolvidas, no espaço de uma geração, para tal eram previstas taxas de crescimento entre 7% e 8% a.a., durante o período entre 1968 e 1972; entre 8% a.a. e 10% a.a., até 1974; e taxa de expansão do emprego em 3,2% a.a, até 1974; além de duplicação da renda *per capita* até 1980. O fortalecimento da economia e as metas a serem alcançadas implicariam na expansão do mercado interno, no avanço do processo de substituição de importações e na promoção das exportações, além de serem instituídos novos instrumentos de política econômica, ainda não restritos às políticas monetária e fiscal de curto prazo, como prediz o ideário neoliberal.

Para garantir sua execução, o governo conseguiu converter o I PND em lei, aprovada pelo Congresso, e contava com o apoio dos recursos do Banco Nacional de Desenvolvimento Econômico (BNDE), da Caixa Econômica Federal (CEF), do Banco do Brasil (BB) e de outros órgãos financeiros da União. Visando ao fortalecimento da estrutura empresarial nacional, o I PND criou o Programa de Promoção de Grandes Empreendimentos Nacionais e convocou o empresariado brasileiro a participar de setores estratégicos do desenvolvimento. Com o I

---

crescimento que vigorou até 1961, dado que este não teria favorecido o desenvolvimento de um mercado de massa, "suficientemente amplo e capaz de manter o dinamismo da economia no momento que o processo de substituição de importações entrou em arrefecimento". Além disso, apontava a "desordem político-social", decorrente da renúncia de Jânio Quadros e da posse de João Goulart. As oscilações subsequentes, decorreriam, segundo este diagnóstico, da retração causada pelo necessário combate à inflação imposto no governo Castelo Branco. Conforme o diagnóstico, uma série de medidas teriam afetado o nível de emprego e deixado capacidade ociosa, no segmento industrial, "conduzindo o setor privado a uma situação de perigosa debilidade, que atingiu especialmente as empresas nacionais".

PND, delineava-se um novo período de planejamento no Brasil, no qual prevalecia uma estratégia nacional e convocava-se o empresariado para participar do projeto de construção de uma "potência intermediária".

Com o II PND, anunciado pelo presidente Geisel em 1974[19], além de seguir com as estratégicas já apontadas no I PND, promovia-se um ajuste para o quinquênio 1975-1979, em função da crise do petróleo e das novas condições industriais do país. Compilado em 136 páginas, o II PND está dividido em quatro partes: Desenvolvimento e grandeza: o Brasil como potência emergente; Grandes temas de hoje e de amanhã; Perspectivas: o Brasil no fim da década; e Ação para o desenvolvimento. Além da definição de estratégias, o II PND esboça uma política industrial e agrícola, e discrimina as competências do Estado e do setor privado, as carências demográficas e aponta para a necessidade de maior integração nacional, abordando ações de ocupação produtivas para o Norte, Nordeste e Centro-Oeste do país. As alavancas centrais das ações e políticas do governo estavam centradas em: a) Infraestrutura, com ampliação da malha rodoferroviária, da rede de telecomunicações e para o desenvolvimento do agronegócio; b) Setor de bens de produção: siderurgia, química pesada, metais não ferrosos e minerais não metálicos; c) Energia: petróleo e derivados, energia hidroelétrica e fontes alternativas (nuclear e etanol).

Como nos ensina Lessa, em *A estratégia de desenvolvimento...*, traduzida em números, a expectativa posta no II PND era de que, em 1980, o Brasil se tornasse o 7º ou o 8º. mercado no mundo Ocidental, com cerca de 125 milhões de habitantes e um PIB per capita acima de mil dólares. Para chegarmos à condição de potência emergente, as taxas médias de crescimento esperadas, até 1979, eram: PIB, em torno de 10%; agropecuária, cerca de 7%; indústria, na ordem de 12%; e serviços, entre 9% e 10%. "Estas taxas em nível agregado prolongariam até o final da década a performance do período 1968/73. Porém mais importante que o desempenho quantitativo seria a transmutação qualitativa. Materializadas, aquelas taxas conformariam uma indústria responsável por 37% da Renda Interna. No perfil industrial emergente teria gravitação principal a indústria de base e no 'tripé', o capital privado nacional ocuparia posição de relevo" (LESSA, 1998, pp. 7-8).

---

19 Em setembro de 1974, as diretrizes gerais do II PND foram apresentadas ao Congresso, em 4 de dezembro de 1974, foi promulgada a Lei 6.151 que instituiu as diretrizes do II PND, para vigorar durante os anos de 1974 e 1979.

Na leitura de Lessa, o núcleo central do II PND articulava dois vetores: a montagem de um novo padrão de industrialização, assentado na indústria de base, com transferência do núcleo dinâmico de certos setores de bens de consumo para a indústria de base, bem como a ampliação da infraestrutura necessária a este dinamismo; a correção dos desbalanceamentos da organização industrial que aqui prevalecera, de forma a se "reequilibrar o tripé desenvolvimentista", cuja "pata forte", até então, fora o Estado. Claramente, o fortalecimento progressivo do capital privado nacional é algo que, conforme Lessa (1998, p. 8), transcende apenas o robustecimento da "pata fraca", mas aponta "para um 'capitalismo social' ou 'neocapitalismo' cuja consecução impõe a indução progressiva de certas práticas e pautas de comportamento empresarial que 'socializariam' os benefícios da industrialização".

Além dos objetivos estratégicos, o II PND esboçava suas fontes de financiamento e formas de gestão, bem como buscava, frente ao cenário nacional e internacional, diagnosticar os gargalos existentes. Comprometido com a defesa e a integração nacional, bem como comprometido com o empresariado brasileiro, o II PND apontava para uma política de desconcentração industrial, chegando mesmo a evitar a concentração na área metropolitana de São Paulo. O II PND procurava alcançar maior equilíbrio no triângulo São Paulo-Rio-Belo Horizonte, sem, contudo, claramente articular e explicitar os demais interesses nacionais. Por fim, pretendia impulsionar a integração do Brasil ao mercado mundial, mediante a expansão da exportação de produtos manufaturados e produtos primários não tradicionais. Principalmente, nos segmentos estratégicos, como o de telecomunicações e de energia, por exemplo, a diversificação das fontes de fornecimento de equipamentos, seria uma política constante das estatais, pois além de procurar novos parceiros comerciais, internalizaria conhecimento de ponta, ampliando a capacitação tecnológica nacional.

Gestado no Ipea, e articulado no BNDE, contando com o apoio do Congresso e recursos da União, conforme Fiori (1995)[20], contra os ventos ideológicos da economia, nacional e internacional, o II PND foi o último dos planos desenvolvimentistas dos países latino-americanos, e certamente, enfatiza o autor, o mais bem acabado de todos os que procuraram levar adiante a proposta industrializante da Cepal. Estimava-se investimentos da ordem de 700 bilhões de cruzeiros, a serem investidos em indústria de base, em desenvolvimento científico e tecnológico e em infraestrutura,

20 FIORI, J. L. *O Voo da Coruja – Uma leitura não liberal do Estado desenvolvimentista.*

além de investimentos pesados na área de energia, de forma acelerar a redução da dependência do país em relação às fontes externas, mormente o petróleo e seus derivados.

O homem público

A transição democrática no Brasil foi negociada, sabemos, e foi no governo Sarney, dado que fazia parte dos economistas agregados em torno do "Dr. Ulysses", que Lessa, em 1985, ocupou uma diretoria do Fundo de Investimento Social (FINSOCIAL), no BNDES[21]. Este foi seu primeiro cargo público, logo seguido da ocupação do Conselho Superior de Previdência Social, entre 1986 e 1989. A trágica morte de Ulysses Guimarães e a dispersão do grupo de economistas a sua volta, não levou Lessa a sair do PMDB, como outros, mas o fez voltar para a academia. Em 1988, tornou-se diretor do IFCH, da UNICAMP, e entre 1992 e 1994 atuou como professor visitante da Universidade Estadual do Rio de Janeiro (UERJ) ocupando o cargo de Coordenador do Centro de Estudos e Pesquisas (CEP/Rio).

Entre 1993 e 1995, durante a primeira gestão de Cesar Maia, eleito pelo PMDB para a Prefeitura carioca, Lessa foi diretor do Plano Estratégico da Cidade do Rio de Janeiro. Exímio conhecedor da cidade, uma de suas paixões, a passagem pelo Plano Diretor o fez debruçar-se sobre suas origens e seu imaginário, originando uma obra prima: *O Rio de todos os Brasis – Uma reflexão em busca de autoestima*, que tive o privilégio de ler alguns capítulos, antes deste livro ir para o prelo. Acometido por doença grave, Lessa agarrou-se a uma de suas paixões como resistência e levou o livro adiante, como sua própria vida. Publicado em 2000, pela Record, tornou-se leitura obrigatória para todos os economistas e cientistas sociais que estudam o desenvolvimento regional do Rio de Janeiro.

Entre 1996 e 1997, de volta ao mundo acadêmico, foi diretor do Instituto de Economia da UFRJ. Neste mesmo período, foi também diretor-presidente da Detergentes do Nordeste (DETEN S/A), uma empresa privada, e presidente do Instituto Virtual de Economia e Logística do Rio de Janeiro, em 1999.

---

21 Em 1982, o BNDES sofreu grande transformação, com a fusão de suas antigas subsidiárias para a constituição da BNDES Participações S.A. (BNDESPar), bem como recebeu a responsabilidade de administrar os recursos do recém-criado FINSOCIAL, modificando sua razão social, sendo agregado o "S" de social a seu nome. Sobre o período, recomendamos consultar as entrevistas informais do Memórias do Desenvolvimento n. 4 e n. 5. Centro Celso Furtado. Disponíveis respectivamente em: http://www.centrocelsofurtado.org.br/interna.php?ID_M=139 e http://www.centrocelsofurtado.org.br/interna.php?ID_M=1531.

Na UFRJ, assumiu a Decania do Centro de Ciências Jurídicas e Econômicas (CCJE), cargo que exerceu entre 1998 e 2002. Muitas vezes fui ao seu gabinete, sempre cheio, com o Decano se envolvendo com todos, dos faxineiros – para quem se orgulhava de ter construído vestiário – aos professores. Lessa ainda arrumou tempo para se tornar professor titular visitante da COPPE/UFRJ, quando tive o privilégio de ser sua aluna regular.

Mais do que das aulas, informais, marcadas por acirrados debates, eu gostava mesmo era de pegar carona com ele para o Fundão. Conversávamos sobre qualquer assunto. Conversávamos sobre as dificuldades e diferenças do Conselho de Desenvolvimento, comparando-o com o de 1956, criado no governo Juscelino. Sempre conversávamos sobre a indústria naval, pois Lessa tinha enorme orgulho de, na presidência do BNDES, revigorá-la, depois de ser quase destruída. Conversávamos sobre as privatizações e concessões públicas em transportes, rodoviário e aquaviário. Conversávamos sobre a Baía da Guanabara e a prosa tomava o rumo da poluição, biguás, garças e modernização de portos, chegando a Paquetá, onde hoje moro. Lessa tinha boas memórias da Ilha e não se esquecia do bloco Ameno Resedá, que fora criado aqui em outros carnavais. Conversávamos sobre comidas e vinhos, sobre um bom ceviche, sobre os peixes chilenos, pois gostávamos com afinco dos prazeres da mesa. Aos poucos, fui perdendo a timidez, própria da relação professor e aluna, e nos tornamos amigos.

Em março de 2002, após uma campanha que envolveu a todos, elegeu-se Reitor da Universidade Federal do Rio de Janeiro, obtendo 85% dos votos dos 13.453 eleitores, entre professores, funcionários e alunos. Permaneceu pouco tempo na Reitoria, pois a vitória de Lula da Silva, candidato do PT, nas eleições de 2002, levou-o a ocupar a Presidência do BNDES, em 2003. Recomendado por sua amiga, Maria da Conceição Tavares e pelo Mercadante[22], a decisão de deixar a Reitoria, embora a Presidência do BNDES fosse muito atrativa para um desenvolvimentista, não foi fácil.

Lembro-me, perfeitamente, pois era uma tarde quente, no apartamento da Professora, no Cosme Velho, onde eu e outros amigos passávamos quase

22 Em Memórias do Desenvolvimento n. 5, publicação do Centro Celso Furtado, de 2016, Lessa conta nas entrevistas informais que fizemos com ele – eu, Hildete Pereira de Melo e Victor Leonardo de Araújo, realizada no escritório do Darc Costa, seu fiel amigo, no Cosme Velho – como foi o convite feito pelo Mercadante, que na verdade o convidou para ser ministro do Planejamento, mas Lessa recusou. Recomendo a leitura de toda a entrevista, nas páginas 249 a 269.

sempre para visitar nossa mestra e saber das novidades sobre o novo governo. Além de Conceição, estávamos eu, o professor José Luís Fiori e a professora Hildete Pereira de Melo, quando o Lessa chegou esbaforido, pois a decisão de deixar a Reitoria não mais poderia ser adiada. Todos estávamos eufóricos com a vitória do Lula, com a possibilidade de retomarmos o caminho do desenvolvimento, e Lessa também. Havíamos festejado sua eleição para a Reitoria e agora discutíamos se deveria ou não abandonar o cargo. Conversamos muito, pesamos os prós e os contras, e claro, unanimemente queríamos o Lessa na Presidência do BNDES. Ele teria uma reunião com os membros do Conselho Universitário da UFRJ, dias depois, e queria checar e pesar seus argumentos. Na reunião do Conselho, longa segundo seu próprio relato, foi decidido que Lessa se afastaria por 90 dias da Reitoria, assumindo o vice-reitor, Sérgio Fracalanza, que ficaria encarregado de convocar nova eleição.

Lessa me convidou para ir trabalhar com ele no BNDES, na sua assessoria, mas eu não aceitei, pois sua "tropa de choque" era muito pesada para mim. Durante o período em que permaneceu na Presidência do BNDES, entre 2003 e novembro de 2004, fui muitas vezes visitá-lo, pois ele era meu professor e orientador do doutorado em curso na Coppe-UFRJ. Suas aulas eram maravilhosas, pois discutíamos a evolução do capitalismo, as mudanças globais e, obviamente, a política econômica do governo Lula. Os frequentes confrontos com o ministro da Fazenda, Antonio Palocci, e com o ministro do Desenvolvimento, Indústria e Comércio Exterior, Luiz Fernando Furlan, levaram a mídia a tratar com grande atenção as declarações de Lessa. Angariando seguidores, mas também inimizades, Lessa pontuava à frente de um dos maiores bancos de desenvolvimento do mundo – que passara anos dedicado às privatizações, durante os governos Collor e Fernando Henrique –, a necessidade de recursos para se dar continuidade aos projetos de infraestrutura e de reconstrução das empresas nacionais. Hoje, nos parece, mais do que nunca, que o Professor estava certo.

Os últimos encontros

Desenvolvíamos um projeto de pesquisa para o Centro Celso Furtado que, à época, eu coordenava: "BNDES: Entre o desenvolvimentismo e o neoliberalismo (1982- 2004)". Tal como na fase anterior, intitulada "O papel do BNDE na industrialização do Brasil: Os anos dourados desenvolvimentismo (1952-1982)" – coordenada pela professora Conceição Tavares –, após varrermos vários documentos e a literatura especializada, além do relatório da pesquisa, ao final, publicamos uma série de "conversas informais" com ex-diretores e ex-presidentes do BNDES, embora alguns, como o professor Edmar Bacha, tenham se recusado a dar seu depoimento sobre a história econômica recente do Brasil. Nos dividimos para realizarmos as entrevistas, com Helena Landau, Pio Borges, Pérsio Arida, Luiz Carlos Mendonça de Barros, dentre outros. Poucos recursos, prazo vencido, íamos sempre em dupla realizar as entrevistas, mas na do Lessa, nenhum de nós três abriu mão de estar presente.

Numa tarde, no dia 10 de fevereiro de 2014, eu (Gloria Moraes), Hildete Pereira de Melo e Victor Leonardo de Araújo fomos ao escritório do Darc Costa entrevistar o professor Lessa. Darc, que fora vice-presidente na gestão de Lessa no BNDES, seria entrevistado em outra ocasião, mas ficou conosco e nos recebeu muito bem. Amigo sincero do Lessa, a ele dedicava solidariedade e apoio, haja vista que o "Lessinha" estava com alguma dificuldade de visão. Passamos a tarde sem sentir, tantas eram as histórias e episódios contados e que acompanháramos através da mídia e da literatura especializada. Se já tínhamos fascínio pelo nosso objeto de estudo, o BNDES, de lá saímos apaixonados e convido o leitor a consultar no Memórias do Desenvolvimento n. 5 – Centro Celso Furtado (2016) a entrevista do Lessa[23], pois são tantos os relatos que não tenho como reproduzir. Pretendemos, como é próprio do fazer do historiador econômico, retomar nossa pesquisa, assim que tivermos condições de novamente entrar e ter acesso aos documentos do BNDES.

São muitas histórias e eventos e o professor Victor e eu tivemos muito trabalho para editá-las. Sem intimidade com o computador, enxergando pouco, acabei fazendo também o trabalho de editora para o Lessa. Ele nos contou coisas que considerei impublicáveis, e que não ficaria bem estar numa pesquisa dessa monta. Eu ligava para ele, lia o trecho, argumentava e ele, talvez porque tivesse confiança em mim, foi me dando carta branca. Tento aqui reproduzir duas histórias imperdíveis: a da PETROBRAS e da Vale, que Lessa nos contou com a jovialidade de um jovem revolucionário, que empreende ações perigosas em defesa do seu Brasil.

Sobre a PETROBRAS, nos disse que a preocupação dele e de sua diretoria era a expansão da economia, e que para tal convictos estavam de que a expansão energética era fundamental, daí defender toda prioridade à PETROBRAS. Lessa assim conta o episódio:

23 O Memórias do Desenvolvimento n.5 está disponível em: http://www.centrocelsofurtado.org.br/arquivos/image/201612091725190.Mem%C3%B3rias%20do%20desenvolvimento%205.pdf.

> Então eu descobri que havia quatro bancos intermediando as aplicações de fundos do BNDES com a Petrobras, ganhando um *plus* para atravessar aquela 'pontezinha' da Avenida Chile. Eu cancelei! Sabe quais eram os bancos? Itaú, Bradesco, Unibanco e Banco do Brasil. Esses bancos só avalizavam! Brincadeira, não é? Mas eu cortei imediatamente. Só com isso nós reduzimos em 20 milhões de dólares por ano a conta financeira da Petrobras com o BNDES.[24]

Acreditem que vale ler o desdobramento da história, pois Lessa vibrava ao contar que, além de impor limites aos grandes bancos nacionais, ainda apoiara um programa de compras de fornecedores nacionais, para a Petrobras, o BNDES reatara a parceria com a Associação Brasileira de Máquinas e Equipamentos (Abimac).

No episódio da Vale, Lessa nos contou que já havia uma negociação da Bradespar, vendendo ações da Valepar para o Banco Mitsui, mas que o BNDES tinha a preferência e que ele quis exercê-la. Conversou com o Furlan, "que acionou o presidente da Vale, que, por sua vez, acionou o presidente da República, que negou o meu pedido, decidindo vender para o Mitsui", argumentando que a Vale teria prejuízo, caso a ação fosse interrompida. "Eu fiquei quieto e não exerci a preferência", mas com a certeza de que o Mitsui queria ser coproprietário da Vale, para ter preferência. Pouco depois, a organização dos funcionários do BNDES, a AFBNDES, que tinha comprado ações da Vale, no governo Fernando Henrique, quis vender as ações para o Mitsui. "Dessa vez não falei com ninguém". Chamou a Ana Marta[25], e pediu um estudo, aprovado pela diretoria, e exerceu seu poder de compra. O BNDES pagou cerca de 500 milhões de dólares pela parcela que o Mitsui queria. Diz que fez tudo na calada, só contando ao José Dirceu 24 horas antes de efetuar a compra. Questionado, respondeu ao presidente Lula: "Foi uma operação normal, senhor presidente". Perguntado se ele havia estatizado a Vale, nos respondeu:

> Eu simplesmente fiz, mas não usei isso como argumento. Mas fiz, e foi uma gritaria geral. O Banco fez porque era um bom negócio, não podíamos abrir mão dele, tínhamos de decidir rapidamente e de maneira confidencial. Depois as ações não pararam de subir, e com esse ato nós quebramos todos os recordes de lucratividade do BNDES, isso no ano de 2003. Mas, mesmo

24 Memórias do Desenvolvimento n. 5 (Cicef, 2016, p. 264).

25 Referência a Ana Marta Horta Veloso, à época, chefe do Departamento de Renda Variável do BNDES.

assim, o governo brasileiro deu ao Bradesco a prerrogativa de escolher o presidente da Vale ainda por muitos anos.[26]

Nosso último encontro vale a pena ser contado e creio que foi no início de 2019, ou final de 2018, também no escritório do Darc. Desde o episódio de sua demissão do BNDES que as relações entre a Conceição e o Lessa ficaram meio estremecidas. Não deixaram de se falar, mas perderam a velha parceria de tantos anos. Conceição fizera críticas pesadas ao amigo, dizendo que ele não havia compreendido alguns sinais que lhe foram dados e que deixara o Lula sem escolha. Lessa, por sua vez, não desculpava o fato de Antonio Palocci ter tanto espaço no governo do PT. Convenhamos, mais uma vez ele estava certo. A rusga permaneceu e os amigos começaram a pressionar a mim e a Hildete para promovermos um encontro entre os dois. Assim foi feito.

Numa tarde, fomos tomar um café no escritório do Darc, que estava presente, além de Conceição, do Lessa, da Hildete e eu. Enquanto a Conceição estava muito triste, abatida com os rumos do governo Bolsonaro, Lessa estava indignado. Em 2011, Lessa havia se filiado ao PSOL do Rio de Janeiro, mas também lá não havia espaço para ampliação do debate sobre a política econômica, nos disse ele. A tarde foi passando e ele, com enorme vigor, foi ponto a ponto dissecando a política econômica definida pelo Paulo Guedes. Com ênfase, afirmava que o Brasil e o empresariado nacional não iriam aguentar. Enxergava pouco, mas sua visão sobre o Brasil estava mais aguçada que nunca. Como sempre, criticou pesadamente o governo do PT e a pouca compreensão que as gerações mais jovens têm sobre a questão nacional. Saímos de lá, eu e Hildete, impressionadas com o vigor do Professor.

Almoçamos mais uma vez juntos, com o Darc, ali por perto da casa deles. Um almoço simples, com conversa amena, sem muitos propósitos, mas sempre instigante. Pouco depois, o Lessa ficou doente. Fiquei tomada de tristeza, pois tínhamos muito ainda a conversar e ele a me ensinar.

---

26 Memória do Desenvolvimento n. 5 (Cicef, 2016, p. 263).

Referências

CASTRO, A. B. & LESSA, C. (1971). *Introdução à Economia: Uma abordagem Estruturalista*. Editora Forense: Rio de Janeiro, 1971.

CICEF. Memórias do Desenvolvimento n. 4 – Centro Celso Furtado (2010). Disponível em: http://www.centrocelsofurtado.org.br/interna.php?ID_M=139. Acesso em: 29 jan. 2023.

CICEF. Memórias do Desenvolvimento n.5 – Centro Celso Furtado (2016). Disponível em: http://www.centrocelsofurtado.org.br/arquivos/image/201612091725190.Mem%C3%B3rias%20do%20desenvolvimento%205.pdf. Acesso em: 29 jan. 2023.

FIORI, J. L. *O Voo da Coruja, Uma leitura não liberal da crise do Estado desenvolvimentista*. Ed. UERJ: Rio de Janeiro, 1995.

LESSA, C. *Quinze Anos de Política Econômica*. São Paulo: Ed. Brasiliense, 1983.

LESSA, C. *A estratégia de desenvolvimento 1974-1976. Sonho e fracasso*. Coleção 30 Anos do IE-UNICAMP. Campinas: Ed. UNICAMP, 1998.

LESSA, C. *O conceito de política econômica. Ciência e/ou ideologia?* Coleção 30 Anos do IE-UNICAMP. Campinas: Ed. UNICAMP, 1998. Campinas.

LESSA, C. *O Rio de Todos os Brasis – Uma reflexão em busca de autoestima*. São Paulo: Ed. Record, 2001.

MACARINI, J. P. "Contribuições de Carlos Lessa para o estudo da política econômica no Brasil". *Texto para Discussão*. IE/UNICAMP, n. 180, julho 2010. ISSN 0103-9466. Disponível em: https://www.eco.unicamp.br/images/arquivos/artigos/1810/texto180.pdf. Acesso em: 29 jan. 2023.

MELO, H. P. e DWECK, R. H. *Economia, história e memórias: a trajetória da Faculdade de Economia da UFF*. Niterói: Eduff, 2017.

MORAES, G. Dados retirados do Verbete Biográfico – CPDOC/FGV. Disponível em:

http://www.fgv.br/cpdoc/acervo/dicionarios/verbete-biografico/lessa-carlos. Acesso em: 20 jun. 2022.

SÁ EARP, F. "Carlos Lessa – Memória do IE-UFRJ". *Rev. econ. contemp.* 14 (2). Ago. 2010. https://doi.org/10.1590/S1415-98482010000200008- Disponível em: https://www.scielo.br/j/rec/a/dw5XvxXFqG9YC4VWqvqRQgf/?lang=pt. Acesso em: 10 jun. 2022.

8

Intelectual é como a coruja, voa ao entardecer

Fabio Sá Earp[1]

Resumo

O professor Lessa teve uma rica trajetória profissional. Nunca foi apenas um intelectual acadêmico, tendo tido uma ampla participação política e na gestão pública que transcende os limites da prática de um professor universitário padrão. Uma de suas características é o fato de que sua contribuição mais importante para o debate político e econômico no Brasil não se deu através da obra escrita, cuja relevância é indiscutível, mas das aulas e de conferências que ministrou. Hoje em dia, é difícil entender a importância da conferência, em um mundo que não dispunha de internet e no qual reuniões públicas eram pautadas pelo medo da repressão. Orador brilhante, Lessa foi, durante meio século, um dos mais populares palestrantes da história do país. Universidades, sindicatos e associações de classe foram palco para sua oratória, que transformavam uma apresentação sobre o árido terreno da economia em uma experiência próxima de uma atividade de entretenimento.

Abstract

Professor Lessa had a rich professional trajectory. He was never just an academic intellectual, having had a broad political and public management participation that transcends the limits of the practice of a standard university professor. One of his characteristics is that his most important contribution to the political and economic debate in Brazil was not through written works, whose relevance is indisputable, but through the classes and conferences he

---

1 Fabio Sá Earp é Professor Titular do IE-UFRJ. E-mail: saearp@ie.ufrj.br. O autor agradece os comentários de Fabio Erber e George Kornis.

gave. Nowadays, it is difficult to understand the importance of a conference, in a world that did not have the Internet and in which public meetings were guided by the fear of repression. A brilliant speaker, Lessa was, for half a century, one of the most popular in the Brazilian history. Universities, unions and class associations were the stage for his oratory, which transformed a presentation on the arid terrain of the economy into an experience close to an entertainment activity.

Carlos Francisco Theodoro Machado Ribeiro de Lessa teve uma rica trajetória profissional[2] antes de tornar-se professor emérito do IE-UFRJ. Nunca foi apenas um intelectual acadêmico, tendo tido uma ampla participação política e na gestão pública e privada que transcendem os limites da prática de um professor universitário padrão. Em decorrência desta experiência diversificada, uma característica de Lessa é o fato de que sua contribuição mais importante para o debate político e econômico no Brasil não se deu através da obra escrita, mas das aulas e das milhares de conferências que ministrou a partir da década de 1960. É difícil aos olhos de hoje em dia entender a importância da conferência em um mundo que não dispunha de internet e no qual parte da informação vinha censurada e as reuniões públicas eram pautadas pelo medo da repressão. Orador brilhante, usando uma retórica que levava a plateia do enlevo ao riso, e daí à indignação, Lessa foi durante meio século um dos mais populares palestrantes da história do país. Universidades, sindicatos, associações de classe as mais variadas foram palco para sua oratória sedutora, que transformam uma apresentação sobre o árido terreno da economia em uma experiência próxima de uma atividade de entretenimento, permeada por tiradas inesquecíveis.

A obra de Lessa só é plenamente compreensível se entendemos sua **visão**, no sentido schumpeteriano do termo[3]. A visão que esse autor tem dos

2 Foi economista do BNDE, do escritório da CEPAL no Rio de Janeiro e do Instituto Latino-americano de Pesquisas em Santiago do Chile; lecionou no curso de formação de diplomatas do Itamaraty, na Fundação Getúlio Vargas, na UERJ, na Universidade do Chile, no Centro Latino-americano de Capacitação em Administração Pública (Venezuela); foi dirigente de empresas privadas; foi professor do Instituto de Economia da UNICAMP, onde também dirigiu o Instituto de Filosofia e Ciências Humanas; foi conselheiro da SUDENE e do Conselho Superior de Previdência Social; foi diretor do Instituto Virtual de Economia e Logística do Rio de Janeiro; na UFRJ foi professor e diretor do Instituto de Economia, Decano do Centro de Ciências Jurídicas e Econômicas e reitor; foi diretor e presidente do BNDES.

3 "O esforço analítico é necessariamente precedido por um ato cognitivo pré-analítico que nos fornece a matéria-prima para o trabalho analítico. Neste livro, o ato cognitivo pré-analítico

fenômenos que lhe interessa analisar foi forjada ao longo da vida a partir de seu contato com a pobreza. Criado em uma família de elite intelectual próspera da Zona Sul do Rio de Janeiro, Lessa desde pequeno acostumou-se a brincar na rua com as crianças das favelas próximas. Sua família praticava a caridade cristã e a solução dos problemas sociais parecia estar ao alcance das pessoas de boa vontade; aos poucos foi percebendo a ingenuidade desta visão, mas acreditava que seu grupo social estava empenhado em mudar esta situação. Cursou economia na então Universidade do Brasil, onde adquiriu uma formação liberal que em nada conflitava com sua experiência de vida. O problema social desde sempre esteve no centro de suas preocupações, mas naquela época acreditou que o problema poderia ser resolvido pela prática de uma ética cristã repartitiva.

Tudo mudou depois de uma viagem a Recife, por volta de 1957-8, quando tomou contato com as condições de miséria existentes nas favelas locais, nas quais as pessoas viviam em uma situação de carência muitíssimo mais aguda do que a dos pobres que conhecia no Rio. Viu que o Brasil era extremamente cruel com sua gente e o que lhe haviam ensinado em economia nada tinha a ver com esta realidade. Começou então a desenvolver a convicção de que havia algo de profundamente errado com as elites que conhecia: a elite do **ter**, a do **poder** e a do **saber**, que nada faziam para eliminar aquela situação de miséria profunda, da qual de diversas maneiras se beneficiavam.

Passou a estudar história e economia política em busca de uma filosofia da história que explicasse a miséria social brasileira. Concluiu que a ética cristã era impotente para resolver o problema das condições sub-humanas em que viviam os favelados: esta teria que ser uma tarefa do Estado. Impulsionado a tomar alguma atitude contra aquela situação, sequer considerou a hipótese de aderir a uma das utopias vigentes na esquerda. Para isto muito contribuiu a leitura de *O zero e o infinito*, de Arthur Koestler, a primeira obra a denunciar como o comunismo soviético se metamorfoseava em totalitarismo.

Foi nesse momento que leu a *Formação Econômica do Brasil*, de Celso Furtado, que descreve como um raio de luz em sua vida. Seu caminho foi em

---

será chamado Visão". (SCHUMPETER, 1964, p. 68). "O trabalho analítico principia com material extraído por nossa visão das coisas, e esta visão é, por definição, quase ideológica. Incorpora a figura das coisas como nós as vemos e, em qualquer caso, há sempre motivo para desejar vê-la sob uma ótica menos do que por outra, pois o caminho no qual vemos as coisas pode ser, a custo, distinguido do caminho no qual desejamos vê-las". (Schumpeter, 1964, p. 70).

direção às ideias da CEPAL, que serviram de reforço crítico em relação à economia política. Absorveu a noção de centro e periferia como um pilar para o entendimento da situação do Brasil e aceitou a industrialização como condição estrutural para a superação da pobreza e da miséria. Foi trabalhar no escritório da CEPAL no Rio de Janeiro, sob a direção de Aníbal Pinto, autor que, embora reconhecendo as semelhanças de inserção internacional entre todos os países da América Latina, enfatizava a importância de se reconhecer as diferenças e especificidades na formação histórica de cada um destes. Foi nessa época que produziu os dois livros[4] que o tornaram conhecido e respeitado como economista da CEPAL.

Seu primeiro livro foi *Quinze Anos de Política Econômica*, em que analisava o processo de industrialização brasileiro desde o final da II Guerra Mundial até 1960, uma deliberada continuação da *Formação Econômica do Brasil*, de Furtado. Produzido como relatório técnico para a CEPAL, *Quinze Anos...* detalhava como o Estado brasileiro continuava a conduzir a economia, mesmo não mais agindo como nos anos 1930, por padrões que Furtado classificara como keynesianos. No pós-guerra o Estado tinha passado a controlar o petróleo, criado o BNDE como mecanismo de alocação de recursos, implantado o complexo metal-mecânico, rompido com o FMI e convivido com a inflação que, na ausência de um sistema financeiro, atuava como mecanismo de financiamento eficiente.

Quinze Anos... está longe de ser uma típica obra cepalina. Na época predominava na CEPAL a ideia de um planejamento indicativo que levaria a um crescimento equilibrado, à Harrod-Domar. Lessa, ao contrário, procurava mostrar o desenvolvimento econômico como fruto de descontinuidades geradas pela ação demiúrgica do Estado nacional – achava que não era o Plano que corrigia as deficiências do mercado, mas a ação deliberada do Estado. *Quinze anos...* demorou muito a ser publicado; circulava entre os especialistas em cópias mimeografadas. Ainda hoje, decorrido quase meio século de sua redação, resiste à pátina do tempo, sendo talvez a mais importante referência bibliográfica sobre o período.

O outro livro escrito enquanto economista da CEPAL foi sua obra mais conhecida, o manual *Introdução à Economia – uma Abordagem Estruturalista*, em colaboração com Antonio Barros de Castro. O popular

4 Lessa é autor ou organizador de uma dúzia de livros. Neste trabalho não tive a preocupação de ser exaustivo; avalio apenas metade dos mesmos, aqueles que considero mais relevantes.

'*Castro e Lessa*' foi concebido também no início dos anos 1960, sob a forma de apostilas para os cursos de Desenvolvimento Econômico que a CEPAL oferecia. Na época, o ensino de economia em todo o mundo era iniciado pelo estudo do manual de Paul Samuelson – ainda hoje, em edições atualizadas, o manual que teve a maior tiragem no campo. Enquanto Samuelson fazia uma introdução à macro e à micro neoclássica, que se tornou padrão entre os manuais até nossos dias, o '*Castro e Lessa*' fazia parte de um contradiscurso orquestrado pela CEPAL, uma abordagem alternativa produzida especialmente para o público latino-americano, que procurava apresentar categorias analíticas voltadas para as especificidades da economia da região, escapando às restrições da micro neoclássica e do keynesianismo bastardo. *Introdução à Economia* preocupava-se em recuperar a ideia da economia política de que o objeto do estudo de economia deveria ser a abordagem das estruturas de produção e de repartição, e apresentava pela primeira vez em português a matriz de Leontieff. Uma deficiência deste trabalho, afirmou posteriormente, foi não tratar da questão social.

A obra atendeu a uma demanda reprimida dos economistas que desejavam uma alternativa à economia neoclássica, mas não queriam enredar-se na análise marxista. O '*Castro e Lessa*' esperou quase uma década antes de ser publicado, e desde então tornou-se um sucesso editorial – está no mercado sua 38ª edição brasileira, e teve pelo menos dez edições em espanhol, além das versões piratas. Foi o único livro brasileiro de economia que até hoje teve uma tiragem comparável à da *Formação Econômica do Brasil*, de Furtado (que teve 35 edições no país, mas muito maior difusão internacional).

Em meados dos anos 1960, Lessa deslocou-se para o Instituto Latino-americano de Pesquisas, o ILPES, em Santiago do Chile. Nos cursos ministrados naquela instituição consolidou a convicção de que a CEPAL não tinha uma noção clara da importância da política econômica, passando a explorar a importância da mesma na história do pensamento econômico. O resultado foi sua tese de doutorado, defendida na UNICAMP, *O conceito de política econômica – Ciência e/ou ideologia?* O livro, que era uma crítica a seus pares da CEPAL, foi publicado pela primeira vez no *Boletim* daquela entidade, por iniciativa de Aníbal Pinto. No Brasil permaneceu praticamente desconhecido, circulando em versão mimeografada; teve sua primeira e única edição regular em 1998. Ao ver do autor destas linhas, é o mais importante trabalho de Lessa no campo da teoria econômica e mereceria ter tido muito mais divulgação do que recebeu.

Seu próximo livro foi outra tese, escrita em 1978 para o concurso de professor titular da UFRJ, *A estratégia de desenvolvimento 1974-1976 – Sonho e fracasso*. Tratava-se de uma continuação dos *Quinze Anos de Política Econômica*, centrado no papel do Estado para promover a implantação da indústria pesada e da infraestrutura correspondente no país. Neste livro a visão nacionalista teve um papel essencial. Lessa sempre foi um admirador de Ernesto Geisel[5], militar que teve ligações com o nacionalismo varguista, através do almirante Lucio Meira, e que fez parte do grupo que criou o Conselho Nacional do Petróleo. Geisel teve como objetivo declarado transformar o Brasil em uma potência, ideia que se desenvolvia no meio militar desde o início do século, inspirada no modelo prussiano que teve como principal sustentáculo durante a Era Vargas o general Góis Monteiro.

O II PND levava as iniciativas getulistas às últimas consequências, terminando a internalização no país do aparelho produtivo da II Revolução Industrial. Para isso contou com a colaboração de um importante segmento nacionalista civil, como os ministros Reis Velloso e Severo Gomes, e o presidente do BNDES, Marcos Viana. No entanto Geisel, segundo Lessa, errou ao colocar o país em uma rota de integração com o sistema financeiro internacional, o que logo transformou a dívida externa de solução em flagelo. Além disso, fracassou em não conseguir trazer a empresa privada nacional para o seu campo. Ao contrário, empresários começaram a se organizar contra a intervenção do Estado na Economia, o que, em certa medida, implicava em um apoio não incondicional à redemocratização do país. Esse duplo fracasso levou ao abandono não apenas da ideia de potência, como também do modelo de um Estado desenvolvimentista, cuja intervenção a partir desse momento passou a carecer de legitimidade.[6]

No início dos anos 1980, em paralelo com suas aulas na UFRJ, Lessa envolveu-se profundamente no movimento pela redemocratização, aproximando-se de Ulysses Guimarães e dedicando-se intensamente a um roteiro de conferências por todo o país, explorando os limites que a ditadura moribunda oferecia à sua crítica. A partir de então passou a priorizar a questão social, que não abordara na obra anterior. Em 1982 foi corredator (com Luciano

5 Ainda que tal admiração não possa ser percebida em sua obra da época, revestida por uma contundente retórica oposicionista. Esta informação, bem como sua visão cristã de juventude e sua noção de populismo, foram obtidas em uma longa entrevista.

6 A avaliação de que foi um fracasso decorre do abandono do sonho de potência, ainda que o II PND tenha sido levado até o fim, com alguns atrasos de cronograma.

Coutinho) do programa do PMDB, amplamente divulgado em um documento chamado “Esperança e Mudança”, que sintetizava os anseios daqueles então conhecidos como “os economistas da oposição”. Sua militância em torno da questão social levou-o, durante o governo Sarney, a uma diretoria do BNDES criada especificamente para o tema. Pela primeira vez passaram a integrar a agenda do banco o financiamento de programas para beneficiamento do lixo, saneamento básico, eletrificação rural e aleitamento materno.

Nos governos Collor e Fernando Henrique voltou aos arraiais da oposição e desenvolveu um esforço de crítica ao comportamento das elites intelectuais, verificando que estas, tão logo passavam a integrar a elite no poder, deixavam-se cooptar e adotavam um comportamento leniente diante das desigualdades vigentes no país. Nesse processo seu pensamento passou por uma transformação profunda. Elementos que até então incorporavam sua **visão** acerca do que era o Brasil foram sistematizados a partir de um estudo de história e de antropologia cultural e organizados para suas aulas de economia brasileira na UFRJ. De economista político, Lessa, ao longo dos anos 1990, transmutou-se em historiador da civilização brasileira, o que expressa em suas obras do século XXI, o *Rio de Todos os Brasis* e a *Enciclopédia da Brasilidade*.

O *Rio...* é uma leitura da história da cidade que deixou de ser maravilhosa após a transferência da capital para Brasília, mas que continuou a ser um símbolo nacional, objeto de desejo em todo o mundo, até ser engolida pela crise econômica continuada e pelo desespero que se seguiu. Assim, a cidade, “de comprovante das potencialidades do país, converteu-se no testemunho dos desequilíbrios e distâncias socioeconômicos nacionais e no paradigma de má qualidade da vida urbana” (LESSA, 2000, p. 14). No entanto, acredita que estão em curso “tendências que apontam para a instalação de novos padrões político-sociais de convivência na cidade (país). (...) Dos ventos da pós-modernidade, que tantos estragos produziram, emanam algumas sugestões positivas para a construção da civilização brasileira” (LESSA, 2000, p. 450).

A *Enciclopédia* prossegue a análise iniciada no *Rio...*, em um projeto muitíssimo mais ambicioso. Reuniu 39 artigos sobre a história do país e mais 19 estudos de festas populares, por parte de intelectuais de renome[7]. Seu objetivo explícito é contribuir para a recuperação da autoestima nacional, destruí-

7 Entre muitos outros: Maria da Conceição Tavares, Wanderley Guilherme dos Santos, Arno Wheling, José Murilo de Carvalho, Alberto Dines, Hermano Vianna, Eduardo Portella, Cândido Mendes, José Luiz Fiori, Joel Birman, Gilberto Gil, José Carlos Capinan e Ricardo Cravo Albin.

da ao longo do processo de redemocratização do país. É na "Introdução" a este livro que Lessa expõe sua visão da história do Brasil, como um processo complexo no qual se destaca a capacidade de sobrevivência e busca da alegria por parte do povão.

Lessa acredita que o país passou por uma transformação cultural na rejeição ao autoritarismo, que implicou em uma crítica destrutiva, que eliminou tudo o que de bom herdamos do Estado desenvolvimentista e da visão positiva que tínhamos acerca da nação e da identidade dos brasileiros:

> Houve (...) um movimento popular de rejeição dos balizamentos antes apropriados e exaltados pelo regime autoritário. Os grandes projetos passaram a ser vistos sob suspeita. O mérito estaria nas microdecisões. A Federação deveria esvaziar os poderes centrais e reforçar os municípios. Os interesses nacionais estariam cercados de mesquinharias e a busca da universalidade e dos modelos transnacionais deveria ser estimulada.
>
> Na verdade, como afirmar que o brasileiro não era violento, depois de um festival de truculência e torturas? Como falar da ausência de preconceitos, se os afro-brasileiros formavam em massa um dos segmentos mais pauperizados? Em um nível mais abstrato, o Estado ficou sob suspeita, e a sociedade percebida como solução. As sugestões de organizações não governamentais, conselhos substituindo representações etc. fizeram parte deste discurso. Parte dele certamente aproveitável, porém, em muitos casos, a crítica jogou fora a água suja do banho com o bebê dentro. A chaminé industrial passou a ser vista não como um símbolo de progresso, mas como ameaça ao meio ambiente; em alguns discursos foi colocada em dúvida nossa competência como proprietários da Amazônia. Belos movimentos salvacionistas de animais ameaçados superaram a solidariedade com brasileiros na miséria. (LESSA, 2005, p. 34).
>
> O conceito de globalização permitiu aos neoliberais sugerir que a nação era uma categoria historicamente superada e que qualquer exercício sobre identidade autoestima nacional era improfícuo. O mercado seria segmentado por categorias universais. Em relação a elas, as empresas globais competiriam no espaço-mundo. O mercado, com suas virtudes prospectivas, seria capaz de construir as diferenças de gênero, de sexualidade, de temperamento, de idade, de origem étnica, de confissão religiosa etc., criando nichos universais a serviço de prospecções e ajustes finos mercadológicos. Este ponto de vista ideológico reduz a importância da questão da autoestima e busca da identidade. Na verdade, a ordem neoliberal tende a ridicularizar essas categorias como evidência de um atraso intelectual, preservacionista e salvacionista. (LESSA, 2005a, p. 464).

Esta análise o conduziu à sua atual postura, que define como nacionalista e populista. Lessa se declara nacionalista porque acredita que a questão social só pode ser enfrentada enquanto projeto nacional autônomo capaz de realizar as potencialidades do povo, expressas na identidade nacional. Isto exige uma postura crítica e ativa em um mundo globalizado. A globalização nada mais é do que a atualização do teorema de custos comparativos de Ricardo, ideologicamente reestruturada nos termos de um sistema centro-periferia onde não resta para esta última senão aceitar a supremacia do mercado sobre a vontade da nação. Isto porque a exaltação do mercado, combinada com a livre movimentação de empresas, créditos, câmbio e dinheiro, organizam o mundo como um espaço dominado pelo capital financeiro internacional. Simultaneamente a potência hegemônica faz a diplomacia da globalização e se sente livre para interferir à vontade na periferia. É preciso recuperar a autonomia para definir a própria trajetória do Brasil nesse novo mundo, o que exige a elaboração de um projeto que possa fornecer a direção a sucessivos governos.

Dado o fracasso das elites, em sua reflexão mais recente Lessa voltou-se para o povo, que acredita portar dentro de si as características fundadoras de uma civilização amena e suave, baseada em uma cultura desprovida de arrogância e aberta a incorporar sem preconceitos todas as inovações a que se tem acesso, mas cujas potencialidades só poderiam ser exploradas a partir da adoção de um projeto nacional claro e inequívoco. Declare-se orgulhosamente populista em um sentido muito preciso, que tem sua raiz na constituição histórica do país após o final da escravatura. O mercado de trabalho formal absorveu apenas uma pequena parcela da população, o que impediu que se reproduzisse no país um forte sistema de instituições sindicais e partidos políticos ligados às mesmas, capaz de lutar pela universalização dos direitos políticos e civis que constituiriam uma cidadania plena. Ao contrário, a maioria da população viveu em diferentes graus de informalidade, sempre em busca de oportunidades eventuais de ganhar algum dinheirinho que lhe amenize a carência e, simultaneamente, atenta para escapar ao arbítrio de alguma autoridade. Nessas condições, utilizou o recurso ao clientelismo como estratégia de sobrevivência, usando o favor onde lhe falhava o direito.

> Esse povo teve que recorrer a mecanismos políticos peculiares para se fazer representar. Em lugar de partidos com programas, recorreu a lideranças carismáticas que a ele se dirigiam de maneira amorosa e lhe davam o que não conseguia construir. Populista, afirma Lessa, foi o depreciativo aplicado pe-

los conservadores a quase todos os líderes do Terceiro Mundo, com exceção de Gandhi. Assim foram denominados Getúlio Vargas, Juscelino Kubitschek, Sukarno, Nasser, o casal Perón, atualmente Chaves – que têm como denominador comum exatamente a relação peculiar que mantiveram com o povo pobre de seus países, que apoiou seus distintos projetos nacionais. Getúlio criou o Estado desenvolvimentista, conduziu o país rumo à industrialização e implantou a legislação trabalhista que levou a cidadania a pelo menos uma parte das massas populares. JK manteve a trajetória de seu antecessor e governou o país com candura no período em que a autoestima brasileira atingiu seu ponto máximo. Sukarno transformou a Indonésia em uma nação, ao conferir uma identidade única às centenas de etnias. Nasser transplantou para o Egito o ideal modernizante de Kemal Ataturk. Perón e Evita procederam a integração política dos imigrantes argentinos, o estabelecimento de seus direitos fundamentais e a consolidação da musculatura de seus sindicatos. Hugo Chaves colocou a receita do petróleo venezuelano a serviço do atendimento das necessidades mais elementares dos despossuídos.

Lessa afirma que o intelectual é como a coruja, que voa ao entardecer. Em seu vôo ambicioso da velhice explora temas e alternativas que escapam fartamente ao lugar comum. Nenhuma pessoa que trabalhou a seu lado escapou de sua influência, concordando ou não com suas teses. Que as gerações mais novas possam lhe dar a acolhida crítica que sua reflexão merece.[8]

Referências

CASTRO, Antonio B. e LESSA, Carlos. *Introdução à economia: uma abordagem estruturalista*. Rio de Janeiro: Forense Universitária, 1999.

LESSA, Carlos. *Quinze anos de política econômica*. Cadernos do Instituto de Filosofia e Ciências Humanas, nº 4. Campinas: UNICAMP, 1975.

LESSA, Carlos. *O conceito de política econômica. Ciência e/ou ideologia?*. Campinas: UNICAMP, Instituto de Economia, 1998.

LESSA, Carlos. *A estratégia de desenvolvimento 1974-1976. Sonho e fracasso*. Campinas: UNICAMP, Instituto de Economia, 1998a.

LESSA, Carlos. *O Rio de todos os Brasis. [Uma reflexão em busca da autoestima]*. Rio de Janeiro: Record, 2000.

8 Uma versão deste trabalho foi publicada na *Revista de Economia Contemporânea* 14(2), em agosto de 2010.

LESSA, Carlos. "À guisa de introdução. A longa marcha pela construção da cidadania", in Carlos Lessa [org.] *Enciclopédia da brasilidade. Autoestima em verde e amarelo*. Rio de Janeiro: Casa da Palavra, 2005.

LESSA, Carlos. "A cidadania mais além da conjuntura", in Carlos Lessa [org.] *Enciclopédia da brasilidade. Autoestima em verde e amarelo*. Rio de Janeiro: Casa da Palavra, 2005a.

SCHUMPETER, Joseph A. *História da Análise Econômica*. Rio de Janeiro: Ed. Fundo de Cultura, 1º volume, 1964.

PARTE 2

REFLEXÕES TEÓRICAS, POLÍTICAS ECONÔMICAS SOBRE O DESENVOLVIMENTO BRASILEIRO

9

Introdução à Economia: uma abordagem estruturalista – A contribuição de Carlos Lessa ao ensino de Economia no Brasil[1]

Carlos Pinkusfeld Bastos[2]

Bruno Rodas Oliveira[3]

Resumo

O presente capítulo é uma forma de homenagem ao Prof. Carlos Lessa pelo reconhecimento da importância que o livro-texto que ficou conhecido como Castro-Lessa (1967) teve e tem no ensino de economia até os dias de hoje, representando uma alternativa heterodoxa/estruturalista aos manuais de viés ortodoxo e generalizantes, que nos anos 1960 eram dominantes nos cursos de introdução à economia no Brasil. Com esse objetivo em vista, o capítulo, além de analisar de forma sistemática as contribuições analíticas do Castro-Lessa, procura explorar a compatibilidade entre os fundamentos teóricos do Estruturalismo Latino-americano e a Economia Política Clássica na sua versão mais moderna da abordagem do excedente. Em toda a análise desenvolvida neste capítulo, destacam-se os elementos de ruptura do livro com a ortodoxia marginalista e como esta escolha metodológica fornece ao economista um instrumental mais robusto para o entendimento do funcionamento das economias, em geral, e das periféricas, em particular.

---

1 Os autores agradecem a leitura cuidadosa e as sugestões feitas pelo professor Gustavo Bhering. Eventuais erros e omissões remanescentes são de responsabilidade exclusiva dos autores.

2 Carlos Pinkusfeld Bastos é mestre pelo Instituto de Economia da UFRJ e PhD em Economia pela New School for Social Research. É professor associado do IE/UFRJ e diretor-presidente do Centro Internacional Celso Furtado.

3 Bruno Rodas Oliveira é mestre e doutor em Economia pelo Instituto de Economia da UFRJ. Professor substituto no curso de Economia da Universidade Federal da Integração Latino-Americana (UNILA) entre abril de 2021 e abril de 2022.

Abstract

The purpose of this chapter is to honor Professor Carlos Lessa by acknowledging the importance that his textbook known as Castro-Lessa has had and continues to have today in the teaching of economics. It represents a heterodox/structuralist alternative to the orthodox manuals that were prevalent in introductory economics courses in Brazil in the 1960s. In addition to the systematic analysis of Castro-Lessa's analytical contributions, this chapter will also examine the compatibility between the theoretical foundations of Latin American Structuralism and Classical Political Economy in its more modern version: the Surplus Approach. Throughout the analysis of this chapter, the elements of the book that break with marginalist orthodoxy are highlighted, as well as the way in which this methodological choice offers the economist a more robust tool for understanding the workings of economies in general and peripheral economies in particular.

Introdução

Este capítulo é, em boa medida, o agradecimento de um de seus autores ao professor Carlos Lessa, que, na sua enorme generosidade, acolheu um curioso estudante de ciências exatas tentando entender os graves problemas que passava o Brasil nos anos 1980. Como estudante informal, este autor foi exposto pessoalmente, desde o início de sua "formação", às ideias e conceitos que formaram milhares de estudantes nos anos 1960 e 1970.

O principal elemento dessa verdadeira pedagogia estruturalista está contido no livro *Introdução à Economia: uma Abordagem Estruturalista*, mais conhecido como *Castro-Lessa*, a combinação dos sobrenomes de seus autores, Antônio Barros de Castro[4] e Carlos Lessa.

O presente capítulo pretende analisar essa importante influência na formação do saber econômico no Brasil, de um ponto de vista prioritariamente teórico-analítico. Possivelmente, a contribuição mais profunda do *Castro-Lessa* é a sua adesão a uma abordagem estrutural-materialista, desprovida de elementos subjetivistas que são centrais na abordagem marginalista. Os

4 Este capítulo se insere dentro de uma obra cujo objetivo é uma homenagem ao professor Carlos Lessa, mas ao analisarmos especificamente este livro acabamos por estender a homenagem a outro grande mestre de todos nós, um dos "*founding fathers*" da abordagem estruturalista no Brasil e, por conseguinte, da própria tradição heterodoxa não marginalista, o professor Antônio Barros de Castro.

autores são expoentes de uma geração que contribuiu para a consolidação do pensamento estruturalista latino-americano e sua difusão entre estudantes de economia, em geral, e formuladores de política econômica, em particular.

É importante ressaltar esse duplo impacto da obra *Castro-Lessa*. Em primeiro lugar, como consequência de seu objetivo inicial – servir como material didático do curso CEPAL/BNDES –, o de colaborar para a formação de profissionais que iriam colocar em prática a política desenvolvimentista então dominante na gestão de política econômica. A própria metodologia, que inclui uma visão que incorpora a matriz insumo-produto como instrumento que perpassa toda a obra, é naturalmente voltada para dar subsídios a um instrumental de implantação de políticas econômicas voltadas para a mudança estrutural. Mas, além disso, este capítulo pretende demonstrar que, ao apresentar uma visão da economia mais concreta, baseada em relações materiais produtivas e envolvendo a interação entre diferentes classes, como demanda, perspectivas e inserção política diversas, o livro *Introdução à Economia: uma Abordagem Estruturalista* permitiu e continua a permitir, com algumas qualificações que serão apresentadas na seção 3, a formação de economistas com um entendimento do seu objeto de análise mais sólido e abrangente.

Para levar a cabo esta que não é apenas uma homenagem, mas o reconhecimento da contribuição ao ensino de economia do livro *Castro-Lessa*, o presente capítulo apresenta mais duas seções, à parte esta breve introdução: a seção 2 apresenta os fundamentos teóricos do estruturalismo latino-americano, ressaltando os pontos de ruptura com a ortodoxia marginalista; a seção 3 traz incialmente o contexto histórico de surgimento do livro e do ensino de economia à época, e, a seguir, uma análise detalhada dos capítulos daquele, apontando os elementos estruturalistas indicados na seção anterior; e uma última seção tece algumas considerações finais.

Fundamentação teórica: da Economia Política Clássica ao estruturalismo latino-americano

Esta seção pretende traçar uma breve fundamentação teórica que uniria a abordagem do excedente da Economia Política Clássica ao estruturalismo latino-americano, passando pela Teoria do Desenvolvimento do pós-guerra[5].

5 Rodríguez (2009) fornece uma leitura com maior ênfase em aspectos metodológicos, que se distingue da leitura adotada por este capítulo. Para aquela leitura, não incompatível, mas com elementos distintos dos aqui apresentados, ver Rodríguez (2009, p. 40–57). No mesmo

Tal fundamentação procura sustentar o caráter heterodoxo, ou alternativo, à ortodoxia marginalista, da abordagem estruturalista presente no livro *Castro-Lessa*. Os fundamentos aqui explicitados servirão como referência para a análise mais detida desta obra na seção 3.

O primeiro passo necessário para tal é caracterizar a chamada Economia Política Clássica e seus elementos centrais, que se encontram presentes no moderno estruturalismo latino-americano.

Inicialmente, de maneira muito simplificada, caracterizamos uma escola cujos principais eixos analíticos podem ser encontrados no trabalho seminal de Willian Petty, ainda no século XVII, passando pela escola fisiocrata, as contribuições de Smith, Ricardo até a obra de Marx. O excedente econômico, seu surgimento, geração no processo produtivo, apropriação e aplicação na economia é o elemento teórico unificador, ou o fio condutor analítico, que perpassa a obra de autores que se estendem por mais de dois séculos.

Tal geração, apropriação e aplicação do excedente não ocorrem num vácuo, ou seja, refletem condições específicas materiais existentes na sociedade: as condições técnicas de produção, as relações de classe que condicionam a apropriação do excedente, e elementos mais amplos, como a inserção geoeconômica e geopolítica dos diferentes países e mesmo as instituições vigentes, entre as quais a organização do poder público tem importância fundamental.

Todos esses são elementos estruturais de uma determinada formação econômica e cuja conformação é historicamente determinada[6]. Exatamente o que iremos encontrar na escolha metodológica básica da abordagem estruturalista latino-americana.

Outro ponto de clara aproximação teórico-metodológica remete ao próprio caráter da busca central da Economia Política Clássica, que se relacionava ao processo de acumulação de capital, ou, se quisermos usar uma expressão mais moderna, ao "desenvolvimento das forças produtivas". Bharadwaj

---

livro sua a parte 1 (Rodríguez, 2009, p. 61-92), que trata especificamente de aspectos históricos ligados ao surgimento da abordagem estruturalista, é inteiramente compatível com a abordagem aqui adotada.

6 A maior ou menor "historicidade" da análise dos autores da Economia Política Clássica é disputada por Bharadwaj (1986) ao afirmar que até Marx para os autores clássicos "particular theoretical constructions to be 'eternal truths', universally applicable to all times. It is in Marx that one obtains a clearer and more explicit recognition that the concepts and categories in terms of which the analyst build up a theoretical system are specific to the historically developed mode of production itself. A connotation of this view is that the process of theoretical abstraction must be founded on historical observations and must find its justification in terms of its power to understand and interpret historical experience." (p. 5).

(1986) apresenta bem a questão, ao definir a pergunta que move os autores dessa tradição como: "do que depende o progresso geral da riqueza de uma nação?" (p. 6, tradução nossa).

Como mencionado acima, o caráter nacional e geopolítico de um "projeto" de desenvolvimento econômico já está explicitado na obra dos fisiocratas, os iniciadores da tradição da Economia Política Clássica:

> Quesnay's economic writings were written between 1756 and 1769 during the reign of Louis XV. France was increasingly lagging behind England from both the economic and geopolitical point of view. The defeat against England in the Seven Years War was a clear demonstration of this decline. To Quesnay, France at the time was economically underdeveloped (especially if compared to England), going through endemic food scarcity and periodic famines (...) Quesnay and the Physiocrats were concerned with the issue of good governance that would allow France to regain its supremacy in Europe from the political, military or economic point of view. (...) In their view, the only way for France to compete with its powerful English neighbour was, then, to increase the country's wealth. Quesnay saw wealth as being the result of production, not of trade. For him the main purpose of the French government should be the implementation of reforms that could increase the size of the surplus product of the economy. (SERRANO; MAZAT, 2016, p. 82).

Obviamente que a apropriação e aplicação de tal excedente é fundamental para a explicação do processo de avanço material que tem no investimento em nova capacidade produtiva uma variável central. Essa questão é analiticamente organizada pelos autores clássicos, ou mais organizadamente a partir de Ricardo, tomando como dada uma variável distributiva: os salários, os quais uma vez inseridos em relações de produção dariam ao economista outras variáveis distributivas, ou especificamente lucros e os preços relativos. Nesse esquema analítico, fica claro que se toma uma variável distributiva exógena, a qual, no caso o "salário de subsistência" para os clássicos, depende de uma complexa rede de determinações sociais, nas quais é fundamental o poder de barganha dos trabalhadores, que, por sua vez, resulta de variáveis como as convenções sobre o padrão de vida dos assalariados, a organização da classe trabalhadora, o estado de maior ou menor aquecimento no mercado de trabalho, entre outras.

Em resumo, fica clara a ligação teórico-metodológica entre a abordagem clássica do excedente e o estruturalismo latino-americano[7] e, também, como

---

7 Vale aqui anotar que uma importante cisão pode ser encontrada no que diz respeito à teoria

veremos, sua virtual incompatibilidade com a ortodoxia marginalista, que a partir do final do século XIX passou a representar a corrente dominante da ciência econômica.

Tal ruptura é, por óbvio, radical e insuperável[8]. Inicialmente, o marginalismo substituiu a abordagem materialista e baseada em relações concretas e históricas entre classes sociais pelo subjetivismo das preferências individuais e da interação entre um número infinito de agentes atomizados. Enquanto a Economia Política Clássica tem uma abordagem por assim dizer macro e sistêmica, o marginalismo é essencialmente microeconômico, em seus fundamentos, e os resultados macro resultam de um "somatório" dos comportamentos individuais.

Nesse sentido, um dos principais resultados macro desta abordagem, o pleno emprego dos fatores de produção, garantida a inexistência de rigidezes que impeçam tal tendência se concretizar, confronta-se diretamente com uma teoria (estruturalismo latino-americano) que tem como elemento central a existência do desemprego "disfarçado", que resulta de uma "heterogeneidade estrutural".

Vale dizer também que a visão de desequilíbrio, ou de restrição ao desenvolvimento, apresentada pela via do comércio exterior no estruturalismo latino-americano, como se verá à frente, está em inteiro desacordo com a leitura marginalista do comércio exterior, na qual a abertura da economia resultaria numa homogeneização das remunerações dos fatores de produção e numa convergência, eventualmente condicionada, entre países.

Em suma, a corrente marginalista dominante a partir do final do século XIX não encontra pontos de interseção teórico-metodológicos e, por essa razão, muito menos de resultados empíricos, com a abordagem estruturalista e certamente também não com a Teoria do Desenvolvimento, dentro da qual o estruturalismo se insere.

---

do comércio exterior, especificamente quanto à dominância da teoria das vantagens comparativas ricardianas. Inicialmente, mesmo sem entrar muito no mérito de uma discussão mais profunda, deve-se ressalvar sempre que a versão de Ricardo, cujo mecanismo de preços se dá através dos movimentos de ouro e Teoria Quantitativa da Moeda, não pode ser confundida com a abordagem marginalista, cujo resultado de equalização da remuneração dos fatores de produção tem uma consequência muito poderosa em termos de política econômica. De qualquer forma, há que se reconhecer que o estruturalismo latino-americano sempre se insurgiu, explicitamente, contra a "ortodoxia ricardiana" (*sic*) em relação ao comércio exterior, como veremos mais à frente nesta seção.

8 Para uma apresentação sintética dos fundamentos desta abordagem, ver Garegnani e Petri (1989).

Não se pretende fazer aqui uma revisão sistemática da Teoria do Desenvolvimento[9], apenas ressaltar que esse corpo de conhecimento, no qual se insere o estruturalismo latino-americano, é obrigado a abandonar pressupostos teóricos marginalistas para retornar à natureza intrinsecamente "dinâmica" em termos de acumulação de capital da Economia Política Clássica.

Esse abandono de alguns preceitos marginalistas está presente em um conceito-chave do artigo seminal de Lewis (2010 [1954]), *Desenvolvimento Econômico com Oferta Ilimitada de Mão de Obra*. Lewis reconhece a existência de uma dualidade no mercado de trabalho, que, por sua vez, reflete distintas estruturas produtivas, com um setor moderno capitalizado e outro no qual os trabalhadores se engajariam em atividades pouco capitalizadas presente em países subdesenvolvidos. Essa formulação é consistente com o conceito de heterogeneidade estrutural formulado por Aníbal Pinto, o qual caracterizaria o subdesenvolvimento, com a existência de um desemprego "disfarçado" e um salário de subsistência nos setores não capitalizados, sejam eles a agricultura para produção doméstica familiar ou o informal urbano. A existência de um salário de subsistência que não é determinado no mercado caracteristicamente capitalista, através de uma oferta e demanda de trabalho, dada a plena utilização do fator capital, é a chave para o retorno analítico de um esquema de distribuição do excedente que depende de uma variável exógena, exatamente o salário, como na teoria clássica.

A esta importante ruptura adicionaram-se outras "falhas de mercado", que existiriam nas economias subdesenvolvidas, encarnadas nas "externalidades pecuniárias". Estas falhas impediam que tais economias seguissem um processo normal, de acordo com a ortodoxia marginalista, e acabavam justificando intervenções do setor público, seja coordenando/implementando projetos amplos, dentro do âmbito do crescimento equilibrado (*Big Push*) de Rosenstain-Rodan (2010 [1943]), ou do crescimento desequilibrado de Hirschman (1958). Essas interferências seriam cruciais para se obter, por assim dizer, a própria definição de desenvolvimento econômico: acumulação de capital com mudança estrutural. Assim, as economias subdesenvolvidas passariam a transitar para situações nas quais haveria uma mudança relativa de mão de obra, capacidade produtiva e comércio, caracterizada pela redução

9 Para um resumo desta teoria, ver Bastos e Britto (2010); e para alguns relevantes comentários críticos, Serrano e Medeiros (2004).

gradativa da participação dos setores primários e elevação dos setores secundários, industrial e de serviços[10].

É importante salientar que este processo de acumulação de capital clássico adota a Lei de Say, a qual permite que uma maior apropriação do excedente pelos capitalistas resulte em maior acumulação de capital. A adoção da Lei de Say pelos clássicos, especialmente Ricardo, se encontra presente na Teoria do Desenvolvimento dos anos 1950 e mesmo em várias contribuições dos estruturalistas latino-americanos[11].

Esta é basicamente a estrutura geral do estruturalismo latino-americano. Entretanto, há neste uma característica importante herdada das contribuições seminais de Raúl Prebisch, e que vai pontuar toda sua narrativa e construção teórica.

O estruturalismo cepalino nasce como uma crítica ao falso sentido de universalidade da teoria econômica vigente[12], incapaz de prover respostas condizentes com as realidades latino-americanas entre os anos 1940 e 1950.

O ponto central de tal vertente – inaugurada com a trilogia de "manifestos" de Prebisch (2011 [1949]; 2011 [1950]; 2011 [1951]) – vai ser a distinção entre economias periféricas e centrais, o que remeteria à forma como os países se inseriram na divisão internacional do trabalho, a partir de suas diferentes estruturas produtivas.

As regiões periféricas seriam caracterizadas, como já mencionado anteriormente, em oposição ao centro, por uma estrutura produtiva pouco diversificada e especializada em bens primários; forte heterogeneidade tecnológica e oferta ilimitada de mão de obra com renda próxima à subsistência; e uma estrutura institucional pouco favorável à acumulação (haveria, por exemplo, desperdício de parte do excedente, através de investimentos improdutivos e de consumo supérfluo) (BIELSCHOWSKY; MUSSI, 2005).

As relações entre a periferia e o centro seriam examinadas considerando-se tais características, e num primeiro momento a ideia da deterioração dos

---

10 Ver Syrquin (1988).

11 Para uma discussão deste ponto, ver Bastos e Britto (2010) e Bastos e D`Avila (2009).

12 Em relação à Teoria do Desenvolvimento tradicional, como demonstramos, há muito de continuidade, o que se confirma pelo fato de a hipótese de Prebisch sobre comércio exterior também ter sido formulada por Sir Hans Singer (1949). Entretanto, para alguns autores como Ragnar Nurkse, a questão das limitações impostas à economia pelos desequilíbrios do comércio exterior não assumia o mesmo papel de relevância encontrado em autores latino-americanos. Para uma revisão de tal debate, ver Bastos e Oliveira (2020).

termos de troca ocupará o papel central como condicionante do desenvolvimento dos países periféricos. Isto é, a constatação empírica de que o preço dos bens exportados pela periferia (primários) tenderia a se deteriorar frente ao daqueles importados do centro (industriais), se contrapondo especificamente à visão marginalista das vantagens comparativas, de que a maior produtividade na indústria no centro tenderia a reduzir o preço de seus produtos, gerando uma melhora relativa na renda da periferia.

Outro mecanismo que explica a tendência ao desequilíbrio externo dos países da América Latina – o diferencial das elasticidades-renda de exportações e importações –, pode-se dizer, ser até mais importante do que a deterioração dos termos de troca. Esta se confirma numa tendência secular, mas apresenta muita oscilação no médio prazo[13]. O diferencial de elasticidades-renda de exportações e importações dos periféricos, por outro lado, aponta para um crescimento muito maior das últimas em relação às primeiras. Ou seja, os bens industrializados, importados pelos países subdesenvolvidos, têm uma elasticidade-renda superior à das exportações (bens primários) e, portanto, há uma tendência crescente ao desequilíbrio externo, que só pode ser superada, num primeiro momento, com a redução do coeficiente de importações (substituição de importações) e, no médio prazo, à medida que o país periférico consiga atingir uma pauta com maior participação de bens industrializados, com uma elevação das elasticidades-renda das exportações. Esse problema é particularmente agudo em momentos de crescimento acelerado, nos quais a compra de bens de capital importados é muito expressiva.

Logo, frente a esse quadro, a solução para o desenvolvimento passaria pela industrialização, mas uma industrialização planejada pelo Estado, já que as características mencionadas gerariam entraves, que se refletiriam em uma tendência a desequilíbrios estruturais no balanço de pagamentos e a uma taxa de inflação relativamente elevada, causada por fatores estruturais.

Esses entraves durante o processo de industrialização estariam relacionados a aspectos como a falta de poupança (dada a aceitação da Lei de Say clássica) e divisas, associados à baixa produtividade média das economias periféricas e ao "desperdício" do já limitado excedente em investimentos improdutivos e consumo supérfluo, prejudicando a possibilidade de avanço na estrutura produtiva industrial.

---

13 Ver Ocampo e Parram, 2003.

Como já aventado anteriormente, o corpo analítico do pensamento da CEPAL segue um método histórico e, dessa forma, é dada grande ênfase às tendências decorrentes do contexto de transição das economias subdesenvolvidas da América Latina, mais claramente a partir de 1930, de um modelo de crescimento primário-exportador ("*hacia afuera*") para um urbano-industrial ("*hacia adentro*").

E a perspectiva estruturalista toma o centro das análises como consequência do objeto a que se propunham examinar: o modo particular como se dava tal transição "*hacia adentro*", levando-se em conta a condição de que o processo produtivo se movia sobre uma estrutura econômica e institucional subdesenvolvida (herdado do período exportador) (BIELSCHOWSKY, 2000).

Tal enfoque metodológico histórico-estruturalista, baseado no argumento centro-periferia, se mantém no pensamento da CEPAL com o passar dos anos; o que vai se alterando é a história real sobre a qual se debruçam as análises e o contexto ideológico, obrigando os autores a adaptar ênfases e renovar interpretações ao longo do tempo.

De forma um pouco mais sintética e esquemática, é possível identificar, dentro desse método histórico-estruturalista, os seguintes elementos analíticos *permanentes* que compõem o pensamento da CEPAL, segundo Bielschowsky (2000): a forma de inserção internacional, configurando a relação centro-periferia e a situação de vulnerabilidade externa que daí decorre; as condições estruturais internas (do crescimento e do progresso técnico, e das relações entres eles, o emprego e a distribuição de renda); e a do plano da "análise das necessidades e possibilidades de ação estatal".

O livro *Castro-Lessa:* contexto de surgimento e elementos analíticos

Esta seção pretende analisar com maior detalhe o livro *Castro-Lessa* e correlacionar seus conteúdos com os fundamentos teóricos apresentados na seção anterior. Antes, entretanto, pretende-se comentar brevemente o momento do surgimento do livro tanto dentro do contexto do ensino de economia como das próprias ideias dominantes dentro da profissão.

3.1 Contexto Histórico

Na época do lançamento do livro *Castro-Lessa* (1967), o ensino de economia não só no Brasil, mas praticamente no mundo inteiro, era iniciado pelo manual de Paul Samuelson, *Fundamentos da análise econômica*, baseado em sua tese de doutorado (SÁ EARP, 2010). Apesar de amplo material escrito, tal obra segue sendo das mais influentes (senão a mais) do autor e tem como subtítulo de sua primeira edição (1947): *Matemática é uma linguagem.*

Como se sabe, Samuleson era um autor marginalista de formação, ainda que sendo um dos líderes da escola então dominante, a Síntese Neoclássica, que interpretava a obra de Keynes como um caso particular da abordagem marginalista, em presença de rigidez nominal. Entretanto, claramente, seus fundamentos básicos eram marginalistas, e deve-se a este autor, em boa medida, um ponto polêmico no desenvolvimento da ciência econômica no século XX: sua excessiva matematização. De todo modo, Samuelson ainda deixava margem em sua abordagem para uma política de controle do ciclo econômico mais ativa, postura que, à sua época, já era fortemente combatida pela chamada Escola de Chicago, tendo Milton Friedman como líder.

A ideia mais ampla da abordagem do livro é demonstrar o funcionamento dos mecanismos de ajuste de oferta e demanda – característico da construção marginalista –, gerando equilíbrios estáveis, numa abordagem de estática comparativa para diferentes mercados, em que o comportamento maximizador dos agentes econômicos representa uma premissa central.

Mas resumidamente, o que vale frisar para nossos fins é que o livro faz uma introdução às macro e micro neoclássicas, que se tornou o enfoque padrão nos manuais convencionais até os dias atuais.

Consistentemente, esta abordagem era a dominante, no Brasil, em termos do conteúdo de ensino de economia, tanto nos cursos mais avançados (para graduados) como na graduação. No primeiro caso, isso pode ser verificado em duas das três principais linhas de cursos existentes no período (a terceira – da parceria CEPAL/BNDE – será discutida adiante): uma organizada pelo Conselho Nacional de Economia (CNE), de 1949 a 1967, e outra pelo Centro de Aperfeiçoamento para Economistas da Fundação Getúlio Vargas (FGV), de 1960 a 1966.

A primeira se baseava em matemática e estatística, e outros cursos especializados em comercio exterior e consumo, organização econômica, e mercados e custos industriais, com ênfase na gestão do setor privado; e a da FGV mais enfaticamente na análise do modelo marginalista, além da ênfase em matemática e estatística (KLUGER; WANDERLEY; BARBOSA; 2022)[14].

14 A análise que se segue até o final desta subseção, acerca do contexto do ensino de economia no Brasil dessa época e da consolidação da linha estruturalista no país e do Centro CEPAL/

A situação não era muito diferente na Faculdade Nacional de Ciências Econômicas (FNCE) da Universidade do Brasil (futura UFRJ) – primeiro curso universitário de ciências econômicas propriamente dito no país[15] – onde os próprios Antônio Barros de Castro e Carlos Lessa iniciaram seus estudos em 1956[16]. Afirmavam os futuros economistas que tal curso era bom, mas dentro dos marcos da economia neoclássica; que permanecia isolado de outras influências teóricas e realidades empíricas (aquém daquela do centro do capitalismo), a ponto de nunca sequer se fazer menção a Keynes e à CEPAL, e nunca se tratar o Brasil como uma economia com características particulares.

A grande exceção a esse quadro vinha da influência crescente da CEPAL no país, que se institucionalizaria num terceiro importante curso avançado de economia (ao lado dos da CNE e da FGV), o Curso de Capacitação sobre os Problemas de Desenvolvimento Econômico (CTPDE), organizado em parceria com o BNDE, e na criação do Centro CEPAL/BNDE, onde se realizariam os estudos e preparo do livro *Castro-Lessa*.

O CTPDE, desenhado anos antes na sede central da CEPAL, foi colocado em prática no Brasil em 1956[17], a partir do acordo com o BNDE, e iria até 1967, tendo sido realizadas 21 edições, em 12 cidades.

Os cursos do programa eram ministrados por intelectuais e funcionários públicos de renome, incluindo Antônio Barros de Castro e Carlos Lessa, que, em 1965, deram conjuntamente a disciplina "Introdução à análise econômica".

A CEPAL buscava difundir, a partir dessa iniciativa, a linha estruturalista desenvolvida em sua sede principal, em Santiago, Chile. E mesmo que houvesse pontos em comum com os outros cursos (principalmente o da CNE) e o direcionamento fosse mais voltado à aplicação prática do conhecimento, o foco era diferente: no primeiro caso a ênfase estava em estudos do mercado e comércio e na gestão do setor privado, enquanto no segundo no planejamento público, visando o desenvolvimento nacional.

BNDE, onde seria elaborado o *Castro-Lessa*, será realizada com base no trabalho de Kluger, Wanderley e Barbosa (2022). A não ser quando indicado, em caso contrário.

15 A FNCE, que surge a partir da incorporação, em 1946, da Faculdade de Ciências Econômicas e Administrativas do Rio de Janeiro (FCEARJ) pela Universidade do Brasil, se constituiu no primeiro curso de graduação em ciências econômicas no país independente do direito e integrado a uma estrutura universitária (Fonte: https://www.ie.ufrj.br/institucional-j/inst-historia.html. Acesso em: 01 jul. 22).

16 Castro e Lessa eram amigos desde o colegial e entraram em tal instituição no mesmo ano, em 1956.

17 Tal curso começou dez anos antes do primeiro mestrado em economia no país.

Segundo Kluger, Wanderley e Barbosa (2022, p. 144, tradução nossa), as três principais peculiaridades do curso da CEPAL/BNDE eram: i) a maior importância que dava às disciplinas de desenvolvimento econômico, tais como o planejamento e a avaliação de projetos, levando em conta a história local e os aspectos sociais, políticos e regionais; ii) o desenvolvimento de materiais didáticos como solução às deficiências dos manuais de teoria econômica existentes para abordar as especificidades da América Latina; e iii) sua relação com as agendas regionais de desenvolvimento.

Boa parte do material utilizado era, assim, elaborado pelos economistas da CEPAL, incluindo manuais originais, já que uma grande dificuldade era justamente "a falta de literatura sobre problemas teóricos e práticos em matéria de desenvolvimento econômico" (CEPAL, 1957, p. 80 *apud* KLUGER; WANDERLEY; BARBOSA, 2022, p. 141, tradução nossa). O processo de redação desse material passaria a se dar em boa medida no mencionado Centro CEPAL/BNDE e, ao longo dos anos 1960, se refletiria em livros publicados por autores cepalinos, incluindo o *Castro-Lessa*.

Pouco tempo depois de inaugurado o CTPDE (1956), se iniciam negociações para a criação de um escritório permanente da CEPAL no Brasil, que ficaria encarregado de coordenar grupos de estudos criados a partir de acordos com o governo brasileiro, supervisionar o CTPDE, prover assistência técnica a organizações brasileiras, e preparar documentos específicos sobre o Brasil para a CEPAL. Isso vai se concretizar com a inauguração do Centro CEPAL/BNDE, em 1960, no Rio de Janeiro. O Centro estava rodeado das burocracias econômicas que se beneficiavam de seus cursos, assim como pelos economistas mais influentes do país.

O primeiro diretor foi Oswaldo Sunkel, acompanhado do diretor adjunto Charles Rollins (economista norte-americano com doutorado em Stanford). Chegando ao Brasil, buscaram recrutar economistas locais e logo obtiveram a indicação de três dos melhores estudantes da FNCE da Universidade do Brasil[18]: Carlos Lessa, que começa imediatamente a trabalhar no Centro (1960), Maria da Conceição Tavares, que começa em 1961, e Antônio Barros de Castro, que entra em 1962.

O convite para fazer parte da CEPAL permitiu finalmente a eles o acesso a uma nova literatura e perspectiva econômicas, que tinham como foco

18 A indicação foi feita por Gerson Augusto da Silva, especialista em comércio internacional e professor dos três alunos na FNCE da Universidade do Brasil.

os condicionantes estruturais ao desenvolvimento econômico e social da América Latina.

Além de levantar dados sobre o Brasil para a sede da CEPAL, os economistas do Centro faziam pesquisas e produziam materiais de ensino para os cursos da instituição, como o CTPDE. Esses trabalhos foram feitos sobretudo numa segunda direção do Centro CEPAL/BNDE (de meados de 1962 a meados de 1966), com Aníbal Pinto à frente e como uma espécie de mentor aos economistas mais jovens como Castro, Lessa e Tavares.

Entre os diversos estudos realizados, e que se constituiriam em obras tão emblemáticas quanto *Auge e declínio do processo de substituição de importações no Brasil* (Maria da Conceição Tavares) e *Quinze anos de política econômica no Brasil* (Carlos Lessa), o que teve maior difusão foi o livro-texto encomendado por Aníbal Pinto a Antônio Barros de Castro e Carlos Lessa: *Introdução à Economia: uma Abordagem Estruturalista*, de 1967.

O *Castro-Lessa* viria a ser o único livro de economia brasileiro com tiragem comparável a *Formação Econômica do Brasil* (Celso Furtado) – representava, assim, uma alternativa, que buscava apresentar categorias analíticas direcionadas às especificidades da economia latino-americana e, para tanto, retomava a ideia da economia política de que o foco do estudo da economia deveria repousar na abordagem das estruturas de produção e distribuição (SÁ EARP, 2010). Passemos, pois, no restante desta seção, ao estudo detalhado, capítulo por capítulo, desta obra.

3.2 Análise do livro Castro-Lessa

O livro inicia tratando dos elementos que compõem um "sistema econômico" – trabalho, recursos naturais e bens de capital – e cuja estrutura determina a capacidade produtiva potencial de uma sociedade. Os autores começam sua exposição com um exemplo de produção não envolvendo a utilização de meios de produção, ou em linguagem técnica, "*unassisted labor*"; com o tempo, objetos simples iriam se complexificando, tornando-se bens de capitais, que em muito aumentaram a capacidade de produção do ser humano.

Ao descrever este processo, os autores introduzem o conceito central à abordagem da Economia Política Clássica: o excedente, como mencionado na seção 2 deste capítulo. É interessante notar que os autores associam a importância do excedente, sua apropriação por grupos sociais específicos e aplicação, como elemento central para explicar não apenas as economias capitalistas, mas qualquer formação social. Assim, a complexificação dos meios de produção é central para explicar:

> um fenômeno de grande significado histórico-econômico: o produto engendrado pelo trabalho não é aplicado, em sua totalidade, no atendimento imediato das necessidades humanas. Pelo contrário, a produção tende, sistematicamente, a exceder o consumo, disto resultando uma acumulação de parte dos resultados obtidos pelo trabalho humano. Esta acumulação se traduz em obras de arte, monumentos etc. e também na constituição de uma base econômica para as sociedades. (CASTRO; LESSA, 1971 [1967], p. 24).

Esse processo, por sua vez, está associado a outro conceito básico herdado da Economia Política Clássica desde a obra de Adam Smith: a importância da "divisão social do trabalho". Esta divisão do trabalho, que se relaciona com a complexificação do processo produtivo e a introdução crescente de máquinas ao mesmo, se relaciona diretamente com o conceito de mudança estrutural, central na Teoria do Desenvolvimento. Essa relação é então esmiuçada em termos de composição da força de trabalho, associada aos setores primário, secundário e terciário, e algumas questões importantes para um país em desenvolvimento: a incapacidade de o setor secundário absorver integralmente a mão de obra liberada pelo setor primário e a elevação da participação da mão de obra num setor terciário altamente heterogêneo e com algumas ocupações de caráter informal, ou de trabalho pouco especializado de baixa remuneração – uma característica presente na obra seminal de Lewis (2010 [1954]) – e na presença de desemprego "disfarçado" em atividades urbanas do setor serviços.

O livro avança com a apresentação das Contas Nacionais e suas principais variáveis macroeconômicas (renda, PIB, valor bruto da produção, componentes da demanda final etc.), mas esta exposição é feita de uma forma integrada à visão sistêmica da economia, como um sistema econômico dividido em setores com características particulares quanto à ocupação e processos produtivos. Esse tipo de análise, ademais, é apresentado de forma matricial[19], o que dá ao estudante um primeiro contato com a Matriz Insumo-Produto, um instrumento fundamental para estudos de estrutura

19 A primeira apresentação matricial é vista na p. 39 de uma forma resumida, onde há apenas uma simplificação da Matriz Insumo-Produto para os três setores, e de forma mais complexa na p. 44, incluindo uma descrição simplificada de oferta e demanda por bens de consumo e a igualdade poupança e investimento, com uma alusão à importância da intermediação financeira.

produtiva, análise setorial, progresso técnico e tantos outros elementos ligados ao planejamento econômico.

Dentro dessa análise estrutural, o comportamento dos diferentes agentes econômicos em termos de suas decisões de gasto, seja de consumo ou investimento, é baseado em suas distintas inserções sociais concretas e não em escolhas de natureza individual subjetiva:

> (...) convém acentuar que a associação apresentada entre a distribuição da propriedade dos fatores e a composição do consumo – através do conceito-ponte de classes de rendas – indica claramente que as "preferências" expressas pelos consumidores no mercado refletem, basicamente os dados estruturais: distribuição por nível de qualificação da população economicamente ativa e estrutura de propriedade dos fatores capital e recursos naturais. (CASTRO; LESSA, 1971 [1967], p. 51).

A mesma natureza estrutural se revela na demanda de fatores produtivos, que reflete as características tecnológicas da estrutura produtiva, sendo que a sua oferta "vincula-se a dados histórico-geográficos" (p. 54).

Uma vez estabelecidos os elementos que caracterizariam o sistema econômico, o livro passa a discutir preços, ou mais precisamente a relação custo e preço. Mais uma vez, sua abordagem é consistente, ou melhor, convergente, com a abordagem da Economia Política Clássica. Em geral, preços refletem custos de produção aos quais se soma uma margem de lucro. Os autores fazem uma distinção que remonta a Smith entre preço de produção, descrito anteriormente, e preço de mercado, cuja determinação se dá por "'perturbações' ocorridas, quer nas condições de oferta quer nas de demanda" (p. 56). Tais perturbações não se sustentariam, ou seja: "a diferença verificada entre preços de venda e custos de produção não tem, porém, como manter-se e vários ajustes subsequentes (retorno à 'normalidade' por parte da demanda[20] e/ou adaptação às novas condições por parte da oferta) tendem a comprimi-la, aproximando-a dos padrões vigentes na economia". (CASTRO; LESSA, 1971 [1967], p. 56).

Por sua vez, assim como na Economia Política Clássica, "as taxas de remunerações fatoriais" resultam da pressão de forças e elementos que ul-

20 Ao analisar a composição da demanda, os autores recorrem a uma abordagem que confere às modernas estruturas produtivas, através de seu poder de mercado, a capacidade de afetar tal composição, invertendo a lógica marginalista tradicional da importância central das preferências dos consumidores/agentes econômicos. Essas grandes corporações "[a]o invés...de se submeterem aos desejos da comunidade, traduzido em alterações de preços, decidem-nas eles mesmos e, quando necessário, forjam os próprios desejos dos consumidores." (p. 57).

trapassam o universo econômico *stricto sensu* (tais como legislação social, atuação de sindicatos, decisões acerca de salário mínimo, política monetária, fiscal etc.). Em outras palavras, os custos de produção, ou seguindo a tradição da teoria clássica, um dos custos de produção, o salário real, é dado exogenamente e dada uma estrutura produtiva e a concorrência intercapitalista, resultam os preços relativos e a outra variável distributiva, os lucros.

O passo seguinte do livro é introduzir o setor externo da economia, o que é feito, no sentido expositivo, como uma adição ao esquema matricial construído para a economia fechada. O setor externo entra como demanda através das exportações, como parte da oferta total e como uma linha de insumos usados para a produção.

Desde o desenvolvimento dos primeiros conceitos e definições fica clara a abordagem estrutural do livro: as importações de países em desenvolvimento têm uma natureza de se concentrar em bens industriais e especificamente nos bens de capital, o que dinamicamente implicava numa deterioração da balança comercial nos momentos de aceleração do crescimento. Por outro lado, a importância das exportações está relacionada a seu "contágio dos demais setores", ou seja, suas conexões com a estrutura produtiva e assim capacidade de indução de crescimento doméstico, bem como do peso relativo do setor exportador. Isto é, a capacidade do setor exportador de "irradiar internamente os frutos de seu progresso." (p. 69).

A observação de um trabalho produzido dentro da CEPAL nos anos 1960 não poderia ser outra que não as limitações que o padrão de exportação primordialmente de produtos primários confere à economia. Nesse contexto, é introduzido o conceito de relações de troca e a forma como uma eventual queda do "poder aquisitivo externo" se revela uma restrição ao crescimento, na medida em que se limita a capacidade de importar, importações estas que estão diretamente ligadas ao próprio crescimento da economia. Tal análise estrutural do comércio exterior serve como fundamento teórico para a exposição do processo de substituição de importações que ocorre à medida que um país cresce e complexifica sua estrutura produtiva. Demonstra-se que no processo de crescimento econômico há uma mudança da estrutura produtiva, de processos mais simples de produção industrial, ou montagem de bens mais sofisticados para um mercado consumidor reduzido, para uma produção ampliada que demanda mais matérias-primas, bens intermediários e de capital. A expansão da demanda externa decorrente, se não acompanhada por uma expansão das exportações (que como já explicado pelo livro, não é historicamente observável em países primário exportadores), criaria um empecilho ao crescimento: a restrição externa pela eventual incapacidade de se obter recursos necessários às importações. Assim, a progressiva produção interna de bens de consumo intermediários e, num último estágio, de capital, seria o reflexo inevitável da própria evolução da produção industrial, como uma forma de se superar a restrição ao crescimento colocada por uma recorrente e severa restrição externa.

Dentro da apresentação do sistema econômico e seus componentes, o setor público é o próximo a ser incorporado. Desde o início do livro, uma visão liberal do Estado é rejeitada:

> As funções públicas, ao longo do século XX, continuamente ganharam peso e diversificação, resultado desta evolução que, presentemente, cabem a entidades vinculadas ao Estado funções básicas no plano econômico, bem como papel dominante nas atividades de cunho social. A par da crescente importância e penetração dos empreendimentos inseridos na esfera pública, verificou-se a dilatação dos poderes atribuídos ao Estado para ditar normas e mesmo orientar a vida das nações. (CASTRO; LESSA, 1971 [1967], p. 81).

Essa ampliação da participação do Estado na vida econômica é apresentada em termos históricos, e se destaca que há uma relação direta consistente entre evolução da renda *per capita* e tamanho do Estado, dentro dos moldes da chamada Lei de Wagner. Os autores também contrastam o "estado desenvolvimentista", que executaria funções diretamente e ligadas ao processo de acumulação de capital com mudança estrutural, tais como obras de infraestrutura, participação direta em empreendidos empresariais considerados prioritários, provisão de recursos financeiros para projetos privados que tenham *spill overs* produtivos e tecnológicos, ao Estado mais focado em provisão de bens sociais, ou do Estado de bem-estar, dos países desenvolvidos. Essa é uma divisão mais de ênfase, porque obviamente se reconhece que em algum grau as intervenções estatais englobam todos estes aspectos descritos anteriormente. A atividade do Estado, depois de definida dentro de um contexto histórico e de uma forma independente de conceitos *paretianos* de eficiência de mercado, é integrada na matriz de relações intersetoriais que caracteriza a obra e sua natureza de análise do sistema econômico por uma abordagem estrutural.

A análise do financiamento público é uma das partes que mais se beneficiaria de avanços recentes da teoria econômica, caso fosse possível editar uma versão atualizada do livro. A análise bastante convencional do financiamento monetário seria certamente revista, à luz das recentes contribuições ligadas à chamada Teoria Monetária Moderna. Mesmo a ideia de alguma forma de *crowding out* do gasto privado pelo público (ver p. 100) também teria que ser revista à luz dos desenvolvimentos teóricos a partir da utilização do Princípio da Demanda Efetiva para curto e longo prazos. Tais limitações de natureza macroeconômica, entretanto, não invalidam o elemento principal da abordagem do livro para o setor público, qual seja, uma clara ênfase da intervenção do governo como pilar do processo de desenvolvimento econômico.

Assim como anotamos no parágrafo anterior em relação ao financiamento do setor público, o capítulo que estuda o "Sistema Monetário-Financeiro" também reflete uma visão até certo ponto convencional do tema e que, em muito, se beneficiaria de avanços teórico-analíticos registrado desde então. Por exemplo, o surgimento da moeda se relaciona a uma necessidade de "facilitação de trocas", mas hoje há uma linha de argumentação teórica – a chamada Teoria Cartalista[21] – que associa seu surgimento com relações institucionais, entre as quais o Estado nacional tem papel determinante.

Mesmo a criação de crédito está associada mais à antecipação de poder de compra e comércio com separação espacial, sendo pouco enfatizado o papel central, ou indispensável, da criação de crédito para permitir a expansão do produto.

Até mesmo a equação de trocas da teoria quantitativa da moeda é apresentada no livro, ainda que os autores tenham cuidado de qualificar bastante seus resultados. Fazem questão de destacar que o estudo da inflação não é "objeto do trabalho" e que não irão "empreender o exame da complexa problemática envolvida pelos movimentos de preços" (p. 110).

O texto faz uma apresentação esquemática interessante sobre a estrutura do sistema financeiro, seus principais elementos, mas, novamente, uma atualização dessa institucionalidade e principalmente sua organização segundo o referencial teórico da moeda endógena/taxas de juros exógena[22] seria necessária para incorporar os avanços ocorridos dentro da teoria monetária heterodoxa desde a publicação do livro.

O passo seguinte deste é realizar a análise das firmas. A abordagem adotada é inteiramente estrutural, isto é, nas próprias palavras dos autores, tal estudo deve:

---

21 Ver Wray (2003, capítulo 3).

22 Ver Serrano e Summa (2013).

> (...) focalizar as interações entre a célula produtora e o contexto que a envolve. (...) [analisa-las] do ponto de vista global, em que a empresa surja integrada no sistema econômico, com seus alicerces infraestruturais, sua vinculação à capacidade produtiva e aos mercados da nação e, enfim, suas relações com a superestrutura institucional. (CASTRO; LESSA, 1971 [1967], p. 121).

Dentro dessa perspectiva, a análise do desempenho das firmas começa com a infraestrutura social na qual está inserida, ou o Capital Social Básico, tais como os sistemas de transportes, comunicação, energia, rede escolar etc. A dependência do desempenho das firmas dessa infraestrutura pode ser subdimensionada numa abordagem que tenha um foco excessivo nas capacidades intrínsecas delas. Esse, aliás, é o conceito que modernamente gerou o debate sobre "competitividade sistêmica", ou como ganhos de eficiência da infraestrutura como um todo afetam positivamente o desempenho das empresas privadas. Especificamente, os autores tratam do caso de países subdesenvolvidos, ou que iniciam seu processo de desenvolvimento industrial no século XX, quando as necessidades tecnológicas e de provisão de insumos são bastante amplas e complexas. Nessa situação, fica claro o papel central do governo para permitir que o processo de industrialização comece a deslanchar e avance no tempo.

Os autores dão o nome a estes avanços sistêmicos de "economias externas". Vale anotar que o conceito é efetivamente sistêmico, trazendo para seu interior o conjunto do aparelho econômico, incluindo aí o relacionamento interfirmas, devendo tais "economias externas" ser computadas:

> (...) computadas (...) não apenas [como] as vantagens provenientes de melhoria na prestação de serviços, na qualidade das matérias-primas etc., como também qualquer benefício de que venha a desfrutar a unidade produtora, como resultado de alterações ocorridas no contexto que a envolve. Assim, nesta acepção ampliada, constitui "economia externa" todo barateamento nos custos de produção ou elevação nas possibilidades de receita, decorrente de transformações ocorridas em outras empresas ou no C.S.B. [Capital Social Básico] do sistema". (CASTRO; LESSA, 1971 [1967], p. 126).

Este conceito, ademais, antecipa ao estudante a discussão tradicional da Teoria do Desenvolvimento que coloca enorme ênfase nas chamadas "externalidades pecuniárias" e, consequentemente, nos modelos de "*big push*" (Rosenstein-Rodan) e de "encadeamentos" (Hirschman). Em relação a este último, o livro explicitamente destaca a importância dos encadeamentos de compra e venda de insumos na produção, o que, de resto, é inteiramente consistente com a abordagem estrutural da exposição, via simplificações com a Matriz Insumo-Produto, adotada desde o primeiro capítulo do livro.

Ainda dentro desse contexto, o livro menciona o conceito de causação cumulativa[23] e como a existência de tais "economias externas" que cumulativamente proporcionam ganhos de eficiência/redução de custos para empresa acabam por gerar uma tendência à concentração regional, em termos de produção industrial. Também cabe destacar que os autores apresentam uma versão gráfica esquemática dessa visão sistêmica de funcionamento da firma, estrutura produtiva e demanda.

O "manual" se encerra com uma discussão sobre distribuição. Consistentemente com a abordagem estruturalista do restante da obra, a alocação e remuneração dos fatores de produção depende primordialmente de fatores institucionais e tecnológicos e não de sua escassez relativa.

Por exemplo, a remuneração dos trabalhadores em geral estaria relacionada com a propriedade da terra e sua maior ou menor absorção de mão de obra. Uma propriedade menos concentrada, ou com mais unidades rurais familiares, contribuiria para não haver um "exército de reserva" rural, que seria resultado do latifúndio pouco empregador de mão de obra, e cujo efeito sobre a distribuição seria pressionar persistentemente os salários para baixo. Por outro lado, a concentração de capital teria como contrapartida uma maior taxa de remuneração deste fator. Também é reconhecida a importância dos Estados nacionais, tanto na sua capacidade como empregador como regulador de preços, influenciando diretamente a distribuição.

Em acordo com essa abordagem, as demandas por fatores de produção "estão, em princípio, na dependência da demanda global de bens e serviços a que esteja submetido. Assim, ao expandir-se ou retrair-se a demanda global de bens e serviços finais, alteram-se positiva ou negativamente as porções empregadas dos estoques de fatores produtivos". (CASTRO; LESSA, 1971 [1967], p. 142).

Tal demanda também não gera uma tendência ao pleno emprego, especialmente em economias subdesenvolvidas, nas quais existe um forte componente de informalidade no mercado de trabalho.

23 Para um bom resumo sobre o tema, ver Toner (1999, capítulo 1).

A questão da distribuição de renda, que segue naturalmente a discussão de estrutura de propriedade, envolve elementos de propriedade de ativos, estrutura produtiva e capacitações de diferentes grupos de trabalhadores. Uma grande ênfase é dada à discussão da distribuição funcional da renda funcional, cuja regressividade está mais ligada à concentração de propriedade e renda pessoal, que se relaciona à estrutura no mercado do trabalho e capacitações muito díspares entre trabalhadores. A essa dimensão da desigualdade na distribuição funcional, mas também da pessoal, se junta à heterogeneidade geográfica, uma dualidade que distingue: "uma região de elevada produtividade média e outras características de avanço econômico-social, enquanto as demais permanecem estagnadas, arcaicas, apenas tangenciadas pela evolução dos centros dinâmicos." (CASTRO; LESSA, 1971 [1967], p. 150).

Em resumo, a desigualdade de propriedade, postos de trabalho, dinamismo regional e, adicionalmente, a menor participação estatal no sentido de estreitar tais disparidades, conferem às economias subdesenvolvidas um maior grau geral de desigualdade.

Finalmente, e de forma relacionada, os autores chamam a atenção para problemas que estruturas distributivas muito concentradas eventualmente tenham sobre a formação de mercados de consumo de massa – um desafio para processos de desenvolvimento –, reforçando o papel do Estado para reduzir a desigualdade e reforçar um processo de desenvolvimento com menos disparidades.

Considerações finais

Este capítulo tem como motivação inicial homenagear o professor Carlos Lessa em uma de suas contribuições intelectuais mais importantes e que teve um papel histórico e, porque não dizer, político, relevante, ao colaborar para a formação de economistas capacitados a melhor compreender o funcionamento de uma economia capitalista e, especificamente, estruturas subdesenvolvidas. Este instrumental, aliás explicitamente objeto e propósito dos cursos CEPAL/BNDES, tinha como objetivo último capacitar economistas a intervir sobre tal realidade, com o propósito de formular e pôr em prática políticas desenvolvimentistas.

Apesar do caráter de homenagem, esta não se pretende laudatória ou "nostálgica". Consideramos que esta homenagem é capaz de atestar a importância presente da contribuição de Carlos Lessa simplesmente pela obra aqui analisada e não por uma decisão apriorística dos autores.

No decorrer da análise pormenorizada do livro *Introdução à Economia: uma Abordagem Estruturalista,* não nos furtamos a apresentar algumas de, ao nosso julgamento, fragilidades ou pontos, que ganhariam muito com os desenvolvimentos teóricos que ocorreram no mais de meio século que separa o seu lançamento e a redação deste capítulo, como a reafirmação do Princípio da Demanda Efetiva como central para determinação do nível do produto e o processo de acumulação de capital.

Entretanto, apesar de reconhecermos esta realidade do avanço do conhecimento dentro do campo não marginalista, consideramos que não se pode pensar no ensino e no próprio desenvolvimento da ciência econômica como linear. Como uma ciência social que fornece um esclarecimento sobre o real funcionamento da sociedade em suas relações materiais, a economia pode ter um papel relevante ao revelar estruturas e mecanismos que apontem, como é o caso da Economia Política Clássica, tensões e contradições entre classes sociais. Visões mais apologéticas e menos conflituosas do capitalismo, certamente encontram nesta ordem um espaço de maior apoio por parte das instituições dominadas pelas classes proprietárias. Esse, aliás, foi o pano de fundo do surgimento e dominação da escola marginalista em um momento de aprofundamento do conflito social na Europa.

No século XX, as tendências dominantes da ciência e do ensino de economia também estiveram condicionadas pelas ordens dominantes sociopolíticas. A grande crise mundial de 1929 abriu espaço para o fortalecimento de interpretações menos ortodoxas e ao surgimento da "gestão keynesiana" e do *Welfare State* nas economias desenvolvidas, e do desenvolvimentismo para os países subdesenvolvidos[24]. A ascensão do neoliberalismo, que se consagra a partir dos anos 1980, consolida de vez, dentro da academia e nas propostas de política econômica, análises que refletem mais os fundamentos do marginalismo, e que já vinham ganhando espaço desde o final dos anos 1950, com o ataque do monetarismo friedmaniano à, então dominante, Síntese Neoclássica e também ao intervencionismo desenvolvimentista.

Seria natural que manuais de orientação distinta da vertente que passou a ser dominante nos anos 1980 perdessem espaço na academia brasileira, mas procuramos mostrar neste capítulo que suas contribuições para a boa formação de um economista, ou um economista que busque entender as relações materiais, concretas e estruturais das sociedades, são relevantes até

24 Ver Bastos e Oliveira (2021).

hoje. Vale registrar que um dos principais "discípulos" da Escola da CEPAL, o professor Wilson Cano, lançou em 1998 o livro *Introdução à Economia: uma abordagem crítica*, que segue os passos do *Castro-Lessa*.

Ainda assim, o legado deste clássico sobrevive ao teste do tempo e a utilização de seus capítulos em cursos de introdução, seja para turmas de economia ou outras ciências sociais, só ajudaria a formar profissionais com uma visão mais clara e relevante do funcionamento de uma economia capitalista. Esta sim, a melhor, e mais justa, homenagem que o professor Lessa merece.

Referências

BASTOS, Carlos Pinkusfeld; D'AVILA, Júlia Galarza. "O debate do desenvolvimento na tradição heterodoxa brasileira". *Revista de Economia Contemporânea*, v. 13, p. 173-199, 2009.

BASTOS, Carlos Pinkusfeld; BRITTO, Gustavo. "Introdução". In: AGARWALA, A. N.; SINGH, S. P. (Orgs.). *A economia do subdesenvolvimento*. Rio de Janeiro: Contraponto, Centro Internacional Celso Furtado, 2010.

BASTOS, Carlos Pinkusfeld; OLIVEIRA, Bruno Rodas. "Revisitando o debate Nurkse-Furtado na década de 1950". *Rev. Econ. Contemp.*, v. 24, n. 3, p. 1-28, 2020.

BASTOS, Carlos Pinkusfeld; OLIVEIRA, Bruno Rodas. "Políticas Econômicas, Teorias e Contextos Sociais". In: ARAUJO, V. L.; MATTOS, F. (Orgs.). *A economia brasileira de Getúlio a Dilma: novas interpretações*. São Paulo: Hucitec, 2021.

BHARADWAJ, Krishna. *Classical Political Economy and Rise to Dominance of Supply and Demand Theories*. Universities Press (Índia) Ltd., 1986.

BIELSCHOWSKY, Ricardo. "Cinquenta anos de pensamento na CEPAL – uma resenha". In: BIELSCHOWSKY, Ricardo (org.). *Cinquenta anos de pensamento na CEPAL*, Vol. 1. Rio de Janeiro/São Paulo: Record, 2000.

BIELSCHOWSKY, Ricardo; MUSSI, Carlos. "O pensamento desenvolvimentista no Brasil: 1930-1964 e anotações sobre 1964-2005". Escritório da CEPAL no Brasil, mimeo, Brasília, julho de 2005.

CANO, Wilson. *Introdução à Economia: uma abordagem crítica*. São Paulo: Editora UNESP, 1998.

CASTRO, Antonio Barros de; LESSA, Carlos. *Introdução à Economia:* uma Abordagem Estruturalista. Rio de Janeiro/São Paulo: Forense, 8ª Ed., 1971 [1967].

CEPAL. "Report on the ECLA/TAA Economic Development Training Programme" (E/CN. 12/433). [En línea]. 1957. Disponível em: https://repositorio.cepal.org/bitstream/handle/11362/14442/S5700021_en.pdf?sequence=1&isAllowed=y.

GAREGNANI, Pierangelo; PETRI, Fabio. "Marxismo e teoria econômica hoje". In: HOBSBAWN, Eric J. (org.) *História do marxismo*. Vol. 12: O marxismo hoje (Segunda parte). Tradução: Luiz Sérgio N. Henriques e Carlos Nelson Coutinho. Rio de Janeiro: Paz & Terra, 1989, pp. 383-474.

HIRSCHMAN, Albert. *The strategy of economic development*. New Haven: Yale University Press, 1958.

KLUGER, Elisa; WANDERLEY, Sergio; BARBOSA, Alexandre de Freitas. "El Centro de Desarrollo Económico CEPAL/BNDE y la formación de uma generación de planificadores del desarrollo en el Brasil". *Revista de la CEPAL* n. 136, abril de 2022.

LEWIS, Arthur. "O desenvolvimento econômico com oferta ilimitada de mão de obra. In: AGARWALA, A. N.; SINGH, S. P. (Orgs.). *A economia do subdesenvolvimento*. Rio de Janeiro: Contraponto/Centro Internacional Celso Furtado, 2010[1954].

OCAMPO, José Antonio; PARRA, María Angela. "Los términos de intercambio de los productos básicos en el siglo XX". *Revista de la CEPAL*, 2003.

PREBISCH, Raúl. "O desenvolvimento econômico da América Latina e alguns de seus principais problemas". In: PREBISCH, R. *O manifesto latino-americano e outros ensaios*. Rio de Janeiro: Contraponto/Centro Internacional Celso Furtado, 2011 [1949], p. 95-151.

PREBISCH, Raúl. "Crescimento, desequilíbrio e disparidades: interpretação do processo de desenvolvimento econômico". In: PREBISCH, R. *O manifesto latino-americano e outros ensaios*. Rio de Janeiro: Contraponto/Centro Internacional Celso Furtado, 2011 [1950], p. 153-245.

PREBISCH, Raúl. "Problemas teóricos e práticos do crescimento econômico". In: PREBISCH, R. *O manifesto latino-americano e outros ensaios*. Rio de Janeiro: Contraponto/Centro Internacional Celso Furtado, 2011 [1951], p. 247-297.

RODRÍGUEZ, Octavio. *Teoria do subdesenvolvimento da CEPAL*. Rio de Janeiro: Forense Universitária, 1981.

RODRÍGUEZ, Octavio. *O estruturalismo latino-americano*. Rio de Janeiro: Civilização Brasileira, 2009.

ROSENSTEIN-RODAN, Paul. "Problemas de industrialização da Europa Oriental e Sul-Oriental". In: AGARWALA, A.N. e SING, S.P. (Org.) *A economia do subdesenvolvimento*, Rio de Janeiro: Contraponto/Centro Celso Furtado, 2010 [1943].

SINGER, Hans. "Postwar Price Relation Between Underdeveloped and Industrialized Countries" (E/CN.l/Sub.3/3.5). Nova York. Conselho Econômico e Social, Nações Unidas, 1949.

SÁ EARP, Fabio. "Memória do IE-UFRJ – Carlos Lessa". *Rev. Econ. Contemp.*, Rio de Janeiro, v. 14, n. 2, p. 423-432, maio/ago. 2010.

SERRANO, Franklin; MAZAT, Numa. "Quesnay and the analysis of surplus in the capitalist agriculture". *Contributions to Political Economy*, v. 36, n. 1, p. 81-102, 2016.

SERRANO, Franklin.; MEDEIROS, Carlos. "O Desenvolvimento econômico e a retomada da abordagem clássica do excedente". *Revista de Economia Política*, v. 24, n. 2 (94), abr./jun. 2004.

SERRANO, Franklin; SUMMA, Ricardo. "Uma sugestão para simplificar a teoria da taxa de juros exógena". *Ensaios FEE*, v. 34, n. 2, 2013.

SYRQUIN, Moshe. "Patterns of Structural Change". In: CHENERY, H.; SRINIVASAN, T. T (ed.). *Handbook of Development Economics*. Elsevier Science Publishers, 1988.

TONER, Phillip. *Main currents in cumulative causation: the dynamics of growth and development*. MacMillan Press, 1999.

WRAY, Randall. *Trabalho e moeda hoje: a chave para o pleno emprego e a estabilidade dos preços*. Rio de Janeiro: Editora UFRJ, 2003.

10

A política econômica entre a ciência e a ideologia: breve consideração a partir das contribuições de Carlos Lessa

William Nozaki[1]

Resumo

O conceito de política econômica, para Carlos Lessa, deve ser trabalhado à luz dos problemas reais que emergem dos conflitos, contradições e subjetividades da economia capitalista, sendo marcado por restrições e oportunidades impostas por instituições herdadas, pelas ideias em disputa e pelas ideologias que orientam os caminhos futuros a construir. Seu terreno é movediço, o que torna a relação com os processos econômicos menos determinada. Não cabem visões demiúrgicas do Estado, nem idílicas do mercado, pois as decisões são essencialmente descentralizadas. Compete ao Estado intervir com incentivos para impelir as ações em certa direção, embora isso não assegure o alcance dos objetivos pretendidos. Políticas "erradas" para determinados interesses, são frequentemente "corretas" para outros interessados. No contexto de economias tardias, como o Brasil, o que se consideram "erros" nas políticas de industrialização podem representar dificuldades para se achar "soluções" que ultrapassem as limitações financeiras, tecnológicas e de mercado.

Abstract

The concept of economic policy, for Carlos Lessa, must be worked on in the light of the fundamental problems that emerge from the conflicts, contradictions, and subjectivities of the capitalist economy. Marked by restrictions

1 William Nozaki é professor de economia e ciência política da Escola de Sociologia e Política de São Paulo (FESPSP), coordenador-técnico do Instituto de Estudos Estratégicos de Petróleo, Gás e Biocombustíveis (INEEP). Coordenador executivo do Centro de Altos Estudos da Fundação Perseu Abramo (FPA).

and opportunities imposed by inherited institutions, the ideas in dispute and the ideologies that guide future paths, its terrain is shaky, which makes the relationship with economic processes less determined. There is no room for demiurgic visions of the State, nor idyllic visions of the market, as decisions are decentralized. It is up to the State to intervene with incentives to push actions in a specific route, although this does not guarantee the achievement of the intended objectives. Policies "wrong" for some interests are often "right" for others. In a late economy like Brazil, what are considered "errors" in industrialization policies can represent difficulties in finding "solutions" that overcome the financial, technological and market limitations.

Introdução

A obra de Carlos Lessa fornece contribuições inestimáveis para o estudo teórico e aplicado das políticas econômicas nos países periféricos em geral, e no Brasil em particular. Nosso autor construiu uma concepção de política econômica crítica do reducionismo e marcada pela visão sistêmica. Nessa formulação, a política econômica é compreendida não apenas em sua acepção estrita de política macroeconômica a ser averiguada pelo instrumental da formalização matemática, mas observada a partir de uma concepção ampliada de política de desenvolvimento escrutinada à luz das experiências históricas de cada país.

A publicação de estudos como *Quinze anos de política econômica*, *A estratégia de desenvolvimento 1974-1976: sonho* e *fracasso* e *Houve uma política econômica nacional-populista?*, dentre outros, se consagraram como referências fundamentais e incontornáveis para o estudo da história e da política econômica brasileiras.

Lessa coloca sua economia política heterodoxa e crítica a serviço do enfrentamento a uma noção de ciência econômica ortodoxa que, por sua vez, se pretende neutra e se supõe verdadeira porque tributária das ciências exatas. No entanto, a relação de parentesco entre essa concepção hegemônica de economia com a física mecanicista e com a filosofia utilitarista a torna frágil para interpretar os fenômenos relacionados à política econômica.

Embora a análise histórica e aplicada da política econômica seja uma constante na obra de Lessa, é em sua tese de doutoramento que o autor apresenta o seu "mais importante trabalho no campo da teoria econômica" (EARP, 2010, p. 426), "o seu trabalho de maior envergadura teórica" (MACARINI, 2010, p. 2). Trata-se de *O conceito de política econômica: ciência e/ou ideologia?*.

Embora o trabalho tenha sido concluído em 1976, o texto circulou apenas em grupos restritos por meio de versões mimeografadas e teve sua primeira e única edição tão somente em 1998, de modo que ainda carece de atenção para que se comece a construir em torno dele uma fortuna crítica.

Para nosso economista, o conceito de política econômica não pode estar subordinado a interpretações orientadas apenas pela racionalidade econômica e técnica. Os acertos e erros na formulação, implementação e execução de políticas econômicas não podem ser reduzidos a uma lógica gerencial de competência e ineficiência, como mero resultado da aplicação de uma recomendação científica incontestável porque verdadeira.

As decisões de política econômica são marcadas por restrições e oportunidades impostas pelas instituições herdadas do passado, pelas ideias em disputa no presente e pelas ideologias que orientam os caminhos pelos quais se pretende construir no futuro.

Nesse sentido, a política econômica é – a um só tempo – um método de investigação científica e um veículo da ideologia dominante, pois maneja tanto hipóteses testáveis quanto princípios metafísicos e morais elevados, muitas vezes, à condição de autoevidência. Ao submeter a "ordem natural" ao exercício do escrutínio histórico, Lessa evidencia como, em economia, a melhor decisão "científica" pode falhar diante da dificuldade de concentrar recursos políticos e financeiros para sua execução, assim como a pior decisão "ideológica" pode lograr êxito diante da possibilidade de mobilizar estes mesmos recursos políticos e financeiros.

O presente ensaio busca explorar, de maneira livre e preliminar, algumas breves ideias suscitadas a partir da leitura de nosso grande economista em sua incursão sobre o *conceito de política econômica.*

Crítica à teoria da economia política

A economia política clássica nasceu como um desdobramento, simultâneo, da filosofia moral e da teoria política contratualista. Da primeira herdou as indagações sobre os vícios públicos do decadente mundo aristocrático do ócio e as virtudes privadas do nascente mundo burguês dos negócios; e da segunda, a nova ciência captou a crítica contra o Estado absolutista, autoritário, sinalizando para o fato de que o poder soberano centralizador deveria ser substituído por uma comunidade comercial de trocas, colocando no lugar da guerra armada a competição de mercado.

Foi Lionel Robbins, a partir de uma simplificação da formulação smithiana, como notou Carlos Lessa, quem construiu a ideia amplamente difundida na economia segundo a qual interpretar o mundo moderno das trocas deveria ser sinônimo de análise da relação entre necessidades infinitas e recursos escassos. Tal premissa foi desenvolvida pelos pensamentos utilitarista e neoclássico, consolidando uma espécie de gramática econômica que se tornou dominante e que pode ser caracterizada pela composição de um campo semântico marcado por palavras com significados, simultaneamente éticos e matemáticos.

Não é trivial utilizarmos o significante "valor" para nos referirmos à moral e aos preços, "razão" como faculdade de julgamento e proporção entre grandezas; "igualdade" para tratar da equidade social e da equivalência contábil, "escassez" para tratar da carência social e da limitação de recursos, além de mencionar a ideia de "contar" – que expressa tanto a narrativa de experiências quanto a enumeração de objetos. Tantas similaridades devem ser resultado de uma sociedade econômica que tenta converter, sistematicamente, qualidades em quantidades.

Como observado pela crítica da economia política, o capitalismo aprofunda processos de desigualdade econômica e de diferenciação social permitindo que sujeitos queiram se tornar indivíduos insubstituíveis e singulares. No entanto, isso se dá no interior de uma engrenagem que concorre para torná-los o exato oposto, substituíveis e intercambiáveis entre si, impondo, por meio da acumulação de capital, uma distância permanente entre o que se quer e o que se tem, ou o que se pode ter. É nesse sentido que a razão ocidental moderna se distancia de uma racionalidade substantiva (moral) para reduzir-se à mera racionalidade instrumental (contábil).

A crítica de Carlos Lessa é justamente contra essa epistemologia da economia política neoclássica, construída nas bases acima e que se fia na ideia de progresso. Há ainda hoje, na economia, quem professe sob as tinturas da ciência objetiva uma fé cega no progresso entendido como uma trajetória ascendente e inevitável que, mais cedo ou mais tarde, será capaz de alcançar a totalidade das nações e debelar o conjunto das iniquidades. Nessa leitura distorcida o desenvolvimento – um conceito fundamentalmente histórico-social – surge como um destino, uma ideia essencialmente mítico-teológica. Nada mais homogeneizante do que a crença em uma ideia linear de avanço que converge para o mesmo ponto.

Para enfrentar essa simplificação da realidade com base na ideia de um *homo oeconomicus* integralmente racional e livre, há uma expressão latina frequentemente utilizada pelos economistas neoclássicos quando se busca enquadrar a realidade em modelos matemáticos, estatísticos e econométricos, trata-se do *coeteris paribus*, ou "tudo o mais constante".

Em teoria, trata-se de um procedimento metodológico para isolar variáveis externas a fim de que se possa analisar correlações e causalidades de um determinado fenômeno; na prática é a explicitação de uma obsessão dos que desejam resumir a economia a um subcampo das ciências exatas, reduzindo-a ao mecanicismo da física ou às naturalizações do utilitarismo.

No mais das vezes, os teóricos do equilíbrio geral invocam a velha expressão latina como cardeais anacrônicos afixando suas encíclicas nas portas das igrejas, e como tais estão menos preocupados em que os fiéis compreendam sua mensagem e mais interessados em fazer valer a força da sua autoridade eclesiástica no interior do clero.

Para que suas formulações tenham alguma validade ou serventia, é necessário considerar uma lista imensa de preceitos: (i) que haja indivíduos atomizados; (ii) e que eles sejam racionais; (iii) que haja mercados criados por geração espontânea; (iv) e que neles a concorrência seja perfeita; (v) que a atuação do Estado seja mínima; (vi) desde que não se precise considerar a existência de bens públicos; (vii) que haja troca entre todos os agentes econômicos; (viii) mas desde que a moeda seja exógina; (ix) que todos sejam empreendedores; (x) mas desde que a inovação e os rendimentos sejam constantes.

Seguidos os dez mandamentos acima listados, a ciência econômica estaria preparada para sua vocação de orientar a produção e a alocação de recursos escassos. Nada mais irreal (ou seria surreal?) do que tamanho reducionismo, notou Lessa. É como dizer: se não houver sociedade, capitalismo, Estado, conflitos, contradições e subjetividades a economia pode ser analisada adequadamente. Ou, por outra: se não houver problemas, estaremos aptos a explicar e a resolver todos os problemas.

Tudo se passa como se o jogo das trocas acontecesse de forma estritamente objetiva, sem a interferência de instituições, interesses e ideologias. É contra esse tipo de análise que Lessa organiza seu arsenal de reflexões teóricas e conceituais sobre a ideia de política econômica.

Crítica ao conceito de política econômica

As políticas econômicas não são orientadas apenas por uma racionalidade econômica e técnico-científica, antes são dardejadas pelo peso das instituições que nos prendem ao passado, dos interesses em disputa no presente e das ideologias que orientam o futuro. Desse cenário complexo resultam correlações de forças que devem ser avaliadas antes de qualquer opinião sobre eventuais "erros" e "acertos" na estratégia de implementação desta ou daquela política pública. Essa é uma das constatações de Lessa, inspirado em Joan Robinson, criticando Lionel Robbins e se afastando de Robinson Crusoé.

Noutras palavras, na economia capitalista, a análise do desempenho das políticas econômicas deve ser iniciada pela interpretação das intenções e decisões políticas e não pela avaliação da competência administrativa e técnica com que são geridas e implementadas.

Para que o modelo de racionalidade econômica e técnica bastasse para a análise das políticas econômicas, seria preciso estabelecer uma relação direta e exclusiva entre as ideias econômicas e as decisões políticas afetadas por elas.

Entretanto, estabelecer essa relação direta pressupõe que os responsáveis pela política econômica controlem diretamente os instrumentos necessários para o alcance de suas finalidades, ou que sejam capazes de mobilizar prontamente os recursos de que ainda não dispõem.

Com efeito, se os meios técnicos necessários estivessem integralmente à disposição ou fossem imediatamente mobilizáveis, processos econômicos indesejáveis decorreriam apenas de erro ou incompetência no manejo dos meios disponíveis. Mas, talvez, os processos econômicos dependam menos das políticas econômicas do que tal modelo simplificado pode supor. Isso não significa dizer que as escolhas de política econômica não influenciem os processos econômicos; mas apenas que elas não o determinam.

Na realidade, as duas condições juntas – (i) de que as políticas econômicas persigam objetivos meramente técnicos ou consensuais; (ii) e de que os gestores das políticas possam controlar à vontade os recursos disponíveis e necessários ao alcance dos seus objetivos – deságuam numa visão demiúrgica do Estado ou numa visão idílica do Mercado.

Tal modelo de análise não parece o mais profícuo. O capitalismo é uma formação social que limita estruturalmente as pretensões demiúrgicas do Estado que lhe corresponde. Uma característica essencial das sociedades capitalistas é a descentralização das decisões econômicas. As decisões de como alocar os recursos produtivos da sociedade não são tomadas pelo órgão político central, o Estado.

Pelo contrário, o Estado capitalista moderno se fundamenta juridicamente no corpo do direito civil privado. Isto é, em tese, ele se organiza com vistas a, de um lado, proteger a propriedade privada de eventuais violências ou tensões contra a ordem dos contratos e, de outro lado, contra a possibilidade de os proprietários decidirem, de maneira privada, autônoma e descentralizada, fazerem o que bem entenderem de suas propriedades, atentando contra a vida, os direitos e a sociedade.

No capitalismo, a propriedade descentralizada e a autoridade central são institucionalmente separadas em um sentido específico, qual seja: não é conferido à autoridade política central ordenar, aos proprietários privados, o uso a ser feito de seus recursos. De forma análoga, em nome da suposta igualdade jurídica, exceto em situações excepcionais, o Estado também não pode comandar homens ao trabalho à revelia do seu consentimento.

Na economia de mercado, portanto, o modelo de racionalidade econômica e técnica não é adequado para estabelecer relações mecânicas e automáticas entre os processos econômicos e as políticas econômicas das quais "resultariam". O Estado não pode dispor ao seu bel prazer, em nome de suas políticas, de todos os recursos produtivos existentes. E mesmo os recursos que pode mobilizar, como os recursos que tributa, quase sempre não são suficientes para cobrir todas as necessidades demandas pela economia e pela sociedade.

Para que os processos econômicos desejados se verifiquem, as políticas econômicas precisam articular e coordenar interesses políticos e recursos econômicos que, no mais das vezes, se encontram dispersos. Para serem, eventualmente, bem-sucedidas, as intervenções econômicas dos Estados precisam se basear mais em incentivos do que em comandos.

De modo esquemático, como as decisões privadas são movidas por interesses, para mobilizar tais decisões e influenciar tais processos econômicos, as políticas econômicas devem influenciar a estrutura de incentivos que move as decisões privadas. Não havendo garantias de que mesmo que se consiga assegurar tal estrutura de incentivos, as decisões privadas assumirão o rumo desejado, afinal, sempre há uma margem de indeterminação nesse processo.

Pelo contrário, as decisões que os proprietários capitalistas estão dispostos a tomar podem sufocar a estrutura de incentivos que a política econômica será obrigada a ofertar. Não é garantido, porém, que mesmo que haja vontade política para tal, a política econômica seja sequer capaz de fazer ofertas suficientemente atrativas aos capitalistas, mobilizando os recursos necessários a tais ofertas. Isto é, a eficácia das políticas econômicas depende menos de sua "competência" do que dos recursos limitados que podem mobilizar diretamente e de sua articulação política a um certo tipo de acumulação de capital, para que os recursos privados sejam mobilizados da maneira pretendida.

Conflitos quanto às finalidades das políticas econômicas são mais importantes e recorrentes que debates "técnicos", enquanto meios para alcançar as mesmas finalidades consensuais, o modelo da racionalidade técnica de pouco serve para a análise da economia política. Afinal, políticas que sejam "erradas" para determinados interesses, são frequentemente "corretas" do ponto de vista de outros interessados.

Essas limitações estruturais colocadas pelo capitalismo às intervenções econômicas do Estado independem do sistema político em que a política econômica está inserida, isso não significa dizer que as estruturas decisórias e o jogo político não contem para os objetivos das políticas. A análise de tais relações se complica no caso brasileiro, constituído como um capitalismo altamente dependente, também, de decisões privadas externas.

No caso do Brasil, é comum que os fracassos, por exemplo, em políticas de industrialização ou de estabilização, sejam atribuídos a "erros" de política econômica ou à "incompetência" de gestores econômicos.

Em determinadas circunstâncias, não são os fracassos de política econômica que provocaram as crises econômicas. Pelo contrário, são as crises do padrão de acumulação e desenvolvimento que levam à explicitação dos limites da política econômica. E, ao Estado, não é possível reverter com meras decisões macroeconômicas, subitamente, toda uma estratégia de desenvolvimento em crise.

No caso do Brasil, a dificuldade para o avanço da industrialização se apresentou porque o país foi constituído por meio de um capitalismo tardio, ou seja, a modernização produtiva se deu em um momento histórico no qual já se oligopolizavam os mercados nos países centrais. Os requisitos financeiros e tecnológicos requeridos para o acesso às plantas industriais eram grandes e de difícil alcance para países com estruturas produtivas e financeiras atrasadas e limitadas, com baixos níveis de centralização de capital e mercados relativamente restritos.

Nessas condições, os saltos industrializantes precisavam encontrar "soluções" que resolvessem e ultrapassassem as limitações financeiras, tecnológicas e de mercado que restringiriam as industrializações, possibilitando então a internalização de uma estrutura industrial integrada e complexa. Há uma disparidade acentuada entre o sistema industrial estabelecido internacionalmente e a estrutura produtiva dos países periféricos. Seu desenvolvimento prévio não é capaz de gerar "espontaneamente" a concentração e a centralização de capitais necessárias para que capitais individuais assumam o risco dos investimentos industriais requeridos.

Não é casual que as industrializações tardias sejam tipicamente associadas a projetos políticos deliberados para produzir as condições que as garantam, nesse caso, o papel do Estado no estímulo direto à acumulação é vital. Mas restrições políticas se mostraram particularmente fortes no caso brasileiro, em função dos pactos políticos heterogêneos que limitaram o escopo da intervenção industrializante das políticas econômicas estatais. As estruturas estatais modernas se constituíram sob um "pacto de compromisso" com heterogêneas elites políticas, econômicas, regionais e setoriais atrasadas. Esse caminho fragilizou a vontade modernizante de parte das elites e fragmentou os recursos decisórios – financeiros e políticos – à disposição dos aparelhos estatais.

Isso acentuou a dificuldade do salto industrializante, não apenas seus requisitos estavam além do grau de concentração de capital e aprendizado tecnológico alcançado pela tênue acumulação industrial prévia, como uma possível coordenação e centralização política de recursos era limitada pelos pactos políticos heterogêneos que fracionavam as intervenções econômicas do Estado, regional e setorialmente – o apoio à acumulação capitalista, por essa via, tinha seus limites.

Na verdade, esse é o quebra-cabeça político das industrializações tardias: a coordenação estratégica e a centralização de recursos que lhe são necessárias podem estar além dos constrangimentos políticos e econômicos impostos ao Estado. Isso posto, a pergunta que emerge é: como, apesar dessas amarras, podem acontecer as industrializações tardias em geral, e a brasileira em particular?

A resposta está nas relações políticas e econômicas internacionais: parte significativa da indispensável mobilização de recursos foi realizada no exterior e transferida aos países periféricos. Essas industrializações aconteceram porque estiveram articuladas política e economicamente a interesses de portadores estrangeiros de recursos, sejam eles capitais de risco ou de empréstimo, sejam fundos de ajuda das nações hegemônicas.

Num certo sentido, é o tipo de articulação política ao movimento do capitalismo internacional que estrutura até as possibilidades nacionais de romper com laços de dependência e com posições subordinadas na divisão internacional do trabalho e no sistema monetário-financeiro internacional, ao delimitar a natureza dos recursos que podem ser mobilizados para tal tarefa.

Evidentemente, o estilo de intervenção econômica do Estado, nas industrializações tardias, não depende apenas do tipo de articulação política ao movimento recente de internacionalização produtiva e financeira do capitalismo. É óbvio que as estratégias econômicas dependem também do estilo dos pactos políticos internos, de embates conjunturais, do grau de autonomia decisória da burocracia industrializante no interior do sistema político, ou da própria estrutura do aparelho administrativo através do qual os objetivos da intervenção são perseguidos.

Entretanto, a natureza das estratégias industrializantes é restringida pelo tipo de associação possível aos interesses externos articulados à estratégia. A autonomia estratégica nacional é limitada pela natureza dos recursos externos da qual a estratégia é dependente. No Brasil, a industrialização constituiu-se em um processo de associação do Estado com capitais estrangeiros e nacionais, resguardadas órbitas privilegiadas de valorização para as filiais industriais e para as empresas nacionais agrícolas, comerciais e bancárias.

Tal "solução" teve na presença de capitais industriais estrangeiros a forma de ultrapassar as descontinuidades tecnológicas e financeiras colocadas pelo padrão industrial avançado característico dos países desenvolvidos, constituindo uma certa importação truncada do padrão fordista de produção.

A principal fragilidade do desenvolvimento capitalista no Brasil, e de qualquer estratégia de acumulação dependente majoritariamente de investimentos diretos de risco, é a de não criar condições para que a dependência tecnológica e financeira seja rompida, ao longo do tempo. Ao reproduzir e aprofundar os laços de dependência, esse modelo de industrialização reproduz a inserção subordinada na divisão internacional do trabalho.

O próprio financiamento da acumulação, em tais espaços nacionais, e de seu estilo, fica dependente dos interesses dos proprietários externos de recursos articulados a esse financiamento, a longo prazo. Com efeito, o tipo de desenvolvimento industrial do capitalismo, no Brasil, esteve obviamente muito marcado pela presença de multinacionais como as firmas líderes dos mercados industriais. A presença de capitais de risco permitiu a internalização do sistema industrial fordista no Brasil, ao garantir uma "solução simultânea" para as descontinuidades tecnológicas e financeiras da industrialização pesada. Tanto as descontinuidades tecnológicas quanto as descontinuidades de financiamento dos investimentos industriais podiam ser resolvidas pela chegada de filiais internacionais proprietárias do domínio das tecnologias e portadoras de fundos de investimento que, igualmente, desafogariam relativamente a situação das contas externas no período concentrado de investimento.

O recurso ao investimento direto, obviamente, não foi comandado meramente por decisões internas de política econômica. Ele foi possível em razão do movimento de descentralização dos investimentos diretos externos das multinacionais de origem americana e europeia, no interesse concorrencial de busca de mercados dinâmicos protegidos. Entretanto, a internalização do padrão fordista esteve "truncada" pela presença das filiais multinacionais como as empresas líderes – a natureza das industrializações conformara-se ao limite dos interesses de acumulação desses mesmos capitais de risco. É verdade, esse próprio tipo de associação dependente garantiu a industrialização, através da "internacionalização do mercado interno", mas às custas de limitar profundamente o escopo da industrialização possível. Uma das mais fundamentais debilidades da estrutura industrial dependente associada foi a internalização truncada do setor de bens de produção, principalmente bens de capital fixo. A internalização incompleta de tal setor básico contou por vários óbices ao desenvolvimento: pela incapacidade dos setores líderes em autossustentarem, por muito, a expansão cíclica global dos investimentos; pelos limites à endogenização do movimento cíclico da acumulação, a partir da transferência de parte do efeito acelerador sobre a demanda de bens de produção para o exterior – com aumento das importações ao longo da expansão cíclica; e, principalmente, pela incapacidade de criar, a partir do aprendizado tecnológico constante, novas tecnologias de produção. Isto é, essa debilidade setorial trouxe problemas não apenas para a dinâmica cíclica como também para pretensões eventuais do capitalismo brasileiro de integrar-se menos subordinadamente na divisão internacional do trabalho. Isso se mostraria fatal, a longo prazo, já que a acumulação dependente de capitais externos implicaria gradualmente em uma elevação das remessas de lucros, dividendos e serviços financeiros ao exterior – sem que essa mesma acumulação dependente-associada gerasse uma inserção exportadora dinâmica que compensasse esse volume estrutural de remessas.

A análise das políticas econômicas dos períodos Vargas, Juscelino Kubitschek e Geisel feitas por Carlos Lessa são o melhor exercício aplicado de utilização dessa concepção teórica de política econômica trabalhada brilhantemente pelo próprio autor.

Conclusão

A hegemonia do pensamento liberal e ortodoxo converteu e reduziu o debate sobre política econômica em uma discussão encurtada sobre o tripé macroeconômico. As questões sobre política cambial, monetária e fiscal ofuscaram perguntas importantes e decisivas para o desenvolvimento e a soberania nacional, por exemplo, sobre a modernização do Estado, a importância do planejamento estratégico na economia, a superação da dependência financeira e tecnológica, a importância de políticas industrial e de infraestrutura, de políticas setoriais e sociais, a promoção da distribuição de renda e a inclusão das camadas populares nos mercados de trabalho e consumo.

Foram essas as questões colocadas e enfrentadas pelas análises de Carlos Lessa, a partir do seu conceito ampliado e crítico de política econômica.

Sendo assim, a leitura de *O conceito de política econômica: ciência e/ou ideologia?* nos permite pensar sobre a ousadia e a imaginação que vigorou no país ao longo do período desenvolvimentista. Ao lançar luz sobre a teoria da política econômica, a tese ilumina, de quebra, o nosso presente, nesse momento em que a reconstrução do Brasil se impõe como uma necessidade e seu sentido permanece em disputa.

Em homenagem ao humor sagaz e à ironia fina cultivadas pelo nosso autor, a análise conceitual da política econômica feita por Carlos Lessa faz lembrar um chiste, um suposto diálogo entre o grande físico Albert Einstein e o reconhecido matemático Kurt Godel. Passeando pelos jardins de Princeton, certa vez, consta que Einstein disse ao seu amigo: “No princípio eu estudava matemática, mas com o tempo resolvi me dedicar à física”, ao que Godel perguntou: “Mas por que essa mudança?”, e Einstein respondeu: “Embora com a matemática eu pudesse descobrir quais questões eram falsas e quais eram verdadeiras, eu não podia concluir quais eram as questões mais importantes”. Em matéria de política econômica, é fundamental saber distinguir o que é de fato importante.

Referências

EARP, Fábio Sá. *Carlos Lessa: Memória do IE/UFRJ*. Revista Economia Contemporânea. Rio de Janeiro, v. 14, n. 2, p. 423-432, maio/ago. 2010.

LESSA, Carlos. *Quinze anos de política econômica*. São Paulo: Brasiliense, 1983.

LESSA, Carlos e FIORI, José Luis. "Houve uma política econômica nacional-populista?". *Texto para discussão*: IE/UFRJ, n. 251, jan. 1991.

LESSA, Carlos. *O conceito de política econômica. Ciência e/ou ideologia?* Campinas: Unicamp, Instituto de Economia, 1998.

LESSA, Carlos. *A estratégia de desenvolvimento 1974-1976: sonho e fracasso*. Campinas: Unicamp, Instituto de Economia, 1998a.

MACARINI, José Pedro. "Contribuições de Carlos Lessa para o estudo da política econômica no Brasil". *Texto para discussão*: IE/Unicamp, n. 180, jul. 2010.

ROBINSON, Joan. *Filosofia econômica*. São Paulo: Editora Unesp, 2022.

11

Quinze anos de política econômica e o debate sobre a desaceleração econômica brasileira dos anos 1960

Victor Leonardo de Araujo[1]

Resumo

Este capítulo pretende revisitar a desaceleração econômica dos anos 1960 no Brasil a partir dos elementos trazidos por Carlos Lessa na obra *Quinze anos de política econômica*. Para Lessa, o caráter pragmático e pouco coordenado de todo o instrumental de política econômica, sobretudo durante a execução do Plano de Metas, na segunda metade da década de 1950, acentuou os desequilíbrios existentes. Segundo o autor, o instrumental disponível para a política econômica possuía limitações, por não ter sido formatado especificamente para a promoção da industrialização. Em vez de adequar o instrumental, os sucessivos governos do período em destaque preferiram buscar raio de manobra para viabilizar a industrialização, e também para escapar aos desequilíbrios existentes. No início dos anos 1960, o raio de manobra se estreitou e a crise foi inevitável. O capítulo mostra que o livro de Lessa tem caráter complementar – e imprescindível – para compreender a desaceleração econômica e a crise dos anos 1960.

Abstract

This chapter aims to revisit the Brazilian economic downturn in the 1960s by means of some elements appointed by Carlos Lessa in his book *Quinze*

1 Victor Leonardo de Araujo é graduado, mestre e doutor em Economia pela Universidade Federal Fluminense (UFF). Professor da Faculdade de Economia da UFF e do Programa de Pós-Graduação em Economia da UFF. Coordenador do Núcleo de Estudos em Economia e Sociedade Brasileira (NEB). É um dos organizadores do livro *A economia brasileira de Getúlio a Dilma: novas interpretações*, publicado em 2021 pela editora Hucitec.

anos de política econômica ("Fifteen years of political economy"). According to Lessa, the pragmatic, not coordinated character of the political economy, mainly during the Plano de Metas' period, in the second half of 1950s, intensified economic imbalances. According to the author, the available instruments to support the political economy was limited, because it was not specifically made to support indutrialization process. Rather than meeting the needs of the instruments, governements from these period prefered looking for the available leeway to promote industrialization and for escaping from existing imbalances. In the begining of 1960s, the leeway narrowed and the crisis was unavoidable. This chapter shows that the book written by Lessa is complementar and indispensable to understand the Brazilian economic downturn and crisis in the 1960s.

Introdução

Este capítulo pretende revisitar a desaceleração econômica dos anos 1960 no Brasil a partir dos elementos trazidos por Carlos Lessa na obra *Quinze anos de política econômica*. O debate sobre a crise dos anos 1960 se notabilizou no pensamento econômico brasileiro pela tese estagnacionista de Celso Furtado, contestada por Maria da Conceição Tavares, inicialmente em artigo escrito com José Serra, e posteriormente em sua tese de livre-docência. Furtado e Tavares destacam a existência de desequilíbrios estruturais como principais condicionantes da crise, na forma do esgotamento do modelo de desenvolvimento econômico baseado na industrialização por substituição de importações, mas dão realce a elementos explicativos distintos para a crise, bem como para as condições de sua superação.

A obra *Quinze anos de política econômica*, de Carlos Lessa, se distingue das abordagens de Furtado e de Tavares ao deslocar o debate para a política econômica, mas com traços bastante peculiares. Isto porque Lessa escapa do padrão mais usual, que atribui as crises às inadequações na condução do instrumental da política econômica. Lessa realiza uma minuciosa análise dos instrumentos de política econômica adotados ao longo dos quinze anos iniciados em 1947. Para Lessa, o caráter pragmático e pouco coordenado de todo o instrumental de política econômica, sobretudo durante a execução do Plano de Metas, na segunda metade da década de 1950, acentuou os desequilíbrios existentes que engendraram a crise posterior. A política econômica inicialmente acomodou e adiou a crise, buscando raio de manobra para dela escapar durante a década de

1950 sem comprometer o avanço da industrialização, mas não pôde evitá-la no início da década seguinte, em que o raio de manobra para a política econômica se havia reduzido. O livro de Lessa tem, como pretendemos mostrar, caráter complementar, e, por isso mesmo, imprescindível para compreender a desaceleração econômica e a crise dos anos 1960.

Este capítulo está organizado da seguinte forma: na segunda seção, faremos um breve resgate sobre os termos do debate entre Furtado e Tavares. Na terceira seção, apresentaremos os argumentos mais gerais de Lessa em *Quinze anos...*. Primeiro, faremos as considerações mais gerais de sua hipótese e a periodização proposta por ele; em seguida, nos deteremos a revisitar os seus argumentos referentes à política econômica do Plano de Metas, para em seguida chegarmos à crise dos anos 1960. Como a política econômica do período do Plano de Metas acumulou contradições que, para Lessa, foram determinantes para a crise posterior, abriremos uma seção específica para debatê-la (seção 4). Como parte do argumento de Lessa refere-se à política de estabilização, e aqui identificamos a necessidade de mediar os argumentos de Lessa com o debate mais atual, destacaremos outra seção específica (seção 5) para este debate. Finalmente, na sexta seção apresentaremos as considerações finais.

O debate sobre a desaceleração econômica e a crise dos anos 1960

A década de 1960 foi quase toda caracterizada por uma crise econômica, cujas marcas principais foram a desaceleração do crescimento do produto e a aceleração da inflação. Enquanto na década de 1950 o PIB cresceu a taxas anuais de 7,4% ao ano, entre 1961 e 1967, cresceu 4,6%. Embora isto não seja exatamente uma "taxa de crise" (SALM, 2010), os indicadores apontavam para uma desaceleração da economia que parecia incompatível com a continuidade do modelo de desenvolvimento sustentado na industrialização por substituição de importações (ISI), cujo esgotamento já vinha sendo identificado por Maria da Conceição Tavares ainda no ano de 1963[2]. A economia brasileira se encontrava em um estágio no qual ainda possuía uma estrutura socioeconômica heterogênea e distante da dos países desenvolvidos, embora seu parque industrial se assemelhasse ao de economias maduras, atestando que os efei-

2 E que pode ser lido em Tavares (1979).

tos da expansão econômica não se transbordaram em melhoria das condições de vida de grande parte da população. A média anual de crescimento do PIB per capita, que fora de 4,5% na década de 1950, caiu para 1,7% entre 1961 e 1967, resultado distante do necessário para que o PIB per capita brasileiro alcançasse os padrões do mundo desenvolvido. Já a inflação, quando medida pelo IGP-DI, depois de atingir o piso de 6,9% no ano de 1957, voltou a se acelerar no ano seguinte, atingindo 30,5% em 1960, e 79,9% em 1963.

Celso Furtado já apontava a existência de condicionantes estruturais que determinariam o esgotamento da industrialização por substituição de importações e previa que a economia brasileira ingressaria em um longo processo de estagnação[3]. O avanço da industrialização requeria a internalização de ramos da indústria mais intensivos em capital do que em trabalho e também de alta relação capital-produto, e isto teria duas implicações. A primeira é que a capacidade das próximas etapas da industrialização incorporarem mão de obra seria bastante limitada, de modo que o modelo de desenvolvimento vigente seria incompatível com a homogeneização social. A segunda é que, em razão da elevada concentração de renda vigente no Brasil, o avanço da industrialização para o ramo dos bens de capital e de consumo duráveis esbarraria em uma crise provocada por insuficiência dinâmica.

A hipótese pessimista de Furtado foi desmentida pelos fatos: a partir de 1968 a economia brasileira não só retomou o vigor, como vivenciou, entre 1968 e 1973, as mais elevadas taxas de crescimento do PIB de toda a sua história. Durante este período, a taxa média anual de crescimento do PIB foi de 11%, e este crescimento foi compatibilizado com inflação em queda, e ocorreu sem as crises cambiais que no passado forçavam a interrupção do crescimento. Pior: a distribuição de renda piorou durante a década de 1960, e isto não representou qualquer óbice à retomada econômica tal como Furtado previra.

No ensaio "Além da estagnação", de 1970, Maria da Conceição Tavares e José Serra contestaram a hipótese furtadiana[4]. Para eles, apesar de desenvolver-se de forma desigual, o capitalismo brasileiro foi capaz de desenvolver fontes internas de dinamismo, de modo que "marginalidade, desemprego estrutural, infraconsumo etc. não constituem em si mesmo, nem necessariamente, problemas fundamentais para a dinâmica econômica capitalista" (TA-

3 A tese da tendência à estagnação formulada por Furtado pode ser lida no livro publicado em 1968.

4 O ensaio pode ser lido em Tavares e Serra (1979).

VARES & SERRA, 1970, p. 157). Para eles, a estagnação dos anos 1960 coincidiu com um momento de transição do modelo de desenvolvimento econômico brasileiro, em que se acentuaram algumas características da fase anterior, como a exclusão social e a concentração de renda. Por outro lado, transformações estruturais e institucionais – por meio especialmente das reformas tributária e financeira realizadas durante o governo Castello Branco – permitiram a modernização do capitalismo brasileiro, introduzindo novos mecanismos de financiamento para o setor público e para o setor privado. Assim, foram introduzidas novas formas de acumulação financeira que permitiram: (i) às empresas acumular lucro sem relação direta com o processo de geração de excedente real; (ii) alargar a margem de endividamento de todos os agentes econômicos – consumidores, empresas e governo; (iii) transferir recursos de setores menos rentáveis para outros setores novos e mais rentáveis; em suma, foi possível maior controle orgânico da expansão capitalista e orientar a integração do capital nacional com o estrangeiro[5].

Os argumentos do ensaio de 1970 foram reforçados por Tavares (1998) em sua tese de livre-docência. Neste trabalho, a autora destaca ainda que a estrutura produtiva herdada do Plano de Metas era desbalanceada, em especial nos setores de bens de capital e de bens duráveis, responsáveis por um bloco de investimentos que, pela sua natureza, ampliam a capacidade produtiva de forma descontínua, ou seja, necessariamente a oferta se amplia à frente da demanda – um problema de desajuste dinâmico entre a estrutura de oferta e a demanda industrial. A introdução da indústria pesada requereria um grau de articulação intraindustrial, já que a demanda dos setores produtores de máquinas e equipamentos é representada por outros ramos industriais, mas a demanda por reposição estava limitada pela juventude do parque industrial recém-instalado. Neste trabalho, Tavares reforça que a natureza da crise era de insuficiência dinâmica.

A crise, todavia, não era inevitável. Parte do problema de insuficiência dinâmica que efetivamente levou à crise esteve associado à condução da política econômica adotada no início dos anos 1960, durante os governos de Jânio Quadros e João Goulart, na forma de políticas fiscal e monetária de caráter ortodoxo. No trabalho escrito em parceria com José Serra em 1970, ela menciona que as medidas de contenção do gasto e do crédito em 1963 tiveram "um resultado nitidamente depressivo" (TAVARES & SERRA, 1979, p. 165). Na sua

5 O debate pode ser lido em Salm (2010).

tese de livre-docência de 1974, Tavares (1998, p. 165) menciona a política de corte de gastos especialmente desempenhada em 1963, que precipitou uma crise nos setores de construção, equipamentos elétricos e de toda a indústria mecânica, e também dos investimentos públicos, mas sem proceder uma análise mais específica da política econômica.

É aqui então que reside a contribuição de Carlos Lessa para o debate sobre a crise dos anos 1960 no livro *Quinze anos de política econômica*: o autor realiza uma minuciosa análise do papel desempenhado pela política econômica nos anos que antecedem a crise, buscando em um período relativamente longo para identificar as contradições, destacando como o desenho do instrumental das políticas fiscal, cambial e financeira contribuiu, por um lado, para atenuar as tensões latentes decorrentes do desequilíbrios estruturais existentes, ao mesmo tempo em que agravava esses mesmos desequilíbrios. Embora os quinze anos a que faça referência no título de seu livro iniciem em 1947, é na segunda metade da década de 1950 que ocorreram as principais transformações que enredarão a crise posterior.

Segundo o próprio Lessa (1981, p. 166), *Quinze anos...* foi escrito "praticamente ao mesmo tempo" que "auge e declínio do processo de substituição de importações no Brasil".[6] Enquanto Tavares "estava preocupada em mostrar, pelo lado da estrutura industrial, como o chamado processo de industrialização baseado na substituição de importações, no Brasil, havia logrado diferenciais na estrutura produtiva numa extensão que nenhuma outra economia latino-americana havia logrado até aquela data", Lessa estava "atento, preocupado e interessado no papel do Estado dentro do processo de desenvolvimento brasileiro" (1981, p. 167).

Quinze anos de política econômica: um panorama

O ponto de partida de Lessa é a constatação das profundas mudanças ocorridas na estrutura produtiva brasileira durante o século XX na forma da industrialização, mas em particular na década de 1950, quando o país alcança o perfil de uma economia madura. Tais transformações, contudo, não corresponderam a mudanças no aparato institucional, que "impuseram um esforço de instrumentalização cujos traços dominantes foram a heterodoxia das soluções encontradas e seu caráter marcadamente pragmático" (LESSA,

6 "Auge e declínio..." foi publicado inicialmente em 1963 e pode ser lido em Tavares (1979).

1981, p. 9). A hipótese central de Lessa é que à medida que ia se consolidando a consciência a respeito da necessidade da industrialização – pelo governo e seus formuladores de política, mas também pelo setor privado – a política econômica ia sendo moldada e reformulada para atender às necessidades mais urgentes impostas pelas adversidades que iam se impondo nas formas de desequilíbrios, externo e interno. Esta reformulação provocava mudanças na direção da política econômica, mas também na formatação das instituições responsáveis pela sua condução, só que neste caso, em velocidade mais lenta. Não havia, todavia, coordenação entre os instrumentos, que por vezes eram conduzidos sob orientação contraditória. Porque a política econômica era conduzida para enfrentar os problemas mais imediatos que se impunham ao objetivo industrializante, sua formulação buscava acomodar as tensões mais imediatas, ao mesmo tempo em que acumulavam e agravavam os desequilíbrios mais estruturais existentes.

Lessa subdivide os quinze anos que vão de 1947 a 1962 em três períodos. O primeiro abarca os anos de 1947 a 1951, fase final do governo do General Eurico Dutra[7], quando os desequilíbrios externos se acentuam e a resposta da política econômica prioriza os instrumentos cambiais. Lessa se alinha à interpretação de não intencionalidade da industrialização ocorrida desde a década de 1930, decorrente dos efeitos colaterais da política de defesa do café e das respostas da política econômica aos desequilíbrios externos. A segunda fase vai do início do segundo governo de Getúlio Vargas ao término do governo Juscelino Kubitschek, com um curto interregno do governo de Café Filho. O período corresponde a um gradativo aumento da consciência de diversos segmentos da sociedade brasileira a respeito da importância e da necessidade da industrialização. O segundo governo Vargas corresponderia a uma aproximação da consciência industrializante, ao passo que o governo JK seria o auge deste momento. O retorno do problema inflacionário durante a primeira metade dos anos 1950 engendrou um curto interregno no qual a busca pela estabilidade dos preços se impôs aos objetivos industrializantes, mas, na leitura de Lessa, isto ficou restrito ao governo Café Filho. No governo JK a industrialização assumiu a primazia do objetivo da política econômica, mas também um patamar inédito na sua formulação, a ponto de subordinar o problema da estabilidade de preços aos objetivos industrializantes. A montagem de uma

7 Em nenhum momento Lessa cita os nomes dos presidentes da República, mas nesta exposição, faremos menção aos respectivos governos, para facilitar a exposição.

estrutura industrial verticalizada exigiu a mobilização de vultosos recursos, bem como a acomodação de problemas estruturais cujo enfrentamento imediato impediriam o avanço do Plano de Metas. A opção, todavia, foi de buscar raio de manobra para assegurar a execução do Plano, atenuando as tensões e buscando pragmaticamente as soluções que permitissem o avanço da industrialização; contudo, segundo a hipótese de Lessa, o não enfrentamento dos desequilíbrios estruturais internos e externos os agravou, e no início da década de 1960 o raio de manobra se reduziu drasticamente. Aqui começa, finalmente, a terceira fase da política econômica nos quinze anos em tela, quando os objetivos da estabilidade voltam a se impor.

Vejamos como Lessa organiza a primeira fase. Embora aqui o recorte abarque o curto período de 1947 a 1950, está claro que o autor se refere a toda a industrialização pré-1950: ao caracterizá-la como uma industrialização que ocorre como "decorrência e não de um objeto principal intencionalmente perseguido" (p. 11), Lessa parece se alinhar a uma tradição do pensamento econômico brasileiro que considera a industrialização ocorrida entre os anos 1930 e 1950 como um efeito colateral das políticas de defesa do café e de enfrentamento da crise deflagrada na década de 1930. Esta tradição tem Furtado (1975) como precursor, e a contestação da hipótese da industrialização não intencional gerou um importante debate na historiografia econômica brasileira, que pode ser lido, por exemplo, na tese de Wilson Suzigan de 1986, e que foi recentemente revisitado, com novas evidências, como em Alvarenga e Mattos (2015).

Foge ao escopo deste trabalho situar Lessa no debate sobre a intencionalidade da industrialização brasileira pré-1950, e tampouco avaliar se está ou não alinhado a teses corretas à luz de novas evidências. Importa aqui compreender aquilo que para Lessa constitui o legado desta fase: a industrialização, na fase por ele caracterizada como não intencional, permaneceu restrita a ramos "menos essenciais, notadamente na faixa dos bens de consumo durável [...] refletindo-se numa industrialização privada não integrada, [estabelecendo] uma escassa complementaridade no seio do polo dinâmico, principal desafio à política de desenvolvimento que viria a ser desdobrada na segunda metade do decênio" (LESSA, 1981, p. 19).

A industrialização resultante desta fase não solucionou aquilo que Lessa chama de "mais importante desequilíbrio estrutural": o binômio energia-transporte, que seguiu incapaz de suportar a demanda que a industrialização e a urbanização impunham. Por outro lado, a baixa complementaridade entre os ramos industriais persistiu, a despeito da implantação da siderurgia de alto forno (Companhia Siderúrgica Nacional). Finalmente, o setor público mantinha-se resiliente a transformações que os novos tempos exigiam, do ponto de vista das instituições e do padrão de financiamento.

Esses são os resultados mais importantes em termos de herança que esta fase da industrialização legará para o período posterior, e independem da aceitação ou não da tese da intencionalidade da industrialização até aqui – importam aqui as características da indústria e sua composição. A baixa complementaridade entre os ramos industriais será, na formulação de Lessa, elemento essencial a justificar a gradual tomada de consciência quanto à necessidade de avanço da industrialização para a década seguinte. Já o setor público, caracterizado por Lessa como desaparelhado financeira e institucionalmente "para fazer face às necessidades de capital social básico para suportar a industrialização" (p. 19), também constituirá elemento central para a tese que o autor desenvolverá, já que os avanços promovidos por Vargas e JK nessas duas esferas serão limitados. Vejamos como esses elementos se articulam na fase seguinte, de conscientização do desenvolvimento industrial na década de 1950.

Lessa subdivide esta fase em duas etapas. A primeira abarca os anos do segundo governo Vargas (1951-1954), chamada por ele de "primeira aproximação à política de desenvolvimento". A Comissão Mista Brasil-Estados Unidos, a criação do Banco Nacional do Desenvolvimento Econômico (BNDE) e a reforma cambial de 1953 constituem os elementos marcantes de uma política econômica que gradativamente assume a necessidade de ações mais coordenadas no âmbito da política econômica em prol da industrialização.

O reaparecimento do problema inflacionário, contudo, levou ao retorno ao padrão da política econômica voltada para busca da estabilidade dos preços, por meio de medidas de contenção da demanda global (p. 25). Lessa apresenta esta reorientação da política econômica a partir de 1954 como uma decorrência do reaparecimento do processo inflacionário, mas esta virada tem como personagens o presidente Café Filho, que assume a Presidência da República após o suicídio de Vargas, e Eugênio Gudin, expoente do pensamento liberal ortodoxo no Brasil, escolhido como titular do Ministério da Fazenda.

A eleição de JK para a Presidência da República em outubro de 1955 corresponderia a nova virada na política econômica, pois o anúncio do Plano de Metas ainda durante o primeiro ano de seu governo significariam a busca pela industrialização como principal diretriz de seu governo, um ambicioso programa de investimentos em infraestrutura de energia e transportes, e de avanço da industrialização para os setores de bens de capital e bens duráveis, além da transferência do Distrito Federal para o estado de Goiás. A execução do Plano de Metas corresponderia à segunda etapa da segunda fase periodizada por Lessa.

A execução das ambiciosas metas requereu um enorme esforço da política econômica para viabilizar os investimentos privados e públicos no âmbito do Plano, e também para fugir aos limites da restrição externa em um quadro de deterioração dos termos de troca decorrente da queda do preço internacional do café, ainda o principal produto da pauta exportadora brasileira. Aqui Lessa identifica um curioso paradoxo: se por um lado o Plano de Metas constituiu, segundo ele, "a mais sólida decisão consciente em prol da industrialização na história econômica do país" (p. 27), por outro, esta conscientização não resultou em uma reformulação dos instrumentos disponíveis para a condução da política econômica. A maior parte das metas do Plano foi cumprida, e o país chegou ao término do governo JK com o perfil industrial de economia madura. Para Lessa, contudo, este resultado não atesta a adequação dos instrumentos existentes – fiscal, financeiro/monetário, cambial, aduaneiro, de capital externo – para a consecução do Plano, mas sim o esforço da equipe econômica em identificar raios de manobra para utilizar o que já tinha à sua disposição, realizando modificações no limite da menor resistência possível, evitando grandes reformulações que já se impunham em especial nos campos tributário e financeiro.

O debate sobre a necessidade de reforma financeira já ocorria no Brasil desde o final da década de 1940, identificando o financiamento de longo prazo como uma lacuna importante que precisava ser preenchida. O debate neste campo também já estava impregnado pela tradição ortodoxa liberal que recomendava a modernização das instituições monetárias e financeiras, como a criação de um banco central independente e o desenvolvimento do mercado de capitais. A reforma tributária também era objeto de tomada de consciência, já que a rápida transição de uma economia agroexportadora para uma economia industrializada exigia também a adaptação do sistema tributário às novas bases de arrecadação internas. Mas para Lessa, o governo JK preferiu conciliar as metas ambiciosas com os instrumentos de que já dispunha, tendo encontrado raio de manobra que permitiria acomodar os objetivos mais imediatos, rejeitando as soluções que demandariam mais tempo e negociação. A adoção de uma linha de menor resistência restrita ao raio de manobra disponível significou um caráter pragmático da política econômica, e certa desarticulação dos instrumentos disponíveis, por vezes conduzidos em sentidos contraditórios. Este caráter da política econômica, segundo Lessa, acabou por agravar alguns desequilíbrios estruturais já existentes.

À medida que o Plano de Metas avançava e o governo JK caminhava para o fim, o raio de manobra diminuía, e os desequilíbrios se acentuavam, de modo que no início dos anos 1960, correspondente aos governos de Jânio Quadros e João Goulart, os objetivos da estabilização de preços se impuseram em detrimento ao desenvolvimento. Esta consiste na terceira fase dos quinze anos da política econômica da obra de Lessa. Nesta fase, a política econômica se caracterizou por idas e vindas e rápidas modificações, alternando e misturando padrões de ortodoxia e heterodoxia, procurando conciliar a estabilidade, mas preservando, agora subsidiariamente, o desenvolvimento econômico.

Entre os quinze anos em tela, o período referente ao Plano de Metas foi aquele no qual a política econômica acumulou e acentuou as contradições que levariam à crise. Precisamos, portanto, analisar este período de forma mais detalhada.

A política econômica durante o Plano de Metas

Todo o governo JK coincidiu com a queda dos termos de troca, em razão da queda do preço internacional do café. Os investimentos previstos na execução do Plano de Metas provocariam uma demanda derivada por importações que tenderia a agravar os déficits comercial e em transações correntes. A solução consistiu em, por um lado, tentar equacionar o déficit comercial por meio da política cambial, e, por outro, buscar financiamento externo. Aqui é possível comprovar a hipótese de Lessa quanto ao pragmatismo das soluções. Na política cambial, JK preservou as taxas múltiplas de câmbio introduzidas no segundo governo Vargas. O esquema seguiu até a reforma cambial de 1958, que manteve a diretriz central de taxas múltiplas, mas que foram reduzidas de cinco para duas taxas, além da geral. A reforma de 1958 ainda aprimorou o esquema de proteção alfandegária, especialmente para os produtos com similar nacional.

Pela sua importância – tanto histórica como na hipótese de Lessa – é importante nos determos um pouco mais no esquema de taxas múltiplas de câmbio. A taxa de câmbio em cada faixa era determinada a partir de leilões, mas a oferta de divisas era racionada nos segmentos em que se pretendia obter uma taxa mais desvalorizada, segundo critérios de essencialidade e proteção à indústria nacional. O esquema foi criado em 1953 no segundo governo Vargas e comportava uma taxa de câmbio oficial, uma taxa de mercado livre, uma taxa para importações (subdividida em mais cinco categorias), e outra para exportações (subdividida em outras quatro categorias após 1955) (NOIJE & PIRES, 2014).

O esquema de taxas múltiplas de câmbio foi simplificado em 1957, e as categorias foram reduzidas para três. Na categoria especial, a taxa era mais elevada para bens classificados como de luxo ou supérfluos, enquanto na categoria geral estavam incluídas matérias-primas e equipamentos. Além dessas duas, havia também a taxa preferencial, para trigo, petróleo e derivados, papel de imprensa, fertilizantes, e que também era utilizada para amortização e juros de empréstimos considerados essenciais (BASTOS & COSTA, 2021). Por outro lado, o esquema de ágio cobrado aos importadores e bonificações pagas aos exportadores gerava uma receita líquida apropriada para o Fundo de Ágios e Bonificações, já que a taxa de câmbio para importações era, via de regra, mais desvalorizada (NOIJE & PIRES, 2014). O saldo positivo era utilizado para a política de defesa do café, mas também contribuía para expandir as receitas totais, algo considerado importante para a equipe econômica, já que os déficits eram persistentes. Sob esta orientação, o governo tentava não reajustar as bonificações, mas nem sempre isto era possível em razão da pressão dos cafeicultores. "[...] o reajuste das bonificações e a flutuação na produção do café introduziram um elemento perturbador adicional no financiamento do setor público, chegando, por vezes, a ampliar o desequilíbrio orçamentário" (LESSA, 1981, p. 82).

Na política de capital estrangeiro, as soluções consistiram no recurso ao endividamento externo – do governo, por meio de organismos multilaterais, como o Eximbank, e do setor privado, por meio de avais concedidos pelo BNDE – e ao investimento direto externo na forma do dispositivo previsto pela Instrução 113 da Superintendência da Moeda e do Crédito (SUMOC), criada ainda no governo Café Filho. Este dispositivo permitia a importação de máquinas e equipamentos essenciais sem cobertura cambial, e previa câmbio de custo (taxa mais favorecida) para remessa de lucros e amortizações, desde que limitadas a 10% do capital registrado, tudo sob análise e autorização da Carteira de Comércio Exterior (CACEX). Como o registro do capital no momento do ingresso se dava à taxa do mercado livre, mais desvalorizada, na prática a rentabilidade do investimento externo era majorada, o que configurava um subsídio (LESSA, 1981, pp. 58-59, 69). O recurso ao capital externo permitiu uma solução para financiar o déficit em transações correntes em contexto de deterioração dos termos de troca e impossibilidade de comprimir importações. Mas o controle da política aduaneira, aprimorado no governo JK, também possibilitou que as importações não explodissem, mesmo com os elevados requisitos de compras externas decorrentes da instalação do setor de bens de capital. O equacionamento do desequilíbrio externo teria implicações futuras, já que o acúmulo de passivo externo pressionaria o balanço de pagamentos já alguns anos adiante, na forma do aumento da remessa de lucros e pagamento de juros e amortizações da dívida externa.

Parte importante dos investimentos do Plano de Metas seria realizada pelo setor público, ou por empresas estatais. Estava, portanto, implícita na sua formulação a ampliação do tamanho do Estado brasileiro.

> Ocioso insistir nas razões que conduzem, naturalmente, os países subdesenvolvidos, de forma paralela à construção dos estágios superiores da pirâmide industrial, a um crescimento mais que proporcional da participação direta do Estado nos fluxos integrantes da demanda global. Seja pelas maiores necessidades de capital social básico, seja devido à inércia empresarial na abertura de certas faixas industriais, seja pela maior pressão por serviços públicos e gastos sociais. (LESSA, 1981, p. 70).

Uma economia em expansão naturalmente conduziria ao aumento da arrecadação fiscal, especialmente sob uma base impositiva dinâmica, mas que era insuficiente para evitar a ocorrência de déficits públicos persistentes. Para Lessa, estando claro desde o início que a execução do Plano levaria ao aumento do gasto público, a ausência de uma reforma tributária seria uma das evidências do pragmatismo da política econômica na busca de soluções de menor resistência. O país não possuía até então um mercado voluntário de dívida pública, de modo que a contrapartida do déficit público era a expansão da base monetária. A falta de alternativas, ou de disposição do governo em construir alternativas por meio de uma reforma do sistema financeiro, reforça, segundo Lessa, a hipótese de pragmatismo.

Pelo lado das receitas, poucos ajustes foram feitos. Utilizando-se de instrumental já existente, na forma de fundos setoriais compostos por percentuais de arrecadação de impostos e taxas, o governo JK reformulou o Fundo de Renovação e Melhoramento das Ferrovias, e criou em 1958 o Fundo de

Marinha Mercante e o Fundo Portuário Nacional, sob a gestão do BNDE[8]. Por outro lado, o governo também procurou recompor as despesas, priorizando o investimento, e contendo as aspirações de reajuste do funcionalismo público. O orçamento também precisava acomodar políticas de reajustes defasados das tarifas de serviços públicos e de preços das empresas estatais, e subsídios aos transportes, como parte integrante da política anti-inflacionária.

Já a parte das metas concernentes ao setor privado contaria com 3 grupos de políticas. A primeira já foi mencionada, e consistia na concessão de condições mais favoráveis ao financiamento externo. A segunda, também já mencionada, na forma da reserva de mercado aprimorada após a reforma cambial de 1958. A terceira consistiria na obtenção de financiamento doméstico provido pelo BNDE. O Banco foi criado em 1952, mas somente no governo JK foi assegurada a transferência integral dos recursos originalmente criados para dar suporte financeiro às suas atividades. As operações eram de longo prazo a taxas de juros baixas, o que, em contexto de aceleração inflacionária, "traduzia-se num subsídio adicional, não calculado" (LESSA, 1981, p. 72).

O governo JK não procedeu importantes mudanças institucionais, mesmo em setores em que sabidamente havia sérias limitações instrumentais. O sistema tributário "cobria extensivamente quase a totalidade dos objetos de taxação" (LESSA, 1981, p. 94), mas pouco se tributava a renda e a propriedade, os impostos incidentes sobre a produção e o consumo eram cumulativos, e a inflação corroía parte da arrecadação (VARSANO, 1997). Além disso, permitia a criação indiscriminada de impostos por todos os entes federativos, e alguns impostos não tinham fato gerador bem definidos, como os incidentes sobre indústria e profissões, sobre o selo e sobre licença (OLIVEIRA, 2013).

Os "tradicionais poderes de interferência nos fluxos monetários" (LESSA, 1981, p. 95) estavam distribuídos entre o Banco do Brasil (BB) e a SUMOC, vinculada ao Ministério da Fazenda. Os instrumentos de crédito a longo prazo eram praticamente inexistentes. A existência de um sistema composto por caixas econômicas e de seguro social completavam o quadro institucional, mas, segundo Lessa (1981, p. 95) "cumpriam vegetativamente as funções classicamente imputadas. Não se vislumbra em sua operação, até esta data, qualquer preocupação com sua utilização declarada como instrumentos de política de desenvolvimento". A exceção está na política cambial. Prossegue Lessa: "Apenas a manipulação de câmbio, após a reforma de 1953, havia rompido o torpor

8 Ver, por exemplo, Tavares *et al.* (2010, pp. 62-63).

instrumental e passado por uma adequação que possibilitasse a captação de recursos fiscais dos fluxos externos e uma política seletiva de importações e de estímulos diferenciais ao desenvolvimento industrial" (LESSA, 1981, p. 95).

Isto explica por que, para Lessa, o painel de instrumentos disponível para a execução do Plano não era coordenado. Esta ausência de coordenação instrumental está na própria origem da construção dos instrumentos, forjados justamente durante os anos da industrialização não intencional (primeira fase da periodização de Lessa), ou mesmo durante o período agroexportador. O próprio estágio da teoria econômica conduzia à formatação de um instrumental mais alinhado às teses ortodoxas, ainda que seu uso se desviasse recorrentemente das suas recomendações. Em apoio à tese de Lessa, basta lembrar que as teorias do desenvolvimento econômico ainda estavam em gestação durante os anos 1950, e as formulações teóricas que buscavam estudar as especificidades da América Latina, embora constituíssem esforços notáveis e meritórios, ainda possuíam incoerências internas. Ao contrário, as teses ortodoxas e liberais, mais consolidadas e difundidas, em especial a teoria quantitativa da moeda, o orçamento equilibrado, e o *laissez-faire*, impregnavam o debate da política econômica. O resultado eram instrumentos forjados à luz do instrumental ortodoxo, mas que, confrontado com as especificidades locais, forçavam soluções aparentemente contraditórias. Daí o pragmatismo e a falta de coordenação entre eles. Nas palavras de Lessa:

> O caráter reflexo da sociedade de então, não apenas econômico, mas também intelectual, havia conduzido, com base na não consciência da condição particular de economia subdesenvolvida, à incorporação, na superestrutura institucional brasileira, do instrumental de política econômica suas definições jurídicas e do conceito de Estado do mundo ocidental desenvolvido, considerado suficiente e eficiente ao desempenho das tarefas encarregadas ao setor público.
>
> Quando no dia a dia com a realidade, ao longo do processo de transformação da economia brasileira, apresentaram-se tarefas vitais, frente às quais se revelava inábil o instrumental importado, forjaram-se empiricamente novos instrumentos. Estes sucessivamente iam-se agregando ao quadro preexistente. Muitas vezes, teria sido provavelmente mais racional alterar a forma ou o uso prescrito tradicionalmente ao antigo instrumento revelado inoperante face a nova tarefa. Porém, tal solução esbarraria no pensamento convencional e constituía politicamente uma linha de menor resistência à criação de novo meio de ação. (LESSA, 1981, p. 93).

Como forma de oferecer uma melhor coordenação dos instrumentos, o governo JK instituiu o Conselho do Desenvolvimento e os grupos executivos. O primeiro foi criado ainda no início do governo JK e foi o responsável pela formulação do Plano de Metas. Já os grupos executivos eram responsáveis por formular políticas de estímulo setorial, em especial quando era necessário articular as ações do setor privado. Foram criados o Grupo Executivo da Indústria Automobilística (GEIA), o da Construção Naval (GEICON), o da Indústria Mecânica Pesada (GEIMAPE), o de Minério de Ferro (GEMF), o de Material Ferroviário (GEIMAF), além da Comissão Consultiva de Armazéns e Silos. Mas, para Lessa, o sistema de coordenação do Plano de Metas não exerceu suas funções de coordenação "com base numa anterior decisão consciente da necessidade de compatibilizar os distintos objetivos, mas sim como decorrência das limitações que forçavam as autoridades executoras do Plano a compatibilizar os distintos objetivos" (LESSA, 1981, p. 111). Além disso, a ação de cada grupo executivo ficava restrita ao seu próprio setor.

Os esforços de coordenação eram então realizados pelo BNDE e pelo Conselho da SUMOC, mas "sem qualquer plano preconcebido". O primeiro concedia financiamento e era avalista de empréstimos externo, e era "ponto de passagem obrigatória do setor favorecido" (LESSA, 1981, p. 111). O segundo concedia as licenças prévias de importação, determinava os montantes de recursos destinados a cada faixa cambial no sistema de taxas múltiplas, e estabelecia os produtos com similar nacional beneficiados com o sistema de proteção.

Façamos agora um balanço parcial das conclusões de Lessa a respeito dos pontos levantados até aqui: a maior parte das metas foi cumprida e o país chegou no início da década de 1960 com perfil industrial de economia madura, mas preservando a heterogeneidade de sua estrutura produtiva, social e regional. O avanço da industrialização na faixa de bens de capital requereria maior solidariedade com a política de investimentos públicos, principal demandante da nova indústria de equipamentos. Portanto, é importante notar que as condições de sustentabilidade do setor requeriam o aumento do investimento público para os anos seguintes. Por outro lado, a consolidação da indústria de bens de capital agravou os desequilíbrios externos, equacionados temporariamente, mas que no futuro pesariam sobre o balanço de pagamentos na forma de pagamento de juros, amortizações e remessa de lucros como contrapartida do ciclo de endividamento externo e de investimento direto externo. Finalmente, o perfil de indústria obtido ao término do Plano era tal que o estrangulamento externo não seria mais capaz de induzir um ciclo dinâmico de investimentos tal como vinha ocorrendo nos últimos 30 anos – ou seja, a ISI estaria em vias de esgotamento.

Todas essas contradições teriam implicações no início dos anos 1960 que demandariam modificações substanciais no modelo de desenvolvimento econômico, bem como respostas no âmbito da política econômica. Há ainda uma última contradição, que optamos por tratar em separado: a inflação. O governo JK termina com um aberto processo de aceleração inflacionária que também gerará constrangimentos para seu sucessor. A interpretação de Lessa também atribui a aceleração inflacionária às contradições da política econômica e seu caráter pragmático e carente de coordenação. Todavia, sua formulação requer mediações importantes, e por este motivo será tratada em uma seção distinta.

Quinze anos... e o problema da estabilidade: reflexões e reparos

Uma das características definidoras da tradição heterodoxa no Brasil está na rejeição dos postulados ortodoxos e, em particular, o mecanismo causador de inflação embutido na teoria quantitativa da moeda (TQM). Influenciada pelo pensamento estruturalista fundado por Raúl Presbisch e incorporado à Cepal, esta tradição rejeita a hipótese de pleno emprego para o Brasil, condição para que seja aceita a causalidade de moeda para preços na TQM. Parte do esforço intelectual de vários economistas estruturalistas consistiu em buscar os determinantes estruturais do crônico processo inflacionário ao qual as economias latino-americanas estavam submetidas. Conforme Pereira (2006), não há na corrente estruturalista uma linha de pensamento homogênea para explicar o processo inflacionário, e uma delas se aproximava das proposições ortodoxas de inflação de demanda: a hipótese da inflação como resultado da poupança forçada dos trabalhadores. Esta hipótese foi utilizada por Lessa em *Quinze anos...*.

O mecanismo supõe que um aumento do investimento em situação de pleno uso da capacidade instalada provocará excesso de demanda com aumento de preços. Esta inflação provocará queda do salário real e distribuição de renda a favor dos lucros. Como os capitalistas têm maior propensão a poupar do que os trabalhadores, o nível de poupança se ajusta *ex-post* ao aumento do investimento por meio do mecanismo distributivo, transferindo renda dos trabalhadores para os capitalistas. Esta é uma interpretação possível da inflação enquanto mecanismo gerador de poupança forçada à luz do princípio da demanda efetiva, e o debate teórico sobre este mecanismo pode ser lido em Serrano (2001).

Segundo Pereira (2006), a hipótese da inflação enquanto mecanismo gerador de poupança forçada é pouco plausível. Ao supor que o aumento dos investimentos provoca inflação de demanda com redução do consumo dos trabalhadores, a hipótese ignora o efeito do investimento sobre a ampliação da capacidade produtiva. Para Serrano e Freitas (2004), a aceitação desta hipótese requer outra, a de que o aumento do investimento "financiado" por poupança forçada provoque redução do consumo como tendência de longo prazo, o que não ocorre em economias capitalistas.

A forma como Lessa se apropriou desta hipótese em *Quinze anos...* atribui a baixa taxa de poupança interna a características do sistema financeiro. Não fica claro, porque não explicita, quais são essas características. A hipótese da inflação como poupança forçada é uma das dimensões exploradas por Lessa quando discute o pragmatismo da política econômica e sua linha de menor resistência: "Na ausência de um esquema de financiamento voluntário, utópico em país subdesenvolvido, o esforço industrial [...] supunha, implicitamente, a formação de poupanças forçadas e a provável ativação dos mecanismos de propagação das pressões inflacionárias" (LESSA, 1981, p. 75).

Na ausência de mecanismos de formação de poupanças "voluntárias", alternativa à poupança "forçada", a solução consistiu em recorrer a esquemas de financiamento intensificadores da inflação, como a expansão da base monetária no caso do gasto público deficitário, ou expansão do crédito para as empresas. É por este motivo que Pereira (2006) afirma que a hipótese da inflação como mecanismo de poupança forçada se aproxima das proposições ortodoxas. Assim como Lessa, outros economistas da mesma tradição teórica que recorrem à poupança forçada recorrem também às emissões monetárias como alternativa a um sistema financeiro desestimulador das decisões individuais de poupança[9]. Há aqui outra mediação necessária: a confusão entre insuficiência de poupança e as características do sistema financeiro.

A insuficiência de poupança (uma vez aceita a hipótese da poupança forçada) permite a economia crescer, porém com inflação – a poupança, antes

9 Como Tavares (1979b), Tavares e Serra (1979) e Furtado (1976).

insuficiente, seria obtida via redução forçada do consumo dos trabalhadores. Já as características de um sistema financeiro pouco desenvolvido não deveriam gerar inflação: se o volume de poupança for adequado a um alto nível de investimentos previstos, então um sistema financeiro pouco desenvolvido apenas impediria que os recursos dos poupadores fossem direcionados aos investidores – a economia não cresceria nem haveria pressões inflacionárias. Por outro lado, se o volume de poupança for inferior ao nível previsto de investimentos, então um sistema financeiro pouco desenvolvido continuaria impedindo o crescimento. Só haverá inflação nesta economia se os investimentos superarem a poupança – mas, neste caso, sob as hipóteses aqui discutidas (e pouco plausíveis, como vimos), a inflação é causada pela insuficiência de poupança, e não pela insuficiência financeira.

É importante, contudo, reconhecer o mérito de Lessa e de seus contemporâneos em buscar esquemas teóricos alternativos aos ortodoxos para explicar as especificidades da inflação brasileira em uma época na qual a TQM já constituía uma formulação teórica bastante difundida e internamente coerente. Nesse estágio, o estruturalismo latino-americano ainda assimilava o princípio da demanda efetiva sem se despir inteiramente das velhas ideias. Isto explica por que, em algumas passagens de *Quinze anos...*, Lessa também recorre à emissão de moeda e ao gasto público para explicar a inflação, embora elenque também outros componentes de custo, e a própria insuficiência de poupança. O "reaparecimento do fenômeno inflacionário" ainda na primeira fase (governo Dutra) é explicado por Lessa pelo ingresso não esterilizado de capital externo. No governo JK, a inflação, para este autor, é resultado do gasto público deficitário financiado por emissão monetária e pela ampliação do crédito pelo BB no financiamento privado. No primeiro caso, o problema está associado à inexistência de um mercado voluntário de dívida pública, o que levava à expansão da base monetária como contrapartida dos gastos públicos deficitários; no segundo caso, a ampliação do crédito bancário de curto prazo constituía alternativa à inexistência de instrumentos de financiamento de longo prazo. Em tais condições, o combate à inflação, segundo Lessa, requeria reformas tributária e financeira, para reduzir o déficit público e para "financiá-lo" por meio de dívida pública, e também para dinamizar os mercados de capitais desenvolvendo o segmento de longo prazo. Contudo, os sucessivos governos ao longo dos quinze anos em tela, e em especial JK, recorreram pragmaticamente à via de menor resistência:

> Qualquer que tenha sido a consciência das consequências posteriores, a reduzida preocupação com o problema geral da estabilidade fica evidenciado pela não consideração do anterior movimento inflacionário e pela proposição de um esforço adicional de investimento em projetos de longa maturação, sem a rigorosa previsão do correspondente esquema de financiamento. (LESSA, 1981, p. 75).

É por este motivo que Lessa utiliza a expressão "financiamento inflacionário" para se referir ao Plano de Metas. Haveria uma alternativa, "não inflacionária", que envolveria maior resistência, pondo em risco a continuidade da execução do Plano.

Recentemente, o episódio de aceleração inflacionária ocorrido entre a segunda metade dos anos 1950 e o início dos anos 1960 foi revisitado à luz das abordagens de inflação de custo. Pereira (2006) foi um dos pioneiros em resgatar este episódio, e testou os preços dos alimentos, os salários e a taxa de câmbio como causadores da inflação. Pereira mostrou que não houve aumentos sistemáticos dos preços dos alimentos, e que os reajustes salariais foram defensivos, ou seja, não causaram a inflação, mas sim foram causados por ela. Seu trabalho foi mais contundente em mostrar que a aceleração inflacionária foi precedida de desvalorizações cambiais, como resposta ao acirramento da restrição externa. Este caminho foi pouco explorado por Lessa (1981, p. 79), que identificava esforços do governo em manter a taxa de câmbio estável, quando na prática a taxa de câmbio descreve tendência a desvalorização em várias faixas, especialmente após 1957, justamente quando a inflação volta a se acelerar. Este caminho também foi explorado por Bastian *et al.* (2016), que, para uma análise de prazo mais longo, mostraram que, de nove episódios de aceleração inflacionária ocorridos entre 1951 e 1985, oito foram precedidos de desvalorizações cambiais, incluindo no governo JK. Bastos e Costa (2021) também rechaçaram a hipótese de inflação de demanda durante o governo JK causada por emissão monetária ou gastos públicos deficitários, mostrando que o déficit público ao término do governo JK foi menor do que no ano inicial – estando em queda desde 1957– e ressaltando a implausibilidade das hipóteses de inflação causada por emissão de moeda e por poupança forçada.

Embora a contribuição de Lessa para o debate das causas da inflação durante os quinze anos compreendidos entre 1948 e 1963 seja mais frágil, Lessa seria um dos gigantes da frase atribuída ao físico Issac Newton: "se eu vi mais longe, foi por estar sobre o ombro de gigantes". Seu livro traz reflexões importantes sobre a política anti-inflacionária que seguem válidas a despeito das verdadeiras causas da inflação não serem as que ele aponta. Isto porque de fato o presidente JK sofria pressões dos adeptos das políticas ortodoxas, mas o presidente se recusava a aplicar políticas de redução dos gastos públicos e do crédito, ciente de que o Plano requeria investimentos públicos e privados que seriam adiados, redimensionados ou até cancelados caso impusesse um programa ortodoxo de estabilização. O governo chegou a flertar com um programa deste tipo quando anunciou o Programa de Estabilização Monetária (PEM) em 1958, contrapartida exigida pelo Fundo Monetário Internacional (FMI) para celebrar um acordo com o governo brasileiro. A enorme reação dos diversos segmentos da sociedade que seriam atingidos pelas medidas ortodoxas levou o governo a voltar atrás e romper com o FMI. Este episódio é mais um do que Lessa cita como exemplo do pragmatismo de uma política econômica que buscava a linha de menor resistência.

JK procurou formas alternativas de combater a inflação, todas elas identificadas por Lessa (1981, pp. 77-79): resistia aos reajustes de preços de itens básicos de subsistência ou de insumos importantes na cadeia produtiva; subsidiava os transportes, o petróleo e derivados, o trigo, o papel de imprensa e celulose; continha as aspirações salariais do funcionalismo e dos operários industriais. Os subsídios recaiam sobre o orçamento fiscal, já pressionado pelos investimentos públicos, reforçando a tendência ao déficit, ou forçando a contenção de outras despesas. Quanto ao salário do funcionalismo, nos anos de reajuste o impacto também recaía sobre o orçamento. Por outro lado, também para acomodar as tensões e as resistências, reajustou o salário mínimo, que atingiu seu maior valor real de toda a série histórica até os dias atuais.

A hipótese de falta de coordenação entre os instrumentos de política econômica prescinde do acerto ou não de Lessa em identificar as verdadeiras causas da inflação, já que ela se aplica a todo o instrumental disponível para as mais diversas finalidades. Mesmo a hipótese adotada por Lessa de que a estabilidade estava subordinada aos objetivos da industrialização pode ser conciliada com a hipótese de inflação de custos, já que a própria política de desenvolvimento e de industrialização agravava os desequilíbrios externos – que os trabalhos de Pereira (2006) e Bastian *et al.* (2016) já identificaram como causas da inflação – e cujo combate, se corretamente identificado à época, poderia exigir de redução do déficit comercial por meio da redução da absorção doméstica, algo incompatível com o Plano de Metas.

Finalmente, uma última reflexão trazida por Lessa quanto ao problema da estabilização consiste nas razões pelas quais JK optou pela linha de menor resistência. Para um bom conhecedor da história do Brasil, já bastaria compreender as condições tumultuadas nas quais JK foi empossado presidente da República em janeiro de 1956, após uma tentativa de golpe contra ele, desarticulada no assim chamado "golpe preventivo" de novembro de 1955 liderado pelo Marechal Teixeira Lott. Quem imaginaria que sob tanta tensão política JK não só concluiria o seu mandato presidencial, como seria um dos poucos presidentes democraticamente eleitos a fazê-lo? Sob tais condições de tensão política, seria realmente um feito político notável que JK conseguisse negociar com o Congresso Nacional e com setores da sociedade brasileira as reformas tributária e financeira, ou a modernização de todo o aparato instrumental.

Lessa, contudo, não recorre apenas à fragilidade da conjuntura política dos anos em tela para explicar a adoção da linha de menor resistência. Tampouco recorre ao populismo, argumento facilmente encontrado na tradição ortodoxa brasileira.

Para Lessa, o governo JK subordinou a estabilidade de preços ao desenvolvimento econômico. Fatores subjetivos e objetivos conduziram a esta decisão. Como fator subjetivo, Lessa identifica a conscientização quanto ao problema do desenvolvimento, "[impermeabilizando] a economia à hipótese contracionista" (p. 30). Como fator objetivo, o caráter não complementar e desarticulado da estrutura produtiva requeria o avanço da industrialização, indo ao encontro do interesse "do mundo empresarial" (p. 30):

> (...) de modo geral, a indústria intermediária não havia acompanhado o crescimento do setor produtor de bens de consumo. Por conseguinte, na ausência de um esquema de decisão racional quanto ao uso dos recursos, a vulnerabilidade da economia se havia acentuado dada a elevada rigidez introduzida na pauta de importações. Desta vulnerabilidade tinha consciência o setor empresarial. (LESSA, 1981, p. 31).

Portanto, a industrialização não colidia com os interesses dos setores mais dinâmicos da classe empresarial – exceto se o governo se propusesse a discutir uma reforma tributária, com o potencial de impor ônus adicional aos empresários, ou uma política creditícia dura a ponto de afetar o acesso das empresas ao capital de giro, ou, ainda, uma reforma financeira que obrigasse as empresas a recorrer a formas ainda desconhecidas de captação de recursos em mercados de capitais em uma economia ainda não financeirizada. Como essas soluções imporiam resistência, o governo JK preferiu não as enfrentar, sob o risco de impor descontinuidades ao Plano de Metas.

O término do governo JK coincide com o ingresso na terceira fase, em que ocorre o "deslocamento do núcleo das preocupações do desenvolvimento industrial para a atenuação da alta dos preços" (LESSA, 1981, p. 22).

> Observadas em sua sucessão, as medidas de política econômica assumidas no triênio [1961-63] não definem com precisão quaisquer diretrizes, apontando para múltiplas direções. Acumulam-se e anulam-se providências servidoras a distintos objetivos. Nenhum esquema proposto tem vida longa. Em meses, cede lugar a outro. Tudo se passa como se o controle da política econômica tivesse sido perdido e ela se encontrassem com rumos indefinidos. (LESSA, 1981, p. 118).

São os anos do curto governo Jânio Quadros, da crise política entre sua renúncia e a posse de Jango, da adoção do parlamentarismo e do retorno ao presidencialismo. Neste período, o raio de manobra da política econômica diminui bastante, mas a crise política continua a impedir a adoção de transformações mais profundas, exacerbando-se a adoção das linhas de menor resistência – e aprofundando as contradições da política econômica. A hipótese de Lessa para o período é que, impossibilitados de conciliar desenvolvimento econômico com estabilização, os governos oscilavam entre um objetivo e outro, sem lograr êxito em ambos.

Para Lessa, a inflação teria atingido tal patamar que não mais permitia o funcionamento do mecanismo de poupança forçada. Temos que buscar a explicação em Tavares e Serra (1970, p. 169): "a maior solidariedade dos preços relativos [em um contexto de descontrole inflacionário] impedia uma transferência intersetorial dos custos, desmistificava os lucros ilusórios, estrangulava financeiramente as empresas." O combate à inflação passa, então a ser o "objetivo maior da política econômica" (LESSA, 1981, p. 122).

No lado fiscal se concentra parte das ações voltadas para o combate à inflação. O esquema de ágios e bonificações vinculado às taxas múltiplas de câmbio vinha pressionando o orçamento e já respondia, ao final do governo, por parte do déficit público. A reforma cambial de 1961 unificou as taxas, embora seu significado equivalesse ao de uma maxidesvalorização cambial que exerceria pressão adicional à inflação (MELO; BASTOS; ARAUJO, 2021). Por outro lado, foi introduzido o sistema de licenças prévias para importar, preservando o controle exercido pelo governo sobre os bens de consumo conspícuo (LESSA, 1981, p. 145). A reforma, segundo Lessa, ia ao encontro dos interesses da indústria nacional dos bens de capital, já que aumentava os preços relativos dos equipamentos.

> Tais consequências, que num passado não remoto ao elevarem o custo do investimento teriam sido negativas para o processo de industrialização a estimular, eram particularmente atraentes para uma economia na qual já se fazia presente um setor importante supridor de bens de capital. O nível de atividade e ritmo de crescimento deste setor estavam, sem dúvida, em parte dependentes de preços relativos favoráveis à concorrência do equipamento produzido internamente e reserva de mercado interno que a reforma, parcialmente, viria a atender. (LESSA, 1981, p. 145).

Justamente por ter sido um período de idas e vindas na política econômica, Lessa não exaure a descrição das medidas adotas. Destaca, contudo, o Plano Trienal, de 1963, que buscava conciliar a retomada do desenvolvimento econômico com o combate à inflação. Esta conciliação estava amparada na experiência recente de insatisfação do setor privado às medidas de corte do crédito. Na sua formulação, o Plano procurou então conciliar o corte de gastos públicos preservando investimentos, mas compensando com o corte de outras despesas, resultando na redução do déficit, permitindo reduzir o ritmo de expansão monetária e ao mesmo tempo preservar as necessidades de crédito para o setor privado. Na prática, a condução do Plano foi mais dura, surgindo "queixas generalizadas de falta de crédito" e "violentas críticas" (LESSA, 1981, p. 134), provocando seu posterior relaxamento ainda no final de 1963.

Além do combate à inflação, o início da década de 1960 trazia novas urgências segundo Lessa. O modelo de desenvolvimento deveria ser repensado, em razão do esgotamento da ISI, mas este objetivo iria requerer novos instrumentos de política agrária e agrícola, de desenvolvimento regional, de comércio exterior, e mesmo os instrumentos cambiais, sobretudo porque, com o deslocamento da política de estabilização para o centro da agenda econômica, os instrumentos fiscal e monetário passaram a se sobressair ao cambial. Além disso, a introdução do setor produtor de bens de capital e de processos de produção e comercialização mais capitalista também necessitariam de reformulação do sistema financeiro. Finalmente, com o aumento da participação do Estado em diversas frentes nas vidas social e econômica, a modernização do corpo administrativo também se impunha (LESSA, 1981, pp. 141-142)[10].

A crise tinha, portanto, características estruturais, associadas ao esgotamento do modelo de desenvolvimento, sugerindo "estar a economia brasileira atravessando uma fase de transição, à semelhança dos anos iniciais da década de 1930, colocada pela exaustão das possibilidades de rápido crescimento e industrialização dentro do modelo histórico de desenvolvimento, via substituição de importações" (LESSA, 1981, p. 119).

Mas junto com o modelo, esgotava-se também o raio de manobra para enfrentar os problemas por meio dos instrumentos existentes, tornando mais difícil gerir uma economia em crise. A modernização do capitalismo brasileiro requeria, portanto, a adequação instrumental que, adiada enquanto foi possível, se impunha para já.

Considerações finais

O livro *Quinze anos de política econômica* de Carlos Lessa complementa de forma imprescindível o debate a respeito da crise do início dos anos 1960, analisando minuciosamente o papel exercido pela política econômica. Sua análise é peculiar, porque Lessa escapa da forma mais usual de debater as causas das crises a partir de políticas econômicas supostamente inadequadas, recurso tipicamente utilizado pela tradição ortodoxa, que sempre recorre à irresponsabilidade fiscal/monetária ou ao populismo para explicar as crises. Como não poderia deixar de ser, até pela tradição teórica a que se filia, para Lessa a crise tem contornos estruturais: o crônico desequilíbrio externo e o desbalanceamento da estrutura produtiva impunham desafios à dinâmica econômica e social; a atribuição da política econômica consistia em atuar na correção desses desequilíbrios e desbalanceamentos.

Mas o instrumental disponível para a ação da política econômica possuía limitações. Não foi forjado para promover a industrialização necessária para a correção daqueles desequilíbrios. Foi, quando muito, adaptado, por força das circunstâncias, e na maioria das vezes, sem que assumissem certa unidade – ao contrário, por vezes até apontando em direções contrárias.

---

10 E, claro, compatível com a hipótese da inflação como mecanismo de poupança forçada, buscar formas alternativas de elevar a poupança doméstica.

Por outro lado, como forjar novos instrumentos ante às urgências impostas pela industrialização? E, sobretudo, quais interesses seriam contrariados ao forjá-los? A via de menor resistência e o pragmatismo se impuseram, e a opção foi utilizar o quadro instrumental disponível, e seguir adaptando-o. O custo desta estratégia estava na intensificação dos desequilíbrios, e na gradual redução do raio de manobra que permitia acomodá-la. A crise se tornava, enfim, inevitável.

Referências

ALVARENGA JR., Marcio; MATTOS, Fernando Augusto Mansor. *A política econômica nos anos 1930: evidências de uma heterodoxia consciente.* Análise Econômica (UFRGS), v. 64, pp. 287-315, 2015.

BASTIAN, Eduardo, *et al. Some stylized facts on external shocks and inflation upsurge in Brazil, 1951-1985.* Rio de Janeiro: IE-UFRJ, 2016 (Texto para discussão nº 28).

BASTOS, Carlos Pinkusfeld; COSTA, Pedro Vasconcellos. "O período JK e o Plano de Metas". In: ARAUJO, Victor Leonardo; MATTOS, Fernando Augusto Mansor. *A economia brasileira de Getúlio a Dilma: novas interpretações.* São Paulo: Hucitec, 2021.

ENTREVISTA com o economista Carlos Lessa. Ensaios FEE, vol. 2, n. 1, pp. 165-174, 1981.

FURTADO, Celso. *Subdesenvolvimento e estagnação na América Latina.* Rio de Janeiro: Civilização Brasileira, 1968.

FURTADO, Celso. *Formação econômica do Brasil.* São Paulo: Editora Nacional, 1975.

FURTADO, Celso. *A economia latino-americana (formação histórica e problemas contemporâneos).* São Paulo: Companhia Editora Nacional, 1976.

LESSA, Carlos. *Quinze anos de política econômica.* São Paulo: Editora Brasiliense, 1981.

MELO, Hildete Pereira; BASTOS, Carlos Pinkusfeld; ARAUJO, Victor Leonardo. "A política macroeconômica e o reformismo social: impasses de um governo sitiado". In: ARAUJO, Victor Leonardo; MATTOS, Fernando Augusto Mansor. *A economia brasileira de Getúlio a Dilma: novas interpretações.* São Paulo: Hucitec, 2021.

NOIJE, Paulo Van; PIRES, Julio Manuel. "Restrição de divisas e política cambial no Brasil no pós-Segunda Guerra Mundial". *Pesquisa & Debate*, SP, vol. 25, n. 1 (45), pp. 112-134, jan-jun 2014.

OLIVEIRA, Fabrício Augusto. "Tributação e fisco no Brasil: avanços e retrocessos entre 1964 e 2010". In: CARDOSO JR., José Celso; BERCOVICI, Gilberto (Org.) *República, democracia e desenvolvimento: contribuições ao Estado brasileiro contemporâneo.* Brasília: IPEA, 2013.

PEREIRA, Bruno. *Revisão Crítica da Hipótese de Poupança Forçada para a Economia Brasileira: 1946-1964*. Dissertação de Mestrado. Niterói: UFF/Faculdade de Economia, 2006.

SALM, Claudio. “O debate sobre a tendência à estagnação”. In: MALTA, Maria Mello (Org.) *Ecos do desenvolvimento: uma história do pensamento econômico*. Brasília: Ipea, 2011.

SERRANO, Franklin. “Acumulação e gasto improdutivo na economia do desenvolvimento”. In: FIORI, José Luís & MEDEIROS, Carlos. *Polarização mundial e crescimento*. Petrópolis: Vozes, 2001.

SERRANO, Franklin; FREITAS, Fabio. *A demanda efetiva nos modelos de crescimento*. 2004.

SUZIGAN, Wilson. *Indústria brasileira: origem e desenvolvimento*. São Paulo: Hucitec, 2022.

TAVARES, Maria da Conceição. “Auge e declínio do processo de substituição de importações no Brasil”. In: TAVARES, Maria da Conceição. *Da substituição de importações ao capitalismo financeiro*. Rio de Janeiro: Zahar, 1979.

TAVARES, Maria da Conceição. *Acumulação de capital e industrialização no Brasil*. Rio de Janeiro, Campinas/SP: Unicamp. IE. 1998.

TAVARES, Maria da Conceição. “Notas sobre o problema do financiamento numa economia em desenvolvimento – o caso do Brasil”. In: TAVARES, Maria Conceição. *Da substituição de Importações ao capitalismo financeiro, ensaios sobre a economia brasileira*. Rio de Janeiro: Zahar, 1979b.

TAVARES, Maria da Conceição; SERRA, José. “Além da estagnação”. In: TAVARES, Maria da Conceição. *Da substituição de Importações ao capitalismo financeiro, ensaios sobre a economia brasileira*. Rio de Janeiro: Zahar, 1979.

VARSANO, Ricardo. “A evolução do sistema tributário brasileiro ao longo do século: anotações e reflexões para futuras reformas”. *Pesquisa e Planejamento Econômico*, v. 27, n. 1, abril de 1997.

12

Carlos Lessa e o II PND: Lições para o tempo presente

Nelson V. Le Cocq D´Oliveira[1]
Inês Patrício[2]

Resumo

O objetivo do texto de Nelson Le Cocq e Inês Patrício é dar conta da interpretação de Lessa sobre o II PND, fundamentando-a na teoria e na história econômica e política do período. Os autores mostram, de que maneira Carlos Lessa, em sua trajetória intelectual, deu uma significativa contribuição ao pensamento econômico heterodoxo no Brasil, analisando a história e o desenvolvimento da economia brasileira sob diferentes ângulos. Na primeira parte, o artigo dá conta das transformações ocorridas na economia brasileira, a partir da interpretação de Lessa quanto ao Plano de Metas; na segunda parte apresenta os fundamentos teóricos da visão do autor sobre o II PND e por último discute o II PND a partir das concepções de Lessa e de autores que dialogam com sua análise.

1. Nelson Victor Le Cocq D'Oliveira (1954-2022) foi doutor em Economia pela Universidade Federal do Rio de Janeiro (2005) e mestre em Economia pela Universidade Federal do Rio de Janeiro (1993). Bacharel em Economia nesta mesma instituição (1988), foi funcionário do Banco Nacional de Habitação e da Caixa Econômica Federal (1982-2000), diretor de Ensino e Pesquisa da Escola Nacional de Seguros (2004-2010) sendo responsável por sua transformação em Instituição de Ensino Superior. Concebeu e implantou o primeiro curso superior de Administração com ênfase em Seguros e Previdência do qual foi Diretor Acadêmico e professor adjunto II no Rio de Janeiro e em São Paulo. Foi professor adjunto da Unigranrio (1999-2003) e professor substituto da UERJ (2001). Foi Diretor de Autorizações na Superintendência de Seguros Privados (2011-2015) e diretor administrativo e financeiro da CPRM (2016-2017).

2 Inês Patrício possui graduação em Economia pela Universidade Federal do Rio de Janeiro (1981), mestrado em Desenvolvimento, Agricultura e Sociedade pelo CPDA (1993) e doutorado em Ciência Política pelo IUPERJ (2001). Professora associada da Faculdade de Economia e do Programa de Pós-Graduação em Ciência Política da Universidade Federal Fluminense (PPGCP-UFF).

Abstract

The purpose of the text by Nelson Le Cocq and Inês Patrício is to give an account of Lessa's interpretation of the II PND, basing it on the theory and economic and political history of the period. The authors show how Carlos Lessa, in his intellectual trajectory, made a significant contribution to heterodox economic thinking in Brazil, analyzing the history and development of the Brazilian economy from different angles. In the first part, the article gives an account of the transformations that have taken place in the Brazilian economy, based on Lessa's interpretation of the Plano de Metas; the second part presents the theoretical foundations of the author's view of the II PND and finally discusses the II PND from Lessa's conceptions and those of authors who dialogue with his analysis.

1. Introdução

Carlos Lessa encarna em sua trajetória intelectual uma muito significativa contribuição ao pensamento econômico heterodoxo no Brasil. Aportou interpretações ímpares ao debate e à compreensão do processo econômico, social e político, focando nossa história e o desenvolvimento da economia brasileira sob diferentes ângulos. Além de um denso estudo das concepções sobre a política econômica em sua tese sobre "O Conceito de Política Econômica", debruçou-se diretamente sobre dois momentos chave da sociedade brasileira, em seu clássico *Quinze Anos de Política Econômica* de 1964, e em seu estudo de 1978 sobre o II PND. O objetivo deste texto é dar conta da interpretação de Lessa sobre o II PND, estratégia de desenvolvimento adotada pela administração Geisel em 1974, fundamentada na teoria e na história econômica e política do período. Numa primeira parte (seção 2) damos conta das transformações ocorridas na economia brasileira, a partir da interpretação de Lessa quanto ao Plano de Metas; numa segunda parte (seção 3) apresentamos os fundamentos teóricos que nos parecem mais importantes para a compreensão da visão do autor sobre o II PND e por último, na seção 4, discutimos o Plano a partir das concepções de Lessa e de autores que dialogam com sua análise. A seção 5 é a conclusão do trabalho.

2. Do Plano de Metas ao II PND: a análise de Lessa

O Plano de Metas e o II PND, ambos sujeitos à análise de Carlos Lessa, demarcam um período que irá assentar as bases do futuro desenvolvimento da economia brasileira até os dias atuais. Em seus dois estudos, Lessa observará os movimentos e a coalizão de forças políticas que fornecerão os impulsos, os fundamentos e os limites das realizações governamentais.

Em seu estudo sobre o Plano de Metas – *Quinze anos de Política Econômica* – Lessa havia assinalado a receptividade de suas diretrizes perante as forças empresariais e políticas que perfaziam, à época, a constelação hegemônica na sociedade brasileira. Ao repudiar as recomendações de adoção de políticas de austeridade perante os desequilíbrios ameaçadores do setor externo, e principalmente em relação a inflação já em curso, o governo de Juscelino Kubitschek convergiu com os desejos empresariais prevalecentes. Na concepção de Lessa, os conflitos entre os setores industriais e os intentos da política de estabilização forjaram o Plano de Metas. Era desejável, sob o ponto de vista empresarial, a realização de um esforço governamental no sentido de uma maior integração da estrutura industrial, inexistindo conflito entre os propósitos da política e os interesses dos setores mais dinâmicos da classe empresarial. Ademais, o Plano de Metas iria alavancar fortemente todos os interesses agrupados em torno dos investimentos estatais em obras públicas, assegurando um salto nas atividades da construção civil. O setor agropecuário, por sua vez, não estaria diretamente atingido pelas reformas propostas naquele plano, devendo, contudo, contribuir, no seu sentido habitual, como instrumento de obtenção de divisas.

Um aspecto crucial da política empreendida por Juscelino estará na raiz do Plano de Metas, qual seja, a rejeição a políticas de estabilização de corte neoclássico, como preconizado pelo Fundo Monetário Internacional. Do ponto de vista da teoria econômica, Lessa irá demonstrar que uma inflação de cerca de 20% ao ano era absolutamente funcional para o processo de acumulação própria das empresas. E a constatação da chamada fragilidade do sistema financeiro naquele momento não teria oferecido alternativas além do mero financiamento do capital de giro das empresas. Seria a possibilidade de majoração de preços que iria viabilizar os lucros necessários ao processo de investimento das empresas em âmbito doméstico.

Quanto à radical transformação da estrutura industrial, mediante as imensas liberalidades destinadas a atração do capital estrangeiro, marca distintiva do Plano de Metas, podemos considerá-la totalmente exitosa. O Brasil se tornou um país industrializado, mas sob controle externo de sua dinâmica industrial. E esta nova característica vertebral da economia brasileira irá determinar o grau de liberdade disponível perante as políticas de desenvolvimento futuras. Mas o salto na industrialização estava realizado. E o papel do capital nacional redefinido como coadjuvante, ou sócio minoritário, do processo de industrialização. Papel este que será reafirmado no campo político, com a guinada a favor do golpe militar em 1964.

As transformações do período do Plano de Metas irão determinar os fundamentos de uma nova correlação de forças políticas no país. Em um aparente paradoxo, o sucesso do salto à frente desejado pelo pensamento desenvolvimentista e realizado naqueles cinco anos, irá se reapresentar, adiante, como uma lacuna de difícil preenchimento na continuidade do processo de industrialização. A dominância do setor de bens duráveis de consumo irá acentuar demandas externas de bens de capital, matérias-primas industriais e combustíveis. As pressões sobre a balança comercial se avolumam. Em paralelo, o esgotamento do ciclo de pesadas inversões do Plano de Metas causou um previsível desfalecimento na continuidade da demanda doméstica, acompanhada da exasperação do processo inflacionário.

A sociedade brasileira havia chegado a uma irreversível encruzilhada. O movimento popular demandava que fossem implementadas reformas estruturais, atingindo fortemente a propriedade fundiária e as margens de lucro das filiais recém-instaladas – além dos interesses destas empresas quanto as liberalidades nas remessas de lucros. A disputa política radicalizada entre o projeto das Reformas de Base, e a convergência nacional e estrangeira a favor do *status quo*, derivou para a implantação do governo militar, com a violenta repressão aos movimentos sociais e as instituições democráticas. O regime que se ergue em 1964 irá ter, entre outros aspectos, a marca de uma drástica imposição do assim chamado arrocho salarial. A interdição quanto ao projeto de uma reforma agrária e a opção pela contenção salarial, além das medidas de estabilização, bloquearam qualquer viés imediato de extensão das dimensões do mercado interno baseadas no crescimento de vendas de bens de consumo popular.

Em seus anos iniciais, o regime militar irá definir as regras e as instituições que constituirão as bases para a arrancada do chamado milagre econômico dos anos 1968 a 1973. Este conjunto de mudanças institucionais responderá tanto pela retomada de um novo padrão de demanda, quanto pela simbiose entre o renovado mercado financeiro doméstico e o sistema financeiro internacional. Será neste período que serão promovidas as reformas bancárias e do mercado de capitais. E será reconfigurado o modus operandi da dívida pública, a qual se tornará um efetivo instrumento de obtenção de lucros não operacionais para as empresas nacionais e estrangeiras.

Entre estes dois exercícios de planejamento econômico – o Plano de Metas e o II PND – a sociedade brasileira atingiu um estágio de forte avanço e consolidação do processo de industrialização, ainda que, a partir de 1964, submetida a uma feroz repressão política e a imposição de regras salariais fortemente restritivas quanto ao valor dos salários na base da pirâmide social. Sob os primeiros dez anos do governo militar o processo de internacionalização do mercado interno se acelera. Na esteira da composição da estrutura industrial promovida pelo Plano de Metas, a força política dos interesses empresariais associados a ascensão do capital estrangeiro se avoluma, e a desnacionalização da indústria doméstica também. A capacidade de liderança das frações empresariais ligadas ao capital estrangeiro já havia sido demonstrada nas articulações políticas que tiveram como desfecho o golpe de 1964. Conforme Patrício e D'Oliveira (2021), as associações político-empresariais mais ativas na preparação do golpe e com forte influência em seu primeiro plano de governo, o PAEG, estavam impregnadas pelo espírito de composição com os interesses do capital estrangeiro.

Os traços fundamentais do PAEG foram o arrocho salarial e creditício, e, em conjunto com as reformas implementadas a época, a reestruturação dos mecanismos da dívida pública (com a introdução do mecanismo da correção monetária) e a reconfiguração do sistema financeiro, visando constituir instrumentos de crédito para o consumo de bens duráveis e para a construção habitacional. Em paralelo, as medidas que irão favorecer a aliança entre os bancos brasileiros e seus congêneres internacionais serão constituídas ou aprofundadas. Entre o PAEG e o II PND, a condução da política econômica, agora sob a regência de Delfim Neto, irá sofrer uma reviravolta expansiva, e as reformas financeiras do governo Castelo Branco serão utilizadas em toda a sua potencialidade. A maior liquidez no sistema financeiro e a vasta utilização do Crédito Direto ao Consumidor e das linhas de financiamento habitacional irão estimular forte aumento na demanda por bens de consumo duráveis e habitações. As empresas estrangeiras investem fortemente na sua capacidade de produção, inclusive numa lógica oligopólica onde a capacidade instalada cresce mais do que o necessário perante a demanda existente. A desnacionalização do parque fabril se acelera significativamente.

O período entre 1964 e 1974, data da apresentação do II PND, irá presenciar um aprofundamento da posição das frações de capital diretamente ligadas à simbiose com os capitais externos e, de um modo geral, a influência norte-americana sobre a política brasileira. O grande projeto que animou este Plano foi a reversão do predomínio da órbita multinacional na dinâmica industrial interna. A nítida intenção de fortalecer as posições do capital nacional na malha produtiva, com o deslocamento para o segmento das indústrias de base do polo líder na acumulação de capitais, foi o grande desiderato que, ao fim e ao cabo, mostrou-se inconcluso e frustrado. Entre conflitos na própria execução de seus principais projetos, veremos uma situação na qual Lessa irá constatar o sonho e o fracasso daquilo que virá a ser denominado posteriormente como o canto do cisne do desenvolvimentismo.

3. A análise de Lessa e o debate teórico na década de 1970

Os anos de 1970 foram responsáveis por um significativo salto na evolução teórica do pensamento crítico na economia política brasileira.

Herdeiros diretos, e parte constitutiva do método histórico-estrutural da CEPAL, os economistas heterodoxos, radicados principalmente nas universidades Estadual de Campinas e Federal do Rio de Janeiro, irão se deparar com a controvérsia surgida sobre os rumos e as razões da dinâmica capitalista em nosso país.

Em certo sentido, Carlos Lessa exemplifica um dos mais decisivos traços deste movimento, qual seja, o denodo em compreender as particularidades do processo de industrialização brasileira e as novas condições, à época, da economia brasileira. Neste sentido, as contribuições dadas com *Quinze Anos de Política Econômica* endereçavam, de forma precursora, um foco e um objeto central no esforço cognitivo que irá demarcar a trajetória do pensamento da heterodoxia econômica no Brasil. A reconfiguração socioeconômica descrita e analisada por Lessa, e todos os seus desdobramentos dinâmicos, pareciam ter deslocado para o cenário interno a base privilegiada dos estudos que irão acompanhar a tenaz, e em grande parte bem-sucedida, construção a ser estabelecida nas décadas seguintes. Lessa testemunha que:

> Em paralelo à industrialização, assiste o período a supremacia e a conformação da conquista dos centros de decisão política pelo setor urbano. A conjugação destes dois fatores dispõe, pela primeira vez para a economia, a possibilidade de, com grande autonomia das relações com o resto do mun-

> do, definir qual será sua futura trajetória evolutiva. Estão presentes algumas das pré-condições para um processo autossustentado e independente. (LESSA, 1981, p. 86).

Estas conclusões de nosso autor são em parte corretas, e em parte esperançosas. São a esperança sempre presente desde as formulações da CEPAL, de que a industrialização rompesse as regras da relação centro-periferia. Para isso, todavia, teria sido preciso a afirmação de uma nova coalizão de forças que abraçasse o projeto nacional desenvolvimentista, com reformas que liberassem a sociedade brasileira das amarras do latifúndio e da submissão às imposições geopolíticas externas, já com forte aliança dos capitais mercantis internos, e este projeto foi fragorosamente derrotado pelo golpe militar de 1964.

Em parágrafo subsequente, Lessa chama a atenção para a permanência de situações onde a profunda heterogeneidade estrutural perdura. Todavia, o avanço da industrialização sinaliza a possibilidade de correção quanto a estas questões. A diferenciação que estimula uma nova perspectiva está diretamente assentada em uma ruptura da condição reflexa da economia brasileira, no sentido clássico que a CEPAL empresta ao termo. A completude da estrutura industrial parecia prenunciar uma internalização do processo de acumulação de capitais e, portanto, a determinação doméstica da evolução econômica do país. Ou, nas palavras de Cardoso de Mello, escritas em 1975, "A industrialização chegara ao fim e a autodeterminação do capital estava, doravante, assegurada." (CARDOSO DE MELLO, 2009, p. 99). Ainda que tardio, o capitalismo brasileiro parecia ter logrado uma condição de maior autonomia em sua dinâmica econômica e social. Todavia, o próprio autor irá indagar, em suas conclusões:

> Por acaso a industrialização retardatária pode ser entendida sem se levar em consideração a dinâmica do capitalismo maduro?" E mais adiante, "Em que, mesmo quando se completa, a dinâmica da acumulação atrela-se as injunções do Estado e da grande empresa oligopólica estrangeira, sem nunca comportar-se na plenitude? (CARDOSO DE MELLO, 2009, p. 143).

Poderíamos acrescentar agora, sem que nunca a coalizão política no poder tivesse de fato sido hegemonizada pelo capital industrial nacional. Não que este não tenha prosperado e se expandido em diferentes momentos da história do século XX. Mas, dados os condicionantes históricos e mesmo geopolíticos, foi sempre a fração agrária e depois financeira e mercantil que predominaram na imposição das diretrizes políticas que se fizeram vitoriosas.

Este aspecto da dominação política não afasta, porém, a veracidade das conclusões de Lessa quanto ao deslocamento, para o âmbito industrial e urbano, da centralidade do processo de acumulação de capitais.

A dialética entre a percepção subjetiva da realidade e as mudanças teóricas necessárias as novas apreensões deste objeto de estudo levarão a uma redefinição do quadro conceitual cepalino. A contradição fundamental entre o binômio centro-periferia se desloca, e emerge como aspecto central a dinâmica interna própria a uma sociedade industrial. Sob a nova ótica em ascensão, as concepções inerentes a temática da troca desigual – ou da deterioração dos meios de intercambio – quedam ultrapassadas. Num continuado esforço para dar conta das transformações em curso na formação social brasileira, a recuperação da atividade econômica a partir de 1968 irá demandar novo ferramental teórico.

Lessa havia descrito o processo ocorrido nos anos de ouro do período JK. Em meio aos anos de chumbo da ditadura militar, e após um período de contração econômica, se desencadeia o surto de crescimento que irá durar até 1973. Surto este que coloca em cheque as análises que prenunciavam um processo inexorável de estagnação permanente.

Ao se confrontar, por um lado, com as diferentes nuances da teoria da dependência, e por outro com as proposições de Celso Furtado em relação à tendência à estagnação na economia brasileira, se fez necessário o desenvolvimento de um novo referencial teórico para dar conta do crescimento econômico verificado com o chamado "milagre brasileiro". De certa forma, o material que demarca a abertura de um novo campo de discussão é o artigo "Além da Estagnação", de José Serra e Maria da Conceição Tavares. É um movimento inicial que parte das próprias entranhas da CEPAL, como os agradecimentos dos autores para com as contribuições de Aníbal Pinto o demonstram. Mas é uma afirmação da não aderência a realidade das teses dependentistas, onde o viés exportador, a superexploração do trabalho e a concentração de renda levariam inexoravelmente a uma permanente crise interna de realização da produção.

Rui Mauro Marini, Theotonio dos Santos e Gunder Frank são talvez os principais responsáveis por estas formulações. Aplicada ao caso brasileiro, tal qual estavam configuradas as condições políticas e econômicas daquele momento, a permanente compressão dos salários de base por parte do regime militar levou à percepção de uma permanente e cumulativa restrição da demanda. Sob outra vestimenta teórica, Furtado também compartilha deste prognóstico. Neste autor, o uso de métodos capital-intensivos, voltados para a produção de bens que reproduziam padrões de consumo de sociedades já desenvolvidas, dificultavam a absorção de mão de obra e se destinavam apenas aos extratos de altas rendas. Estaria assim configurado um quadro de restrição ao próprio desenvolvimento do mercado interno e da própria capacidade de acumulação interna de capitais, já que a própria massa de lucros seria necessariamente diminuta e, portanto, a poupança necessária ao fluxo de novas inversões se iria estiolar.

Em seu texto de 1972, Serra e Tavares irão constatar o recrudescimento do capitalismo brasileiro, adiantando a ideia que o próprio movimento de concentração iria criar as bases para uma expansão do mercado interno. Conjecturam que a ampliação dos lucros via compressão dos salários de base teria permitido uma melhor remuneração aos postos técnicos e administrativos em posições mais elevadas nas hierarquias corporativas e em serviços especializados. E que o próprio universo empresarial, em suas diversas escalas e dimensões, comporia também fração deste mercado potencial em expansão.

O argumento que vincula a compressão salarial na base da pirâmide do mercado de trabalho com a expansão dos lucros será, a posteriori, relativizado ou contestado na literatura sobre o período. O aspecto central da contribuição dada é assinalar que o movimento do capitalismo brasileiro naquele momento prescinde da existência de um mercado ampliado, onde o consumo das massas trabalhadoras tivesse algum protagonismo. Será o consumo dos estratos de renda mais elevada que responderá pela acelerada recuperação do período.

Uma percepção semelhante é, de certa forma, compartilhada pelos responsáveis pela condução da política econômica do "milagre". Araújo (2021), chama a atenção para a guinada heterodoxa observada a partir de 1967 com o advento do governo de Costa e Silva, o qual terá Delfim Neto como protagonista da política econômica. Constatando a perseverança inflacionária mesmo em condições da ampliação da capacidade ociosa, Delfim irá promover políticas fiscal e monetária expansivas, em consonância com as expectativas empresariais após três anos de práticas governamentais recessivas. Delfim considerava, conforme o autor, que os anteriores trinta anos haviam esgotado a validade do processo de substituição de importações, dado que a economia brasileira teria alcançado um estágio de desenvolvimento no qual as decisões de investir não dependiam mais do tamanho absoluto dos mercados, mas de sua taxa de expansão.

Esta guinada antirrecessiva desencadeada por Delfim irá ativar e se beneficiar das novas modalidades de crédito – e respectivos arranjos institucionais

– legados pelo governo anterior. A ampliação do crédito bancário e o controle sobre as taxas de juros, o crédito direto ao consumidor e a nova configuração do financiamento imobiliário impulsionam a demanda de produtos das filiais estrangeiras e da construção civil. É importante assinalar aqui também medidas que favorecem a integração do sistema bancário nacional com os circuitos financeiros internacionais. A Lei nº. 4.131, de 3 de setembro de 1962, foi alterada já em agosto de 1964 pela Lei nº. 4.390, de 29 de agosto de 1964, que constitui a legislação geral sobre capitais estrangeiros. A Instrução 289 da SUMOC, de janeiro de 1965, autorizava empréstimos externos em moeda, para capital de giro, por prazos inferiores a 360 dias, para as empresas estrangeiras. Já em agosto de 1967, este canal de financiamento de curto prazo foi estendido para toda e qualquer empresa atuante no Brasil, mediante a Resolução 63 do Banco Central. Os bancos comerciais no Brasil passaram a operar neste padrão de intermediação, o qual se mostrou extremamente rentável.

Os três primeiros anos do regime militar, sob a presidência de Castelo Branco, terão duas características distintivas quanto aos seus aspectos econômicos. Um forte tom de contenção da inflação mediante desvalorização forçada do valor real dos salários e restrições ao crédito e aos gastos de governo. E a constituição de todo um novo aparato institucional – em particular através das Reformas Bancária e do Mercado de Capitais – que irá viabilizar políticas expansivas posteriormente adotadas.

E esta demanda renovada será em grande parte resultado das inovações financeiras decorrentes da Reforma Bancária posta em prática nos primeiros anos da ditadura. O crédito direto ao consumidor (CDC) e a implementação efetiva do SFH (Sistema Financeiro da Habitação) a partir do Banco Nacional da Habitação, que irão ofertar significativos volumes de crédito favorecendo a aquisição seja de bens de consumo durável, seja de imóveis residenciais. E, por consequência, estimulando todas as cadeias produtivas que gravitam em torno do complexo automobilístico e da construção civil. É a partir destes instrumentos de reativação da demanda que o "milagre econômico" irá se constituir. E a realidade que então se apresenta desconstitui a validade das teses sobre uma estagnação permanente do capitalismo brasileiro.

Ao mesmo tempo, em sua introdução ao livro onde se insere seu texto com José Serra, Tavares (1972) irá assinalar que "o caráter de improvisação dos últimos ensaios [...] se devem a nossa própria falta de segurança teórica [...] Insegurança inevitável [...] quando o instrumental analítico disponível é fruto de um corpo teórico que, ademais de híbrido, está exposto aos ventos da dúvida e da crítica."

Podemos dizer que as conclusões empíricas, e as respectivas formulações teóricas do texto de Serra e Tavares os colocam na antessala do modelo de Kalecki. Ainda que no texto em referência não haja nenhuma menção a este autor, será nele que posteriormente serão assentados os esteios de parte fundamental do pensamento heterodoxo.

Kalecki irá assim permitir a argumentação teórica necessária a superação – antes já efetivada de forma empírica – ao conjunto das premissas estagnacionistas. Podemos dizer que o pensamento dependentista parte de um esquema departamental original de Marx, onde existem dois departamentos, o D1, responsável pelos bens de produção, e o D2, produtor de bens de consumo. Se uma compressão permanente é imposta aos salários, a venda de bens de consumo irá encontrar limites crescentes, e a economia em seu conjunto viverá em permanente atrofia. Em Celso Furtado isso é visto sobre outro prisma, ainda que convergente. A restrição ao poder de compra das massas limita a expansão da demanda, e a opção pelo atendimento de um consumo conspícuo por parte das elites implica utilização de maquinário apto a produção destes bens, com elevado conteúdo tecnológico, que intensifica a baixa absorção de mão de obra. Ao mesmo tempo, este modelo exógeno de padrão de consumo conspícuo restringiria a capacidade de poupança, em detrimento dos investimentos necessários ao desenvolvimento industrial. Cabe observar que o conceito neoclássico de que a poupança é pré-requisito ao investimento sempre esteve, com maior ou menor intensidade, presente no pensamento cepalino, inclusive em Celso Furtado.

A resultante é a mesma daquela encontrada nos textos de Marini e demais autores da teoria da dependência. Todavia, a verificação empírica de Serra e Tavares vai em direção distinta, demonstrando que os vícios do modelo excludente não são impeditivos a expansão da demanda puxada pelo segmento que corresponde, nos modelos kaleckianos, ao departamento de bens de consumo capitalista.

E será no ferramental teórico fornecido por Kalecki que serão, mais adiante, encontrados os instrumentos necessários à compreensão do processo histórico do período do "milagre econômico". Kalecki reelabora o modelo departamental de Marx, desdobrando o departamento de bens de consumo em dois: um departamento de bens de consumo capitalista e outro de bens de consumo assalariado. Diferencia ainda salários de ordenados, estes concebidos como a remuneração auferida por engenheiros, administradores etc. Na teoria de Kalecki, a dinâmica econômica é determinada pelo movimento da produção de bens de investimento e de bens voltados para o consumo capitalista. É a demanda incidente sobre a produção destes dois departamentos que determina, prioritariamente, os incentivos aos aumentos da produção. E é este movimento que determina o volume do emprego e, portanto, a dimensão da produção no departamento de bens de consumo assalariado. Os baixos salários não necessariamente são um óbice incontornável à continuidade da acumulação de capitais e a expansão da produção capitalista. Em Kalecki, ainda que este autor não utilize o termo, o "Princípio da Demanda Efetiva" emana primordialmente das decisões de gastos capitalistas, seja em investimento, seja em suas próprias decisões de consumo. E é do total de gastos capitalistas em consumo e investimento que serão gerados principalmente os lucros das empresas.

No período em análise, a balança comercial estará em algum momento equilibrada, e em outros tantos deficitária. Mas a partir das reformas empreendidas pelo governo militar em sua primeira fase, teremos na dívida pública um significativo canal de lucros não operacionais. A introdução da instituição da correção monetária irá abrir um canal de efetiva realização de "lucros não operacionais" para os saldos de caixa das empresas. Estes instrumentos serão articulados nos primeiros anos do governo militar. Todavia, visto por uma ótica circunscrita a uma economia capitalista nacional, e ainda sem a inserção de determinantes advindos da ótica do estado ou do setor externo, o instrumental em questão da conta de uma explicação endógena do ciclo que caracterizou o período 1968-1973.

A pertinente ênfase nas características endógenas do ciclo de 1968-1973 se, por um lado afirma o caráter singular da industrialização brasileira, por outro irá talvez obscurecer a compreensão dos padrões de inserção internacional do país e, no limite, a própria relatividade desta autonomia. A fragmentação de alguns objetivos do II PND e, em particular, a frustração em erigir o capital nacional como fração hegemônica do processo de desenvolvimento, irão deixar claro a predominância de uma correlação de forças já assentada. E que foi capaz de reverter aquilo que pareceu, conforme Lessa, ser a espinha dorsal do plano, qual seja, a consolidação do capital nacional no segmento de bens de capital e insumos básicos. As frações internacionalizadas e as próprias indústrias estrangeiras aqui instaladas foram fortemente favorecidas pela política de restrição ao crédito doméstico e estímulo as operações lastreadas em créditos externos, promovendo-se oportunidades para as multinacionais aqui instaladas fazerem fortes remessas de lucros metamorfoseadas em empréstimos com suas matrizes.

O manejo da dívida pública no período estará a serviço do estímulo às operações internacionais, com os fortes níveis de juros internos abrigando também a lucratividade das aplicações na dívida pública.

Lessa, ainda em 1978, afirma:

> Em posição privilegiada em relação às operações do *open market* e diretamente articulado com o mercado financeiro internacional, o setor financeiro privado colheu benefícios crescentes da atividade financeiro-especulativa do período. (LESSA, 1978 p. 200).

De onde Lessa conclui que:

> Creio que as entradas se ampliaram porque aqui houve e há um grande negócio para empresas com fontes e canais externos. Sabemos que a taxa de juro interna em aplicações financeiras de alta liquidez e baixa taxa de risco esteve em nível superior ao das taxas de juro do mercado internacional. Assim sendo, ao buscar financiamentos no exterior a filial estrangeira conseguia uma fonte mais barata de capital de giro e a possibilidade de obtenção de ganhos líquidos por aplicações financeiras internas. A primeira motivação pode ter inspirado entradas iniciais de 4.131, porém o crescente peso dos lucros não-operacionais nos balanços das grandes filiais não deixa a menor dúvida de que a segunda motivação tornou-se progressivamente prevalecente. Deve ter ocorrido algo como uma descoberta progressiva das vantagens excepcionais da órbita financeira brasileira." (LESSA, 1978, p. 245).

4. O II PND: A análise de Lessa em 1978 e estudos posteriores

A análise que Lessa desenvolve sobre o II PND, em *A Estratégia de Desenvolvimento, 1974-1976: Sonho e Fracasso,* se dá no calor da hora, posto que redigida e publicada em 1978. Ainda que muito precoce, visto que as diretivas concernentes ao aprofundamento da estrutura industrial do país estavam em pleno andamento, o material que conformou a tese de Lessa identifica as contradições que já colocavam entraves ao sucesso do projeto. Estes óbices não eram inerentes ao domínio econômico, mas diziam respeito a objetivos estratégicos relacionados ao fortalecimento do poder nacional, na forma em que este era compreendido pelos artífices do projeto. Estes pressupunham constituir um quadro de maior autonomia doméstica, mediante à implantação de uma estrutura produtiva alicerçada na oferta interna de bens de capital e bens intermediários, os quais viriam a ser os principais componentes da dinâmica industrial.

Em paralelo, em uma situação em que se viviam expectativas de um quadro de eventual multipolaridade na geopolítica do mundo capitalista, com a ascensão do Japão e da Alemanha, se buscou um novo padrão de inserção do Brasil na arena internacional.

A clareza com a qual os planejadores se referem aos conflitos entre os interesses das empresas multinacionais e o fortalecimento das empresas estatais se articula com o reconhecimento da fragilidade dos capitais nacionais no cumprimento de um papel de *tertius* neste embate. Em paralelo, a avaliação de que o jogo de interesses internacionais enfraqueceria o poderio político, econômico e eventualmente militar dos Estados Unidos – e, portanto, o peso de sua hegemonia no mundo ocidental – se mostrou equivocado. E a aparente tendência à constituição de um quadro de multipolaridade entre as potências capitalistas ruiu fragorosamente poucos anos depois, num contexto que Maria da Conceição Tavares denominou "A Retomada da Hegemonia Americana".

O II PND se propôs, de fato, a ampliar os espaços do capital nacional na composição política e econômica então prevalecente, ao mesmo tempo que almejou atingir uma base industrial integrada, onde os desequilíbrios existentes entre os segmentos de bens de consumo durável, já plenamente implantados pelas empresas multinacionais, e bens de capital e insumos intermediários, fosse superado. E esta superação de desequilíbrios viria a ser atingida mediante o fortalecimento da associação entre os investimentos públicos e a indústria de capital privado nacional. O que a análise de Lessa demonstra, e estudos posteriores corroboram, é que a execução do II PND se constituiu em uma arena de conflitos entre as diferentes frações do capital atingidas ou ameaçadas pelas diretrizes e medidas então propostas.

A configuração inicial do II PND buscou constituir um empresariado nacional adequado a cumprir o papel de protagonista de uma sociedade industrial com crescente autonomia perante o cenário internacional. Um reposicionamento do Brasil naquilo que a CEPAL definiu como a relação centro-periferia, que no jargão militar dos detentores do poder veio sob a embalagem de Brasil Potência. Além das iniciativas inovadoras na política externa, o aspecto central seria o atingimento de uma estrutura industrial integrada, com o desenvolvimento das indústrias de bens e equipamentos e a autossuficiência nacional na área energética. Este último aspecto é magnificado pelos impactos do primeiro choque do petróleo em 1973, a partir do conflito árabe-israelense. O II PND buscava solucionar as deficiências estruturais que afetavam a balança comercial, principalmente após o choque nos preços internacionais do petróleo ocorrido em 1973.

Teremos assim um plano estratégico que a princípio se constitui como diretriz geral e bastante assertiva em suas ações governamentais. Porém, neste mesmo governo, estarão também representados outros interesses a serem contemplados. A nova engenharia política, social e econômica proposta em 1974, com o II Plano Nacional de Desenvolvimento, terá pela frente um novo quadro composto por múltiplos aspectos pouco favoráveis. Herdeiro das mudanças promovidas ao longo dos primeiros dez anos da ditadura militar, o II PND terá que lidar com o papel consolidado das empresas multinacionais na estrutura industrial e com uma nova institucionalidade financeira constituída nos anos anteriores, já sob a égide do governo militar. Institucionalidade financeira esta já constituída em simbiose com os interesses e a dinâmica dos bancos internacionais. E com o respaldo da condução da política monetária que favorecia fortemente a arbitragem entre os juros internos elevados e os juros externos, comparativamente muito mais atrativos.

Lessa irá apontar alguns aspectos estruturais que, em condições que ele denomina descenso cíclico, ganham maior relevo nas escolhas de financiamento dos projetos governamentais. Perante uma dívida externa que se autorrealimenta, com os impactos advindos da nova realidade internacional dos preços do petróleo, e com a retração dos capitais externos que se pretendia compor investimentos na órbita do II PND, as estatais deveriam arcar com vastas responsabilidades nas encomendas ao setor nacional de bens de capital. Ocorre que a própria capacidade destas estatais em financiar seus investimentos era fortemente comprimida pela política de controle de preços e tarifas que lhes era imposta. Na verdade, o proclamado estímulo preferencial ao capital nacional na área de bens de capital, colide com outros pactos pré-existentes na relação Estado e Sociedade. No frigir dos ovos, as estatais estavam vinculadas a preferencias pré-existentes pela configuração de poder que antecede ao próprio II PND, e foram ainda empurradas para obtenção de financiamentos externos acoplados a compras de máquinas no mercado dos países que concediam estes créditos. Daí a frustração crescente do empresariado nacional de máquinas e equipamentos com as formulações não cumpridas por parte do próprio governo. O *default* do governo Geisel em relação à primazia da indústria nacional de bens de capital não anula as grandes mudanças de fato realizadas na estrutura industrial do país.

Os êxitos alcançados pelo II PND, do ponto de vista das alterações na estrutura industrial brasileira, foram acertadamente descritos por Antônio Barros de Castro e Francisco Pires de Souza, no também clássico texto de 1982, "A Economia Brasileira em Marcha Forçada". Deste ponto de vista as mudanças foram reais e aproximaram o Brasil do limite dos processos industriais em âmbito internacional. Castro, ao se referir numa entrevista de 1986, ao II PND diz, enfaticamente, "hoje somos mais industrializados que a Inglaterra". Segundo Castro, com Geisel, iniciara-se "um formidável ciclo de substituição de importações "que dera ao país autonomia e redução drástica da dependência externa" (CASTRO & VELOSO, 2011 p. 13). Esta mudança de ciclo, que representa o II PND, e que embute uma mudança nas relações da economia brasileira com o exterior em dois anos, 1983 e 1984, é resumida por Castro e Souza em três pontos: eliminação drástica do déficit em transações correntes, que era imenso; detenção do galopante crescimento da dívida externa; e reconstituição das reservas, que se tornaram negativas em 1983 (CASTRO & VELOSO, 2011 p. 21). Segundo os autores, a estratégia de 1974 permitiu continuar o crescimento, ainda que a menor velocidade, por mais seis anos.

A crítica que, argutamente, Lessa apresenta, irá estar referida à dissonância entre os intentos almejados e a efetiva correlação de forças políticas e sociais que deveriam, na suposição dos estrategistas, dar suporte às pretensões governamentais. Ao contrário das forças políticas derrotadas em 1964, o Plano não poderá incorporar em seus cálculos a efetiva constituição de um mercado de massas, posto que a continuidade dos baixos salários era um dos pontos basilares do arranjo político constituído em 1964, ainda que o aceno a uma política de distensão lenta, gradual e segura, pareça indicar que algum espaço futuro para melhorias salariais não estivesse fora dos horizontes dos planejadores. As regras relativas a reajustes salariais foram inclusive objeto de alguma flexibilização. Lessa irá enfatizar o descasamento entre as diretrizes do plano e as forças políticas efetivamente atuantes, caracterizando o projeto como uma manifestação de um poder desconectado das bases sociais do regime, em que pesem as iniciais proclamações favoráveis de entidades empresariais ao discurso governamental.

O impedimento ao sucesso esperado pelos arquitetos do II PND é que a constituição de um empresariado nacional que, a partir do setor de bens de capital e bens intermediários, introjetasse o comando da dinâmica industrial, fracassou. E o esforço em dotar o país de um segmento industrial sob forte guarda-chuva estatal também se viu politicamente cerceado.

E, com a manobra de Paul Volcker e do *establishment* norte-americano, alavancando extraordinariamente as taxas de juros, às quais os empréstimos brasileiros estavam indexados, o Brasil entraria na década de 1980 asfixiado em seu balanço de pagamentos e afundado em políticas de pagamento de uma dívida que se mostraria impagável.

Observando o Estado como uma arena de conflitos entre diferentes frações do capital, podemos considerar que o projeto afirmativo de uma liderança de capitais nacionais como vetor hegemônico da coalizão de forças políticas e econômicas no capitalismo brasileiro foi evidentemente derrotada. Em um texto escrito por Lessa em dezembro de 1980, em parceria com Dain, e dois anos após o seu estudo sobre o II PND, será assinalado:

> Em termos esquemáticos, a situação emergente delineia de forma exemplar uma dicotomia. O capital industrial, sob a liderança do sistema de filiais, está em posição hegemônica, sob o ponto de vista do movimento de expansão. Os capitais nacionais colocados nas outras órbitas permanecem decisivos para a reprodução política da ordem dominante. Essa dicotomia poderia ser considerada a versão mais avançada do capitalismo associado. (BELLUZZO & COUTINHO, 1982, p. 225).

Os autores nos alertam também que, sob a vigência deste pacto, as órbitas mercantis e especulativas deverão sempre poder possibilitar alternativas de acumulação não inferiores ao do setor industrial. Um olhar mais detalhado sobre a construção residencial permite aos autores identificar como o manejo da ação estatal em suas diferentes esferas – federal, estadual e municipal – permite a extração de lucros extraordinários nos processos de extensão da malha urbana, onde se articulam a valorização dos terrenos a partir do alongamento territorial de todos os serviços públicos, viabilizando ainda a construção de imóveis residenciais em áreas antes não utilizáveis.

Este aspecto da contradição de interesses e da necessidade de legitimação política do período do II PND vem sendo objeto de diversos estudos ao longo dos últimos quarenta anos. No texto “Natureza e Contradições do

Desenvolvimento", Maria da Conceição Tavares põe a questão de "saber que tipo de rearticulação, em bases permanentes, se pode fazer entre a grande e a pequena empresa produtiva nacional e estrangeira e os grandes grupos financeiros, nacionais e estrangeiros". Tratar-se-ia de saber o "grau de controle e organização necessitaria o aparelho de Estado brasileiro para poder manter e orientar o atual modelo concentrador. Segundo a autora, a etapa do capitalismo brasileiro favoreceria uma "maior abertura no sentido da internacionalização de certos setores até há pouco dominantemente nacionais ou voltados para o mercado interno" (TAVARES, 1978, p. 262).

Skidmore (1988), ao se referir ás contradições dos vários grupos no governo Geisel, nomeia entre os mais críticos, os homens de negócio e os executivos brasileiros (os mais bem pagos do mundo), que tinham sido grandes beneficiários do *boom* econômico do milagre e grandes apoiadores da ditadura. Muitos destes homens de negócio tinham apoiado com entusiasmo o golpe de 1964 e até alguns deles financiado o Esquadrão da Morte de São Paulo, na luta contra a guerrilha urbana. Segundo o autor, os empresários estavam irritados com a quantidade de incentivos e controles e receavam "que o setor público em rápido crescimento se unisse, de fato, com as empresas estrangeiras para expulsá-los das atividades produtivas" (SKIDMORE,1988, p. 355). Uma voz no governo Geisel falava pelos empresários nacionalistas, criticava as políticas governamentais que tinham favorecido os capitais estrangeiros e defendia a necessidade da liberalização política e a expansão do mercado interno – Severo Gomes, ministro da Indústria e Comércio, e anterior ministro da Agricultura, no governo Castelo Branco. Mas a grande maioria dos empresários manifestava-se principalmente contra a enorme presença do Estado na economia (SKIDMORE, 1988, p. 394).

Na mesma linha de Skidmore, Eli Diniz (1997) ressalta a campanha que as elites empresariais brasileiras desencadearam contra a estatização da economia e o intervencionismo estatal, apesar da heterogeneidade dos grupos empresariais e da sua diversidade de interesses. A pauta contra a intervenção do Estado dos empresários, como mostra a autora, coexistia, no entanto, com pressões em favor da proteção estatal para setores em dificuldade. O questionamento da "prepotência estatal" aparecia ao mesmo tempo associado a "esforços pela permanência da reserva de mercado e da prática da concessão indiscriminada de incentivos, isenção e subsídios para garantir o crescimento industrial" (DINIZ, 1997, p.13).

A análise de um texto recente de Jorge Hilário Gouvêa Vieira, "Muitas leis e pouco direito", permite esclarecer algumas das contradições crescentes entre empresários e a ditadura militar. A sociedade civil, como mostra o autor, insurgia-se contra o aparato repressivo, principalmente, através da igreja, na CNBB, mas também na OAB, reclamando a promessa de uma abertura política, "lenta gradual e segura". O autor refere-se ao "joio" da ditadura, representado pelo AI-5, pela ausência de liberdade de expressão, pela censura, pelo fim do *habeas corpus,* assim como pela tortura e uso indiscriminado da violência e pelo julgamento de opositores do regime militar, mesmo quando civis, em tribunais militares, na vigência da Lei de Segurança Nacional. O "trigo" era o resultado das reformas estruturais empreendidas pela ditadura, como as do Sistema Financeiro Nacional, a criação do Banco Central e do Conselho Monetário Nacional, a Lei do Mercado de Capitais que "criou novas instituições de mercado e modernizou as bolsas de valores", além da reformulação da Lei de Remessa de Lucros, o surgimento do instituto da correção monetária, dos títulos indexados, dos incentivos fiscais e da capitalização das empresas. Estas reformas teriam sido responsáveis pelo "milagre" dos anos 1970. As críticas ao Plano, no texto do autor, referem-se sobretudo ao inchaço estatal e às ameaças de excessiva intervenção de um Estado, principalmente nas áreas de mineração, siderurgia e energia. Outra crítica é à burocracia e suas "leis não escritas", como os créditos do BNDE restritos ao modelo tripartite, ou ás limitações impostas pelo Banco Central, que só autorizava o controle de instituições financeiras, ou seguradoras, se houvesse maioria de capital nacional; ou ainda à manipulação dos índices inflacionários (GOUVÊA VIEIRA, 2019).

Moraes (2018) elenca as fortes manifestações de apoio das entidades empresariais à arrancada do desenvolvimento industrial proclamada no II PND. Análises posteriores mostraram que, se existia de fato um apoio inicial por parte do empresariado ao projeto de avanço e reconfiguração da estrutura industrial, por outros caminhos setores não privilegiados em sua urdidura foram criando obstáculos de vários matizes a sua implementação plena. A já preponderante presença das filiais estrangeiras no setor de bens de consumo duráveis e os interesses consolidados do sistema financeiro nacional irão atuar, de múltiplas formas, em contraposição ao projeto do II PND.

O II PND demarca um momento crucial no desenvolvimento da economia e da sociedade brasileiras. Em sua programação e nos eventuais insucessos que se manifestam em sua implementação, teremos uma síntese histórica na qual a derrota do projeto desenvolvimentista queda inexorável. Mais ainda, a real correlação de forças determinante da condução política de nossa sociedade, até os dias atuais, já se prenuncia e emerge vitoriosa. O II PND, na concepção de Lessa, guarda grande semelhança com o projeto nacional-desenvolvimentista da década de 1950 e, em parte, apresenta conotações ideológicas assemelhadas, multiplicando as ambições daquele projeto retomando a ideia de Nação como um projeto a ser construído.

5. Conclusões

O trabalho de Carlos Lessa sobre o II PND se aproxima daquilo que já foi chamado de "análise concreta de uma situação concreta". Não é um texto que venha revestido de vasta bibliografia teórica, como costumam ser as teses de doutorado. A profundidade dos alicerces teóricos está embutida na própria metodologia que anima a análise daquele momento crucial do processo brasileiro de desenvolvimento. É a seleção dos fatos e aspectos relevantes da conjuntura que evidencia a qualidade teórica do documento. A capacidade de observar e compreender o movimento real dos agentes envolvidos, as características do projeto de transformações econômicas em implementação e suas implicações concretas e potenciais, a dinâmica dos conflitos que se vão materializando e seus desdobramentos. E, principalmente, a análise da coalizão política que se pretendia engendrar, e a viabilidade da correlação de forças reais contra as quais o embate da estratégia do II PND iria de fato ocorrer.

A derrota do projeto de assegurar ao capital industrial de origem interna um espaço privilegiado no setor de máquinas e equipamentos veio consolidar uma estrutura de poder, onde ao empresariado nacional ficou reservado um papel hegemônico nas órbitas da acumulação mercantil. As várias nuances que este termo assume, as diversas frações em que se subdivide esta órbita mercantil, podem ser, contudo alinhadas pelo sentido bursátil de suas movimentações. Não é de estranhar que seja o circuito financeiro, per si, o *lócus* central de todo este movimento. Olhando retrospectivamente todo o processo histórico dos últimos sessenta anos, veremos que o espaço para a produção industrial sob controle local foi se esvaindo gradativamente. A crise financeira dos anos 1980, a abertura neoliberal dos anos de 1990, e as oportunidades de expansão do agronegócio exportador desde o início deste século XXI consolidaram o viés mercantil e secundário do empresariado local. E a crescente reprimarização de nossa economia.

Passados 44 anos após a contribuição de Lessa, a avaliação do projeto que caracterizou a política econômica do governo Geisel retoma sua relevância. Em uma situação absolutamente diferenciada, a necessidade vital de um novo planejamento, que viabilize a retomada da democracia e do desenvolvimento econômico e social, está colocada na ordem do dia.

Referências

ARAÚJO, Victor Leonardo. "A macroeconomia do governo Costa e Silva (1967-1969)". In: Araújo, Victor Leonardo; Mattos, Fernando Augusto Mansor (org.) *A Economia Brasileira de Getúlio a Dilma*: novas interpretações. São Paulo: Hucitec, 2021.

ARAÚJO, Victor Leonardo e MATTOS, Fernando Augusto Mansor de. *A Economia Brasileira de Getúlio a Dilma* – novas interpretações São Paulo, Editora Hucitec, 2021.

BELLUZZO, Luiz Gonzaga de Mello e COUTINHO, Renata. *Desenvolvimento Capitalista no Brasil*: ensaios sobre a crise São Paulo, Brasiliense, 1982.

CASTRO, Antonio Barros de. *O Desenvolvimento Brasileiro da Era Geisel Ao Nosso Tempo*. In: João Paulo dos Reis Velloso (org.). Rio de Janeiro; INAE, 2011.

DINIZ, Eli. *Crise, Reforma do Estado e Governabilidade*. Brasil, 1985-1995. Rio de Janeiro: Editora Fundação Getúlio Vargas, 1997.

GOUVÊA VIEIRA, Jorge Hilário. "Muitas leis e pouco direito". In: Bacha, Edmar. *130 anos: Em busca da República*. Rio de Janeiro: Editora Intrínseca, 2019.

LESSA, Carlos. *15 anos de Política Econômica*. São Paulo, Brasiliense, 1981.

______________. *A Estratégia de Desenvolvimento, 1974-1976: Sonho e Fracasso*. 2 ed. Campinas: UNICAMP- IE, 1998.

______________. *O conceito de Política Econômica. Ciência e/ou ideologia*. Campinas; Unicamp. Instituto de Economia, 1999.

______________; DAIN, Sulamis. "Capitalismo associado: algumas referências para o tema Estado e desenvolvimento". In: BELLUZZO, Luiz; COUTINHO, Renata (org.). *Desenvolvimento capitalista no Brasil*. São Paulo: Brasiliense, 1982.

MARINI, Ruy Mauro. *Dialética da Dependência*. *Germinal*: Marxismo e Educação em Debate, Salvador, v. 9, n. 3, p.325-356, dez. 2017.

MELLO, João Manuel Cardoso de. *O Capitalismo Tardio*. 11 ed. São Paulo, Fundação Editora Unesp, 2009.

MORAES, R. *O Canto do Cisne do Desenvolvimentismo Brasileiro* – uma análise das relações do empresariado industrial com o Estado do II PND à crise dos anos 80. Campinas 2018. Tese (Doutorado) - Instituto de Economia, Universidade Estadual de Campinas.

PATRÍCIO, Inês e D`OLIVEIRA, Nelson le Cocq "Governo Castelo Branco (1964-1966); Ditadura, Ortodoxia e Reformas". In: ARAÚJO e MATTOS (org.) *A Economia Brasileira de Getúlio a Dilma – novas interpretações*. São Paulo, Hucitec, 2021.

SKIDMORE, Thomas. *Brasil, de Castelo a Tancredo*. Rio de Janeiro, Paz e Terra, 1988.

TAVARES, Maria da Conceição. "Natureza e Contradições do Desenvolvimento Financeiro Recente". In: *Da Substituição de Importações ao Capitalismo Financeiro. Ensaios sobre Economia Brasileira*. Rio de Janeiro: Zahar Editores 1978.

13

Buscando decifrar o Brasil: as órbitas não industriais e a natureza oblíqua do processo de acumulação de capitais segundo Carlos Lessa

Carlos Brandão[1]

Resumo

O capítulo analisa o que Carlos Lessa denominou de padrão "pervertido" e "oblíquo" de valorização dos capitais, que articula alianças entre Estado e capitais nacionais e transnacionais. Esse pacto de dominação, decisivo para desvendar a estrutura e dinâmica do processo de desenvolvimento capitalista no Brasil, teria duas cláusulas básicas: a divisão e reserva de espaços de atuação entre órbitas industriais e não industriais; e a participação horizontal privilegiada do capital nacional não industrial nos lucros. O "circuito imobiliário especulativo", enquanto *lócus* privilegiado de articulação genética dos interesses hegemônicos com o Estado, torna-se fiador e administrador desse pacto e apoia a convivência de *formas de capitais dispersas e heterogêneas,* consolidando um bloqueio político-estrutural à centralização, monopolização, conglomeração e à constituição de blocos dinâmicos de capitais. Ao final, aponta-se a atualidade das orientações teórico-metodológicas de Lessa e sua agenda de perguntas e controvérsias fundamentais para se decifrar o Brasil dos anos 2020.

---

1 Carlos Antônio Brandão é Professor Titular em Planejamento Urbano e Regional do Instituto de Pesquisa e Planejamento Urbano e Regional da Universidade Federal do Rio de Janeiro (IPPUR/UFRJ). Doutor, Livre Docente e Professor Titular em Economia Regional e Urbana pelo Instituto de Economia da Unicamp. Pós-doutor em Geografia pela Universidade British Columbia e Pós-doutor em Ciências Sociais pelo Centro de Estudos Sociais da Universidade de Coimbra. Mestrado pelo Centro de Desenvolvimento e Planejamento Regional da UFMG. Seus temas atuais de pesquisa são: capitalismo periférico-dependente e espaço, neoliberalização e neoconservadorismo e geografia dos mercados. Bolsista CNPq 1 C. Coordenador do site www.interpretesdobrasil.org. Página pessoal: www.carlosbrandao.org. E-mail: BrandaoUFRJ@gmail.com.

Abstract

This chapter analyzes what Carlos Lessa called the "perverted" and "oblique" pattern of capital appreciation, which articulates alliances between the State, national and transnational capitals. This pact of domination, decisive to unveil the structure and dynamics of the capitalist development process in Brazil, would be based on: the division and reservation of spaces of action for industrial and non-industrial orbits; and the privileged horizontal participation of non--industrial national capital in the profits. The speculative real estate circuit, as a privileged locus of genetic articulation of hegemonic interests with the State, becomes the guarantor and administrator of this pact and supports the coexistence of dispersed and heterogeneous forms of capital; thus, consolidating a political-structural blockade to centralization, monopolization, conglomeration and the constitution of dynamic blocs of capital. Finally, the relevance of Lessa's theoretical-methodological guidelines and his agenda of questions and controversies are highlighted as fundamental to deciphering Brazil of the 2020s.

Introdução

Carlos Lessa (1936-2020) foi um importante e erudito intelectual que, embora gravitando em torno das problemáticas da economia política do desenvolvimento, percorria com enorme e profundo conhecimento os impasses estruturais de nossa história, ressaltando, ao mesmo tempo, nossas especificidades e potencialidades para a transformação social. Pensador social engajado, atuante e comprometido com as grandes questões nacionais era, ao mesmo tempo, pesquisador pragmático incansável que procurava saídas práticas para problemas concretos. Militante político e experiente gestor público, analisou as entranhas do capitalismo brasileiro e deixou uma mensagem de crença na construção de uma sociedade menos desigual e injusta e mais soberana, solidária e democrática.

Dentre seu amplo programa de pesquisas e suas grandes contribuições acadêmicas, este capítulo destacará a questão da natureza das relações inter-frações do capital no Brasil, ou seja, das coalizões socioeconômicas e políticas armadas na estruturação do que ele denominava uma Santa Aliança (que teria duas cláusulas básicas do pacto de dominação interna: reserva de órbitas e lucratividade assegurada). Em capítulo com Sulamis Dain, Lessa afirmava que "sabemos muito pouco sobre a articulação entre a industrialização e os movimentos das órbitas subordinadas, que, pela peculiar constituição de nosso capitalismo, obtém do político uma fração substancial do excedente geral do sistema" e que "as órbitas subordinadas do ponto de vista da industrialização não o são sob o ponto de vista político" (LESSA & DAIN, 1982, p. 225). Isso representaria, do seu ponto de vista, uma dificuldade adicional para o entendimento da complexa equação sociopolítica e econômica montada no Brasil.

Uma hipótese importante de suas investigações científicas seria: em uma perspectiva relacional buscar entender o que ele chama de organização tripoidal do capitalismo brasileiro. Nesse arranjo, "os grandes capitais privados nacionais têm por característica serem hegemônicos nos setores e subsetores não industriais (financeiro, construção imobiliária, comércio, prestação de serviços etc.)" (LESSA, 1985, p. 214). Além desses capitais nacionais, fariam parte do tripé, ainda, o subsistema de filiais estrangeiras e uma "terceira perna" que engloba o conjunto das grandes empresas produtivas públicas.

Nesse contexto, analisa-se aqui o que ele denominava de "padrão pervertido" e oblíquo de valorização dos capitais, que acaba articulando um amplo arco de alianças, ou seja, um modo específico de articulação entre as diversas frações de capital na escala nacional. Lessa e Dain (1982) sugerem que deve-se investigar os nexos entre o Estado, as filiais dos conglomerados transnacionais e as frações dos capitais nacionais para se entender as racionalidades dos agentes econômicas e a correlação de forças políticas a fim de desvendar a estrutura e a dinâmica do processo de desenvolvimento capitalista no Brasil.

Suas investigações demonstraram que os capitais nacionais têm dificuldades para, no curso de seu processo de acumulação, realizar movimentos de metamorfose mais diruptivos e estruturantes em suas configurações patrimoniais, permitindo-lhes avançar em trajetórias mais vigorosas de monopolização, conglomeração, diversificação e diferenciação. Isto é, não se logram constituir no Brasil blocos dinâmicos de capitais. Assim, ocorre que "o capital privado quando se diversifica e se diferencia tende a diferenciar para setores não industriais" (LESSA, 1985, p. 215).

Lessa sustentava que um grande problema para se pensar os tempos estruturais e conjunturais na escala nacional no Brasil é que um certo viés de análise talvez tenha levado a uma obsessão pela órbita industrial, dificultando que se desvelasse a verdadeira natureza da valorização dos capitais "domésticos" não industriais. Estas frações que não são da órbita da produção (mas da circulação), sobreviveriam econômica e politicamente ancorados em uma pactuação singular de circuitos reprodutivos, que se entrecruzam, porém passam sempre pelo controle despótico da propriedade fundiária (rural e urbana) como alicerce do seu poder político, pelos circuitos imobiliários capciosos, pela manutenção patrimonialista, pela especulação legitimada e bancada pela ação estatal etc.

A peculiaridades do processo de urbanização brasileira jogariam neste contexto papel decisivo para a reprodução ampliada destas órbitas não industriais: negócios fundiários, imobiliários, construção civil, estabelecimentos varejistas e atacadistas, transporte urbano, bancos etc.

Ele deixou muitas pistas instigantes para o estudo crítico do que denominou de "circuito imobiliário especulativo", que seria um *lócus* privilegiado de articulação dos interesses hegemônicos e de suas alianças de poder de uma miríade de capitais heterogêneos em porte e em ramos de atuação. Entendia como crucial para o entendimento da estrutura e da dinâmica da economia brasileira que se investigasse mais a fundo a lógica interna que preside a valorização destas frações de capital que se articulam econômica e politicamente em torno daquele "complexo de atividades imobiliárias". Falava sempre, sem ter explorado melhor em textos, a brilhante ideia da premência em se desenvolver estudos para a elaboração de uma macroeconomia patrimonial rentista mercantil brasileira.

Entendia que desconhecemos grande parte da dinâmica e dos "segredos" e idiossincrasias e da natureza da subordinação destas órbitas e circuitos não industriais. Na verdade, afirmava que não desvendamos a lógica de valorização destas frações, que é fundada nos lucros extraordinários diferenciais ancorados na "esfera da circulação" e que tiveram sempre uma articulação genética com o Estado. Uma dificuldade de análise, asseverava, era que, no tempo e no espaço, os circuitos se interpenetram, mesclando os circuitos especulativo, imobiliário, comercial e "bancário"/usurário, determinados por suas faces mercantis-patrimonialistas e fictício-financeiras, requerendo recorrentemente algum privilégio público.

Após esta introdução, este capítulo discutirá as formas pervertidas e oblíquas de valorização que se expandem no movimento contraditório de acumulação dos capitais no Brasil. Busca-se ressaltar a natureza e o modo de funcionamento do que Lessa denominou de Santa Aliança e sua particular correlação de forças políticas. Analisa-se o processo de urbanização no Brasil e sua hipótese de que tal processo não pode ser explicado apenas pelo de industrialização. Ressalta-se o papel da lógica de funcionamento dos capitais imobiliários e, finalmente, nas conclusões, procura-se retomar e recompor os principais argumentos aqui apresentados, a fim de apontar a atualidade e as promissoras orientações teórico-metodológicas que Carlos Lessa nos deixou para pensar o presente e o futuro do país.

As formas pervertidas e oblíquas de valorização que se expandem no movimento contraditório e limitado de acumulação dos capitais no Brasil: a Santa Aliança e suas cláusulas de dominação

Carlos Lessa sugere algumas pistas, muito originais e instigantes, para se investigar e qualificar a natureza do capitalismo periférico brasileiro. Ele afirma que é fundamental desvelar a lógica interna da valorização de capitais que presidiu o movimento de acumulação na escala nacional. Defende que se deveria resgatar historicamente aquele momento de passagem da economia primário-exportadora para a urbano-industrial e entender como as "massas de capitais se constituíram no movimento de acumulação" daquele período.

Em uma reveladora entrevista à FEE sobre a sua trajetória intelectual, Lessa (1981b, p. 166) relatou que nos seus estudos: "o traço que mais chamava atenção, tanto a Maria da Conceição quanto a mim, era o invulgar dinamismo da economia brasileira. Ou seja, os chamados obstáculos à industrialização (que era o grande tema que o pessoal da CEPAL estava enfrentando na entrada dos anos 1960) nos parecia dizer muito pouco em relação ao caso brasileiro".

O Brasil, muito além de uma estagnação ou falta de dinamismo, era "a experiência de ponta do capitalismo dependente". Neste debate, Lessa, Conceição e outros já se esforçavam por construir uma "visão histórico-genético-constitutiva do Estado", procurando aprofundar temas como os da marginalização, da estrutura social, da dependência associada.

Estavam, como grande parte da intelectualidade crítica naquele momento, tentando entender de que forma o Brasil tinha crescido, diferenciado sua estrutura industrial, como nenhum outro país na América Latina, porém a industrialização não tinha alcançado os resultados macroestruturais almejados, muito menos cumprido suas (esperadas e implícitas) promessas sociais.

Ele afirmou, naquela entrevista de 1981, que já se encontrava então:

> (...) cada vez mais convencido de que o problema no Brasil passa por uma sagrada aliança. Eu acho que há uma sagrada aliança entre o capital internacional, que é hegemônico no circuito industrial, e o grande capital nacional, que é hegemônico no circuito não industrial. Eu acho que há um antigo pacto no Brasil que une o grande capital privado nacional que é não industrial, como o bancário, imobiliário, agrário e mercantil, com o capital industrial, que é predominantemente estrangeiro, sob a hegemonia das filiais, e que esta sagrada aliança é quem, na verdade, define os rumos dos grandes movimentos históricos do desenvolvimento brasileiro. (LESSA, 1981b, p. 171).

Buscava entender como um país com uma estrutura produtiva diferenciada e densa, que tinha logrado uma espécie de aproximação e convergência com os padrões técnicos e produtivos (e de consumo, em certo sentido) da 2ª Revolução Industrial, já maduros, há muito tempo, nos países centrais, não dava o salto da mudança estrutural e social. Lessa formulou e investigou importantes hipóteses de pesquisa, sobretudo aquela que sustentava que o Brasil tinha as características de ser marcado pela presença decisiva de empresas estrangeiras nos ramos mais dinâmicos da economia e pela existência e convivência com *formas de capitais dispersas e heterogêneas,* que *conformariam uma espécie de "glóbulos" de capitais.*

Tinha presente que, ao longo do século XX, se constituiu uma experiência de modernização e desenvolvimento dependente-associado que, neste complexo e continental espaço periférico, tinha formado um muito peculiar:

> (...) capitalismo com suas correspondentes massas de capitais integradas por glóbulos – alguns de vulto para a época – distribuídas nos diversos circuitos do complexo mercantil (bancários, comerciais, agrários etc.). Tais capitais são nacionais e se interarticulam em um padrão de reprodução ampliada que constrói uma trajetória cíclica, como é, habitualmente, qualquer movimento de expansão e crise do capital. A *especificidade deste capitalismo* consiste no *comando da dinâmica capitalista por um complexo mercantil* (...). Não se constituem as forças produtivas que permitem uma dinâmica sob o comando do capital industrial. Isso não significa ausência da indústria. Ela surge como uma diferenciação do complexo, mas tanto suas condições de realização como de reprodução são determinadas pelas outras órbitas de capital (...). *O capital industrial circunscrito a poucos ramos da produção* – notadamente bens-salário – *instala-se como uma projeção do complexo mercantil.* (LESSA & DAIN, 1982, p. 218 – grifos nossos CB).

Em suma, o "complexo mercantil" seria a matriz e o núcleo central do desenvolvimento capitalista no Brasil. Dele se desdobrou nosso processo de industrialização. Um complexo a partir do qual se dá o comando estratégico, o encadeamento de decisões cruciais. Entretanto, um núcleo problemático e limitado: que não pode ser disruptivo, ou dinâmico capitalisticamente, em termos de promover a mudança estrutural, conglomerar, inovar, buscar presença em mercados "de ponta" internacionais, requerer e constituir um padrão de financiamento de longo prazo etc.

Há, segundo Lessa, uma "espécie de centralização 'imperfeita'"; algo como um "bloqueio político-estrutural à centralização do capital". Os capitais, tomando a forma de glóbulos difíceis de serem aglutinadas e amalgamados, com seus dispersivos interesses, determinariam e exacerbariam a complexidade econômica, política, social e territorial do país.

> Os economistas têm estado sumamente obcecados pela industrialização e sabem muito pouco sobre o que ocorreu com as demais órbitas de capital – bancárias, comerciais, agrárias etc. –, como se movem ao longo da transição, como se situam nos poucos casos em que a industrialização se constitui no novo padrão de desenvolvimento. Sempre em busca da controvérsia e com toda a imprecisão que o leitor nos permite, acreditamos que é identificável em nossas experiências a presença de padrões "pervertidos" de valorização nessas outras órbitas. A permissividade com os movimentos especulativos, a obliquidade patrimonialista, a hipervalorização dos prédios urbanos e rurais, as inflações seculares etc., são manifestações tão arraigadas e universais na América Latina que suspeitamos estarem vinculadas ao pacto básico. (LESSA & DAIN, 1982, p. 224).

Claramente, os limites impostos pela reprodução do pacto interno de dominação impossibilitam a centralização e a constituição de grandes blocos dinâmicos de capitais: "Há uma situação peculiar na qual nenhum dos capitais existentes em nossos capitalismos em etapa monopólica pode fazer o movimento geral de centralização" (LESSA & DAIN, 1982, p. 223). Não logram completar o processo por "razões genético-constitutivas": "nossos ecúmenos de acumulação uma autolimitação estrutural em direção ao movimento de monopolização" (LESSA & DAIN, 1982, p. 223).

Neste contexto, os capitais excedentários vão se abrigar em formas e *lócus* intersticiais de sobrevivência, isto é, buscarão garantir a não desvalorização, e por vezes surtos expansivos, nas franjas das fronteiras de valorização.

A natureza do padrão de acumulação, estruturado nas específicas condições de nosso capitalismo periférico, determinou que se forjassem alianças políticas, sociais e econômicas com lógicas de dominação que

> (...) impuseram um pacto implícito com duas cláusulas básicas. A primeira dispõe, como reservas para os capitais nacionais das órbitas de seu interesse crucial, como frentes de valorização. Tais órbitas são não industriais e, entre elas, as filiais estrangeiras industriais não poderão diversificar as inversões. A segunda estabelece uma regulação quanto à partição horizontal da massa de lucros do capitalismo associado. A rentabilidade das órbitas sob controle do capital nacional não será inferior à da órbita industrial. (LESSA & DAIN, 1982, p. 221).

Lessa sempre estava buscando "uma explicação do modo específico como se valorizam os capitais existentes no interior da economia" e chegou a esta conclusão de que se conformaram, no processo histórico, essas duas cláusulas básicas do pacto de dominação interna. Estes acordos entre as várias frações do capital, teriam sido instaurados a partir de regras muito claras que precisam ser cumpridas. De acordo com sua argumentação, tais princípios normativos no seio do tripé haviam sido fundados em presença do Estado, que se torna o fiador e o administrador deste pacto implícito de dominação e desempenha um papel constitutivo e decisivo para que a competição intercapitalista possa operar com menores conflitos.

> A existência do pacto exige algo do Estado: que seja o seu gestor. E acreditamos que essa é a especificidade do Estado em nosso continente, pelo menos no caso brasileiro. A função de gestor do pacto é fundamental para a reprodução do pacto do capitalismo associado e a manutenção da "sagrada aliança". (LESSA & DAIN, 1982, p. 221).

A regulação política desde dentro dos aparelhos de Estado e de suas estatalidades é que soldaria o pacto de dominação e garantiria que fossem cumpridas as regras de que não houvesse a invasão das órbitas previamente delimitadas e acordadas entre as frações estrangeiras e nacionais do capital.

Assim, Lessa conclui que:

> Sabemos muito pouco sobre a articulação entre a industrialização e os *movimentos das órbitas subordinadas*, que, pela peculiar constituição de nosso capitalismo, *obtém do político uma fração substancial do excedente geral do sistema* (...). Os problemas que se oferecem para o Estado como

> administrador da "sagrada aliança" – permitir a valorização predominantemente especulativa de lucros, apropriadas pelos capitais das órbitas não industriais –, é uma agenda específica de nosso capitalismo associado. A nosso ver, toda aquela sequela de manifestações *não são disfunções* do nosso capitalismo, *mas dimensões de seu modo de ser*. (LESSA & DAIN, 1982, p. 225-6 – grifos nossos CB).

Ou seja, a valorização dos capitais "domésticos" não industriais é ponto crucial para o entendimento das particularidades de nossa trajetória. Ao longo da história, esses capitais sobreviveram econômica e politicamente ancorados em um pactuação singular de órbitas e circuitos reprodutivos patrimonialistas e rentistas, tendo sua força especulativa e de preservação de riqueza envelhecida tendo sido, recorrentemente, sancionada e legitimada pelo Estado brasileiro. O alicerce de seu poder político radica na intermediação mercantil e na manutenção da estrutura de distribuição de propriedade da terra intacta, não sendo tolerados mecanismos de regulação fundiária. Em termos gerais, pode-se afirmar que Brasil é marcado pela participação decisiva de empresas estrangeiras e pela presença de formas de capitais dispersas e heterogêneas, difíceis de serem aglutinadas, o que exacerba a complexidade econômica, política, social e territorial do país.

> Em termos esquemáticos, a situação emergente delineia de forma exemplar uma dicotomia. O capital industrial, sob a liderança do sistema de filiais, está em posição hegemônica, sob o ponto de vista do movimento de expansão. Os capitais nacionais colocados nas outras órbitas permanecem decisivos para a reprodução política da ordem dominante. Essa dicotomia poderia ser considerada a versão mais avançada do capitalismo associado. O pacto básico permanece inalterado. Já vimos que a manutenção da primeira cláusula – a divisão de órbitas – bloqueia a monopolização. A manutenção da segunda cláusula – a ampla participação do capital nacional na repartição horizontal de lucros, está, segundo nossa opinião, ligada à reiteração dos padrões "pervertidos" de valorização. Os capitais nacionais tendem a obter massas de lucros que ultrapassam sistematicamente as oportunidades de valorização de suas órbitas. Buscam sempre a forma de ativos – de natureza diversa – como reserva de valor, e exigem permissividade e estímulo da política econômica em direção a esse tipo de movimento. Há uma obliquidade patrimonialista e uma hipertrofia de operações especulativas ligadas à constituição, transformação e circulação destes ativos. (LESSA & DAIN, 1982, p. 225).

Mesmo tendo o comando capitalista a partir de um complexo mercantil, o movimento da expansão seguiu seu curso. Como soe acontecer no Brasil, "avançar aparecia como a única solução, ainda que fosse pela via de uma valorização heterodoxamente politizada do capital. Uma valorização que, por causa de seus limites políticos, permitiu o convívio e a sobrevivência de frações e órbitas financeiras mercantis altamente especulativas, e de frações industriais e agrárias de baixa produtividade" (FIORI, 2003, p. 154).

O Estado apresenta alto grau de liberdade no interior desta aliança. No exercício de seu poder "emana a exigência de reproduzir interesses capitalistas que não são capazes de autodeterminar-se no movimento de expansão" (LESSA & DAIN, 1982, p. 224). Dado os seus graus de liberdade, em certas configurações políticas de determinadas conjunturas específicas, o Estado pode ter arroubos voluntaristas, que tanto pode pretender ser a "nação-potência", quanto "*pode propor uma neomercantilização da economia*" (LESSA & DAIN, 1982, p. 224 - grifos nossos CB).

Esta secular fuga para a frente no território e de rota de escape dos direitos sociais se processou segundo uma dinâmica de "centralização imperfeita" dos capitais nacionais, gestados que foram em um ambiente permanente de "bloqueio político-estrutural à centralização do capital" e de "autolimitação estrutural em direção ao movimento de monopolização" (LESSA & DAIN, 1982). Quando ocorreu, a conglomeração empresarial se deu muito mais como uma aglutinação de interesses patrimonialistas-rentistas, enquanto ocorria, especialmente em toda a segunda metade do século XX, a penetração das empresas estrangeiras nos setores mais dinâmicos da estrutura tecnoprodutiva.

A entrada das empresas transnacionais no Brasil:

> (...) dá origem a uma relação simbiótica e permanente entre as frações penetrantes e as massas de capitais nacionais que se constituíram ao longo do desenvolvimento capitalista anterior. Historicamente, esta relação se constituiu no seio de um capitalismo cujo movimento de expansão não tinha sua dinâmica ditada pelo capital industrial, ou seja, antes da industrialização. Neste primeiro momento, as filiais que lideraram (por definição) as atividades nascidas de sua instalação, ocuparam lugares no circuito de capital industrial subordinado a um complexo mercantil hegemonicamente nacional. Isso, para nós, tem um significado muito especial. Vemos nessa antiga relação simbiótica um pacto básico que, à falta de outro nome, chamaremos de "sagrada aliança", pela qual há uma comunidade e uma convergência de interesses entre capitais nacionais dominantes em órbitas de capital não

> industrial e um sistema de filiais líderes no circuito industrial. As relações são sistematicamente de solidariedade na expansão conjunta dos capitais existentes naquele espaço nacional de acumulação e que respeita uma "especialização", uma espécie de divisão do espaço, segundo órbitas, por capitais de diferentes procedências. Esse pacto se constitui em presença do Estado. (LESSA & DAIN, 1982, p. 220).

Há claras relações de solidariedade e de soldagem de interesses compartilhados no chamado Tripé Estado-Capital Estrangeiro-Capitais Nacionais. Há uma estabilizada, e pouco disputada, articulação política e econômica com uma nítida divisão de tarefas e de espaços entre seus componentes.

Segundo Lessa:

> A sugestão que me ocorre, frente à notável ausência de qualquer conflito político maior, entre o grande capital privado nacional e o subsistema de filiais deste processo não conflitivo ter sido acompanhado, de um grande acordo implícito de divisão de frentes de valorização do capital entre as diversas pernas do tripé. Os setores que permanecem sob o comando do capital privado nacional, tem uma característica importante, neles sistematicamente a fração do excedente geral de economia de que se apropriam supera as possibilidades de transformação em novo capital no setor. Dito de outra maneira, a parcela da massa de lucro que é apropriada pelo grande capital privado nacional rebaixa tendencialmente as possibilidades de valorização em seu próprio setor, o que implica que há um problema estrutural permanente nessa trajetória de expansão, que é a busca de uma frente de valorização para esses lucros excedentários, excedentários no sentido de que não podem se valorizar em seu setor hegemônico. (1981a, p. 214).

Assim, as massas de capital-dinheiro que não encontram destinação lucrativa em seus próprios espaços de origem são pressionadas a buscarem o retorno esperado de inversão de capital em outros setores, dutos e circuitos que não o seu *core business*. Como um de seus ramos privilegiados de destino, essas massas de capital-dinheiro acabam vazando para o setor de serviços urbanos, mas sobretudo para os circuitos imobiliários. Ou seja, as aplicações de capital sobrante, se dirigem para as frentes de expansão que são oportunizadas pelo rápido e intenso processo de urbanização no Brasil.

Uma urbanização que não se explica pela industrialização: capitais imobiliários e o amplo e heterogêneo arco de alianças em torno do ambiente construído no Brasil

Carlos Lessa irá sustentar uma inusitada e interessante hipótese sobre o processo de urbanização no Brasil: "não é a industrialização que explica seus processos de expansão e valorização urbana, mas, pelo contrário, é a própria expansão e valorização urbana que sugere uma explicação para o respectivo desenvolvimento industrial" (1985, p. 214). De acordo com sua perspectiva, a industrialização explica a urbanização apenas de São Paulo e não das demais regiões metropolitanas brasileiras.

Em um artigo sintomaticamente intitulado "Acumulação oligárquica e formação das metrópoles" ele diz:

> Considero a dinâmica da cidade brasileira, das grandes cidades brasileiras no mínimo enigmática à luz das hipóteses teóricas mais gerais que usualmente explicam o processo de urbanização. Existem variantes, que podem ser reunidas em duas grandes hipóteses explicativas do desenvolvimento urbano: a) A cidade se desenvolve em função do dinamismo de sua região tributária, da qual é polo, ou b) se desenvolve como *lócus* e sede do processo de industrialização. Cotejados empiricamente os dados das nove regiões metropolitanas brasileiras a hipótese da metrópole como sede do desenvolvimento industrial, explicaria admiravelmente bem o dinamismo de uma das regiões metropolitanas brasileiras e parcialmente o desenvolvimento de outra região metropolitana. Porém, existem diversas regiões metropolitanas aonde a hipótese da industrialização não consegue absolutamente explicar o seu dinamismo no longo prazo. (LESSA, 1985, p. 214).

Ele nos deixa uma reflexão interessante, simples e, ao mesmo tempo, inusitada, de se buscar verificar algum *padrão de expansão, permanência, abandono, demolição, construção e reconstrução (valorização-desvalorização imobiliárias)*, em termos relacionais-comparativos, *nos variados espaços urbano-metropolitanos brasileiros*, que deveriam ser analisados segundo cortes macrorregionais.

O que principalmente chama a atenção de Lessa no artigo citado acima é que nem o processo de industrialização, nem a dinâmica das respectivas regiões tributárias (hinterlândias) das metrópoles brasileiras, podem explicar o que ele chama de padrão de construção, reconstrução, crescimento demográfico e valorização imobiliária, que seriam relativa e proporcionalmente semelhantes em relação aos seus congêneres nos vários espaços urbano-regionais brasileiros. Dessa forma, exceto em São Paulo, a hipótese da industrialização não consegue explicar o dinamismo no longo prazo que conforma esse padrão estabelecido (LESSA, 1985, p. 214). Espaços urbanos complexos teriam se desenvolvido tanto em áreas estagnas e regiões-problema, quanto em regiões agrícolas dinâmicas.

Toda esta abordagem é realizada por ele no contexto de um Brasil plural, e que é, antes de tudo, um país imenso e muito populoso. Assim nosso processo de urbanização foi caracterizado como expansivo, de fuga para a frente, esparramado ao longo do heterogêneo, e de dimensões continentais, espaço nacional, que foi ocupado ao longo do tempo seguindo uma lógica de vigorosa apropriabilidade privada de terras e deslocamento contínuo das fronteiras territoriais. Os nossos mais de 100 anos de urbanização precarizada (1920-2022) foram marcados por uma história de "longa duração" de uma espécie de amálgama de disparidades, convivência do variado, com extensividade e itinerância, mas também de uma produção de um ambiente construído com ocupação precarizada de espaços com irregularidades e seguindo dinâmicas socioespaciais de natureza espoliativa, de exclusão social e ilegalidades variadas.

As elevadas taxas de crescimento econômico e os massivos movimentos populacionais foram acompanhados de um processo de expansão e produção de aglomerações urbanas que apresentaram as características de rápida moldagem de espaços precarizados, ocupação de áreas irregulares e uma urbanização sem urbanidade. Assim, no Brasil ergueu-se uma *sociedade urbana de massas* complexa, com a interdição do direito à cidade para a maioria, e sob o controle férreo de elites fundiárias, imobiliárias e rentistas urbanas e rurais, pouco submetidas ao disciplinamento dos poderes públicos e dos desígnios coletivos. Foi montada uma *economia urbana moderna*, com sofisticada estrutura reprodutiva diferenciada (composta por variadas frações de classes sociais), estrutura produtiva diversificada (manufaturas e serviços) e heterogeneidades estruturais (sociais, regionais e culturais) muito marcantes, porém com baixa cidadania urbana.

De acordo com Lessa, tal complexidade exigiria uma mirada que ele denominava de mesoeconômica:

> A mesoeconomia é a fronteira pouco definida entre os dois objetos da reflexão econômica: a opção técnica como solução frente a escassez material e as leis sociais que organizam a produção e repartição dos bens e serviços. Estes dois objetos, projetados a um alto nível da abstração, cercam de mis-

> tério cognitivo a reflexão do economista. A mesoeconomia se desenvolve a partir da admissão do tempo e do lugar como inerentes ao fenômeno econômico; não pode ser um exercício apenas de admissão teórica, pois, neste caso, a abstração não chega a nada. (LESSA, 2013. Orelha do livro).

Ou seja, não bastaria apenas admitir que existe a relação espaço-tempo, será preciso apreendê-la e explorá-la. A abordagem teórico-metodológica de Lessa é instigante e permite orientar análises histórico-estruturais críticas.

Seu mestre Anibal Pinto, em um primoroso prefácio que escreveu para o seu livro com Castro, sustentava que:

> (...) naturalmente que alguns fenômenos econômicos (assim como outros sociais) têm uma relativa constância, ou se se quiser, possuem algumas características "atemporais" e "aespaciais" (...) em um alto nível de abstração (...). Entretanto, assim que se confrontem as abstrações mais gerais com uma realidade histórica determinada, a fim de compreendê-la ou modificá-la, será indispensável incorporar elementos substanciais e relativamente específico à mesma (...). Aproximar da compreensão da realidade (...) não implica a negação absoluta das abstrações mais gerais, mas, sim impor-lhes-á 'baixar à terra', enriquecendo-as e especificando-as. (PINTO, 1967, p. 13-14).

É com esta orientação que se expressa a visão "enriquecida" e "específica" que apresenta Carlos Lessa acerca do papel do processo de urbanização brasileira. Uma interpretação que impressiona, sobretudo por ele não ser um especialista nessa temática. Chama a atenção sua criatividade e perspicácia teórica-metodológica, que se assemelha muito, em várias nuances, à de Henri Lefebvre – quando esse contrapõe industrialização à urbanização – em diversos textos que ele, muito provavelmente, nunca teve acesso. Para ambos, o processo de urbanização é uma frente de oportunidades e dinamismos e tem papel indutor, não apenas induzido, no processo de desenvolvimento capitalista.

No caso brasileiro, complexas dinâmicas, de longo curso e de natureza contraditória, tiveram as marcas do dinamismo econômico, dos efeitos de multiplicação e aceleração da renda e da riqueza, nos seus diversos mercados e espaços urbanos. Formou-se, ao longo do tempo e nos variados espaços, uma coalização expansiva de promotores imobiliários de uma urbanização dispersa, uma máquina de crescimento produtora de cidades que "crescem para fora", dilatam suas aglomerações e rompem suas fronteiras internas, sempre deixando, em suas "fugas para a frente", grandes vazios retidos à espera de valorização. As obras de infraestrutura (redes de água, esgoto e eletricidade, arruamento, pavimentação etc.) passarão por enormes áreas pouco povoadas, valorizando seus terrenos e imóveis para futura comercialização.

Neste sentido, as empresas de construção civil e o Estado terão papel destacado nestas novas áreas. Tomemos, historicamente, os esquemas com que as empresas oligopólicas de engenharia civil pesada puderam assegurar polpudas carteiras de obras, ligados às formas com que se selecionam as empresas para determinadas obras. Esses ramos executores das obras públicas de porte, nas áreas de asfaltamento, saneamento básico, energia elétrica etc., representariam setores-chave, segundo Lessa e Dain (1982), *loci* preferenciais da ação dos capitais nacionais abrigados nas órbitas não industriais. Esses capitais foram importantes financiadores das campanhas eleitorais, congregando muitos representantes nas câmaras de vereadores e sendo partícipes importantes do comando do jogo político municipal.

Apesar de ter engendrado socioeconomias urbano-regionais e rurais bastante complexas e modernas, estas estiveram (e continuam estando) submetidas às estruturas políticas arcaicas deste pacto retrógrado, que soldou alianças políticas e um contrato social produtor de todas (e simultâneas) as expressões de desigualdade. Tal pacto exacerbou a interdição estrutural das reformas sociais, da distribuição da renda e da habilitação pela propriedade e do acesso aos direitos, para a maioria da sociedade. Embora o Brasil tenha construído virtuosamente a articulação econômica, a integração dos mercados regionais, a unidade nacional e a modernização (embora conservadora) expansiva e acelerada dos espaços urbanos e regionais, todos os processos se deram sob um pacto de dominação ultraconservador, antidemocrático e antipopular (BRANDÃO, 2021).

A consequência social desse pacto é a completa marginalização e a destituição da maior parte das massas populacionais redundantes, que estão depositadas nos espaços desurbanizados, formando cidades com as marcas da apartação e da destituição. São reunidas e recombinadas carências de toda ordem, que vão desde os problemas de degradação ambiental, falta de mobilidade urbana e precariedades do transporte de massas, até déficits habitacionais, de saneamento básico, dentre outras mazelas. A provisão adequada dos bens, serviços e infraestruturas públicas e coletivas não se deu na quantidade e qualidade necessárias para a construção da cidadania plena e para que a democracia fosse de maior intensidade. A não oferta, ou a oferta restrita e insuficiente, dos chamados meios de consumo coletivo (moradia, transporte, saneamento etc.), sobretudo para as parcelas populacionais e das cidades mais vulneráveis, é uma expressão (territorializada) da lógica da ação das frações não industriais aqui tratadas neste capítulo.

Se o chamado caos urbano já era uma marca da urbanização brasileira, mais recentemente, a degradação da provisão das infraestruturas e dos serviços públicos foi agravada, com o desemprego e um acelerado processo de desindustrialização. Nas últimas décadas o Brasil viu, ao mesmo tempo e paralelamente, os *circuitos da acumulação urbana* rapidamente se modernizarem, conglomerarem e financeirizarem. Os grandes projetos de intervenção urbana, tendo o complexo imobiliário-construtor na vanguarda das parcerias público-privadas, consolidaram sua força hegemônica nas cidades que são, antes de tudo, espaços voltados mais para os negócios privados e os fartos e fáceis ganhos especulativos do que para a melhoria da qualidade de vida dos cidadãos.

A resultante de todo esse processo é a formação e evolução de uma gigantesca e potente *urban growth machine* na periferia do capitalismo subdesenvolvido, que é estruturada a partir de uma coalizão de forças sociais, sob o domínio despótico de elites que têm uma de suas bases fundantes de poder no controle irrestrito da terra e das empresas que "fabricam cidades" para seus negócios. Importante entender que arco de aliança em torno do ambiente construído brasileiro é bastante amplo, sendo comandado por variados apropriadores de rendas fundiárias (patrimonialistas) e imobiliárias de diversas naturezas, que se encontram articulados a outros apropriadores de rendimentos de outras fontes, sobretudo as mercantis e usurárias. Todas essas dinâmicas de atuação desses agentes conduzem a uma sobredeterminação dos circuitos da órbita da circulação de riqueza velha coagulada (rentistas e especulativas) que se superpõe (e por vezes interdita) à órbita da produção empreendedora de riqueza e formadora de capacidade produtiva nova – que poderia promover uma "acumulação reprodutiva", no sentido de Celso Furtado (BRANDÃO, 2020). Não se reforçam as frações industriais mais inovadoras, dinâmicas, agregadoras de maior valor e que poderiam formar mais relevantes conglomerados empresariais produtivos, com alta competitividade e presença nos mercados internacionais.

Se esta é uma coalizão secular, com as alianças mercantis-fundiárias detendo um poder concentrado que atravessa as relações de Estado, as estatalidades e os canais de representação de interesses, caberia investigar suas formas de modernização e reacomodação, em cada momento conjuntural e nos diversos espaços urbano-regionais brasileiros.

Certamente as formas por meio das quais os agentes promotores da expansão urbana se articulam e mantêm seus privilégios acabaram se sofisticando nas últimas décadas e a *nova morfologia de organização dos empreendimentos imobiliários e de seus respectivos modos de financiamento*, em cada *lócus* mesoeconômico (tempo e lugar) particular, exigem atualmente maior e mais decisiva ação estatal, requerendo maiores estudos coletivos e comparativos no Brasil.

Como ponto de partida seria fundamental buscar entender a estrutura, a dinâmica e a lógica de funcionamento do circuito especulativo imobiliário proposto por Carlos Lessa. Partindo de uma abordagem mais abstrata da natureza das aplicações de capital neste circuito, seria importante encaminhar a análise, em aproximações sucessivas, para chegar a uma melhor compreensão da realidade brasileira.

Iniciando em um maior nível de abstração, é importante contextualizar que as aplicações de capital-dinheiro nos circuitos imobiliários apresentam natureza intrinsecamente especulativa em relação às incertezas postas pelo futuro esperado de enriquecimento privado, representando formas *sui generis* de manutenção e valorização da riqueza. Essas formas, eleitas pelos detentores de direitos de propriedade privada exclusiva, buscam a preservação e a expansão de suas massas de riqueza no transcurso do tempo, e assim, como afirmou Lefebvre (2008, p. 118): "*através de uma mediação – o espaço – o dinheiro produz dinheiro*".

Os *campos especulativos fundiários-imobiliários* funcionam como *lócus*, espaços ou veículos para o resguardo e o acúmulo de direitos de propriedade privada, que concedem acesso direito e indireto à extração de rendas presentes e futuras: fundiárias, monetárias, monopolistas. Aos proprietários de bens raiz se assegura juridicamente uma garantia, um direito inflexível e intrínseco de extrair uma renda-proprietária. Ou seja, os detentores de imóveis obtêm resultados (rendimentos) que são garantidos pelo (mero) monopólio privado da propriedade (absoluta). Por serem proprietários, adquirem poder (intrínseco) de receber retornos-proprietários.

Um outro aspecto teórico importante para o desvendamento dos circuitos imobiliários é buscar entender como eles cumprem, em qualquer capitalismo contemporâneo, um papel de destino de escoamento, do desaguar de massas de capital-dinheiro que fluem para seus "canais compensatórios". Tais circuitos criam oportunidades de inversão de capitais "sobrantes", disponíveis, ávidos por ganhos extraordinários, que podem, dessa forma, escorrer, enquanto massas redundantes de capital excedente, por veios, ramos e circuitos de menor resistência, buscando contornar ou enfrentar controles regulatórios nacionais e evitar sua desvalorização. Esse papel de desaguadouro é sugerido por Lefebvre, quando ressalta que "o 'imobiliário' desempenha o papel de um *segundo setor*, de um *circuito paralelo* ao da produção industrial. Esse segundo setor absorve os choques. (...) *O capital imobiliza-se no imobiliário*" (LEFEBVRE, 1999, p. 146 – grifos nossos CB).

Na mesma linha de raciocínio, Lessa desenvolve ideia semelhante ao sugerir que, no caso brasileiro, as operações imobiliárias, "eminentemente especulativas, são o desaguadouro de grande parte dos excedentes sistemáticos do grande capital privado nacional" (LESSA, 1981a, p. 216).

Lessa relata que "existem amplas frações do capital nacional, grande, médio, pequeno, não industrial, ou seja, comercial, agrário, que período após período de produção, obtém lucros e mais lucros ao longo do tempo. Entretanto, não conseguem converter esses lucros em novo capital, em sua própria órbita" (LESSA, 1981a, p. 31). Ele dá como exemplo o capital comercial, que obtém ganhos na comercialização. Porém, o espaço urbano não proporciona a ele oportunidade de, "no próprio interior do circuito comercial", realizar adequadamente a sua reprodução ampliada como capital. Pergunta então "Para onde vão esses lucros, não podendo reproduzir-se em seu próprio circuito? (...) Se dirigem, escoam, para os 'bens raiz' (...) Eles vão se valorizar no circuito imobiliário", responde. O circuito imobiliário se constitui na grande fronteira de valorização dos lucros e dos excedentes obtidos em outras órbitas ou ramos ou circuitos, como o agrário, ou outros. Segundo Lessa, "o capital comercial, o capital agrário, dentre outros, precisa de uma fronteira de valorização que não está na sua órbita" (1981a, p. 31). Nas aplicações imobiliárias se busca reinvestir o lucro auferido anteriormente em outros circuitos ou órbitas, transformando-o em novo capital, a fim de se valorizar, ou pelo menos, de não se desvalorizar o valor acumulado no período de rotação anterior.

Dessa forma, esses capitais que estão encarnados na forma de massas de capital-dinheiro se dirigem para o circuito imobiliário especulativo, posto que não encontraram o retorno esperado de inversão lucrativa em outros setores. Assim, buscam um escoadouro – e serão retidos e mantidos em estado de liquidez variada ou em estado imobilizado – até se metamorfosearem e/ou fixarem em alguma outra forma mais definitiva (pelo menos momentaneamente), até retornarem a um estado mais líquido ou coagulado. Os movimentos cíclicos de mudança de forma se sucedem. O capital coagula-se no imobiliário e liquidifica-se na forma de capital-dinheiro quando o imóvel é vendido, completando o seu ciclo reprodutivo.

Em uma concepção muito avançada para o momento em que foi desenvolvida, Carlos Lessa (1981a; 1985) explica que o capital imobiliário tem uma natureza bifronte: é capital mercantil e é, simultaneamente, capital financeiro. Mercantil, pois suas operações de valorização passam necessariamente pela circulação de mercadorias e por alguns privilégios públicos concedidos através de suas relações orgânicas com o Estado. Financeiro, pois suas operações de valorização exigem uma "juntada", ou seja, a mobilização de capital-dinheiro, e assim criam ativos. O capital imobiliário, sobretudo no Brasil (como em Ignácio Rangel, 2005) seria um "emissor de ativos financeiros", quando, por exemplo, lança e vende um edifício ainda "na planta". Lessa destaca o papel da figura do incorporador neste processo de lançamentos imobiliários e o papel decisivo do Estado nesta equação montada, pois uma:

> (...) característica estrutural do capital imobiliário é a sua íntima e orgânica articulação com o Estado. Dito de outra maneira, a possibilidade das metamorfoses desta valorização, desta descontinuidade pela qual se transforma a terra urbana em suporte de um "título financeiro", que é possível emitir com grande ganho, exige o privilégio público. (1985, p. 215).

Na mesma linha analítica muito promissora de Ignácio Rangel (2005), David Harvey (2013) e Henri Lefebvre (1999), Carlos Lessa (1981a; 1985) afirma que o capital imobiliário assumiu o papel principal de emissor de haveres financeiros ao longo do processo de avanço evolutivo do capitalismo sobre as estruturas e as dinâmicas das cidades.

> Normalmente, num capitalismo que estivesse plenamente amadurecido desenvolver-se-ia um circuito financeiro que captaria estes excedentes e os utilizaria para financiar outras frentes de expansão. Ocorre que para a organização do tripé as outras frentes de expansão estão sob a hegemonia do subsistema de filiais ou do capital estatal. Creio eu que o circuito imobiliário entra na história de nossa urbanização e industrialização, como substituto de funções que noutras experiências e movimentos são cobertos pelo mercado de capitais. (LESSA, 1985, p. 215).

Lessa sustenta que "o capital imobiliário é uma fronteira de valorização, na verdade, uma fronteira de valorização fictícia, pois um capital incorporador e imobiliário faz a transmutação alquímica e aufere ganhos de valor fictício" (LESSA, 1981a, p. 30). E são ganhos substanciais e a partir de estratégias ativas. Ele alerta que é preciso não confundir capital imobiliário com o mero ganho passivo de valorização (por exemplo, resultado de uma herança). Quando se fala em capital imobiliário está se falando de um capital promotor e empreendedor que segue uma estratégia ativa de valorização (programada) de um prédio urbano (LESSA, 1981a, p. 7). Trata-se de uma fração bastante diligente como extrator de rendimentos diversos e recrudescida pela força, no Brasil, do controle da propriedade privada e pela restituição violenta do poder de classe oligárquico-fundiária, patrimonialista e rentista no ciclo político recente e na conjuntura desta terceira década do século XXI.

Nesse contexto, defende Lessa, seria preciso aprofundar a investigação da lógica de funcionamento do capital imobiliário, que ganha centralidade no funcionamento do capitalismo altamente urbanizado brasileiro. Não obstante, a fração imobiliária de capital é muito complexa em sua lógica de funcionamento e os desafios de sua análise são imensos, ainda mais dada a sua crucial importância para o desvendamento do modo de operação do capitalismo brasileiro, pois os seus ganhos de valorização são gigantescos nas operações especulativas nas quais esses capitais se especializaram historicamente (LESSA, 1981a).

Ao mesmo tempo, devemos também refletir sobre os mecanismos e dispositivos com que, mais do que imobilizar parte do capital no ambiente construído, em terras, em prédios etc., o circuito imobiliário se transformou no *lócus* estratégico (inclusive político) do capital privado nacional. As frações nacionais articulam-se no interior desse circuito (LESSA, 1981a, p. 31). Os capitais industriais "de ponta" são crescentemente internacionalizados, enquanto as fortunas nacionais se ancoram e se organizam sobretudo nas órbitas não industriais, com destaque para o circuito imobiliário especulativo.

Um ponto central desta agenda científica e política seria analisar as complexas relações entre os capitais mercantis, rentistas e os imobiliários-fundiários que dominam as cidades. Lessa irá destacar nesta agenda, a necessidade de se desvendar "o que é que existe de comum em todas as regiões metropolitanas brasileiras que as unifica enquanto 'histórias imobiliárias'" (1981a, p. 4).

O certo é que o privilégio da órbita da circulação dos capitais imobiliários e o controle inabalável da propriedade (rural e urbana) fundiária sempre costuraram e comandaram as equações políticas e econômicas que produziram o espaço brasileiro. Variadas tentativas de disciplinar e regular esse controle e a acumulação urbana especulativa tiveram pouco êxito. Foi de baixa intensidade a regulação das forças sociopolíticas que buscaram controlar a especulação desenfreada da propriedade da terra e a expansão urbana desordenada. Na verdade, a regulação pública e o planejamento não encontram campo propício para suas ações, posto que "a desordem do espaço urbano é necessária para a ativação do circuito especulativo imobiliário" (LESSA, 1981a, p. 29). Ele sustenta que:

> O caráter mercantil do capital imobiliário tem relação orgânica e sistemática com o Estado; o caráter simultaneamente avançado e atrasado desse capital imobiliário, como substituto imperfeito do circuito financeiro, faz com que este vetor seja o polo irradiador de processos de ordenamento e de desordem da via urbana, faz com que ali exista um núcleo que comanda a montagem de uma série de articulações; por exemplo, uma articulação com a indústria da construção civil e a indústria de materiais de construção. Não é ela que comanda o processo de urbanização, ela é comandada por esse processo de valorização imobiliária (...). A atividade que determina o desenvolvimento urbano é o circuito de especulação imobiliária. (LESSA, 1981a, p. 215).

De acordo com as pistas seguidas por Lessa, o circuito especulativo imobiliário teria papel de destaque no Brasil, por variados motivos, como destacado acima. Além daqueles, há o fato de que ser o imobiliário uma das formas preferenciais de riqueza nos portfólios das fortunas regionais e nacionais. Outro ponto crucial é que os empreendimentos imobiliários são grandes contratadores de mão de obra e têm a capacidade de arraste de importantes encadeamentos inter e intrassetoriais, micro e macroeconômicos. Também são múltiplas e amplas as subfrações do capital industrial (cimento, aço, ferro etc.) que têm suas dinâmicas determinadas pelo capital imobiliário (LESSA, 1981a, p. 30).

Nesse contexto, Lessa (1981a; 1985) nos alerta para as dificuldades econômicas, políticas e sociais para se levar à frente ações políticas públicas que buscassem enfrentar os poderosos interesses constituídos e o lograssem o controle e o disciplinamento sociopolítico da ânsia especulativa imobiliária.

> (...) disciplinar esse processo não passa apenas por uma reforma urbana, porque a reforma urbana encontra, na verdade antídoto na presença desse circuito imobiliário. Sendo o circuito imobiliário o principal determinante do emprego, direta ou indiretamente, nas cidades não industrializadas,

> sendo ele um determinante absolutamente chave das finanças públicas, qualquer redução na atividade do setor gera imediatamente uma crise ampliada. Exatamente porque tem este poder de chantagem o capital imobiliário consegue historicamente do Estado o conjunto de franquias políticas para repor a sua taxa de valorização. Sob o pretexto de resolver o problema da habitação, se repõe, pela sua própria dinâmica, o problema da desordem urbana e o problema de populações migrantes continuamente transferidas para o canteiro de obras. Sem equacionar o problema dos capitais excedentários da economia e colocar sob uma nova disciplina o processo de passagem desses recursos para novas frentes de valorização, não se controlará o circuito imobiliário, sem domar o monstro, e o problema metropolitano, o problema social que a metropolização desordenada cria, persistirão. A questão da cidade e da sua disciplina, exige alguma reflexão que a integre dentro da macrodinâmica do nosso sistema. (LESSA, 1985, p. 216).

Ele diz que controlar uma forma de especulação seria viável apenas com o controle de todas as formas especulativas (LESSA, 1981a), a partir de uma visão macrodinâmica, multidimensional e de conjunto.

Alerta que as ações pontuais ou isoladas procurando o controle e a regulação dos processos especulativos poderão provocar fuga repentina dos capitais alojados nesses espaços imobiliários para outros circuitos, podendo causar desemprego e desorganização conjuntural (e mesmo estrutural) da economia (que vai desde a queda nas vendas de cimento até perdas na arrecadação fiscal) e, sobretudo engendrar (pela sua capacidade de chantagem) um potente e variado espectro de reação política.

Essa sua posição crítica das ações pontuais faz relembrar suas pioneiras contribuições para a discussão de *capacidade de controle*, desenvolvidas na CEPAL, ainda no início da década de 1970 e publicadas em Lessa (1998b). Nesse trabalho, ele discute que a ação estatal (em um capitalismo de desproporcionais poderes das enormes unidades econômicas) precisa ter "consciência das interdependências e conexões" sistêmicas. Nesse contexto, "o Estado, essa macrounidade política balizadora e reguladora, deve desenvolver um sistema de controle que regule as interdependências e conexões" (LESSA, 1998b, p. 219).

Não concluindo... Pistas de Lessa para um programa de pesquisas sobre o Brasil

O grande pensador e erudito intelectual Carlos Lessa (1936-2020) procurou entender, com enorme perspicácia e originalidade, a natureza, a estrutura e a dinâmica da sociedade e economia brasileiras. Não se deixou levar pelas fórmulas teórico-metodológicas pré-estabelecidas. Pensou e interpretou os dilemas, os impasses e as possibilidades de nosso país, sempre com enorme criatividade, penetrante rigor analítico e profundo conhecimento da nossa História.

Apesar dos históricos e estruturais impasses e empecilhos colocados ao Brasil, inclusive pelas dimensões da "Santa Aliança" ressaltadas neste capítulo, que fortalecem as nossas características conservadoras-reacionárias, Lessa sempre procurou antepor a crença, o entusiasmo e a confiança inabaláveis nos destinos do Brasil e de seu povo. Por um lado, ao desvendar um processo perverso de longa duração histórica, afirmou que "no Brasil, a construção do Estado não engendrou o aprendizado dos direitos e obrigações (...). É notável a ausência do rudimento democrático (...). Ocorreu a subsunção da esfera pública pela privada (...) O paradigma autoritário básico se internalizou nas organizações da 'sociedade civil'. A escravidão injetou veneno cumulativo no organismo brasileiro. Nesse veneno, reside o grande custo histórico do padrão de gestação do Estado Nacional Brasileiro" (LESSA, 2001, p. 268). Por outro, seu chamamento constante pelas utopias criativas da grande civilização, baseada em seu profundo afeto pelo povo brasileiro, deposita nas versáteis e resilientes massas populares a capacidade de construção de uma trajetória mais fraterna e tolerante e um processo de desenvolvimento durável com maior autoestima para a nação brasileira.

As hipóteses, questões e problemáticas cruciais e decisivas formuladas por Carlos Lessa, algumas sintetizadas neste capítulo, persistem centrais para pensar e transformar o Brasil. Ele nos deixa pistas promissoras e instigantes para um programa de pesquisas. Na verdade, ele organiza uma agenda de perguntas e controvérsias fundamentais e atualíssimas para se buscar decifrar este Brasil desta terceira década do século XXI (e para o futuro).

Dentre elas, a indagação se, e em que sentido, depois de tantas rodadas de neoliberalização (desde os anos 1990), com o decorrente estreitamento e transformação das margens de manobra do Estado nacional, como ficaram essas formas oblíquas e pervertidas de acumulação discutidas aqui? Outra pergunta seria: no período pós-1994, como as frações e subfrações de capitais aqui analisadas ganharam com a regressão, a desestruturação produtiva, as privatizações e a desindustrialização? Outra: questionar se, e até que ponto, se mantêm ou não as duas velhas cláusulas do pacto básico de dominação interna apresentadas por Lessa e Dain (1982).

Várias frentes de investigação se reatualizaram, podendo ser destacadas na forma de perguntas:

Como seria possível disciplinar, controlar e regular esses jogos imobiliários, posto o arco de alianças sociopolíticas e econômicas que domina as cidades (e o campo) e que organiza/desorganiza os espaços urbanos (e rurais) e dificulta o seu planejamento?

Como se contrapor à capitalização dos espaços urbano-metropolitanos brasileiros?

Há já um acúmulo hoje em uma literatura especializada, recentemente elaborada, argumentando que o processo de capitalização se tornou central nos meios urbanos dos capitalismos contemporâneos. Por capitalização se entende a mobilização e captura dos múltiplos fluxos (informações e dados "vendíveis", pagamentos, deslocamentos pessoais etc.) que têm potencial de gerar rendimentos esperados futuros e que são criados (podendo ser extraídos) nos variados mercados urbanos (de viagem, de alojamento, de moradia etc.). Os estudos propõem que teria ocorrido uma passagem da "urbanização do capital" para uma "capitalização do urbano". Quando se reconhece toda a originalidade de Carlos Lessa nas discussões, sintetizadas neste capítulo, acerca do modo de funcionamento dos circuitos especulativos imobiliários, pode-se ter uma dimensão da imensa avenida de possibilidades de investigações teóricas e empíricas sobre as rendas efetivas e potenciais extraídas nos espaços urbano-metropolitanos que detêm as características aqui apontadas. Conforme esta literatura, a constelação de fluxos possíveis de serem transformados em rendas (monetárias, financeiras, imobiliárias), provindos dos complexos e densos nexos urbanos, podem ser capitalizadas, presentificadas e descontadas a determinada taxa de juros, conformando verdadeiros ativos financeiros. Seria, nesse contexto, possível ou viável econômica e politicamente frear esses jogos especulativos de capitalização do urbano?

Como ficam os espaços urbanos brasileiros frente à crescente sofisticação dos instrumentos, mecanismos, inovações e dispositivos que promovem a financeirização da vida urbana?

O Estado nacional continuará dando suporte ao caminho, há muito trilhado, do que Lessa muito bem denominou de processo de "neomercantilização da economia"?

Em uma democracia de baixa densidade como o Brasil, seria importante continuar avançando nos estudos empíricos, e situados urbano-regionalmente, da ação das frações e subfrações do capital, sobretudo de suas órbitas não industriais, buscando melhor determinar seus movimentos e suas lógicas de atuação e constituição de coalizões políticas tratadas neste capítulo.

Fica cada vez mais clara a premência (sugerida por Lessa) de se elaborar e aplicar uma "macroeconomia patrimonial-rentista-mercantil", para melhor entender a estrutura e a dinâmica da economia brasileira.

Certamente, tais pesquisas, dentre outras, juntando teoria e empiria, deveriam apresentar as marcadas nuances, em termos espaciais e temporais, e analisar os processos híbridos e recombinados (do atrasado/arcaico com o moderno/contemporâneo) que produzem a concretude histórica brasileira (o que Lessa chamou de mesoeconomia).

Enfim, recuperar, sistematizar, "reatualizar" e antepor nossas próprias perguntas e dialogar com os nossos grandes intérpretes do Brasil, como foi Lessa, não é simples, mas é uma tarefa necessária e urgente.

Nesse sentido, apesar de ser uma longa citação de Lessa, quando ele procura sintetizar o pensamento de um de seus grandes mestres, Anibal Pinto, as palavras ditas sobre o professor chileno, um dos clássicos do pensamento crítico histórico-estrutural latino-americano, são perfeitas para definir a trajetória de Carlos Lessa que, da mesma forma, sabia como poucos:

> (...) operar simultaneamente com o olhar de acadêmico comprometido e o 'jornalista' objetivo. Não misturava nem confundia os olhares; combinava-os. Na retaguarda, a visão teórica; no cotidiano, a atenção constante com o particular. Como acadêmico, se orientava pela vertente da grande tradição da economia política: a preocupação com as forças históricas constitutivas da produção e repartição social. Como 'jornalista', tinha olhar hipersensível e preocupado com a historicidade. Para sua produção intelectual, uma permanente exigência, segundo suas próprias palavras: (...) necessidade de responder criativamente, e não por via de simples reproduções ideológicas, aos desafios de um tempo tão incerto como turbulento e inevitável. O mestre revisitava e reconstruía suas próprias reflexões, com a periodicidade pautada pela intensidade das mudanças. Seu olhar estava sempre atento ao mutável. (LESSA, 1998d, p. 8).

Precisamos cultivar as orientações e ensinamentos de nossos grandes mestres para lutarmos por um mundo menos desigual e injusto, e mais democrático. Da mesma forma, precisamos ter economistas, como Lessa, na luta pela democracia. Viva a ABED! Carlos Lessa presente!

Referências

BRANDÃO, Carlos. "Celso Furtado para interpretar o Brasil de hoje". In: QUINTELA SANTOS, Adroaldo *et al. Celso Furtado: os combates de um economista*. São Paulo: ABED; Expressão Popular; Fundação Perseu Abramo, p. 135-146, 2020.

BRANDÃO, Carlos. "Pacto de dominação interna e o papel do capital mercantil ontem e hoje no Brasil: dialogando com Wilson Cano". In: QUINTELA SANTOS, Adroaldo *et al. Wilson Cano: a questão regional e urbana no Brasil*. São Paulo: ABED; Expressão Popular; Fundação Perseu Abramo, p. 178-205, 2021.

CASTRO, Antônio Barros & LESSA, Carlos. *Introdução à economia: uma abordagem estruturalista*. Rio de Janeiro: Forense Universitária, 1967.

FIORI, José L. "O nó cego do desenvolvimento brasileiro". *Novos Estudos*, 40, p. 125-144, 1994.

FIORI, José L. *O voo da coruja*. Rio de Janeiro: Record, 2003.

HARVEY, David. *Limites ao capital*. São Paulo: Boitempo, 2013.

LEFEBVRE, Henri. *A revolução urbana*. Belo Horizonte: Editora da UFMG, 1999.

LEFEBVRE, Henri. *Espaço e política*. Belo Horizonte: Editora da UFMG, 2008.

LESSA, Carlos. "A crise urbana e o circuito imobiliário". (entrevista). Salvador: Equipe P.E.H. (mimeo), 1981a.

LESSA, Carlos. "Entrevista com o economista Carlos Lessa". *Ensaios FEE*, 2(1): 176-197, 1981b.

LESSA, Carlos. "Acumulação oligárquica e formação das metrópoles". *Pensamiento Iberoamericano* (Revista de Economia Política), n. 7, enero-junio p. 214-216, 1985.

LESSA, Carlos. *A estratégia de desenvolvimento 1974/76: sonho e fracasso*. Campinas: IE-Unicamp, 1998a. (Coleção 30 anos de Economia – Unicamp, 5).

LESSA, Carlos. *O conceito de política econômica: ciência e/ou ideologia?* Campinas: IE-Unicamp, 1998b. (Coleção 30 anos de Economia – Unicamp, 7).

LESSA, Carlos. "Sem autoestima e identidade não sairemos da crise". In: MINEIRO, Ademar *et al.* (orgs.). (1998c). *Visões da crise*. Rio de Janeiro, Contraponto, 1998c.

LESSA, Carlos. "Conferência sobre o pensamento de Anibal Pinto". *Revista de Economia Contemporânea*, n. 3, jan./jun., p. 5-11, 1998d.

LESSA, Carlos. *O Rio de todos os Brasis: uma reflexão em busca de autoestima*. Rio de Janeiro: Record, 2000.

LESSA, Carlos. "O parto sem dor do Estado Nacional Brasileiro, e com muita dor da economia nacional". In: FIORI, José L. e MEDEIROS, Carlos (2001). *Polarização mundial e crescimento*. Petrópolis: Vozes, p. 245-268, 2001.

LESSA, Carlos. *Autoestima e desenvolvimento nacional.* Rio de Janeiro: Garamond, 2002.

LESSA, Carlos (org.). *Enciclopédia da brasilidade: autoestima em verde amarelo.* Rio de Janeiro: Casa da Palavra, 2005.

LESSA, Carlos. "Nação e nacionalismo a partir da experiência brasileira". *Estudos Avançados*, 22 (62), p. 237-256, 2008.

LESSA, Carlos. "Orelha". In: SOBRAL, Bruno L. B. *Metrópole do Rio e projeto nacional: uma estratégia de desenvolvimento a partir de complexos e centralidades no território.* Rio de Janeiro: Garamond/Faperj, 2013.

LESSA, Carlos & DAIN, Sulamis. "Capitalismo associado: algumas referências para o tema Estado e desenvolvimento". In: BELLUZZO, L.G. e COUTINHO, R. *Desenvolvimento capitalista no Brasil: ensaios sobre a crise.* São Paulo: Brasiliense, p. 215-228, 1982.

LESSA, Carlos & FIORI, José L. "E houve uma política econômica nacional-populista?". *Ensaios FEE*, 12(1): 176-197, 1994.

PINTO, Anibal. "Prefácio". In: CASTRO, Antônio Barros e LESSA, Carlos. *Introdução à economia: uma abordagem estruturalista.* Rio de Janeiro: Forense Universitária, 1967.

RANGEL, Ignácio. *Obras reunidas.* Rio de Janeiro: Contraponto, 2005.

TAVARES, Maria da Conceição. "Império, território e dinheiro". In: FIORI, José Luis (org.). *Estado e moedas no desenvolvimento das nações.* Petrópolis: Vozes, 1999.

Carlos Lessa - Vídeos de Entrevistas, Homenagens e Aulas

Entrevista no Canal IE/UFRJ

https://www.youtube.com/watch?v=DTNU0EC-euA

Carlos Lessa, intérprete do Brasil: uma homenagem da UFRJ

https://www.youtube.com/watch?v=lCQnF3gKyDA

Homenagem a Carlos Lessa - TV GGN - Parte 1

https://www.youtube.com/watch?v=8XqAyBmbtKM&t=1571s

Homenagem a Carlos Lessa - TV GGN - Parte 2

https://www.youtube.com/watch?v=8XqAyBmbtKM&t=1014s

Oncoto Entrevistas - Jorge Mautner

https://www.youtube.com/watch?v=vgU1Y5UQvSU

Aula ASFUNRIO – Curso Desenvolvimento Econômico

https://www.youtube.com/watch?v=miYSZpI5odo

Aula Inaugural 2016 na ENSP/Fiocruz

https://www.youtube.com/watch?v=bBxRdZf8iWs

Homenagem do Instituto da Brasilidade e da Enciclopédia da Brasilidade

https://www.youtube.com/watch?v=U-iwyL53Kug

Homenagem ao professor Carlos Lessa – Alunos

https://www.youtube.com/watch?v=6mWT3lUGBS4

Carlos Lessa: vida e obra – Instituto de Estudos sobre o Rio de Janeiro

https://www.youtube.com/watch?v=KiSxmzTPh6I

14

O Futuro do BNDES: as contribuições de Carlos Lessa ao desenvolvimento brasileiro[1]

Walsey de Assis Magalhães[2]

Marcus Cardoso Santiago[3]

José Eduardo Pessoa de Andrade[4]

Cristiane Dávila Garcez[5]

Helena Maria Martins Lastres[6]

---

1 Agradecemos a Cristina Lemos pelas sugestões feitas a esse artigo e a todos os que contribuíram para a elaboração do mesmo, através da participação em webinários, entrevistas, reuniões etc.; e especialmente a Ana Costa, Fernanda Thomaz, Luciano Coutinho, Juliana Santiago, Luis Otávio Reiff, William Saab, José Roberto Soeiro, Ísis Paggy, Darc Costa.

2 Walsey de Assis Magalhães é economista, formado pela Faculdade de Economia e Administração, FEA/USP, com pós-graduação em Desenvolvimento Econômico na FIPE/USP e na PUC/SP. Funcionário do BNDES, desde 1974, atuando inclusive como assessor da presidência, superintendente de planejamento da Light Serviços de Eletricidade (antes da privatização), superintendente da Associação das Instituições Financeiras de Desenvolvimento (ABDE) e gerente de projetos de Educação e Saúde na Área Social, durante a gestão do presidente do BNDES, Carlos Lessa. Email: walseydeassis@gmail.com.

3 Marcus Santiago é economista, com mestrado e doutorado em Ciências Econômicas no Instituto de Economia da UFRJ (IE/UFRJ). Atua no BNDES desde 2008 em energias renováveis e com parcerias para a agenda socioambiental. Trabalhou no New Development Bank – o Banco dos BRICS – em Shangai, em 2018, principalmente com projetos de financiamento da China e Brasil. Temas de interesse: Macroeconomia; Distribuição de renda; Energias Renováveis, História Econômica, Economia Política Internacional, Economia Brasileira. Email: mcars81@gmail.com.

4 José Eduardo Pessoa de Andrade é engenheiro químico pela EQ/UFRJ, mestre em Engenharia de Produção pela COPPEAD/UFRJ, atual Professor Colaborador Voluntário da EQ/UFRJ e Chefe da Divisão Técnica de Engenharia Química/DTEQ do Clube de Engenharia, aposentado como Professor Assistente da EQ/UFRJ, e aposentado como engenheiro do BNDES, onde trabalhou durante 39 anos, tendo sido Superintendente da Área de Inclusão Social durante um período da Presidência do Prof. Carlos Lessa. Email: joseeduandrade@gmail.com.

5 Cristiane d'Avila Garcez é economista pelo IE/UFRJ, mestre e doutora em Engenharia de Produção pela COPPE/UFRJ, nos temas Organização Industrial e Tecnológica; Análise de Projetos Industriais e Tecnológicos; e Sistemas Locais e Nacional de Inovação. Economista Sênior do BNDES, desde 1993, trabalhou nas Áreas de Planejamento, Projetos Socioambientais, Gabinete da Presidência, com destaque para políticas em APLs, Desenvolvimento Territorial, Regional, Socioambiental e Inovação. Atua como economista no Departamento de Relacionamento Corporativo em Projetos de Impacto. Foi membro do conselho editorial da Revista BNDES e é colaboradora da Redesist/UFRJ. Email: cmdgarcez@gmail.com.

6 Helena Maria Martins Lastres é economista pela FEA/UFRJ; Mestre em Economia da Tecnologia, COPPE/UFRJ; Ph.D. em Desenvolvimento Industrial e Política de CT&I, SPRU,

Resumo

Carlos Lessa está entre os principais intelectuais dedicados a interpretar o Brasil. Seu tempo foi repartido entre afazeres acadêmicos, políticos e como gestor público. No BNDES, atuou como diretor de operações sociais na redemocratização do país, a partir de 1985, e como presidente, no início do século XXI. Sua luta em defesa do planejamento, da participação nacional nos processos produtivos e de aliar o crescimento à inclusão e à participação democrática dos diversos extratos sociais, exigiu implementar transformações na cultura, na estrutura organizacional, nas formas de atuação e estratégias do BNDES. Esse artigo visa trazer à luz as ricas experiências pretéritas e indicar possibilidades para o enfrentamento dos novos desafios e papéis a serem assumidos pelo principal banco brasileiro de desenvolvimento. Objetiva-se principalmente estimular a reflexão sobre o presente com a incorporação dos legados e a iluminação do futuro, para o qual se espera contribuir a partir dos aprendizados acumulados.

Abstract

Carlos Lessa is among the main interprets of Brazil. His time was divided among academic and political tasks and as a public manager. At BNDES – the Brazilian Development Bank - he served as director of social operations during the country's re-democratization, from 1985 onwards, and as president, at the beginning of the 21st century. His struggle in the support of planning, national participation in production processes and of allying growth with inclusion and democratic participation, required implementing changes in the culture, organizational structure and strategies of the BNDES. This article aims at bringing to light the rich past experiences and at indicating possibilities for facing the new challenges and roles to be assumed by the Brazilian Development Bank. Its central objective is to stimulate reflections on the present, by incorporating the legacy and illuminating the future, to which it is expected to contribute based on the accumulated learnings.

Sussex University, Inglaterra; Pós-doutorado em Inovação e Sistemas Produtivos Locais, Université Pierre Mendès-France, Grenoble, França. Pesquisadora Titular Aposentada do Ministério da Ciência e Tecnologia. De 2007 a 2016, foi Assessora do Presidente do BNDES; onde coordenou o Comitê de Arranjos Produtivos, Desenvolvimento Regional, Inovação e Meio Ambiente. Pesquisadora Associada ao Programa de Pós-graduação do IE/UFRJ, desde 1993, onde ajudou a criar e atualmente coordena a Rede de Sistemas e Arranjos Produtivos e Inovativos Locais (RedeSist). É associada fundadora e atual Presidente do Conselho Deliberativo do Centro Internacional Celso Furtado. Email: hlastres@ie.ufrj.br.

Introdução

Diferentes gerações de brasileiros merecem conhecer um pouco mais sobre o Carlos Lessa, sem medo do contraditório que cerca sua polêmica personalidade. É inegável a importância de registrar, para os atuais e futuros jovens, os feitos e efeitos das passagens do professor Carlos Lessa pelo Banco Nacional de Desenvolvimento Econômico e Social (BNDES).

Lessa, sem nenhum favor, está entre os mais brilhantes pensadores, economistas e intelectuais brasileiros que se dedicaram a compreender nosso país. Sua irrequieta curiosidade e suas ininterruptas e intensas atividades de estudos, pesquisas e reflexões influenciaram inúmeros brasileiros e latino-americanos. Seu tempo sempre foi repartido entre os afazeres acadêmicos, como professor e incentivador da criação de novos cursos de pós-graduação em economia; como militante político, atuante a favor da democracia e do desenvolvimento social e econômico; e como gestor em instituições privadas e públicas. Entre as públicas, cabe destacar a atuação como reitor da UFRJ, e como diretor e presidente do BNDES.

Especulamos, embora não nos tenha manifestado diretamente, que seu maior sonho individual, fruto desse conjunto de ações, seria o de obter reconhecimento por ter sido um BRASILEIRO. Assim mesmo, em letras maiúsculas, como ele sempre se referia para qualificar outros colegas e amigos BRASILEIROS, que também tinham sonhado e se esforçado para a construção de uma NAÇÃO vibrante e diferente, respeitada pelas suas contribuições ao avanço da humanidade, e que fosse motivo de verdadeiro orgulho de sua população.

No BNDES, os destaques incluem a relevância das transformações que orientou na organização, em suas estratégias de ação, objetivos específicos e na cultura da instituição. Sua trajetória não foi um céu de brigadeiro. Sua natureza amante da polêmica alimentou também diversas opiniões contrárias. Com algum distanciamento, é possível compreender melhor a relevância dessa diversidade para fortalecer e aprimorar a instituição.

Queremos principalmente difundir suas atividades como diretor e como presidente do BNDES. Lessa considerava a instituição BNDES como uma das que mais poderiam contribuir, enquanto banco de desenvolvimento, para o progresso e o desenvolvimento inclusivo, social e econômico do Brasil. Avaliava que o trabalho nos primeiros 30 anos de existência do Banco teve um saldo positivo e o país que, no início da década de 1950, era carente de infraestrutura básica e de indústrias, já poderia mostrar para sua população o resultado desse trabalho.

Nos anos 1980, porém, ainda permaneciam vários desafios na infraestrutura e na consolidação do parque industrial. Lessa, entretanto, já destacara que as conquistas desses primeiros 30 anos careciam de um ingrediente muito relevante, um tempero especial: a incorporação da alma e da cultura que exalassem o sentimento do brasileiro real. Um projeto de desenvolvimento econômico que não incorporasse melhorias sociais e que não gerasse resultados significativos para retirar da pobreza a parte expressiva da população mais carente do país jamais seria motivo de orgulho.

Esse texto objetiva ampliar os horizontes e trazer à luz possibilidades e novos papéis e desafios a serem assumidos pelo principal banco brasileiro de desenvolvimento, inspirados no mosaico de discussões, propostas e contribuições de Carlos Lessa ao BNDES. E com isso – tanto no caso da criação do Finsocial, nos anos 1980, quanto no resgate do desenvolvimento, no início deste século – visa-se estimular a reflexão sobre o presente com a incorporação do legado e a iluminação do futuro, para o qual se espera também contribuir a partir desse aprendizado.

Esses propósitos tornam-se ainda mais relevantes face aos insistentes esforços de parcelas das lideranças políticas e econômicas do país para destruir e enfraquecer ideias e instrumentos criados nos tempos do Lessa, cujos objetivos foram de superar os limites existentes para promover o desenvolvimento inclusivo, sustentável e coeso do território brasileiro.

Objetiva-se, ainda, contribuir para melhor apreender a nossa história, com uma visão de longo prazo, republicana e de Estado, de forma que sejamos capazes de dela tirar lições, tanto compreendendo as razões dos pontos de insucesso, como daqueles exitosos e que poderão ser melhor explorados na formulação de propostas futuras.

Carlos Lessa e o S do BNDES

> "(...) o S já estava no coração do Banco. Os analistas do BNDES sabiam da grave questão social no Brasil. Ao longo daqueles anos em que o Fundo Social esteve com o BNDES, nós tivemos a oportunidade de financiar uns quinhentos projetos, cobrindo um espectro muito amplo e acumulando uma cultura sobre essa questão realmente importante."
>
> (Carlos Lessa, depoimento em 2012)[7]

7 Paiva, 2012.

O mundo entrou nos anos 1980 sob forte crise econômica, derivada da triplicação do preço do petróleo, que agravou a situação de alto endividamento dos países periféricos, ainda mais prejudicados pelo aumento da taxa de juros nos empréstimos internacionais.

O Brasil foi particularmente afetado porque vinha implementando um audacioso plano de investimentos em setores estratégicos, notadamente insumos básicos e bens de capital, e viu o governo enfrentar tal dificuldade com a estatização de dívida externa, contenção das tarifas públicas, desvalorização cambial e elevação das taxas internas de juros, numa tentativa de conter a crescente inflação, que já atingia níveis jamais alcançados.

O agravamento do clima político foi uma evidente consequência de um regime até então sustentado nos avanços da infraestrutura, produção e exportação. O partido de oposição, o Partido do Movimento Democrático Brasileiro (PMDB), ganhou força e ameaçava conquistar, como efetivamente conquistou, a maioria dos cargos disputados nas eleições de novembro de 1982 com o discurso crítico predominante de recrudescimento da miséria no país.

Necessitando de recursos para compensar a perda de arrecadação fiscal e, ao mesmo tempo, implementar uma política anticíclica, tangibilizada pelos subsídios dos financiamentos públicos aos investimentos privados, o governo criou um recurso orçamentário e lançou, em maio de 1982, um imposto, a contribuição social, que passou a compor o Fundo de Investimento Social (FINSOCIAL), cujo anúncio induzia imaginar a solução para os problemas da crescente pobreza (CICEF, 2016).

O Banco Nacional do Desenvolvimento Econômico (BNDE), como o principal financiador dos investimentos do plano do governo federal, vinha sofrendo redução da capacidade de agir por consequência da inadimplência de alguns clientes. Foi então realizada uma transformação no Banco para aplicar tais recursos, alterando seu nome para BNDES e gerando uma área específica – Área de Projetos IV (AP4), depois chamada de Área de Operações Sociais – para apoiar iniciativas públicas de atenção à população[8].

A sistemática adotada passava pelo Instituto de Pesquisa Econômica

8 Conforme notado por Sebastião Soares, o primeiro diretor do Finsocial foi o Rubem Novaes e o segundo diretor foi o Carlos Lessa, "o Finsocial foi criado como recurso orçamentário, para ser operacionalizado pelo BNDES. Nossa primeira providência foi buscar regulamentar essa operacionalização e definir como os recursos seriam transferidos para o Banco e como iríamos aplicá-los, com critérios, políticas, regras etc. Pois bem, o Ministério do Planejamento de então, nunca nos deixou fazer isso, porque usava o Finsocial como verba política". Ver CICEF, 2010, p. 290.

Aplicada (IPEA), que estabelecia a prioridade para a aplicação, a qual gerava uma exposição de motivos levada à assinatura do presidente da República. A partir disso, os estados e municípios apresentavam ao BNDES propostas de aplicação, que eram encaminhadas para aprovação e requisição dos recursos que transitavam pela Caixa Econômica Federal e pelo Banco do Brasil. A demora da liberação dos recursos os desvalorizava, comprometendo, assim, a execução das intervenções programadas[9]. Tal burocracia mantinha convenientemente os recursos em outras aplicações, constituindo importante instrumento de contenção dos elevados déficits públicos.

Inicialmente foram priorizados os setores de saúde, educação e amparo ao pequeno agricultor e, em decorrência das secas naquele período, o Nordeste foi beneficiado em programas de emergência, como as "frentes de trabalho". Destacaram-se os apoios às políticas do governo federal, como o Programa de Apoio às Populações Pobres da Zona Canavieira do Nordeste (PROCANOR), o Programa de Apoio ao Pequeno Produtor Rural (PAPP), o Programa de Nutrição e Saúde (de distribuição de alimentos pelo Instituto Nacional de Alimentação e Nutrição – INAN), o apoio ao Instituto Nacional de Assistência ao Estudante (INAE), para distribuição de merenda escolar nos municípios de Altamira e Itaituba, e a operação com o Banco Nacional de Habitação ligada ao Projeto Promorar; despesas que até então vinham sendo financiadas por recursos ordinários da União.

Em 1985, a oposição venceu as eleições indiretas para presidente da República, realizadas pelo Congresso e, então, Carlos Lessa foi nomeado diretor do BNDES para cuidar da Área Social. Ele já havia participado do anterior MDB e era autor de uma importante análise do processo de industrialização brasileira (LESSA, 1975), em que o Banco ocupava um dos papéis principais. E, segundo ele próprio afirmava, "estava claro que o êxito do desenvolvimento de processos produtivos não tinha paralelo nem sincronismo adequado com o desenvolvimento das forças sociais [...] não era verdadeira a hipótese central de que, com a industrialização e a urbanização, automaticamente viria o desenvolvimento social"[10].

Enfrentando limitações com projetos paradigmáticos

Ao assumir o cargo, Lessa procurou levar para as políticas sociais as práticas de planejamento e controle utilizadas nas políticas de desenvolvimento

9 Esse é um exemplo de quão burocrático e moroso tornou-se o uso desses recursos.
10 CICEF, 2016, p. 250.

das forças produtivas, numa tentativa de findar o desperdício de recursos resultante das negociações políticas, responsável também pela reduzida eficácia dessas ações. Sua ideia era dispor de uma quantidade de recursos que tivesse aplicabilidade relativamente fácil, sem submissão às restrições do orçamento público, e trabalhar com instrumentos semelhantes de orçamentação, avaliação, seleção e acompanhamento utilizados nos demais financiamentos de projetos apoiados pelo Banco. Propunha substituir o conceito de recursos "a fundo perdido" pelo de "financiamento não reembolsável", com compromissos de ambas as partes, vinculados a um sistema de controle e avaliação.

Sua primeira medida foi modificar o fluxo operacional do Banco ao exigir dos financiados a abertura de uma conta bancária remunerada para receber de uma só vez a totalidade do financiamento e garantir a execução dos empreendimentos sem corrosão dos recursos pela inflação. Em seguida, empenhou-se em ampliar a autonomia do BNDES para gerir os recursos, eliminando sua tramitação pelas demais instituições financeiras federais, conseguindo uma pequena parcela com a qual foi possível apoiar o que chamou de "projetos paradigmáticos". Isto é aqueles capazes de orientar políticas públicas e que constituíssem exemplos de iniciativas de impacto significativo para a melhoria das condições de vida dos mais pobres. Acreditava ele haver no país grande desconhecimento das formas e condições de sobrevivência da maioria da população brasileira.

Cada projeto apoiado mereceu um relato, expresso em publicações periódicas chamadas de Cadernos FINSOCIAL, envolvendo não somente as questões tecnológicas, financeiras e jurídicas, mas principalmente seu contexto político e impactos econômicos e sociais para a localidade, além das dificuldades encontradas na implementação, com vistas a divulgar toda a experiência.

Uma das publicações, o estudo "Usinas de Reciclagem de Lixo: Aspectos Sociais e Viabilidade Econômica", apresentou uma proposta de implantação de sistema de baixo custo unitário para tratamento de resíduos sólidos urbanos, capaz de absorver a mão de obra que vive dos lixões e de permitir a venda dos reciclados, tornando rentável a atividade e resolvendo, simultaneamente, questões sanitárias e ecológicas. Em trabalho de observação do potencial de 180 cidades selecionadas, foi constatada que essas usinas poderiam modernizar unidades industriais dos ramos siderúrgicos, químicos, papeleiro, vidros e fertilizantes[11].

11 Ver Nardin *et al.*, 2002.

O projeto Saúde e Alegria para assistência em saúde nas comunidades rurais ribeirinhas de Santarém (PA) recebeu em 1987 apoio do FINSOCIAL para expandir sua ação, consolidando de forma participativa uma proposta de desenvolvimento comunitário sustentado e integrado, envolvendo 16 povoados, implantando infraestrutura de saneamento básico de baixo custo, com sanitários, sistema de água encanada, *kit* para a fabricação de cloro e poços semiartesianos. Além disso, foram implantados postos rurais de assistência e construído o barco-hospital, que passou a integrar a política pública da Amazônia.

Ainda na saúde, foi continuado o Plano de Interiorização das Ações da Saúde e o Plano da Periferia Metropolitana, com a intenção de tornar os postos de saúde a porta de entrada do atendimento, chamado de medicina de referência (ou rede de atenção básica), reduzindo a pressão sobre os hospitais e aumentando a eficiência do sistema, princípio básico posteriormente adotado na criação do Sistema Único de Saúde (SUS). Para tanto foi necessário grande esforço de organização, até mesmo em cadastrar, catalogar e divulgar informações sobre os locais de atendimento em todos os municípios do país[12].

Importante mencionar também a experiência de política de eletrificação rural de baixo custo no interior do Rio Grande do Sul – projeto chamado de Proluz – em parceria com o Banco do Estado do Rio Grande do Sul (BANRISUL) para eletrificar 5.377 propriedades de famílias de produtores rurais de baixa renda situados em 47 municípios, em um esquema financeiro em que a parte dos recursos não reembolsáveis serviram para reduzir os custos totais do financiamento a um público que, pelas suas características de baixa renda e carência de garantias, seria excluído das linhas de crédito tradicionais, mecanismo financeiro que passou a ser introduzido nos apoios do fundo a partir de então[13].

---

12 Em webinário organizado para discutir ideias para esse artigo, realizado em 18 de julho de 2022, foi destacada a atuação do Lessa, em conjunto com o movimento sanitarista, na criação do SUS. Ver maiores detalhes nos relatos do próprio Lessa em entrevista realizada em 2014 (CICEF, 2016, pp. 252 a 255).

13 Ribeiro, 1994.

O próprio professor Lessa, em palestra de avaliação da experiência do Finsocial[14], elegeu esse projeto como o mais radical para mudar a inserção do pequeno produtor ao gerar uma verdadeira metamorfose dos beneficiados, porém afirmou ter exigido enfrentar a cultura da engenharia, que leva a produzir tudo a custos proibitivos a essas populações. Segundo ele, quando se estimula o uso de técnicas acessíveis, a renda dos pequenos produtores se eleva e há uma revitalização das condições de vida no local em consequência do multiplicador de renda/emprego.

Na referida palestra, Lessa ressaltou que o maior valor trazido pela experiência do Finsocial – muito superior que os números de mais de quinhentos projetos apoiados, aplicando em torno dos 40 milhões de dólares ao ano – "foi o conhecimento sobre a pobreza e a miséria, uma vez que a universidade latino-americana, quando pensa sobre esta condição, a define de maneira equivocada, ou seja, por aquilo de que carecem os que dela sofrem, que é o olhar de quem está integrado". E adicionou que a pobreza é um fenômeno urbano e não é homogênea, enquanto a miséria tende a concentrar-se no meio rural, o que leva a migração do miserável para a cidade em busca de uma promoção em seu nível de renda.

No campo há produtores arcaicos que não monetizam a produção, não querem ser inseridos no mercado e desconhecem as regras capazes de abater o preço do que produzem, "com o risco de perder sua propriedade, que em sua maneira de ver faz a diferença entre ser uma pessoa ou ser um sem destino". Para adquirir bens de consumo buscam trabalhos fora de sua propriedade, que os levará posteriormente à pequena cidade, a trabalhar como volante na agricultura comercial e, mais tarde, eles e seus filhos irão para a região metropolitana.

A pobreza na cidade é formada pelo "ser mais criativo e mais variado nas suas estratégias de subsistência, passa do formal ao informal no mercado de trabalho". Se organiza a partir da vizinhança com seu coletivo local, que apresenta diferenças como: quanto mais nova é a favela, pior é o nível de renda; quanto maior o número de unidades residenciais, pior é a favela; a favela cujos habitantes prestam serviços às famílias de renda média e alta têm uma composição distinta da favela vinculada a um distrito industrial ou uma que recebe migrantes do rural para o urbano ou outra favela que tem seus membros dedicados à reciclagem de lixo.

---

14 Seminário Internacional sobre "Fondos de Desarrollo Social", Santiago, Chile, em 05/02/1991.

Desses aprendizados foram extraídos três quesitos indispensáveis aos projetos voltados à população de baixa renda: (i) regularização da propriedade do solo; (ii) oferta de condições sanitárias exógenas da moradia (água, esgotamento sanitário e coleta de lixo) e (iii) cobertura dos serviços sociais mínimos (escola primária, posto de saúde e delegacia policial).

Resistências na despedida do século XX

Ao final dos anos 1980, a Área de Planejamento do BNDES, responsável pela distribuição dos orçamentos e concessão de prioridades aos pedidos de apoio encaminhados ao banco, adotou a elaboração de cenários futuros para orientar a proposta de alocação de recursos e optou por projetar o que chamou de "integração competitiva", baseada na premissa de que havia se esgotado o modelo de substituição de importações (o qual estruturava as principais ações do Banco desde sua criação). Seu prognóstico foi a necessidade de incentivar a inserção das empresas brasileiras no comércio global, o que as tornaria capazes de aumentar sua competitividade e permitiria a entrada de investimentos estrangeiros, contribuindo para a geração de inovação, competitividade, emprego e renda[15]. Essas ações integradas seriam capazes de gerar um novo processo de desenvolvimento econômico no país, que acabou não se concretizando.

Essa filosofia predominou com a posse do novo governo federal em 1990, alterando as atribuições e a estrutura organizacional do BNDES. Lessa foi demitido, foi extinta a Área de Operações Sociais, interrompido o ingresso de operações nesse campo e destacados e priorizados os trabalhos de desestatização de empresas brasileiras. Mas os movimentos sociais mantiveram suas ações e programas como a Ação da Cidadania contra a Fome, a Miséria e pela Vida, promovido pelo Instituto Brasileiro de Análises Sociais e Econômicas (IBASE), que ganharam visibilidade internacional e pressionaram a instalação pelo governo eleito em 1994 do Programa Comunidade Solidária. Administrado pela primeira dama do país, o programa passou a ter um braço benedense com a recriação da Área Social e a colaboração da maioria dos profissionais que havia trabalhado no Banco com tais projetos.

A nova Área passou a admitir e privilegiar o apoio a organizações não governamentais (ONGs) e não mais apenas ao setor público. Também substituiu a divisão interna de tarefas entre os projetos rurais e urbanos ao agru-

15 Mourão, 1994.

par todos os projetos sociais em um único departamento e tornar o outro exclusivamente dedicado à criação de um sistema nacional de microcrédito, como forma de aproveitar a popularidade mundial conquistada pelo indiano Grameen Bank, de Bangladesh, cujo criador, Muhammad Yunus, havia contado sua experiência em um livro, então *best-seller*, que o levou posteriormente a ganhar o prêmio Nobel da paz[16].

Do relato das iniciativas empreendidas pela Área Social desse período[17], são perceptíveis as marcas das experiências deixadas pelo professor Carlos Lessa, as quais incluíram a criação do:

- Programa de Modernização da Administração Tributária e da Gestão dos Setores Sociais Básicos (PMAT), que estimula dotar o Estado de uma burocracia bem preparada e com instrumentos adequados;
- Projeto Multissetorial Integrado (PMI), que procura tratar as áreas degradadas dos municípios, considerando a necessidade da regularização fundiária; oferta de água, esgotamento sanitário e coleta de lixo; serviços sociais de educação, saúde e segurança; e consulta organizada à população local sobre não só o que, mas como investir e acompanhar a execução de forma a empoderar os moradores.

No final dos anos 1990 e início dos anos 2000, a diretoria do BNDES foi composta quase inteiramente por especialistas do mercado financeiro privado que insistiram em trazer ao Banco a estrutura organizacional predominante nas demais instituições do ramo, notadamente com a separação do pessoal dedicado a tratar com os clientes daquele responsável pela avaliação e análise dos pleitos[18]. Essa proposta encontrou grande resistência na casa, exigindo a contratação de consultorias, realização de estudos e muitas horas de reuniões com debates entre os executivos de todos os níveis. Preocupavam-se com o risco de perda do conhecimento setorial no BNDES, que era o maior detentor de informações sobre os processos produtivos do país. Convencionou-se que tanto o pessoal responsável pelas análises e avaliação dos projetos (produtos), quanto os dedicados aos acompanhamentos dos setores, das empresas, das operações e dos investimentos (clientes), ficariam agrupados por tipo de atividade econômica, duplicando e partilhando o conhecimento setorial no Banco. Assim é que, após anos de discussão, a direção conseguiu implantar

16 Yunus, 2000.

17 Azeredo, 2002.

18 Ver detalhes em Paiva, 2012, p. 152.

a nova estrutura organizacional poucos meses antes das eleições de 2002, as quais viriam a consagrar a escolha de um partido com prioridades diferentes.

O resultado da eleição presidencial de 2002 interrompeu um ciclo de quase uma década de influência hegemônica do sistema financeiro privado sobre as decisões governamentais brasileiras em todos os níveis. Influência essa que havia sido fortalecida com o Plano Real e a estabilização dos preços, em meados da década de 1990.

Lessa presidente do BNDES: sonhos realizados e desfeitos

O novo governo, empossado em 2003, foi formado por ampla coalizão de forças da sociedade. A formulação de muitas das propostas de políticas públicas nos campos econômico e social contou com a expressiva contribuição de egressos da Universidade Estadual de Campinas (UNICAMP). Carlos Lessa, que tinha participado da formação dos economistas daquela instituição, foi convidado para assumir a presidência do BNDES[19].

Em seu discurso de posse, Lessa afirmou que a prioridade de sua gestão seria "colocar o Banco totalmente integrado ao novo projeto nacional, dando ênfase a ações que promoveriam a inclusão social, reduziriam as desigualdades e combateriam a vulnerabilidade da economia brasileira", o que incluiria comprometer-se com o programa Fome Zero[20], principal iniciativa social da nova equipe no governo federal. Explicou, ainda, que o atendimento às questões sociais responderia, simultaneamente, às necessidades inadiáveis de geração de empregos e de espaços para a mobilidade e a ascensão social, como também abriria uma gama de oportunidades para os empresários expandirem seus negócios.

Além disso, destacou a necessidade de promover as exportações, principalmente através de consórcios que envolvessem pequenas e médias empresas, não só para contribuir na ampliação do superávit comercial brasileiro,

19 Vários contribuintes dos planos de governo, como Dilma Rousseff, José Graziano, Aloísio Mercadante, Marcio Pochmann e tantos outros foram egressos da Universidade de Campinas. Ver também o depoimento de Carlos Lessa em CICEF, 2016, pp. 255 e 256.

20 Um conjunto de políticas públicas a partir da construção participativa de uma Política Nacional de Segurança Alimentar e Nutricional, que envolveu um grande mutirão contra a fome, envolvendo as três esferas de governo (federal, estadual e municipal) e todos os ministérios. Evoluiu posteriormente para o chamado Bolsa Família, que garantiu uma renda mínima a famílias cadastradas pelos programas de assistência social dos municípios.

como também atendendo ao objetivo de adensar os sistemas produtivos que reforçariam a competitividade no mercado externo.

Por fim, enfatizou que a meta de sua gestão seria unir o Banco, "de forma que cada funcionário veja no seu colega do lado o mesmo projeto de contribuir, gloriosamente, na história deste país". Informou tratativas para estabelecer parcerias com universidades, institutos de pesquisas, organizações empresariais e sindicais, com vistas a aprimorar os trabalhos do BNDES e abrir novas frentes de atuação, inclusive o "novo vasto domínio organizacional chamado de Economia Solidária"[21].

Estava aí implícito seu diagnóstico de que o BNDES havia deixado de ser verdadeiramente um banco de desenvolvimento para ser um "banco de negócios" e, por isso, decidiu recrutar novos funcionários para o BNDES por meio de um concurso público destinado a selecionar "economistas mais vinculados com o pensamento desenvolvimentista". Além disso, substituiu pessoas em cargos-chave na hierarquia do Banco, nomeando para estes postos empregados identificados como mais comprometidos com esse objetivo. Por reconhecer que os cursos oficiais de Economia, a partir dos anos 1980, passaram a desconsiderar questões importantes como História, Política e tantas outras questões que não o "tecnicismo financeiro", promoveu no Banco a realização de um curso de pós-graduação em Desenvolvimento, ministrado por professores da Universidade Federal do Rio de Janeiro, onde até então ele havia sido o Magnífico Reitor[22].

Preocupação permanente do Lessa foi favorecer a inclusão de pessoas na vida urbana. Os portadores de necessidades especiais foram atendidos com a exigência de investimento em acessibilidade em todos os projetos apoiados e nos próprios edifícios de serviços do Banco. Outra preocupação correlata a essa foi a de trazer ao convívio profissional as crianças e adolescentes em situação de vulnerabilidade social, exemplificada em acordo realizado com a Fundação São Martinho, ligada à Cúria Metropolitana do Rio de Janeiro. Foram oferecidos a esses jovens trabalhos remunerados em atividades diversas, como copistas, mensageiros etc.

Lessa considerava o mercado interno como um patrimônio do povo brasileiro e trouxe da Comissão Econômica para a América Latina (CEPAL) a importância de realizar processos de mudança estrutural e o planejamento de longo prazo. Para isso foram recriadas as áreas de Planejamento, a Social e

21 Para detalhes ver Informe BNDES n. 167, fevereiro de 2003.

22 CICEF, 2016.

as operacionais dedicadas ao apoio dos setores produtivos. Destaque de sua gestão foi o Sistema de Planejamento Integrado do Desenvolvimento (SPID), com o seguinte papel: registrar os conhecimentos do pessoal que estava caminhando para a aposentadoria; articular e treinar novos funcionários, visando estudar e planejar o desenvolvimento de diferentes setores da economia brasileira, recuperando os conhecimentos armazenados nas análises das atividades atendidas pelo Banco. Cerca de 800 técnicos, distribuídos em 45 grupos, participaram dessa experiência que resultou na proposta de criação do Plano Trienal 2005-2007 do BNDES, com desafios e metas setoriais.

Mas a ampla coalizão que sustentava o governo federal não chegou a compreender as convicções defendidas por Lessa e muitas de suas propostas e atitudes foram fortemente contestadas. A estruturação do acima referido curso de pós-graduação foi criticada sob a alegação de forçar um pensamento único na instituição, como uma "lavagem cerebral" do corpo técnico. Suas insistentes tentativas de realizar mudanças foram contestadas pelo Banco Central, a exemplo da obtenção de recursos a custos adequados aos investimentos de longo prazo, sob a alegação de que só os recursos livres contribuiriam para a redução dos juros[23]. Além disso, o sistema de planejamento, com fluxo operacional estruturado para harmonizar os projetos com os planos setoriais, foi taxado de excessivamente burocrático[24].

Alguns episódios são exemplos de divergências explícitas com grupos financistas participantes do governo. O enfrentamento do grupo norte-americano AES, controlador da Eletropaulo, distribuidora de eletricidade em São Paulo, remontava às consequências do forte racionamento de energia elétrica em anos anteriores, impondo significativas perdas de receitas à concessionária. Isso levou à inadimplência do financiamento da empresa com o BNDES, o qual fora adquirido no processo de privatização, e a negociação levou à transformação de metade da dívida em participação acionária. Outro caso ocorreu quando o BNDES exerceu seu direito de preferência na compra de ações da Cia. Vale

23 Ver Hirt, 2019. Essa autora apontou também que: (i) ao criticar as gestões passadas do BNDES, Lessa argumentava que desde o final dos anos 1980, o Banco teria progressivamente aderido à política neoliberal, com destaque à série de privatizações que desmantelaram setores estratégicos, como o de energia; e que (ii) Lessa defendia sempre a necessidade de alterar os critérios de avaliação de risco das empresas que buscavam apoio, reiterando ser o BNDES um banco de desenvolvimento e, assim, não deveria se guiar pelas mesmas orientações dos bancos de investimento.

24 Ver artigo da *Folha de S.Paulo* – Mercado, 03/09/2004, "BNDES não é padaria, afirma Lessa".

do Rio Doce, restituindo, na prática, o controle estatal, ainda que diluído entre diversos fundos de pensão de empresas públicas, e impedindo que o capital estrangeiro pudesse se tornar majoritário na então maior empresa brasileira[25].

Em 18 de novembro de 2004, Carlos Lessa foi demitido da presidência do BNDES, sendo substituído pelo até então ministro do Planejamento, Orçamento e Gestão. Tal como fora saudado em sua chegada, Lessa, já na condição de ex-presidente do BNDES, discursou no dia seguinte à sua demissão para cerca de 300 pessoas, em manifestação de solidariedade, realizada em frente ao prédio do Banco, no Rio de Janeiro. Lessa afirmou então que "o que estamos assistindo é mais uma manobra das elites brasileiras para frustrar sonhos populares".

Os valiosos legados de Lessa ao BNDES

Dentre as principais contribuições de Carlos Lessa como diretor e presidente do BNDES ao desenvolvimento brasileiro, destacam-se:

- Reforço ao pensamento nacional – desenvolvimentista estruturalista em oposição à financeirização da economia e ao neoliberalismo, especialmente em resposta aos processos de privatização, desnacionalização e outros;
- Ênfase à importância de pensar o país de forma sistêmica, conectando questões econômicas às sociais e políticas, incluindo aspectos histórico-culturais na construção de um projeto nacional ao elaborar o planejamento de longo prazo;
- Destaque ao papel central do Estado com foco no bem-estar das pessoas, na preservação e expansão do mercado interno, um patrimônio do país, e na manutenção de empresas estratégicas sob o controle estatal: PETROBRAS, CVRD etc.;
- Compreensão de que a visão sistêmica necessita de contextualização no tempo e no espaço, com respeito às diferenças já estabelecidas;
- Relevância da integração latino-americana e das relações com países do hemisfério sul, especialmente organização das trocas em condições de complementaridade e de conhecimentos apropriáveis;
- Ênfase à inclusão, ao desenvolvimento social e aos pequenos produtores.

25 E como notado por Ernani Torres: "Belíssima operação, corretíssima. O Banco tinha direito de preferência na compra das ações dos empregados que foram negociadas na privatização porque o BNDES financiou barato [...] O Lessa [...] tinha uma baita visão. O Banco ganhou com essa operação [...] e com ele o Estado brasileiro". Ver CICEF, 2016.

Em consonância com tais contribuições, seus legados – tanto ao BNDES, quanto ao país – incluíram ainda a prioridade e reforço à:

- Soberania, visando fortalecer uma nação independente, capaz de construir seu futuro com base nos seus valores, identidade, cultura e história;
- Inclusão social para valorizar as bases de um desenvolvimento integrado e de longo prazo;
- Cidadania e autoestima, visando valorizar a diversidade da população brasileira, uma riqueza que necessita de fortalecimento e cuidados especiais, organizando e estimulando a produção cultural e sublinhando que "o melhor do Brasil são os brasileiros";
- Saúde dos brasileiros, a iniciar pela valorização dos profissionais da saúde e das organizações acadêmicas e de pesquisa, em conexão com a estrutura produtiva, visando fortalecer a produção nacional de medicamentos, o oferecimento de soluções às doenças negligenciadas e o aproveitamento do patrimônio genético do país;
- Educação para o desenvolvimento, visando aprofundar o conhecimento do Brasil real e sonhar com o Brasil do futuro, valorizar os diferentes níveis de formação, desde o ensino básico, profissional, superior e na pós-graduação, e articular as diferentes concepções para formular ideias novas ao projeto do desenvolvimento inclusivo;
- Ciência e conhecimento do Brasil para avançar no aproveitamento do potencial brasileiro, articulando o conhecimento informal e originário ao estado da arte.

O BNDES atual

A atuação do BNDES, que no período de 2006-2015 foi pautada nos objetivos de apoiar o desenvolvimento inclusivo, coeso e sustentável e com visão de longo prazo, sofreu transformação radical, quanto ao volume e natureza de seus investimentos. No período 2016-2021, houve significativas alterações resultantes da mudança de estratégia do governo federal brasileiro, alterando a visão e o papel do Estado brasileiro e do BNDES, o que incluiu: a supremacia da ideologia do Estado mínimo, das regras e lógica financeira neoliberal e dos princípios de "austeridade fiscal", desestatização e terceirização de atividades públicas. Além desse fato, grandes diferenças foram registradas nas respostas dadas ao enfrentamento da crise sanitária de 2020 e 2021, quando comparadas à reação a crises anteriores, notadamente a de 2008[26].

A figura 1 mostra o forte crescimento do desembolso do BNDES, principalmente nos períodos de 2008-10 e de 2011-13. De fato, após mais de duas décadas de aguda redução dos investimentos no desenvolvimento produtivo e em infraestrutura no Brasil, o início dos anos 2000 caracterizou-se pela retomada dos mesmos. O BNDES foi mais uma vez protagonista no financiamento de projetos de indústria de base, insumos básicos, infraestrutura, logística e energia, entre outros. Em resposta à deflagração da crise financeira internacional, de 2007 a 2015, foram implementadas medidas contracíclicas, com oferta de empréstimos, quando as instituições financeiras privadas reduziram drasticamente seu crédito.

Figura 1 – Histórico Desembolsos Totais Anuais do BNDES: 2006-2020 (bilhões de reais)

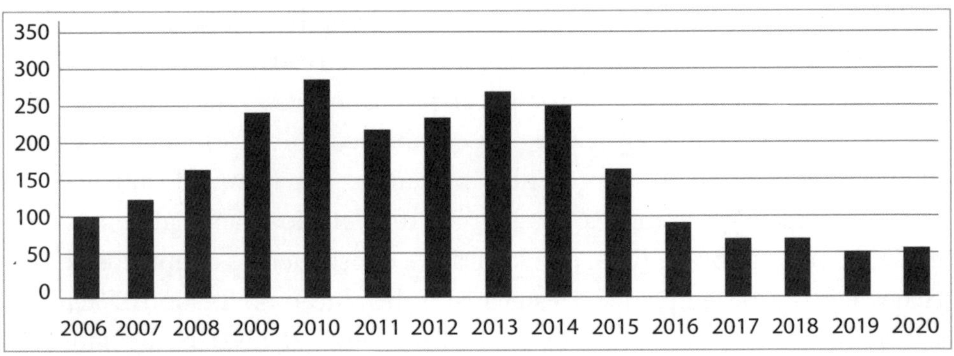

Obs: Valores constantes em Reais de 2020.

Fonte: Elaboração própria, BNDES, 2020, 2017.

Nota-se que, junto com os demais bancos públicos oficiais brasileiros, o BNDES jogou um papel-chave e ágil nas políticas contracíclicas adotadas no país para reduzir os impactos negativos da crise internacional de 2008, propagada desde os países mais desenvolvidos. No auge da crise, quando os bancos privados frearam a concessão de crédito, o esforço conjunto do BNDES e demais bancos oficiais, representou quase todo o aumento do crédito registrado. Como consequência, o Brasil continuou a crescer e gerar empregos, enquanto no mundo se observou uma intensa retração e perdas para trabalhadores, empresas e países.

26 Ver detalhes em Lastres *et al.*, 2017, Garcez *et al.*, 2018, Garcez *et al.*, 2022.

Em 2015, a queda do desembolso do BNDES foi seguida de queda ainda maior em 2016, e o desembolso permaneceu em níveis muito inferiores aos anos anteriores até 2020. Como se pode observar na figura 2, a partir de 2016, o BNDES passou a atuar de forma menos intensa, com participação declinante, tanto em termos de crédito total, como em percentual do PIB, quando o desembolso anual em relação ao PIB foi o menor registrado do período analisado de vinte anos.

Observe-se que, mesmo diante da crise econômica e sanitária da Covid-19, em 2020, os desembolsos se mantiveram nesse patamar extremamente baixo, registrando-se apenas variações muito pequenas em virtude da adoção de ações emergenciais de enfrentamento à crise. Para além da redução dos recursos repassados, houve uma mudança radical na estratégia do Banco. A desestatização, entendida como venda de ativos de empresas em poder do BNDES, passou a ser estratégia explícita, a partir de 2019, buscando "gerar retorno financeiro e, sobretudo, reputacional" (BNDES, 2019).

Mesmo as ações chamadas emergenciais, relativas à pandemia da Covid-19, foram apresentadas como pontuais e restritas no tempo, sugerindo buscar amenizar os efeitos da crise econômica, muito mais do que de fato exercer o papel anticíclico ou estratégico, anteriormente desempenhado. Houve também importantes mudanças na forma de atuação do BNDES devidas às alterações nos marcos regulatórios nacionais e nas fontes de recursos para créditos, que levaram a subsequentes adaptações e restrições em seu desempenho. Destaca-se a devolução ao Tesouro Nacional, com redução do prazo previsto no contrato com o BNDES, de montante significativo de recursos liberados pelo governo federal e pelo Banco Central e o fim da Taxa de Juros de Longo Prazo – TJLP (BNDES, 2017). O resultado dessas transformações é deletério sobre mecanismos defensivos de investimento e, ainda maior, sobre os incentivos a projetos de maior impacto econômico, social e ambiental.

O BNDES sempre teve um papel crucial no enfrentamento das crises financeiras internacionais e no apoio à retomada do desenvolvimento. Adiciona-se que isso geralmente é realizado via a ampliação de investimentos – públicos e privados – com garantia privada. Em 2020, essa lógica foi invertida: o sistema bancário ampliou o acesso a crédito com garantia do Estado brasileiro. O Banco passou a atuar principalmente como garantidor do sistema bancário privado, com pouca ou nenhuma exigência de contrapartidas. Com isso foi alterado seu papel de promotor de mudanças estruturais – que entre 2007-15 tiveram como base a agenda de sustentabilidade, com ênfase na geração de energias renováveis.

Ao passar a privilegiar a atuação emergencial, de curto prazo, e ao assumir, primordialmente, o risco das operações privadas, no final dos anos 2020, ampliou-se sobremaneira o risco do banco público BNDES e, em última instância, das finanças públicas brasileiras. Em 2020, devido à pandemia da Covid-19, além das mudanças em sua estratégia, o BNDES passou a adotar medidas extraordinárias. Foi realizado um "esforço anticíclico emergencial" e injetados 154 bilhões de reais na economia brasileira, com objetivo de executar um conjunto de "medidas emergenciais pontuais e transitórias" (BNDES, 2020). No entanto, não há registro de investimentos capazes de combater a crise sanitária, social e econômica desencadeada pela Covid-19, como havia ocorrido no enfrentamento das crises financeiras da primeira e segunda décadas do século XXI.

Próximo à metade da segunda década deste século, os níveis de desemprego começaram a crescer e a alcançar o segmento de serviços, evidenciando a urgência em prevenir os efeitos da crise, que interrompia o ciclo virtuoso da geração de empregos e renda, especialmente nas regiões menos desenvolvidas do país.

As dificuldades crescentes no cenário econômico e financeiro internacional e a tensão política brasileira, além de dificultar a adoção de medidas necessárias para a retomada do crescimento, influenciaram direta e negativamente o mercado financeiro. As pressões inflacionárias e o investimento reduzido estavam associados a taxas de juros mais altas, refletindo sobre como escapar do círculo vicioso de queda do PIB, queda nas receitas fiscais, aumento de impostos e aumento de preços.

Ao enfatizar a importância do BNDES em contribuir para a retomada do desenvolvimento, reafirma-se a necessidade de planejar o desenvolvimento de longo prazo, principalmente em tempos de crise. Após o aprofundamento da crise internacional, em 2011, o sistema financeiro mundial deixou de oferecer crédito de longo prazo, tendo em vista a demanda por intervenções maciças para evitar falências no sistema financeiro, com os bancos centrais trabalhando com juros negativos, com 10 anos de taxas de juros anuais abaixo da inflação. Outros agravantes incluíram a elevada liquidez do mercado de capitais e a busca focada em investimentos de curto prazo e demais parâmetros relacionados à lógica financeira neoliberal.

Sistemas de Produção e Inovação Social e Ambientalmente Sustentáveis

No caso do apoio às questões que ocuparam espaço estratégico nas prioridades do BNDES no período analisado, os impactos das mudanças registradas são apresentados na figura 2. Ressaltamos que, como visto anteriormente, muitas dessas prioridades tiveram origem e reforço nas gestões de Carlos Lessa no Banco: inclusão, apoio ao pequeno produtor, coesão territorial e sustentabilidade.

Segundo os indicadores de Desenvolvimento Social e Economia Verde, os desembolsos para projetos de sustentabilidade social e ambiental cresceram de 12% a 14% e de 13% a 23%, entre 2012 e 2015, respectivamente, em relação ao desembolso total do BNDES. De 2016 em diante, o BNDES perdeu potência em seu apoio a esses projetos. As participações dos indicadores de Desenvolvimento Social e Economia Verde no desembolso total caíram de 11% para 9,2%, em 2020; e de 16% para 11,4%, em 2020, respectivamente.

Um destaque dos novos desafios confrontados pelas temáticas social e ambiental no BNDES remete ao caso do Fundo Amazônia. Em 2019, após 11 anos de existência, foi paralisado esse bem-sucedido fundo, voltado para projetos de desenvolvimento sustentável da Amazônia (com 103 projetos apoiados e valor total de 1,9 bilhão de reais).

O Conselho Orientador do Fundo Amazônia (COFA) – composto por representantes dos governos federal e estadual e também da sociedade – foi desfeito pelo governo federal, o que invalidou a realização de novas aprovações de financiamentos pelo Fundo. Além de paralisar desembolsos importantes ao futuro da Amazônia, Brasil e mundo, foi também dissolvido um mecanismo de governança reconhecido internacionalmente e com capacidade de inspirar o avanço da democratização e da participação representativa dos diversos segmentos da sociedade no Banco.

Figura 2 – Histórico dos Desembolsos Anuais do BNDES em Desenvolvimento Social e Economia Verde: 2012 - 2020 (bilhões de reais)

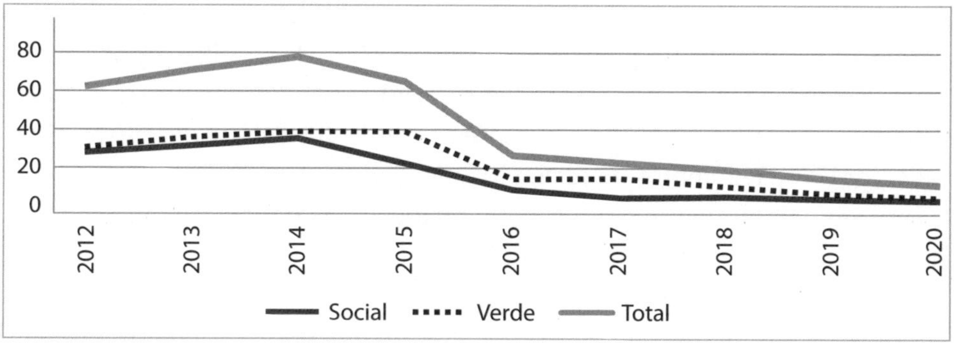

Obs: Valores constantes em Reais de 2020.
Fonte: Elaboração própria, BNDES, 2020, 2017.

Tais resultados mostraram-se particularmente graves a partir do início dos anos 2020, quando nos diferentes países do mundo e especialmente no Brasil, a crise sanitária ampliou e aprofundou um conjunto de outras crises ambiental, econômica, social e política. Em consequência, tal período fica marcado pela perda da oportunidade única de o Brasil fazer uso de um de seus mais preciosos patrimônios – o banco público de desenvolvimento.

Adiciona-se que o BNDES, ao completar 70 anos, em junho de 2022, conseguiu acumular capacidades e experiências que certamente seriam instrumentais no enfrentamento dessas crises múltiplas. E, como mostra seu passado, planejar seu futuro exige compreender seu papel e as diferentes formas como instrumentalizou a política nacional de desenvolvimento, além de um amplo, vigoroso e urgente debate.

Por um novo futuro do Brasil e do BNDES

A vida e as passagens de Lessa no BNDES em muito nos inspiram a pensar o Brasil do futuro e em como é importante que o Banco retome seu papel central no financiamento do desenvolvimento. Não por uma questão de saudosismo, mas sim pelo imperativo da retomada desse organismo estratégico da ação conjunta do Estado, setor privado, trabalhadores e sociedade, no estabelecimento e mobilização das bases para o desenvolvimento socioeconômico. E isso, como a História nos mostra, não se realiza de forma espontânea.

Assim, deve-se retomar a capacidade de os bancos públicos federais induzirem o desenvolvimento de longo prazo, voltado ao bem-estar da população, sustentabilidade e soberania. Esses bancos – e em especial o BNDES – são fundamentais braços de planejamento e execução das políticas públicas do país. Para tal, precisa-se retomar sua capacidade de financiamento a custos incentivados sob novas bases, diferentes da atual, altamente restritiva e marcada por pré-pagamentos de dívida longa e barata que o Banco assumiu com o Tesouro e da dramática redução em termos reais do crédito ofertado pela instituição. Num movimento simultâneo, viu-se o BNDES crescentemente atuar como fiador da banca privada (e estrangeira) sem exigir contrapartida relevante dos tomadores de financiamento ou dos parceiros, numa inversão histórica da forma de atuar do BNDES.

Como visto acima, após 2015, definitivamente o BNDES deixou de contribuir de forma decisiva para o desenvolvimento social, ambiental, regional e econômico no Brasil. No entanto, a retomada do protagonismo do Banco passa antes de mais nada por responder a duas perguntas: para que (projetos) e para quem (beneficiados no tecido social) serão dados incentivos por meio do BNDES?

Em webinário realizado para discutir ideias para este artigo, foi reiterada a importância da visão integrada do desenvolvimento e do contexto dos diferentes países, tanto no caso das análises de experiências como na proposição de políticas e de uma perspectiva que "desnaturalize" a lógica atual que orienta os investimentos públicos no Brasil. Foi enfatizada a relevância da visão de futuro, em especial para as novas tecnologias habilitadoras e na transição tecnológica e energética com foco nas questões sociais e climáticas. Foi também destacada a premência da transformação dos sistemas alimentares, uma vez que os atuais são injustos, inadequados e ineficientes, além de insustentáveis. E sobretudo foi ressaltado que a avassaladora crise social deve inspirar a rever o **S** do BNDES e sua atuação, e que esse esforço não pode ignorar a indissociabilidade das questões econômica, social, ambiental e territorial, a qual mostrou-se ainda mais clara com a pandemia. Daí a importância dos investimentos em infraestrutura social: educação, saúde, habitação, alimentação, energia, mobilidade, cultura, conectividade e telecomunicações. Em algumas dessas áreas, o BNDES já atua e nas demais há que mobilizar suas capacitações e criatividade.

Assim, na promoção do desenvolvimento, essencial para ampliação de empregos de qualidade e com salários mais elevados, defendemos que sejam utilizados de forma articulada dois vetores de expansão. No primeiro caso, colocam-se as atividades **de elevado impacto social e no bem-estar da população**, como os sistemas produtivos e inovativos da saúde, educação, energia, mobilidade e os demais serviços públicos[27]. Nesse caminho, a necessária transformação produtiva deve servir de mote para universalizar a prestação de serviços públicos essenciais à população, deve ser conjugada por uma política de compra local e deve ser precedida por forte política de demanda para desabrochar os investimentos privados. Desse modo, não somente iremos universalizar tais serviços públicos essenciais, como também promover imenso espalhamento territorial de bens de consumo e variados serviços, que terão que atender às demandas por: equipamentos e materiais, têxteis e confecções, móveis, conectividade e sistemas de informação e comunicação, etc. Esse caminho já foi percorrido pelo BNDES com as experiências do PAA[28] e do Caminho da Escola[29], entre outras ações que devem nos servir de inspiração.

Já o segundo vetor importante para a transformação e modernização produtiva relaciona-se às tradicionais atividades que promovem o desenvolvimento e que permanecem com acentuadas carências no Brasil, como a infraestrutura e a indústria em geral. Essas demandas necessitarão de revisão e do reempoderamento da atividade de planejamento, coordenada e conduzida pelo Estado brasileiro.

O conhecimento para superar essas carências já é dominado parcialmente em nosso país. Estamos, porém, diante dos novos desafios que se aprofundam neste século XXI. A primeira parte dos novos desafios tem como referência propostas geradas na Conferência das Nações Unidas sobre desenvolvimento sustentável no Rio de Janeiro, em 2012, as quais foram consolidadas nos 17 Objetivos de Desenvolvimento Sustentável (ODS) aprovados pela

27 Esse argumento, que foi discutido no webinário organizado para discutir ideias para esse artigo, também é defendido em Dweck *et al.*, 2020, e Lastres *et al.*, 2021.

28 O Programa de Aquisição de Alimentos (PAA) possuía duas finalidades básicas: promover o acesso à alimentação e incentivar a agricultura familiar; para isso o governo federal compra dos agricultores cadastrados e distribui às pessoas em situação de insegurança alimentar e nutricional e àquelas atendidas pela rede socioassistencial, pelos equipamentos públicos de saúde e segurança e pela rede pública e filantrópica de ensino. Combinado com o programa Bolsa Família representou valioso estímulo à elevação da renda e emprego e ao desenvolvimento de comunidades rurais no país.

29 O Programa Caminho da Escola objetivava renovar, padronizar e ampliar a frota de veículos do sistema público de educação básica, oferecendo financiamento a baixo custo para a aquisição de ônibus, lanchas e bicicletas fabricados especialmente para o transporte escolar. Além de seu efeito na redução da evasão escolar, constitui valioso instrumento de elevar a produção nacional, com a consequente manutenção de emprego e renda.

Organização das Nações Unidas (ONU). E podemos afirmar que o legado de Carlos Lessa tem um bom espaço de diálogo com esses objetivos. Destacamos os seguintes pontos:

a. da sustentabilidade ambiental, com o fortalecimento de projetos de transição para uma economia de baixo carbono e de elevada eficiência energética;
b. da sustentabilidade social, a qual inclui vários pontos, já citados aqui, que fizeram parte das propostas de Lessa ao BNDES.

O futuro do Brasil precisará ser pensado e planejado pelo governo federal e em muito pode se beneficiar do conhecimento acumulado no BNDES. O apoio do Banco aos novos investimentos deverá considerar a recuperação dos setores tradicionais, parte dos quais, como a indústria em geral, foi relegado a plano secundário. A infraestrutura sistêmica pode ser um vetor de crescimento por meio da exigência de conteúdo local estratégico, como no caso notório da política de apoio ao sistema produtivo das energias eólicas e solar, e envolver estímulos mais criativos e relevantes a novas fontes energéticas, como hidrogênio verde, biometano (em aterros sanitários), biomassas, biocombustíveis de avião (SAF), baterias para fontes intermitentes, entre outras. Deve-se, ainda, modernizar fontes energéticas tradicionais, que se constituíram em exemplos de grandes sucessos internacionais, como o aproveitamento do petróleo e gás do pré-sal e da geração hidroelétrica.

A agricultura deve ser estimulada à luz de um modelo de produção integrado, gerador de empregos e que preserve o meio ambiente. O sucesso reconhecido obtido pelo agronegócio deve também contribuir para a sustentabilidade social e ambiental.

- tanto na já tradicional base familiar, essencial para ampliar a oferta de empregos no campo e de alimentos, e em especial para combater a fome dos 15,4 milhões de brasileiros que vivem com insegurança alimentar severa, segundo a FAO (2022);
- quanto na moderna agricultura, que incorpore bases sustentáveis, amplie progressivamente a rastreabilidade da produção, apoie práticas sustentáveis, como os sistemas agroflorestais da Amazônia, de produtos da bioeconomia e que contribuam para o cumprimento do nosso completo Código Florestal[30].

30 Mostra-se fundamental promover um amplo debate para discutir os aspectos positivos

As visões setoriais, por sua vez, não devem estar desacompanhadas da realidade e das demandas de desenvolvimento dos territórios, como já nos apontava Lessa que priorizava o olhar do desenvolvimento pautado na interpretação da realidade de forma sistêmica e contextualizada no espaço e tempo[31].

Mostra-se fundamental promover um amplo debate com a sociedade brasileira para discutir os aspectos positivos e negativos de tais propostas centradas na sustentabilidade socioambiental. Com humildade e reconhecendo que não somos donos da verdade, entendemos que, para lidar com o novo, será necessário aprofundar os significados dos "precisaremos":

- Precisaremos ter um forte compromisso com a população mais pobre, com a geração prioritária de emprego e renda para essa população, visando superar destituições de direitos e extinguir a miséria e a fome em nosso país;
- Precisaremos contribuir para uma nova, democrática e inteligente articulação do Estado com as lideranças da sociedade e do setor privado, considerando suas diversidades;
- Precisaremos criar espaços de trabalho que incorporem, estimulem e valorizem o conhecimento das lideranças dos movimentos sociais e das lideranças empreendedoras, desde as micro às grandes empresas;
- Precisaremos aprender a dialogar com as novas lideranças políticas para elaborar um diagnóstico e uma prática adequada para saber superar os obstáculos existentes;
- Precisaremos criar um novo espaço de comunicação com a sociedade brasileira, num ambiente democrático e transparente que reconheça e respeite a sociobiodiversidade e nossas leis;
- Precisaremos recuperar e fortalecer a autoestima do brasileiro que reconhecerá o verdadeiro valor de nossas instituições e agentes públicos e privados;
- Precisaremos voltar a sonhar com um país próspero, inclusivo, social e ambientalmente correto e que seja motivo de orgulho e admiração pelos seus habitantes e pela população mundial.

---

e negativos de tais propostas assim como dos novos investimentos com sustentabilidade socioambiental.

31 O caso da educação é exemplar. Como melhorar os indicadores de educação de uma escola se ela está em condições físicas precárias e se os alunos vêm de anos de formação deficiente e vivem em condições de extrema vulnerabilidade fora da escola.

Referências

ALÉM, A. C.; AZEVEDO, W. *As principais tendências dos bancos nacionais de desenvolvimento: lições da experiência internacional.* BNDES, 2018.

AZEREDO, B. *et al. A experiência da Área de Desenvolvimento Social no período 1996/2002*. Centro de Memória BNDES, Rio de Janeiro, 2002.

CASSIOLATO, J. E.; LASTRES, H. M. M. "O Desenvolvimento brasileiro no século XXI". In: LASTRES, H. M. M. *et al.* (Orgs). *O Futuro do Desenvolvimento*. Campinas: Editora da UNICAMP, 2016. p. 267-309.

CICEF, Centro Internacional Celso Furtado: *Memórias do Desenvolvimento*. V. (5), outubro de 2016. Disponível em: http://centrocelsofurtado.org.br/. Acesso em: 19 dez. 2022.

CICEF, Centro Internacional Celso Furtado: *Memórias do Desenvolvimento*. V. 4 (4), setembro de 2010. Disponível em: http://centrocelsofurtado.org.br/. Acesso em: 19 dez. 2022.

COUTINHO, L. "Foreword". In: CASSIOLATO, J. E.; SOARES, M. C. C. *BRICS National Systems of Innovation: Financing Innovation*. New Delhi: Routledge, 2014.

DWECK, E. *et al.* "Impactos Macroeconômicos e Setoriais da COVID-19 no Brasil". Instituto de Economia da UFRJ. *Texto para Discussão* 007, 2020. Disponível em: https://www.ie.ufrj.br/images/IE/TDS/2020/TD_IE_007_2020_2020_DWECK%20(org).pdf. Acesso em: FOLHA de S.Paulo. Caderno Mercado, 3 set. 2004.

GARCEZ, C.; SANTIAGO, M.; LASTRES, H. M. M. "The present and the future of the Brazilian Development Bank in the promotion of social and sustainable development". In: XINLI, Z. *et al.* (Orgs.). *BRICS Comprehensive Innovation Competitiveness Report 2022*. Beijing: Scientific and Technical Documentation Press, forthcoming.

GARCEZ, C.; SANTIAGO, M.; LASTRES, H. M. M. "Bancos de Desenvolvimento Públicos em Sistemas de Produção e Inovação Sustentáveis: lições do Brasil". *Texto de Discussão*, RedeSist. Maio, 2022.

GARCEZ, C., LASTRES, H. M. M., LEMOS, C. "Financiamento de Sistemas Nacionais de Inovação, papel dos bancos de desenvolvimento, experiência e desafios do caso brasileiro". *Seminário Lalics*, 2018. Disponível em: https://economiaeinnovacionuamx.org/revista/volumen/2. Acesso em: 19 dez. 2022.

HIRT, C. "Estado, Capital e políticas governamentais: o lugar e papel do BNDES no desenvolvimento brasileiro entre os anos de 2003 e 2014". In: *Anais* XVIII ENANPUR 2019.

LASTRES, H. M. M. *et al.* "Transformações e aprendizados da COVID-19 e a dimensão territorial da saúde". *Cadernos do Desenvolvimento*. Rio de Janeiro: Centro Celso Furtado e Fiocruz, junho, vol.16 n.28 2021, p.87-114. Disponível em: http://www.cadernosdodesenvolvimento.org.br/ojs-2.4.8/index.php/cdes/article/view/552. Acesso em: 19 dez. 2022.

LASTRES, H. M. M. *et al.* "The experience of the BNDES in supporting innovation and sustainable development and its perspectives in the XXI century". *15th Globelics Conference*. Athens, 2017.

LESSA, C. *Quinze anos de política econômica no Brasil*. São Paulo, Brasiliense, 1975.

MOURÃO, J. F. "A integração competitiva e o planejamento estratégico do Sistema BNDES". *Revista do BNDES*, v.1, n.2, 1994.

NARDIN, M. *et al.* "Usinas de reciclagem de lixo: aspectos sociais e viabilidade econômica". In: MONTEIRO FILHA, D. C.; MODENESI, R. L. (Orgs.). *BNDES, um banco de ideias: 50 anos refletindo o Brasil*. Rio de Janeiro: BNDES, 2002. pp. 27-290.

PAIVA, M. *BNDES: um banco de história e do futuro*. São Paulo: Museu da Pessoa, 2012. Disponível em: https://web.bndes.gov.br/bib/jspui/handle/1408/1785. Acesso em: 19 dez. 2022.

RIBEIRO, F. S. & SANTOS, J. F. M. "Política de eletrificação rural: superando dilemas institucionais". *Revista do BNDES*, v.1, n.2, 1994.

TAVARES, M. C. *et al.* "O papel do BNDE na industrialização do Brasil: Os anos dourados do desenvolvimentismo, 1952-1980". Rio de Janeiro: CICEF, Centro Internacional Celso Furtado, v. 4, n. 4, 2010.

TORRES, E.; COSTA, F. N. "BNDES e o financiamento do desenvolvimento". Campinas, *Economia e Sociedade,* v. 21, número especial, pp.975- 1009, dez. 2012.

TORRES, E. *et al.* "Sistema financeiro em debate". *Canal do IE/UFRJ*. 25/03/2021 Disponível em: https://www.youtube.com/watch?v=uXr15hIPmdY. Acesso em: 19 dez. 2022.

YUNUS, M. "Microcrédito: a experiência do Grameen Bank". *BNDES Social* n.2, Rio de Janeiro, 2000.

PARTE 3

O RIO DE JANEIRO

15

Um intelectual e cidadão crítico-humanista: o lugar do Brasil e do Rio de Janeiro em sua práxis

Jorge Natal[1]

Cezar Guedes[2]

---

1 Jorge L.A. Natal é graduado em economia pela Universidade Federal do Rio de Janeiro, a UFRJ (1976), e mestre e doutor também em economia pela Universidade Estadual de Campinas-SP (respectivamente, 1981 e 1991). Foi professor no curso de economia da UFRJ (1978-81), no curso de economia da Universidade Federal de Uberlândia (1981-94) e no curso de pós-graduação em planejamento urbano e regional do Instituto de Pesquisa e Planejamento Urbano e Regional, o IPPUR, da UFRJ (1994-2013) – instituição essa pela qual veio a se aposentar. Também foi professor: de pós-graduação ("stricto sensu"), na Fundação Oswaldo Cruz (1978-80); de pós-graduação ("lato sensu"), na Cândido Mendes-RJ (1998-2017); e na de pós-graduação ("idem), na Escola Politécnica da UFRJ (últimos 20 anos). Já aposentado elaborou e coordenou projeto de pesquisa sobre Saúde e Território: Petrópolis-RJ, 2000-2013 no referido Instituto Oswaldo Cruz (2013-14). Exerceu cargos administrativos e representações na estrutura universitária, bem como orientou diversos trabalhos de conclusão de curso (das monografias de graduação às teses de doutoramento). Ministrou disciplinas, tais como: Economia Brasileira, História do Pensamento Social Brasileiro, Economia Política, Teoria Econômica, Economia Fluminense, Economia e Território etc. Nos últimos cinco anos publicou dois livros, alguns artigos acadêmicos (sobre o estado do Rio de Janeiro e a cidade do Rio), bem como uma série de artigos (em blog) sobre a economia brasileira, a fluminense e a carioca recentes.

2 Cezar A. M, Guedes é graduado em Economia pela Universidade Federal Fluminense (UFF, 1977), Mestre em Engenharia de Produção (área de Economia da Tecnologia) pela Coordenação dos Programas em Pós Graduação em Engenharia na Universidade Federal do Rio de Janeiro (COPPE/UFRJ, 1983) e Doutor em Administração pela Escola de Administração de Empresas de São Paulo/Fundação Getúlio Vargas (EAESP/FGV, 1993). Pós-doutorado pelo Instituto Superior de Economia e Gestão da Universidade de Lisboa (ISEG/UL). Foi Professor na UFF (1979/83) e na Universidade Federal de Uberlândia (UFU,1983/89). Em 1989 ingressou na Universidade Federal Rural do Rio de Janeiro (UFRRJ) onde se aposentou e continua atuando como Professor Permanente no Doutorado Binacional em Ciência, Tecnologia e Inovações em Agropecuária (PPGCTIA). Realizou pesquisas no Centro de Estudos Sindicais e Economia do Trabalho da Universidade Estadual de Campinas (CESIT/UNICAMP), no Departamento Intersindical de Estudos e Estatísticas Socioeconômicas (DIEESE), no Programa das Nações Unidas para o Desenvolvimento (PNUD) e no Instituto de Pesquisa Econômica Aplicada (IPEA).

Resumo

O artigo examina parcela da obra e da ação pública do professor Carlos Lessa. Em *Algumas heranças intelectuais e dívidas dos autores* (I) destacamos a sua contribuição para a definição dos rumos das nossas respectivas trajetórias profissionais. Em *Formação e produção intelectual – uma aproximação à sua ação pública* (II) pontuamos o caráter transdisciplinar e transescalar dos seus escritos e falas, bem como o quanto a sua ação pública expressa o binômio acima. Em *Produção intelectual, e políticas públicas e desenvolvimento nacional* (III) sublinhamos a centralidade que ele conferia às políticas públicas para o alcance de um efetivo desenvolvimento. Em *Paixão pela cidade do Rio de Janeiro* (IV) realçamos: a sua aguda crítica às reflexões existentes sobre esse espaço social; o seu destaque ao fenômeno da capitalidade; e o aspecto danoso materializado na chamada decadência do Rio, dada a falta de uma cultura regional. Nas C*onsiderações finais* recuperamos aspectos antes analisados e, em especial, a importância da obra e da trajetória pessoal de Lessa para todos os que tenham em vista a 'construção' de um país soberano, economicamente dinâmico e socialmente mais justo.

Abstract

The article examines part of the work and public action of Professor Carlos Lessa. In *Algumas heranças intelectuais e dívidas dos autores* (Some intellectual legacies and debts of the authors) (I) we highlight his contribution to the definition of the directions of our respective professional career. In *Formação e produção intelectual – uma aproximação à sua ação pública* (Formation and intellectual production – an approach to his public action) (II) we point out the transdisciplinary and cross-scale character of his writings and speeches, as well as how much his public action expresses the above binomial. In *Produção intelectual, e políticas públicas e desenvolvimento nacional (*Intellectual production, and public policies and national development) (III) we underline the centrality he gave to public policies for the achievement of effective development. In *Paixão pela cidade do Rio de Janeiro* (Passion for the City of Rio de Janeiro) (IV) we highlight: his sharp criticism of existing reflections on this social space; its emphasis on the phenomenon of the capital status; and, the harmful aspect materialized in the so-called decadence of Rio, given the lack of a regional culture. In C*onsiderações finais* (Final Considerations), we recover aspects previously analyzed and, in particular, the importance of Lessa's work and personal journey for all those who have in mind the 'construction' of a sovereign, economically dynamic and socially fairer country.

Apresentação

Este artigo analisa quatro aspectos da obra reflexiva e da ação pública do professor Carlos Lessa. Para esse fim iniciamos o presente trabalho pelo que denominamos de "Algumas heranças intelectuais e dívidas dos autores" (Seção I). Nele, por conta dos diversos contatos que tivemos com o referido professor através de aulas, leituras de textos da sua autoria etc., destacamos a sua ampla, sólida e crítica formação intelectual, o seu marcado compromisso institucional e o modo respeitoso, gentil mesmo, como tratava as pessoas do seu círculo profissional.

Em seguida examinamos o temário expresso no título "Formação e produção intelectual – uma aproximação à sua ação pública" (Seção II). Sublinhamos nesse movimento analítico o fato de o professor Lessa empregar a sua vasta bagagem de economista, aliada à cultural, visando contribuir para que o Brasil viesse a crescer em termos econômicos, bem como avançasse na senda do ideário da justiça social; e mais: que para tal, isto é, o país alcançasse o desenvolvimento propriamente dito, ele conferia ênfase especial às políticas públicas.

No que trata do terceiro aspecto, intitulado "Produção intelectual, e políticas públicas e desenvolvimento nacional" (Seção III), realçamos que Lessa defende que essas políticas públicas sejam autônomas face o centro mundial capitalista. Por quê? Porque se assim não fosse, sustentava ele, o efetivo desenvolvimento do país resultaria no limite inviável. Ainda: dada a grande família das políticas públicas, por ser economista, trivial que Lessa se ocupasse de maneira privilegiada de uma delas; a saber, as políticas econômicas. Por último, chamamos atenção para a maneira particular como ele pensava o Brasil (como se explicará mais adiante).

No que concerne ao quarto aspecto, nomeado "Paixão pela cidade do Rio de Janeiro" (Seção IV), apontamos o seu marcado amor por essa cidade – o que, vale mencionar, nem de longe esgota a práxis do professor Lessa acerca da ex-capital federal. Tanto que ele se dedica entusiasticamente a desvelá-la em muitos de seus escritos e falas. À guisa de ilustração elencamos alguns temas e/ou conclusões que constam e/ou derivam do seu esforço de pesquisa, quais sejam: o da limitação existente na literatura acadêmica que estudou a formação social carioca; o da plêiade de graves problemas passados e presentes nela materializados; o da sua relevância histórica, rica e singular, em termos nacionais; e, o da importância conferida à chamada capitalidade para o seu melhor entendimento e ulterior desenvolvimento.

Por fim, encerramos o artigo com uma seção de "Consideração Finais". Nela resgatamos muito sucintamente os principais aspectos tratados no conjunto do texto e, em complemento, apontamos para o fato de a obra e o engajamento público do professor Lessa terem deixado fecundas heranças para todos os que estão iniciando as suas vidas profissionais (economistas ou não) e pretendem atuar fora do *mainstream* – ou seja, exercê-las de forma criativa e contributiva para o desenvolvimento de um país economicamente dinâmico, efetivamente soberano e socialmente 'equilibrado' (inclusivo).

1. Algumas heranças intelectuais e dívidas dos autores

Relato de Jorge Natal

Lessa, o professor. Iniciei meu terceiro período letivo do curso de mestrado em economia no antigo Departamento de Economia e Planejamento Econômico (DEPE) da UNICAMP na entrada de 1978. Foi na condição de aluno, ali e então, que conheci pessoalmente o professor Lessa. Ele ministrava nessa instituição à época, junto com o professor José Serra (atual senador da República), a disciplina de Economia Brasileira. Tais aulas restaram inesquecíveis para todos os que tivemos a oportunidade de delas 'desfrutar'. Ajudam a explicar essa assertiva os seguintes fatos: as aulas eram dadas com a presenças dos dois professores em classe e em diálogo permanente; ambos dominavam com total segurança os temas em exame; e dali resultavam exposições e debates assaz instigantes.

No caso do professor Lessa, que é o objeto destas reflexões, anote-se aqui: a capacidade que ele possuía, dada a sua larga erudição, de ampliar transdisciplinarmente o escopo analítico do que estivesse em discussão; a fácil verbalização de assuntos complexos graças ao seu amadurecimento dos temas em análise; e, sobretudo, o seu estímulo constante para que viéssemos a formular as nossas próprias questões.

No que trata dessa última anotação, vale fazer neste ponto um destaque: essas aulas evidenciavam a tradição na qual o professor Lessa fora 'treinado'.

Mais precisamente: essa tradição se afirmava no fato dele estar sempre inquirindo o trinômio gênese, desenvolvimento e perspectivas do capitalismo brasileiro, postura essa que era recorrente entre os intelectuais forjados no país na primeira metade do século XX. Essa "*démarche*" pode ser ilustrada à perfeição quando consideramos o fato de o primeiro trabalho a verdadeiramente sistematizar a história da nossa formação socioeconômica, o clássico *Formação Econômica do Brasil*, do também mestre Celso Furtado, datar apenas do final dos anos 1950. Não era à toa, portanto, que Lessa sempre dizia que a publicação dessa obra foi uma espécie de "raio de luz em minha (dele) vida", posto que com ela pelo menos parte das interrogações sobre o trinômio acima foi enfim respondida. Por último, registre-se o ambiente agradável, em regra bem-humorado, que ele construía em sala de aula, apesar da seriedade das exposições atinentes à disciplina.

Em suma: dei muita sorte de tê-lo como professor; em verdade, mais apropriadamente, enquanto mestre.

Lessa, o orientador. Concluída a fase de créditos disciplinares (meados de 1978) conversei com ele sobre alguns possíveis temas para efeito da elaboração da minha dissertação e lhe perguntei sobre a sua disponibilidade para me orientar. A resposta foi não apenas positiva como bastante estimulante. Combinamos então uma primeira conversa no Rio – o seu lugar de residência e o meu (de novo) a partir daquele momento. As sessões de orientação que se sucederam permanecem até hoje inapagáveis na minha memória afetiva, e lá se vão mais de 40 anos. Lessa sempre lia o material que previamente eu lhe entregava, dialogava com o texto linha a linha e, mais importante, o fazia avançar de tal maneira – na forma e em conteúdo – que mesmo passado tanto tempo continuo achando que os méritos que aquele trabalho por ventura possua são mais dele que propriamente meus.

Sobre essa dedicação e senso de compromisso com jovens economistas, como era o meu caso naquela época, registre-se que as tais sessões de orientação eram realizadas na casa dele, um belíssimo casarão localizado de frente para a Lagoa Rodrigo de Freitas (hoje ele não mais existe) na zona sul da cidade do Rio de Janeiro (RJ)[3], normalmente aos domingos; sendo que, caso não esteja falhando a memória, além de mim o professor Lessa recebia nesse mesmo dia, pelo menos por vezes, três outros orientandos (Francisco

3 Tal observação aparentemente aleatória tornar-se-á inteligível quando tratarmos da seção dedicada ao processo de formação intelectual e pessoal do professor Carlos Lessa.

C. Lopreato, Júlio Sérgio G. de Almeida e José Carlos R. Miranda – todos com contributivas carreiras profissionais). Como derivação, sublinhe-se a significativa demanda que incidia sobre ele para ser orientador de trabalhos de conclusão de cursos, a disponibilização do seu domingo e certamente de pelo menos mais um dia da semana para ler os materiais que previamente lhe entregávamos. Em suma: tudo isso expressa o quanto valorizávamos ser orientados pelo professor Carlos Lessa, bem como o seu extraordinário compromisso acadêmico.

Por último, registre-se a clareza que tenho de que a minha dissertação apenas chegou a bom termo devido ao notável apoio acadêmico e marcado estímulo pessoal do professor Lessa.

Lessa, o colega de trabalho. Ele ingressou como professor na antiga Faculdade de Economia e Administração da UFRJ (FEA/UFRJ) em 1978. Eu também o fiz nesse ano; no entanto, o nosso convívio profissional nessa unidade/instituição foi relativamente curto, pois no início de 1981 fui trabalhar em outra universidade federal (a de Uberlândia)[4]. Em que pese o que veio de ser anotado trivial asseverar que aqueles aproximados dois anos e meio foram tanto fraternos quanto ricos do ponto de vista intelectual.

Em 1994 voltei ao Rio, não para a Economia/UFRJ, mas sim para o IPPUR dessa mesma UFRJ[5]. Passei então a encontrar com o professor Lessa em atividades acadêmicas e reuniões institucionais – nesse último caso, ele como Decano do CCJE (Centro de Ciências Jurídicas e Econômicas) e depois Reitor, e eu na condição de diretor do IPPUR ou coordenador do 'nosso' programa de pós-graduação. Em resumo: guardo desse conjunto de encontros as melhores lembranças, sendo que esse convívio definitivamente reforçou em mim o entendimento do quanto é possível uma pessoa ser brilhante em termos intelectuais, delicada no trato humano e institucionalmente responsável.

Relato de Cezar Guedes

Meu convívio com o professor Carlos Lessa teve como marco a disciplina de Economia Brasileira, oferecida para a turma que ingressou no mestrado da Coordenação de Programas de Pós-Graduação e Pesquisa em Engenharia da

4 Essa mudança institucional se deu quando resolvi abraçar, ainda jovem, o desafio de poder ajudar a construir uma unidade de ensino de excelência no interior brasileiro.

5 Em algum grau, a escolha do IPPUR, pela anotada transdisciplinaridade que o caracteriza, também é devedora do professor Lessa (...).

UFRJ (COPPE) em 1978, no Programa de Engenharia de Produção, área de Economia da Tecnologia. Mais detidamente: essa disciplina (eletiva) foi uma escolha da turma para integralizar o período de créditos. Afinal, havíamos tido um ano rico em discussões sobre ciência e tecnologia, e temas que faziam (e continuam fazendo) interface da economia com a engenharia da produção, como o são, por exemplo, a organização do trabalho e a da produção; e ela, dada a riqueza desse ano escolar, foi sem dúvida a 'cereja do bolo' que faltava.

De certa maneira tudo começou com o professor Darcy Ribeiro. Um dia tivemos a visita solar e fundamental desse outro grande mestre que recém-retornado ao Brasil foi convidado pelo querido e também saudoso professor Ricardo Tauile para discutir com a nossa turma seu livro *O processo civilizatório*. O debate foi seminal, pois estávamos todos (ou quase todos) com fome e sede de um país que iniciava seu caminho para a democracia e o fim da ditadura instaurada em 1964. Não haveria escolha mais acertada do que essa quando se trata da consideração de pensar o futuro para a brasilidade e o conjunto do nosso país – no seu dizer, essa "Roma banhada em sangue negro e índio".

Afora a riqueza e a veracidade dessa imagem, ele nos lembrava então um aspecto decisivo: que estávamos e estamos sempre condenados a ser contemporâneos do nosso tempo histórico. E o nosso era o do esgotamento do chamado milagre econômico brasileiro (1968-73), que se esgarçava pela sua própria tessitura interna, evidenciada em seus 'desequilíbrios' macroeconômicos, regionais e distributivos, bem como por tantos outros âmbitos que quisermos lembrar (federativos etc.). Enfim: estávamos às vésperas de tudo e havia uma agenda inflada de desafios a decifrar, uma esfinge tupiniquim a desvelar.

Foi exatamente esse o contexto no qual decidimos convidar o professor Carlos Lessa para ministrar a citada disciplina de Economia Brasileira – o que ele de pronto aceitou. Afora tal contexto, esse convite se justificava pela sua história de vida e obra, mas, sobretudo, naquela quadra histórica, pelo fato dele abordar de maneira apaixonada, criativa e ensaístico-propositiva os grandes dilemas brasileiros (e cariocas) – tudo isso, não fora bastante, permeado pelo sentimento de urgência[6].

6 Em versão livre, a esse respeito anote-se um comentário do célebre Aníbal Pinto, da CEPAL, que mencionou certa vez que estando em seu lugar de trabalho começou a ouvir vozes altas numa sala vizinha, até um pouco perturbadoras ao seu dia a dia: eram três jovens economistas discutindo ruidosamente o futuro do Brasil; um deles era o professor Carlos Lessa (os outros dois, Maria da Conceição Tavares e Antônio Barros de Castro).

Seria possível relembrar aqui pontos importantes das nossas discussões em sala e recuperar questões relativas à formação brasileira como sociedade e economia ou a base material da Revolução Industrial que havíamos alcançado tardiamente com as disjuntivas que então se colocavam. Mas prefiro optar por algo mais singelo e fundamental: poucas vezes tive a sensação de que o papel de um professor possa ser tão insubstituível como naquelas suas aulas. As referências claras, amadurecidas e as possíveis conclusões, quando apareciam, não eram elaborações fechadas e repletas de certezas, mas pontos de partida para novas indagações e reflexões.

Infelizmente nossos caminhos não se cruzaram com frequência; apenas em palestras, seminários, breves conversas. Mas sua influência tem a ver com o rumo que tomou a minha vida profissional e acadêmica. Fica aqui registrado, enfim, meu agradecimento ao grande mestre Carlos Lessa!

*

Dado o que veio de ser alinhado nesta seção, cumpre reforçar o quanto o personagem ora considerado é especial. Em esforço de síntese podemos dizer: que ele se distinguia mesmo quando se tem em conta que fez parte de uma geração que produziu grandes intelectuais (no país); que ele foi ótimo professor, palestrante e orientador de trabalhos de conclusão de cursos; que ele tratava a todos com enorme respeito, dos alunos e pessoal de apoio até os seus pares; e, que ele também possuía extremo senso de responsabilidade pública, bem como em relação ao seu tempo histórico.

2. Formação e produção intelectual – uma aproximação à sua ação pública

Esta seção está estruturada em três subitens, como segue: II.1. Notas sobre a formação intelectual: o lado formal; II.2. Notas sobre a formação intelectual: o lado informal; e, II.3. Notas sobre a produção intelectual e a ação pública.

II.1. Notas sobre a formação intelectual: o lado formal

Lessa fez seus primeiros estudos em uma das mais tradicionais escolas da cidade do Rio de Janeiro, o Colégio Padre Antônio Vieira, situado no bairro do Humaitá (zona sul). Nesse colégio, ele teve uma formação que pode ser sintetizada pelo trinômio *humanismo, pluralismo e cidadania*. Em seguida ingressou no curso de economia da antiga FEA da também antiga Universidade do Brasil, a atual UFRJ – igualmente situada na zona sul carioca. Nessa instituição, Lessa foi aluno de professores como Roberto Campos, Otávio G. de Bulhões, Roberto Cavalcanti e Santiago Dantas (dentre outros). Ou seja, ele estudou com o que havia de mais qualificado na chamada economia liberal brasileira daquela quadra histórica; e, como reiteradas vezes mencionava, foi obrigado por esses seus professores a ler no original os clássicos dessa vertente teórica, como o são, por exemplo, L. Walras e A. Marshall (não pululavam então e ainda amplamente os malfadados manuais de economia).

Dessa forma, forçado a ler esses textos clássicos, Lessa acabou sendo levado a pensar conceitualmente e a interagir com as metodologias que lhes eram inerentes – o que, como afirmava, lhe foi útil para o restante da vida. Mais: dado que essa graduação foi cursada em período de importantes transformações no país e de intensas mudanças na ordem mundial (leia-se: segunda metade dos anos 1950)[7], inevitável dizer que esse caldeirão social também contribuiu para a sua maturação intelectual – voltaremos a esse ponto adiante.

Dando seguimento a essas 'experiências', por conta do seu mestrado e primeiro emprego, Lessa aponta que foi exposto a outra dura realidade, à da América Latina (AL), devido aos vínculos que teve respectivamente com o Instituto Latino-americano e do Caribe de Planejamento Econômico e Social (ILPES) da Comissão de Econômica para a América Latina e Caribe (CEPAL) e a própria CEPAL. Ou seja: aquele momento brasileiro, internacional e depois o da AL como um todo estimularam o jovem Lessa a mergulhar de cabeça no mundo real; mas, como ele dizia, sem perder de vista a importância da reflexão teórica ou mais abstrata, assim como a que concerne à discussão metodológica (segundo ele, todas esses aspectos seriam heranças positivas da sua formação de graduação). Acrescente-se na senda desse processo de descobertas e aprendizagens que ele se impôs naqueles mesmos anos outro desafio, o da leitura dos clássicos da economia não pertencentes ao *mainstream*, como o são, ilustrando, J. M. Keynes, K. Marx e J. A. Schumpeter. Ou seja, Lessa

7 Explicando: nesse tempo histórico houve notável industrialização e grandes debates e mobilizações políticas no Brasil, bem como vivia-se as tensões inerentes à chamada Guerra Fria, polarizada pelos Estados Unidos da América de um lado e, de outro, pela antiga União das Repúblicas Socialistas Soviéticas. Uma adição: certamente Lessa foi 'contaminado' pelo ambiente então prevalecente (naquele tempo o Brasil construía Brasília, afirmava internacionalmente o Cinema Novo e a Bossa Nova, ganhava a primeira Copa do Mundo de Futebol etc.), de otimismo quanto ao futuro do país, derivando daí um traço da sua trajetória, a saber: a de sempre atuar no horizonte da utopia, do desejo (mas sem abrir mão do rigor analítico).

logo tratou de preencher lacunas herdadas da sua graduação na medida em que esses importantes autores, cruciais mesmo, não constavam das bibliografias indicadas por seus professores daquela época.

Sendo assim, dado esse percurso vivencial e cognitivo, pode-se afirmar que ele chega à entrada dos anos 1960 preparado como poucos da sua geração para lidar com a complexa realidade brasileira e a da América Latina, bem como reconhecendo a importância analítica e prática do que acontecia no centro capitalista mundial. Mas tal processo de descobertas e aprendizagens não se esgota no que vimos de alinhar – vide o que segue no próximo item.

II.2. Notas sobre a formação intelectual: o lado informal

De perspectiva diversa, assinale-se que o próprio professor Lessa se apresentava como: filho de um médico e bibliófilo – Clado Ribeiro de Lessa –, "oligarca de família tradicional, nascido 'em berço de ouro' e crescido em ambiente intelectual"[8]. Em suma: que tivera oportunidades não comuns à maioria dos brasileiros. Ainda seguindo essa última nota de rodapé (entrevista concedida em 2010), destaque-se que ele conferia papel especial à sua mãe, a qual dizia ser "uma pessoa deslumbrante", nessa sua trajetória cognitiva; da seguinte forma: Lessa aponta que desde cedo foi por ela estimulado a ler os clássicos da literatura universal da vasta biblioteca de seu pai e a conviver com os 'pobres', numa perspectiva orientada pela chamada caridade cristã, embora tenha nascido e crescido no meio da elite carioca.

Logo, tanto o Colégio Padre Antônio Vieira quanto esses acessos e contatos lhe permitiram ainda jovem senão a questionar o porquê da pobreza (por conta da perspectiva acima apontada) pelo menos a não ser refratário à turma do 'andar de baixo', bem como a incorporar uma bagagem de leituras incomum inclusive no meio social da sua família. É dizer: a questão da pobreza e a os limites de uma mesma e única disciplina ou área do conhecimento começaram a ser fazer precocemente presentes – mesmo que inconscientemente – na sua construção intelectual/cultural. Adicione-se que estar na FEA/UFRJ, no ILPES/CEPAL e na CEPAL, assim como viver no Rio, dada a rica e singular história desse lugar (como se examinará mais adiante), tudo isso na passagem dos anos 1950-60, também contribuiu para o seu processo de questionamentos e descobertas. Em que pese esse conjunto de apontamentos, Lessa sem-

8 Vide *Revista do Instituto Humanitas Unisinos – IHU Online*, Edição 344, 21/09/2010, RS.

pre mencionava uma experiência decisiva para a definição da sua perspectiva crítico-cognitiva; nas suas palavras: "Visitei [também no final dos anos 1950] favelas (de Recife/Pernambuco) e tive um choque brutal. (Tais favelas) se estendiam por trás da principal avenida da cidade. As pessoas viviam em condições subumanas, no meio do lixo e da lama. Foi conhecendo essas populações que percebi a mentira na qual eu vivia"[9].

Ou seja: o potencial de inquietude do jovem Lessa foi avançando ao passo que ele ia interagindo criticamente com a dura realidade brasileira de "*per se*" e a latino-americana como um todo, e, como pontuado, também por conta da leitura de autores que a FEA lhe sonegara. Nesses termos, reescrevendo o fecho do item II.1, cumpre afirmar que ele chega à entrada dos anos 1960 'aparelhado' em termos intelectuais em relação aos saberes dos economistas e às interações disciplinares que julgava indispensáveis para o seu exercício profissional e cidadão.

II.3. Notas sobre a produção intelectual e a ação pública

Nesta seção, de maneira não exaustiva, consideramos algumas produções acadêmicas e ações públicas propriamente ditas de modo a mostrar que elas sempre conformaram uma unidade na práxis do professor Carlos Lessa.

Para esse fim comecemos pelo seu primeiro grande trabalho, recém-saído da faculdade: *Os quinze anos de política econômica no Brasil*. Ele é uma boa amostra do incômodo que o professor Lessa tinha com a sua formação escolar e o sentimento de urgência que animava a sua práxis (aspecto esse sublinhado pelo professor Cezar Guedes). Logo, diante da realidade econômica brasileira dos tais quinze anos (1945-60), ilustrando, não surpreende que nesse texto ele tenha questionado o paradigma cepalino das restrições primárias para efeito do avanço industrial da América Latina e Caribe. Por que esse aspecto é importante? Porque Lessa entendia que esse paradigma não se aplicava, pelo menos na sua inteireza, ao Brasil. Tal constatação lhe permitiu perceber e pontuar de pronto três aspectos nevrálgicos daquela conjuntura: a) que a economia brasileira se mostrava extremamente dinâmica; b) que ela crescia sem estrangulamentos oriundos do setor primário; e, c) que o fazia, e isso é decisivo, por causa da ação do Estado e das políticas públicas, em especial das políticas econômicas dos referidos anos 1945-60.

9 Vide nota 7.

Nesse sentido, o trabalho *Os quinze anos*... constitui a demonstração primeira do quanto ele começava a afirmar a sua capacidade crítica, inclusive no que trata da própria escola que também o formara, a CEPAL. Face o exposto, três comentários são aqui pertinentes: 1) tal entendimento não implicou qualquer tipo de desconsideração "*in limine*" de seus aportes, como também não o fizeram os da sua geração que igualmente 'beberam nas fontes' dessa mesma instituição[10]; 2) razoável dizer que ele repetia naquele momento o mesmo que antes fizera com os 'saberes' adquiridos na antiga FEA/UFRJ (absorvidos, metabolizados e transcendidos no sentido da apropriação do que entendia contributivo/correto para a sua praxis); e, 3) por fim, que esses movimentos intelectuais tinham um norte, uma vez visarem desvelar a realidade para que pudesse atuar de modo consciente e proficuamente enquanto economista e cidadão. Em síntese: a urgência da ação pública, dados os balizamentos já enunciados, evidenciam desde esses tempos o sentido da reflexão intelectual do professor Carlos Lessa.

Passo seguinte trazemos à pauta a sua tese de doutoramento, intitulada *Política econômica: ciência e/ou ideologia?* Em coro com o que já se examinou nesta seção importante dizer que ela está longe de ser uma ponta solta na *démarche* do autor. Isto é: nesse trabalho ele alia o tão vasto quanto profundo conhecimento amadurecido sobre os mais variados autores, economistas e não economistas, destacando-se aí a importância que conferia à reflexão teórica, à questão metodológica e à complexidade encerrada na definição e implementação das políticas econômicas.

Também anote-se que nessa obra ele 'dialoga' com teses, tais como as que defendem: a) que as decisões atinentes às políticas econômicas não se pautam por uma mesma e única racionalidade soberana e cientificamente 'pura', e sim conforme a correlação das forças políticas prevalecentes em cada tempo e lugar (cf. M. Godelier); b) que não se pode esquecer, como corolário, do fato de o Estado ser sempre a condensação de dadas relações de classes (cf. N. Poulantzas); e, c) que ele enuncia toda a sua complexidade política, e tanto mais se considerado que o Estado não existe em abstrato e sim através de concreções territorialmente localizadas e temporalmente datadas, como o são os Aparelhos de Estado (cf. L. Althusser)[11]. Ou seja, o radar antenado do

---

10 Salvo engano, o termo que melhor se adequa à essa proposição/entendimento dos aportes da Cepal parece ser o de *transcendência*.

11 Vide, respectivamente: Godelier, M (s./d); Poulantzas, N. (1974); e Althussser, L. (1983).

professor Lessa, independentemente de referido diretamente a esses autores ou não, no mínimo captava ecos desses debates travados nos países centrais – todos eles, por suposto, indicadores da complexidade encerrada no processo de definição e implementação das políticas públicas, em especial as de natureza econômica.

É igualmente necessário ter em conta a sua tese de professor titular, nomeada A *estratégia de desenvolvimento (1974-76): sonho e fracasso*, assim como a *Enciclopédia da brasilidade: autoestima em verde-amarelo* (2005)[12]. Isso porque se revela nesses trabalhos um bom sumo do quanto perspectivas e temas como olhar histórico-holístico transdisciplinar, políticas públicas e soberania nacional, e desenvolvimento e justiça social conformam o núcleo duro da praxis do intelectual, professor e cidadão Carlos Lessa.

Também merece destaque, dada a sua importância acadêmica e político-institucional na cena brasileira e mesmo na internacional, a participação do professor Lessa na montagem do antigo DEPE na UNICAMP[13] (primeira metade dos anos 1970). Para efeito do que segue no parágrafo seguinte, importante assinalar alguns pontos identificadores dessa Escola de Economia. Sinteticamente, podemos dizer que são marcas dessa Escola: i) a busca por transcender o que estava posto de mais qualificado no debate sobre a realidade latino-americana e, em especial, a brasileira; ii) o 'enfrentamento' de toda e qualquer ortodoxia econômica, em especial – mas não apenas – a neoclássica; iii) o resgate crítico dos autores que haviam pensado de maneira 'grande' a gênese e o desenvolvimento brasileiro pregressos; e, iv) a reconsideração também crítica da problemática do 'nosso' desenvolvimento – e tudo isso sem perder de vista as macrotransformações da economia e sociedade mundial.

Dado o esforço de síntese acima alinhado não constitui exagero afirmar que nela se fazem presentes elementos da *démarche* do professor Lessa (vide Seção I). Um deles, bem marcante, dada a sua crítica perspectiva holística, histórica e teórica, diz respeito ao fato de nem ele nem seus colegas da Economia da UNICAMP se iludirem com o então oba-oba simplista advindo na esteira do chamado milagre econômico (1969-73). E.g., apesar daquele espetacular crescimento econômico, Lessa e seus pares do DEPE tinham plena

12 Há outros trabalhos da sua autoria nessa última linha – os mencionaremos na seção seguinte.

13 Junto com Conceição Tavares e uma série de economistas, que, em maior ou menor grau, também tinham sido formados na tradição da CEPAL (Cardoso de Mello, Luiz Gonzaga Belluzzo, Wilson Cano, dentre outros).

consciência dos gravosos problemas que se iam 'subterraneamente' acumulando naquela conjuntura, bem como dos que estavam sendo instaurados para o futuro. Enfim, as transcendências, os enfrentamentos, os resgates e as reconsiderações supramencionadas lhes propiciaram chegar com relativa facilidade a essas conclusões.

Adicionalmente, mencione-se que o personagem-objeto dessas reflexões teve atuação destacada fora da academia universitária, como ilustrado pelo fato de ter sido diretor do Fundo de Investimento Social (FINSOCIAL) / Banco Nacional do Desenvolvimento Econômico e Social (BNDES) e presidente desse mesmo BNDES; e, não fora bastante, atuou no setor imobiliário, como atestado pelas diversas compras e reformas de imóveis antigos no centro e na zona sul do Rio destinados por ele apenas para empresários que tivessem interesse em atuar em setores ligados a atividades culturais e/ou que nesses lugares criassem ambientes de convívio, digamos, arejados.

Para terminar, registre-se que Lessa, quando Reitor da UFRJ, criou um bloco de carnaval denominado Minerva Assanhada, cuja identidade com a vida cultural do Rio viceja por todos os lados, ao passo que anos antes atuou na criação do Instituto dos Economistas do Estado do Rio de Janeiro (IERJ) de modo a fazer frente ao conservadorismo prevalecente no Conselho Regional dos Economistas do estado do Rio de Janeiro no período ditatorial (1964-85). Enfim, essas facetas de agitador cultural e ativista do professor Lessa também não podem ser subestimadas[14].

3. Produção intelectual, políticas públicas e desenvolvimento nacionais

Retomamos nesta seção um pouco mais detidamente – do que antes – a produção acadêmica do professor Lessa, tendo em vista o trinômio que a intitula.

Para tal iniciamos pelo já supramencionado *Quinze anos de política econômica no Brasil* que, como escreve o professor Belluzzo na apresentação do livro em anos posteriores aos da sua circulação inicial (enquanto relatório técnico da CEPAL na entrada dos anos 1960), poderia ser chamado de

14 Embora importantes, registramos aqui (apenas nesta nota de rodapé) que até se fixar enquanto docente na UFRJ, ele também foi professor na FGV (Fundação Getúlio Vargas) e, vale destacar, na Economia da Universidade Federal Fluminense (UFF), onde deu notáveis contribuições, particularmente na montagem de um núcleo de estudo sobre a economia fluminense – possivelmente foi lá que se instalou o primeiro grupo de pesquisa acadêmica sobre o tema em tela no estado.

"um clássico sobre um período clássico" – o que vai do pós-Segunda Guerra Mundial até o da presidência de Juscelino Kubitschek (JK).

Nesse trabalho sobressaem pelo menos três aspectos: a) o seu 'mergulho' no estudo da economia brasileira, que então experimentava vigorosa industrialização, notadamente nos anos JK (conquanto bases tenham sido lançadas antes via criação: do antigo BNDE, Banco Nacional do Desenvolvimento Econômico; da CSN, Companhia Siderúrgica Nacional; e da PETROBRAS); b) a sua herança cepalina, já nuançada (em transcendência, reiterando) pela percepção de que no caso brasileiro o esforço industrializante não fora estrangulado pelo setor primário. De outro modo: dado o que já se disse neste artigo, o que era válido para a América Latina como um todo deveria excluir o Brasil no que trata desse quesito, o estrangulamento em tela[15]; e, c) a sua inquietude intelectual e afinada capacidade cognitiva também o levou a perceber que as consagradas teses neokeynesianas do pós-Segunda Guerra Mundial não levariam por essas 'bandas' – brasileira e latino-americana como um todo – a qualquer crescimento equilibrado, como em Harrod-Domar e nem, tampouco, a germinada práxis do *planejamento indicativo*.

Numa frase, para Lessa: o mencionado desenvolvimento seria resultante de descontinuidades geradas pelo Estado Nacional. Logo, não seria o plano que corrigiria o mercado e sim o Estado que o faria, daí a centralidade de políticas econômicas autônomas (ou pelo menos razoavelmente autônomas) diante do centro mundial capitalista. Por conseguinte, pode-se concluir que de fato o "raio de luz" furtadiano fizera efeito na sua formulação; isto é, o desenvolvimento econômico brasileiro demandava soluções nacionais mediadas pelo Estado[16].

Também cumpre redigir algumas linhas sobre a obra (não referida antes) que se seguiu aos *Quinze anos...*, a saber: *Introdução à economia: uma abordagem estruturalista* – escrita em parceria com o economista Antônio Barros de Castro. Tal livro foi publicado pela primeira vez igualmente nos anos 1960 e, como consta de seu título, tinha um duplo propósito: servir de 'roteiro' para os alunos dos cursos da CEPAL, bem como fazê-lo em perspectiva estruturalista – ou seja, em linha com a orientação dessa instituição. Evidenciam de pronto tal filiação as orelhas do livro escritas pela notável professora Conceição

15 Em verdade, tal modelagem tomava os casos argentino e chileno como as suas referências paradigmáticas.

16 O que, aliás, também era nuclear na formulação cepalina. Esse é um dos exemplos da tantas vezes referida transcendência, dado o não supramencionado rechaço "*in limine*".

Tavares e o prefácio assinado pelo ilustre Aníbal Pinto (ambos partícipes destacados da história da Cepal). A verdade é que essa filiação transborda em suas páginas, assim como a preocupação em fornecer ao leitor, antes de tudo aos alunos, os suportes necessários de sorte a que pudessem transitar com rigor científico das sistemáticas abstrações ao mundo real, em particular ao subdesenvolvido da América Latina.

Nesse trabalho, logo bem precocemente, também pontificam o reiterado sentido de urgência da intervenção pública, assim como a convicção dos autores – teórica e prática – acerca da imprescindível necessidade da presença do Estado Nacional. Daí resultam pelo menos dois notórios contrapontos, a saber: um, à doutrina do livre mercado, tão cara aos adoradores do deus mercado; e, o outro, como desdobramento, à tese de que o livre comércio seria o caminho para o desenvolvimento de todas as nações envolvidas (que segundo essa instituição caso fosse adotado apenas reforçaria as diferenciações existentes entre os chamados países centrais e periféricos).

Também cabe escrever algumas linhas a mais sobre a tese de doutorado do professor Lessa: *O conceito de política econômica: ciência e/ou ideologia?*, defendida na Economia da Unicamp. Esse trabalho está organizado em três grandes blocos, a saber: "Teoria e política"; "Da utopia à megalomania"; e, "Nem todos são tão cândidos". No primeiro bloco, distribuído em cinco capítulos, ele passeia admiravelmente pela formulação teórico-abstrata de L. Robbins, alcançando a sua transposição para o formalismo marginalista até chegar ao que denomina de caixa preta das perdidas ilusões, posto que irremediavelmente irrealista. No segundo bloco, distribuído mais uma vez em cinco capítulos, Lessa contradita as postulações examinadas antes com o que denomina de *o tempo das utopias*, tendo como referência os ideários e as mobilizações dos 'de baixo' nos séculos XIX e, em seguida, no XX. É dizer, ele aponta que a realidade social mostrava cotidianamente a falácia das narrativas pregressas, ao passo que a tomada de consciência avançava, bem como a organização dos que sofriam aquele tipo de desenvolvimento. Isto posto, a menção a autores como Marx e Keynes, por exemplo, e a defesa em cada tempo histórico, país a país, da importância do papel do Estado é um passo. No terceiro bloco, intitulado "Nem todos são cândidos", Lessa traz o debate para a contemporaneidade e assevera em aguda e atilada crítica que "não foi por inadvertência que a ciência oficial imprimiu às suas barrocas construções sobre o conceito de Política Econômica a tonalidade irreal; foi, pelo contrário, um ato de bom senso, de sabedoria 'oficial' e" (p. 401).

Outro trabalho digno de registro mais detalhado é a sua tese de professor titular defendida na Economia/UFRJ. Ela foi intitulada de *A Estratégia de Desenvolvimento (1974-76): sonho e fracasso*, e examina o chamado II PND (Segundo Plano Nacional de Desenvolvimento) editado pelo governo Geisel (1974-79). Para esse governo, como sugere o título dessa tese, tal Plano deveria servir de guia para aquele período e, especialmente, para os anos vindouros – o que explica a utilização por seu A. do termo *estratégia*. Mais detidamente: para Lessa, o II PND partia da ideia de que era preciso completar a industrialização brasileira considerando os gargalos existentes, apesar dos avanços verificados desde Getúlio Vargas, de maneira a alcançar o sonho do *Brasil Potência Econômica Mundial*.

É inegável que houve importantes saltos positivos do ponto de vista produtivo nos anos da sua implementação, tanto que para muitos estaríamos inclusive – e finalmente – concluindo a 'nossa' Segunda Revolução Industrial! No entanto, observe-se que esse Plano foi levado a termo em cenário internacional desfavorável por conta da crise econômica e das mudanças que começavam a deslanchar (nova revolução científica e tecnológica, mudança no papel do Estado e crescente financeirização da riqueza) internacionalmente naquela quadra histórica. Pior: no limite, esse Plano ignorava tal cenário.

Não fora suficiente, Lessa também sustenta que o II PND se mostrou descolado das forças econômicas internas atuantes no país. É dizer: tamanha era a sua desconsideração dos processos externos e internos que ao fim e ao cabo esse Plano mostrava indelevelmente o quanto o autoritarismo avançara no país, dada a crença de que se construiria a partir do Estado uma economia-potência mundial e, de cima, a própria sociedade. Em suma: conforme o A., Estado-sujeito e sociedade-objeto combinadamente com os referidos irrealismos sintetizariam os sonhos megalomaníacos do II PND e do governo Geisel.

É dessa maneira, enfim, que o par autoritarismo e ignorância sobre o momento do capitalismo mundial e das forças sociais em ação na sociedade brasileira teria levado o governo Geisel a transitar do sonho ao fracasso, como reza o subtítulo da tese em análise. Ademais, dizemos nós, embora sustentando taxas expressivas de crescimento econômico, o Brasil não construiu as bases indispensáveis para o pretendido desenvolvimento; tanto que no governo do seu sucessor, João B. Figueiredo (1979-85), a média do crescimento do PIB foi negativa, a defasagem tecnológica se abiu quanticamente em relação aos países centrais (que então saltaram para uma nova revolução científica e tecnológica) e voltaram pra valer, dentre outras mazelas, as pressões inflacionárias e as crescentes dívidas externa e pública. Lessa tinha razão: do II PND ao fracasso foi um pulo.

Cabe assinalar enfaticamente dois outros trabalhos ainda não mencionados: *Autoestima e identidade nacional* e *Sem autoestima não sairemos da crise*. Essas duas reflexões dialogam com um trabalho posterior já referido (vide a seção precedente), a *Enciclopédia da brasilidade: autoestima em verde-amarelo*. Isto posto, vale afirmar que eles convergem no sentido de mostrar que a construção de uma civilização brasileira nos trópicos, como utopicamente vaticinava o professor Lessa, requeria uma veraz identidade nacional e que seria ela que levaria à indispensável autoestima da nossa população[17]. Enfim, examinadas sob a lupa da necessidade de as políticas públicas e o desenvolvimento serem nacionais, essas produções ratificam a sua costumeira perspectiva crítica, transdisciplinar e mesmo transescalar, dado que ele nunca perdeu de vista os processos verificados no centro mundial capitalista – e como temos reiterado seu sentido de urgência, tantos e graves eram os problemas que estavam colocados para que o país viesse a de fato a se desenvolver.

4. Paixão pela cidade do Rio de Janeiro

Comentários preliminares

Antes de publicações mais consolidadas, através de palestras, entrevistas e breves artigos, o professor Lessa vinha elaborando, apresentando e discutindo ideias relativas à cidade do Rio de Janeiro. Do ponto de vista cognitivo, mister observar que ele partia do entendimento de que havia lacunas e mesmo faltavam reflexões acuradas sobre esse espaço. Logo, se esse recorte geográfico era uma realidade espacial com ausências reflexivas cruciais e sem análises rigorosas para a sua efetiva compreensão, Lessa, é trivial, apontava para os poderosos obstáculos que se erigiam para a definição de políticas públicas proativas no que tange ao seu efetivo desenvolvimento; ademais, ele defendia a necessidade de o Rio de Janeiro (RJ) ser examinado em perspectiva transdisciplinar – o que, por tudo que já se expôs neste artigo, não surpreende o leitor.

17 Voltando ao sentido da urgência, observe-se que essas reflexões têm em vista, criticamente, a lamentável e destrutiva exegese neoliberal que ganhou tantos corações e mentes a partir dos anos 1990!

Em complemento, dadas a complexidade desse objeto e as diversas possibilidades analíticas dele emanadas, a cidade do Rio de Janeiro lhe propiciou exercer de maneira marcada a sua verve e pena mais ensaísta (no melhor sentido da palavra). De outra forma: nas suas falas e textos sobre o RJ, as informações e as análises brandidas eram/estão carregadas de força simbólica e de observações agudas de forma a desnudar uma realidade que somente um cientista social bem formado, extremamente culto e apaixonado por tal objeto poderia fazê-lo.

Já nessas suas primeiras aproximações reflexivas sobre o Rio, pode-se dizer que ele tinha plena consciência de que conhecer e desvelar a história de um lugar exigia mais do que ter bom manejo das bases factuais e empíricas que lhe são atinentes. De outra forma, em coro com os bons analistas das chamadas ciências territoriais, sublinhe-se que Lessa entendia que o espaço é sempre, "*à la*" Marx (1968), uma "síntese de múltiplas determinações", uma "acumulação desigual de tempos" (SANTOS, 2004), uma produção histórico-geográfica (HARVEY, 1982) etc. Enfim, ele conhecia esse debate e, por causa, a complexidade do estudo de qualquer recorte territorial – e mais ainda do carioca, dada a sua rica e singular história, como a traços largos mostraremos em seguida.

A obra magna da reflexão sobre o Rio

Lessa chega a ela em *O Rio de todos os Brasis: uma reflexão em busca da autoestima* (2000). Esse livro trata exatamente do que implicitamente sugerimos no item precedente, a saber: *ele versa sobre as pessoas, as relações que elas estabelecem entre si e os lugares onde se foi formando a cidade do Rio de Janeiro*, desde a sua fundação (1564) até o final do século XX – e tudo isso em vista do Brasil e do Mundo. Dado o temário e as suas tantas e amplas ramificações ('pegada' ensaísta dentro, como já se apontou), não surpreende que esse tenha sido o seu livro autoral mais volumoso, com 11 capítulos distribuídos por 478 páginas.

No amplo painel apresentado nessa obra[18], sem prejuízo dos demais temas, destacamos três deles: a importância do termo (quase conceito) capitalidade; a produção da narrativa da Cidade Maravilhosa, como obra da República Velha;

18 Vide o sumário do livro: Introdução; 1. Os condicionantes naturais e geográficos do Rio de Janeiro; 2. Os vestígios do Rio Colonial; 3. A capitalidade e a formação do Rio; 4. O café e o Rio de Janeiro; 5. Rio e o século XIX: escravidão e urbanização acelerada; 6. A anatomia social da cidade imperial; 7. Rio Cidade Maravilhosa: uma produção da república velha; 8. As décadas douradas; 9. A visibilidade da pobreza; 10. A perda da centralidade; e, 11. Rio: pós-modernismo à brasileira.

e o da perda da centralidade – que estaria imbricada com a falta de consciência regional no/do Rio devido à cultura gerada pela anotada capitalidade.

No que trata do primeiro tema, para efeito do exame desse fenômeno, Lessa resgata uma série de eventos de maneira a desvelar a natureza da cidade em tela. Em especial, ele mostra que o RJ passa a ser não apenas a sede burocrática da capital federal (a partir de 1763), como também – em crescendo – a referência por excelência do Brasil para os brasileiros e para o mundo. No que trata do segundo tema, o da criação do "*label*" Cidade Maravilhosa, sublinha a importância ímpar que a República Velha teria tido para a afirmação dessa construção social. É dizer: ele defende que foram as reformas urbanas de Pereira Passos e as ações higienistas de Oswaldo Cruz que conferiram ao Rio os ares modernos que enterraram – não apenas na forma – parcela nada desprezível das heranças da antiga cidade colonial portuguesa. Ainda conforme Lessa: nessa nossa "*belle époque*", com suas largas avenidas e esplendorosa iluminação, o Rio (melhor, o seu centro histórico) parecia se aproximar dos sonhos da elite da época, o de ser *uma espécie de Paris nos trópicos*[19]. E no que trata do terceiro tema, o da perda da centralidade, destaca o significado da transferência da capital federal para Brasília, "um [primeiro] soco no estômago do orgulho de ser carioca", ao passo que mostra o quanto a elite carioca (principal, mas não exclusivamente), escorando-se conservadoramente e de modo idealizado na pregressa capitalidade, ignorou então e solenemente as mudanças em curso no país e no mundo.

Como já dissemos, muitos são os temas esgrimidos nesse livro e que poderiam também ser destacados; porém, apenas esses (três) já dão boa ideia da riqueza da obra aqui em sucinto e recortado exame.

Ainda a capitalidade do Rio: o inesperado também participa da história

Para a devida consideração dessa discussão, a de que as coisas mudam, mas nem sempre como extrapolação de tendências anteriores, dois processos são dignos de registro em *O Rio de Todos os Brasis*:

19 Não obstante o exarado, a análise de Lessa mostra detalhadamente que esse Rio que concentra riqueza e poder até os primeiros anos do século XX, que é também o Rio vivido e presente na obra de Machado de Assis, em verdade não corresponde ao imaginário idílico internacional da *Cidade Maravilhosa* ou a da *Paris dos Trópicos*. Em verdade, para ele, essas narrativas e imagens apenas ganharão força mesmo, ou seja, alguma concretude, após as referidas reformas urbanas de Pereira Passos e as ações higienistas do médico Oswaldo Cruz.

a) o primeiro fato é o que concerne à descoberta de minas de ouro em Minas Gerais. Essa descoberta, segundo o professor Lessa, provocou mudança substantiva no eixo da riqueza e do poder no Brasil Colonial. Tanto que no ano de 1763, como se sabe, a capital da colônia foi transferida de Salvador exatamente para o RJ. O fator decisivo para essa mudança teria sido a tentativa da Coroa Portuguesa de controlar a apropriação da riqueza extraída nas minas das Geraes (evitar os 'desvios' era o que importava). Reiterando: nada dessa história, a da capitalidade do Rio, em que pese os seus atributos de principal porto e praça comercial existente no território nacional, teria acontecido não fosse a supramencionada descoberta e o posicionamento da Coroa; e,

b) o segundo fato brandido por Lessa trata das invasões napoleônicas e a consequente fuga da família real portuguesa para o Rio no início do século XIX. Tal evento, como também sabemos, foi único no mundo: o transplante da sede de um império europeu para o hemisfério sul e o ingresso, concentradamente no tempo, de cerca de 15.000 pessoas ligadas à Corte. Mais amiúde: esse transplante levou à instalação da cúpula do Estado português e das suas instituições, assim como a criação de uma série de outras, no Rio, destacando-se aí a Academia Real Militar, o Banco do Brasil, a Biblioteca Nacional, a Casa da Moeda e o Jardim Botânico. Ou seja, outra vez o inesperado 'interviu' na história e modificou a do Rio de Janeiro.

Reiterando: nenhum dos seus atributos anteriores – insistindo – teria levado a que essa cidade por conta própria viesse a experimentar o desenvolvimento e a centralidade apontados não fossem os 'acidentes' ora anotados. Além de assinalar que ele foi sensível a esses eventos inesperados, observe-se que o professor Carlos Lessa lidava criticamente, no que trata desse temário, com algo delicado no debate acadêmico e político, a saber: a ortodoxia acerca das inexorabilidades históricas.

O Rio de todos os Brasis e também de outros lugares do mundo

O *Rio de todos os BRASIS* guarda mais uma vez estreita relação com o tema da capitalidade. De modo a evidenciá-lo, Lessa examina o processo pelo qual o Rio foi se tornando "a cidade dos brasileiros", um fenômeno cultural e de configuração distinta do verificado nas demais cidades brasileiras ao longo da nossa história. Uma das expressões mais flagrantes do que veio de ser asseverado, dado ser a sede do poder político-administrativo do país, é que essa cidade passou a ser o lugar por excelência da discussão das grandes questões nacionais e que esse fato deitou raízes societárias profundas. Como ilustração, vale lembrar que o grande cidadão Saturnino Braga, após deixar seu mandato de prefeito da cidade em questão e se eleger vereador pelo Rio, já na Câmara, com recorrência dirigia as suas falas para as chamadas questões nacionais (era como se ele estivesse na tribuna do Senado Federal) e não para as mais 'estritamente cariocas'.

Outro aspecto a anotar diz respeito ao fato de esse espaço, de novo por ser sede político-administrativa nacional, ter recrutado parcela importante da elite dispersa pelo país, sem deixar de mencionar os tantos artistas e intelectuais[20] atraídos pela e para a cidade. Em especial, destaque-se que esse recrutamento teve salto qualitativo com a criação do Departamento de Administração do Serviço Público (DASP), em 1938, através do início da realização de concursos públicos. É dizer: passou a existir a partir dali uma porta de entrada institucional para ingresso na máquina do Estado brasileiro. Ao mencionar nomes como os de Guerreiro Ramos, Celso Furtado, Ignácio Rangel, Jesus Soares Pereira, João Cabral de Melo Neto, Rômulo de Almeida, dentre tantos outros, desvela-se a definitiva importância do anotado DASP, como das mudanças promovidas na qualidade adquirida pelo Estado brasileiro – que por suposto, ao estar sediado no Rio, acabou beneficiando-o de maneira privilegiada. Nada disso, enfim, passou ao largo dos olhos do professor Carlos Lessa.

Aspecto adicional sugerido pelo *Rio de todos os Brasis*, que também guarda relação com a capitalidade, é o da migração para a cidade de pessoas oriundas de vários quadrantes do mundo. Uma dessas levas, sabidamente expressiva, foi a de portugueses[21]. Particularmente no que trata dessa migração, destaque-se que Lessa a tomou para si ao organizar outro livro de grande fôlego (de 582 páginas, reunindo um conjunto de 14 ensaios intitulado): *Os Lusíadas na aventura do Rio Moderno* (editado em 2002). Quase nada escapou em seus capítulos: as formas de ocupação do espaço, a culinária, a música, o teatro, as festas juninas, a formação do empresariado nacional, os aspectos demográficos e a miscigenação, os trabalhadores e os movimentos sociais, o associativismo. Em suma: nesse imenso caleidoscópio social, pági-

20 Ilustrando, vide respectivamente: o baiano Dorival Caymi, o mineiro Ary Barroso e paraense Billy Blanco; e, o mineiro Carlos Drummond, o maranhense Ferreira Gullar e o capixaba Rubem Braga.

21 A África, em sua quase totalidade, não tinha estados independentes e, sim, impérios coloniais. Por isso, os contingentes humanos não podem ser localizados pelas configurações de países que se fizeram posteriormente.

na a página, ele expressa de maneira admirável a força do mimetismo suscitado pela presença marcante dos portugueses no Rio de Janeiro.

Vale acrescentar que na apresentação desse último livro há uma introdução da sua autoria, digamos, curiosa; ela tem como título "Rio, uma cidade portuguesa?". Trata-se de um texto como o são as introduções de coletâneas; uma apresentação onde o fio condutor são os diálogos pontuais dirigidos a cada texto. Ocorre que nessa introdução de 38 páginas, apenas onze têm esse destino. O restante, daí a curiosidade, Lessa se dedica a elaborar um ensaio no qual mais que analisar a lógica interna e simbiótica da imigração portuguesa com a cidade do RJ, tece um rico painel da cidade e do Brasil em sua relação com Portugal no período mais intenso desse processo imigratório, o que se estende de finais do século XIX até os dos anos cinquenta do século XX.

E mais: essa introdução vai além da imigração portuguesa para o Rio. E.g., além desse Rio lusófono, ele mostra que também se fizeram presentes na formação social carioca pessoas oriundas de diversos lugares do mundo, em especial as arrancadas da África (no período escravocrata), como ainda franceses, poloneses, italianos, espanhóis, libaneses etc. Enfim, pode-se dizer que tamanho foi o caldo cultural materializado na cidade por conta dessas migrações que a imagem de *metrópole à beira mar na entrada do século XX*, de Ruy Castro, parece ser mesmo uma boa imagem para a sua apreensão e descrição.

O Rio, um caso especial de questão regional brasileira

Esse tema é analisado no capítulo 10, intitulado "A perda da centralidade", constante da sua obra magna sobre o RJ (como nos referimos antes). Nesses termos, claro está que tanto as dimensões 'Rio como caso especial da questão regional brasileira' quanto 'a perda da centralidade carioca' estão imbricadas na sua concepção.

Para seu exame entendemos necessário ter em conta pelo menos dois movimentos analíticos:

i) o primeiro, é que ele reconhece que a cidade do Rio de Janeiro havia sido largamente ultrapassada em termos de produção de riqueza e de avanços tecnológicos por São Paulo. A esse respeito, vale anotar uma passagem desse capítulo, quando textualmente Lessa afirma que:

> Quando da transferência da capital para Brasília já estava cristalizada a diferença estrutural do Rio em relação a São Paulo no referente ao desenvolvimento industrial. Completando um longo processo pelo qual a indústria

> paulista ampliou sua distância relativa ao Rio, na segunda metade dos anos 1950, com o Plano de Metas haviam sido instalados os complexos metalmecânico e eletrônico na Região Metropolitana de São Paulo. (p. 345).

Em que pese essa afirmação e o seu profundo conhecimento da obra de seus colegas da Economia/Unicamp, especialmente de Cardoso de Mello (1994), Wilson Cano (1977) e Sérgio Silva (1976), ele não confere centralidade analítica ao que naquele espaço aconteceu desde a passagem do século XIX para o XX para efeito do estudo do Rio; isto é, Lessa não centra a sua reflexão nessa crescente polarização do desenvolvimento econômico brasileiro em terras paulistas. As consequências desse entendimento ficarão claras mais adiante.

ii) o segundo movimento a destacar é que ele passeia (analiticamente) com desenvoltura pelos séculos XVIII, XIX e XX mostrando que, apesar da apontada polarização paulista, a economia carioca ou mesmo quando considerada a fluminense pós-fusão nunca deixou de figurar no lugar de segunda mais importante do país – com a exceção de um dado e curto momento em que teria sido ultrapassada pela mineira.

Do exposto resulta que: a) a divisão territorial do trabalho estabelecida pelo avanço célere da mercantilização fincada em São Paulo – no bojo da chamada economia cafeeira exportadora capitalista nacional, como conceituado por Cardoso de Mello – participa basicamente como um dado do seu, digamos, modelo de análise; e, b) por conta da sua pregressa centralidade comercial e portuária, passando pelos desenvolvimentos devidos à sua capitalidade e chegada da Corte Portuguesa em terras cariocas no início do século XIX (1808), até os avanços logrados nesse mesmo último período (século) e no que lhe sucedeu, o Rio sempre apresentou considerável dinamismo econômico.

Ou seja: mesmo com a referida polarização, a economia carioca apresentou em todo esse período relevância em si e em termos relacionais (no país) no que trata da geração de renda e riqueza. No entanto, como consta da passagem de texto apresentada antes, insistindo, se ele não minimizava as diferenças em tela tampouco tinha nesse fato o seu fio analítico. Isto posto, torna-se evidente porque ele assentou as suas baterias para o fenômeno da capitalidade que, positividades à parte, também teria desempenhado papel negativo fundamental no retardo do desenvolvimento do RJ.

Explicando: para ele essa capitalidade teria gerado um modo de pensar e agir entre os locais e, em especial, entre aqueles que poderiam mostrar que a idealização (e seu viés conservador) do "Rio, Cidade Maravilhosa", da bela capital, da cidade-estado etc. obstavam formulações mais consequentes. De outro modo: independentemente do fato de alguns atores ou sujeitos sociais terem se beneficiado patrimonial e conjunturalmente das suas relações com o Estado, daí as suas inércias, sublinhamos nós, Lessa entende, corretamente, que eles poderiam mais que quaisquer outros ter defendido ações de modo evitar a tão decantada *decadência carioca* – o que sabidamente não fizeram – num mar, como assinalado, de cantos e loas à cidade maravilhosa.

De outra forma: Lessa está apontando centralmente para o encapsulamento das elites cariocas nos sonhos das *décadas douradas*, como nomeado por ele no capítulo 8 do livro *O Rio de Todas os Brasis*. É dizer: os anos 1920-60 teriam turvado a capacidade crítica dos cariocas e, em particular, senão de todos, pelo menos da maioria dos que poderiam ter se posicionado responsavelmente diante da referida decadência, dado o poder econômico e/ou político que dispunham[22].

Assim sendo, inevitável concordar com o professor Lessa quando afirma que a perda da capitalidade foi mesmo um potente soco no estômago, melhor, um soco no estômago do orgulho dos cariocas em geral. Em coro com ele, em complemento, anote-se que infelizmente novos e potentes socos vieram a acontecer; a esse respeito, vide o que segue: 1. o milagre econômico dos anos 1969-74 levou a que se 'empurrasse com a barriga' o acúmulo de problemas então existentes (muitos deles severamente agravados). Formou-se naquele tempo uma espécie de consenso, falso, de que crescimento da renda e do emprego teriam eludido a crise econômica do RJ, como se ela fosse somente conjuntural; 2. a narrativa de que a modernidade de base tecnológica, ensaiada com Geisel e proclamada com Collor, enfim contemplaria o Rio – o que nem de longe reconfigurou e provocou qualquer *take off* para valer da economia carioca; 3. e, passo seguinte, depois de tantos não enfrentamentos da crise estrutural na qual o Rio estava imerso de longa data, com a chamada globalização e sua narrativa neoliberal, de desconstrução do Estado e de qualquer veleidade de sonhos de nação, resultou evidente e definitiva a perda de centralidade do Rio nas lutas federativas nacionais e de seus signos positivos enquanto exemplos a serem seguidos pelos brasileiros de outros rincões.

22 Não obstante, enfatize-se que os números positivos da economia do RJ e, adiante, fluminense também participaram da 'ilusão' carioca com a sua capitalidade.

Com isso, a população do RJ, sempre heroica na sua luta por metabolizar os restos já consumidos pelas elites locais, com a falta de identidade nacional que se seguiu também perdeu a sua anterior e marcada autoestima. Assim sendo, o Rio decadente e perigoso da entrada do século XX, simbólica e concretamente, fez-se outra vez presente ao seu final e na entrada do XXI. Em síntese, ele deixou de ser visto como signo/referência para a construção de uma nação civilizada nos trópicos e sim como o seu reverso, qual seja: um lugar a ser evitado e que nem de longe poderia ser tomado como referência para o que quer que fosse em termos nacionais.

Não é à toa, por conseguinte, que os que podem (leia-se: os que possuem certo poder aquisitivo) tratam de se refugiar em bolhas territoriais, como o são os condomínios e as tantas 'barras da tijuca' que se vão espalhando pelo Rio de Janeiro. E.g., a capitalidade imbricada com a falta de uma consciência regional acabou por turvar o caminho do necessário enfrentamento da perda de centralidade do RJ. Concluindo, pode-se dizer que não fosse assim, apesar da referida polarização econômica paulista, para ele muitos projetos de desenvolvimento poderiam ter sido disputados junto aos governos federais que se sucederam – pelo menos desde o de Getúlio Vargas do pós-Segunda Guerra Mundial[23].

Considerações finais

A traços largos, a 'viagem' constante das páginas anteriores buscou mostrar o processo através do qual erigiu à cena brasileira o intelectual e cidadão Carlos Lessa. De outra forma: o artigo buscou resgatar elementos da sua formação pessoal e intelectual, passando pela materialidade da sua produção reflexiva, bem como pela sua extraordinária intervenção pública – diligente, embasada, republicana, nacionalista (no bom sentido) e socialmente comprometida.

Nesses termos, chamamos atenção para pelo menos três aspectos que julgamos nucleares para o entendimento da trajetória do personagem em questão: a) a sua diversa e profunda formação acadêmica, transdisciplinar e cultural, caso raro ainda mais se considerarmos as fornadas de economis-

23 Ilustra bem o exposto, conforme Lessa, o fato de boa parte dos grandes projetos instalados nos domínios do antigo estado do Rio de Janeiro, como exemplificado pela Companhia Siderúrgica Nacional (CSN) em 1941, Companhia Nacional de Álcalis (Alcalis) em 1944 e Refinaria Duque de Caxias (Reduc) em 1961, por exemplo, terem se dado à margem de articulações centradas nas 'forças' do Rio.

tas que as nossas universidades lançaram no mercado nos últimos trinta a quarenta anos; b) a sua origem social, não burguesa, mas sim aristocrática e intelectualizada, que lhe propiciou precocemente ser um leitor compulsivo de tudo que havia de melhor no mundo, bem como a não ser refratário (por conta da caridade cristã praticada por sua mãe) aos tantos 'pobres' que esse país, com uma das piores, insensíveis e perversas elites do mundo, não para de produzir aos borbotões – e que sabidamente constituem a ampla maioria da população brasileira. Mais: por causa, a ter na questão da desigualdade social elemento nuclear na sua práxis; c) a sua característica de quadro do Estado e para o Estado brasileiro (apesar de algumas incursões pelo setor privado), como tantos da sua geração também o foram – assim como em décadas subsequentes, especialmente os formados nos anos 1970 e 1980; e, d) a sua obsessão pelo Brasil e, dentro desse país, pela sua cidade, a do Rio de Janeiro. No primeiro caso, dada as suas muitas falas e escritos, entendemos que ele se coloca no plano dos grandes pensadores sociais brasileiros, dada a sua busca sistemática por entender e desvelar as potencialidades da construção de particular, senão única, nação civilizada nos trópicos. No segundo caso, vale enfatizar que ele se dedicou a compreender e decifrar essa esfinge multifária de sorte a que esse lugar, antes signo da identidade nacional e da autoestima nacional, voltasse a ter alguma centralidade na vida sociopolítica brasileira para o seu próprio bem, mas também do país, dada a deletéria neoliberalização dos anos 1990.

Enfim, mestre Carlos Lessa é um exemplo tanto para os que vivemos parte mais significativa do seu tempo histórico, como para os que apenas o fizeram na reta final da sua vida, e não menos deveria ser para os que estão iniciando as suas vidas adultas, economistas ou não. Até porque, em coro com o horizonte utópico no qual se movia, não obstante os travos amargos da razão, ele sempre procurou afiançar que o melhor ainda estaria por vir. Viva Lessa! Sempre!

Referências

ALTHUSSER, L. *Aparelhos ideológicos do Estado*. Porto Alegre: Estante Virtual, 1983.

CANO, W. *Raízes da concentração industrial em São Paulo*. São Paulo: Difel, 1977.

CARDOSO DE MELLO, J. M. *O capitalismo tardio*. São Paulo: Brasiliense, 1994.

CASTRO, R. *Metrópole à beira-mar – o Rio moderno dos anos 20*. São Paulo: Companhia das Letras, 2019.

CASTRO, A. B. de & LESSA, C. *Introdução à economia – uma abordagem estruturalista*. Rio de Janeiro: Forense-Universitária, 1981.

DOMAR, E. "Expansão e emprego". In: *The American Economic Review*, Mar./1974, pp. 34-55 (mimeo).

FURTADO, C. *Formação econômica do Brasil*. São Paulo: Cia. das Letras, 34º Edição, 2007.

GODELIER, M. *Racionalidade e irracionalidade na economia*. Rio de Janeiro: Editora Tempo Brasileiro, s./d. (data provável: 1969).

HARROD, R. *Rumo a uma economia dinâmica*. Londres: Macmillan, 1948.

HARVEY, D. *Los límites del capitalismo y la teoría marxista*. México, Fondo de Cultura Económica, 1982.

KEYNES, J. M. *Teoría general de la ocupación, el interés y el dinero*. México, Fondo de Cultura Económica, 1943.

KEYNES, J. M. "Domar and dynamic economics". In: *Economic Review Journal* (69), Set./1954, pp. 451-64.

LESSA, C. *O conceito de política econômica: ciência e/ou ideologia?* UNICAMP-SP, IE, 1998 (30 anos de Economia - UNICAMP, 7).

LESSA, C. *O Rio de todos os Brasis – uma reflexão em busca da autoestima*. Rio de Janeiro/São Paulo: Editora Record, 2000.

LESSA, C. (Org.). *Os Lusíadas na aventura do Rio de Janeiro*. Rio de Janeiro: Record, 2002.

LESSA, C. *A estratégia de desenvolvimento, 1974-76 – sonho e fracasso*. Campinas: UNICAMP, 1998 (30 anos de Economia – Unicamp 5).

LESSA, C. *Autoestima e identidade social*. Rio de Janeiro: Garamond, 2002.

LESSA, C. "Sem autoestima e identidade nacional não sairemos da crise". In: *Jornal dos Economistas*, Rio de Janeiro, Conselho Regional de Economia, 1987, pp. 10-12.

LESSA, C. In: https://www.ihuonline. Unisinos.br/artigo/3529-perfil-7. Rio Grande do Sul, Edição 344, Set. 2010.

LESSA, C. "O estudioso das políticas econômicas" (Obituário). Disponível em: https://revistapesquisa.fapesp.br/o-estudioso-das-politicas-econômicas-2/). São Paulo, 2020.

LESSA, C. *Os dilemas do Brasil descrito por Carlos Lessa numa tarde chuvosa*. Entrevista conduzida por Osvaldo Bertolino. Disponível em: https://vermelho.org.br/autor/osvaldo-bertolino/. Acesso em: 19 dez. 2022.

LESSA, C. *Quinze anos de política econômica no Brasil*. UNICAMP/Brasiliense, Cadernos do IFCH, Número 4, 1975.

LESSA, C. *Enciclopédia da brasilidade: autoestima em verde-amarelo*. Rio de Janeiro: Editora Casa da Palavra, 2005.

MARSHALL, A. "Princípios de economia – tratado introdutório". Série *Os Economistas*. São Paulo: Abril Cultural, 1982.

MARX, K. *O Capital*. Rio de Janeiro: Ed. Civilização Brasileira, 1968.

NATAL, J. *A questão alimentar-nutricional no processo político-econômico brasileiro (1930-76) – um vaivém na periferia da agenda pública*. Dissertação de mestrado. Campinas/SP, 1982 (mimeo).

POULANTZAS, N. *Les classes sociales dans le capitalismo aujourd'hui*. Paris: Seuil, 1974.

RIBEIRO, D. *O povo brasileiro – a formação e o sentido do Brasil*. São Paulo: Companhia das Letras, 1995.

ROBBINS, L. *An essay in nature and significance of economic science*. México: Fondo de Cultura Económica, 1944 (trad. espanhol).

SANTOS, M. *Pensando o espaço e o homem*. São Paulo: EDUSP, 2004.

SILVA, S. *Expansão cafeeira e origens da indústria no Brasil*. São Paulo: Editora Hucitec, 1976.

WALRAS, L. "Compêndio dos elementos de economia política pura". Série *Os Economistas*, São Paulo: Abril Cultural, 1983.

16

Cidadão carioca e brasileiro

Mauro Osorio[1]

Resumo

Neste artigo, cito a importância de Carlos Lessa como intelectual de ampla formação e participação política. Atuou obstinadamente pela democratização do país. Lessa era apaixonado pelo Rio. Entre suas ações e obras, destaco o livro seminal *Rio de Todos os Brasis*. Entre as suas contribuições, descortina a falta de reflexão organizada sobre o Rio de Janeiro. Desfaz equívocos nas análises sobre o Rio. Aponta que o Rio nunca foi apenas uma capital burocrática, existindo significativas atividades privadas na cidade do Rio, e que só podemos falar em uma crise específica no estado a partir dos anos 1970. Lessa afirma: "A recomendação do turismo como saída para o Rio é ingênua". Em um estado com mais de 17 milhões de habitantes, é necessário pensar no conjunto de atividades produtivas que podem levar o Rio de Janeiro a superar a situação de ser o estado com a economia menos dinâmica do país.

Abstract

This article stresses the importance of Carlos Lessa as an intellectual with a broad background and political participation. He worked obstinately for the democratization of Brazil. Lessa was in love with Rio de Janeiro. Among his actions

---

1 Mauro Osorio é economista (Faculdade de Economia da Universidade Federal do Rio de Janeiro-UFRJ) e doutor em Planejamento Urbano e Regional (Instituto de Pesquisa e Planejamento Urbano e Regional da UFRJ). Em 1994, aprovado em 1º lugar em concurso de prova e títulos para professor da cadeira de Economia Política na Faculdade Nacional de Direito/UFRJ. Atualmente é professor associado nessa instituição. Coordena o Observatório de Estudos sobre o Rio de Janeiro, vinculado ao Programa de Pós-Graduação da FND/UFRJ, cadastrado no CNPq. Autor e organizador de livros, artigos científicos e publicações na mídia sobre o estado do Rio de Janeiro. Membro Associado do Centro Internacional Celso Furtado de Políticas para o Desenvolvimento, desde 2021. Preside a Assessoria Fiscal da Assembleia Legislativa do Estado do Rio de Janeiro, com mandato para o período 2020-2024. Presidente do Instituto Pereira Passos (2016-2020).

and works, I highlight his seminal book "Rio de Todos os Brasis". He exposes the lack of an organized reflection and clears up misunderstandings, pointing out that Rio was never just a bureaucratic capital, with significant private activities; and that, only from the 1970s onwards, one can talk about a specific crisis in the state. Lessa alerted that: "the recommendation of tourism as an outlet for Rio is naive". In a state, with more than 17 million inhabitants, it is necessary to think about the set of productive activities that can lead Rio de Janeiro to overcome the situation of being the state with the least dynamic economy in the country.

Conheci o professor Carlos Lessa no final dos anos 1970, quando eu era diretor do centro acadêmico do curso de Economia da então Faculdade de Economia e Administração/FEA da UFRJ. Saíamos do período mais duro da ditadura e o convidamos para que ministrasse uma palestra para alunos do curso.

Lessa, ainda jovem, chegou com a simpatia de sempre. Posteriormente, tornou-se professor da FEA/UFRJ e tive a alegria de ser seu aluno em disciplina do Instituto de Economia, quando cursava a pós-graduação no IPPUR/UFRJ.

Ao me formar, em julho de 1979, passei a militar no então recém-criado Instituto dos Economistas do Rio de Janeiro (IERJ). O seu primeiro presidente foi Pedro Malan. A segunda, Maria da Conceição Tavares. O terceiro, Carlos Lessa, quando participei da diretoria e pude acompanhar de perto a sua força de trabalho, seu compromisso com a justiça social e o seu encantamento com o Rio de Janeiro, que ele reconhecia como um espaço-chave de agregação de 'todos os Brasis'.

O IERJ teve expressão no debate sobre o Rio de Janeiro. Ainda na gestão da professora Maria de Conceição Tavares, foi criado um grupo de estudos sobre o Rio, sob a coordenação de César Maia, então professor da UFF. Nesse período, participei com o Lessa de discussões sobre economia e política do estado do Rio e, dentro da nossa tradição, do Brasil.

Na gestão de Carlos Lessa no IERJ, entre outras iniciativas, foi realizado um seminário sobre seguridade e políticas sociais, através de parceria com a Associação Brasileira de Saúde Coletiva (ABRASCO), tema que ganharia importância particular na elaboração da Constituição Cidadã de 1988 e na criação do Sistema Único de Saúde (SUS), que tanto bem fez à sociedade brasileira recentemente durante a pandemia da COVID-19.

O chamado "Partido Sanitarista", fundamental para a construção do SUS, tinha forte participação de sanitaristas do Rio e de economistas com uma visão ampla, como Carlos Lessa e tantos outros.

Em janeiro de 1980, Lessa participou da fundação do PMDB e teve significativa influência nos primeiros passos do PMDB/RJ, contribuindo para as virtudes do partido e sofrendo os percalços que levaram inclusive ao fato do chaguismo vir a conquistar a hegemonia desse partido no Rio, após a fusão entre o PMDB e o então PP, em 1981.

Carlos Lessa sempre gostou de estudar, não apenas Economia, mas também sobre temas os mais diversos. Gostava de conviver com os movimentos sociais e sentir o pulsar da cidade. Esse foi um dos motivos que o levou animadamente a participar da criação do Diretório do PMDB da 17ª Zona, na Zona Sul da cidade do Rio de Janeiro, vindo a ser o seu presidente.

Nesse Diretório, no correr da primeira metade dos anos 1980, fazíamos, com dezenas de participantes, animadas reuniões semanais sobre os problemas nacionais e do estado do Rio de Janeiro, no auditório de uma igreja católica localizada na Cruzada São Sebastião. Participavam dessas discussões desde dirigentes populares, como Edinho, presidente da Associação de Moradores da Cruzada São Sebastião, jovens militantes, acadêmicos, jornalistas, 'ex' e futuros ministros de João Goulart, Lula e Dilma, como Hélio de Almeida e Marco Antônio Raupp.

Lessa fez parte de uma geração de intelectuais brasileiros com formação ampla, que pensavam o país com paixão e cuidado intelectual, como Celso Furtado, Darcy Ribeiro, Josué de Castro, Milton Santos, Rômulo de Almeida, Jesus Soares Pereira, Cleanto de Paiva Leite, Antônio Barros de Castro e Chico de Oliveira.

Ele era antes de tudo um inquieto. Participou ativamente de atividades acadêmicas, político-partidárias, de política universitária e de gestão pública. Foi decano, reitor da Universidade Federal do Rio de Janeiro, diretor do BNDES/Finsocial e posteriormente presidente do BNDES.

O golpe militar no país, em 1964, afetou particularmente o estado do Rio de Janeiro, que era o centro dos debates nacionais. Na cidade do Rio, foram cassados oito dos dez deputados federais eleitos pelo PTB em 1962. Também foram cassados os parlamentares de direita ligados a Carlos Lacerda, quando este rompeu com o regime militar e formou a Frente Ampla contra a ditadura militar junto com João Goulart e Juscelino Kubitschek. Essas cassações afetaram pesadamente lideranças acadêmicas do "Rio nacional". É conhecido o episódio de cassação pelo Ato Institucional n. 5 de pesquisadores da FIOCRUZ, que ficou conhecido como o Massacre de Manguinhos.

O golpe de 1964 afetou também e particularmente a Faculdade Nacional de Direito da UFRJ. Quando o Lessa assumiu a Decania, liberou diversos concursos para professores, fazendo com que a instituição saísse de um círculo vicioso para o início de um círculo virtuoso. Hoje a FND está muito bem estruturada, com outra qualidade de ensino e um programa de mestrado e doutorado consolidado. Devemos muito a Carlos Lessa nesse processo.

Entre as publicações de Carlos Lessa, destaca-se a obra seminal *Rio de Todos os Brasis*, lançada pela Editora Record no ano 2000.

Nesse livro, descreve a trajetória da cidade e do estado do Rio de Janeiro desde o período colonial até o final do século XX. Lessa apontou que era importante ampliar a reflexão sobre a temática regional no estado do Rio de Janeiro, pois a história nacional da cidade do Rio levava a ocorrer uma negligência na identificação das características e principalmente especificidades do nosso território. Apontou que a biblioteca de crônicas referentes ao Rio era vasta. Por outro lado, "em contraste, estudos analíticos sobre as configurações, padrões de comportamento e articulações peculiares são parcos. O Rio tem sido objeto de poucos levantamentos sistemáticos" (LESSA, 2000, p. 10).

Lessa diz que o Rio nasce como espaço de articulação brasileira, tendo sido importante para evitar uma fragmentação do país, como ocorreu na América espanhola. Constrói-se inicialmente como porto e fortificação militar. Posteriormente, com a chegada da Família Real, o Rio começa a se construir como espaço da capitalidade brasileira[2].

Com base em ser a Capital do Brasil a partir de 1763; em sua estrutura portuária; e na dinâmica gerada de plantação do café na cidade e no estado do Rio de Janeiro, até 1907 o valor bruto da produção industrial do conjunto das economias carioca e do antigo estado do Rio de Janeiro era mais do que o dobro da verificada no estado de São Paulo.[3]

2 O conceito de capitalidade tem como uma de suas principais referências o historiador de arte e ex-prefeito de Roma Giulio Argan (1964). De acordo com Argan, o atributo da capitalidade se aplica às cidades que se distinguem em seus respectivos países como centros políticos, culturais, intelectuais, como eixos da modernidade, lugares de memória afetiva e marcos espaciais da representação do nacional.

3 Sobre o assunto, ver Osorio, 2005.

No entanto, o Censo de 1919 mostra que o valor bruto da produção industrial no estado de São Paulo já havia ultrapassado o existente no conjunto das economias carioca e da Velha Província.

Porém, Lessa aponta que, até os anos 1960, quando ocorreu a transferência da Capital do país para Brasília, o Rio, apesar de deixar de ser a principal economia do país, continuou a apresentar significativo dinamismo econômico.

Carlos Lessa afirma que "as décadas de 1920 a 1960 foram de prosperidade e de acumulação de prestígio no Rio de Janeiro. A cidade desdobrou-se em novos comportamentos e dimensões" (LESSA, 2000, p. 237). Diz ainda que o Rio, pela proximidade com o poder e como centro cultural do país, em um período de elevadas taxas de crescimento na economia brasileira, continuaria a constituir-se como um polo concentrador de serviços sofisticados, *lócus* central do sistema financeiro nacional, principal sede das grandes empresas instaladas em território nacional e porta de entrada privilegiada, no país, para a expressiva maioria de seus visitantes. De acordo com Lessa, o Rio parecia ter "assinado um pacto com a eterna prosperidade" (LESSA, 2000, p. 238).

Além disso, o antigo estado do Rio de Janeiro – considerado por Lysia Bernardes (1964) uma região polarizada pela cidade do Rio do ponto de vista econômico – foi cenário de investimentos federais, como a instalação da Companhia Siderúrgica Nacional, a Fábrica Nacional de Motores, a Companhia Nacional de Álcalis e a Refinaria Duque de Caxias, investimentos estes cujas decisões locacionais estariam relacionadas à proximidade da antiga Capital Federal e à existência de uma tendência dominante no governo central a favor da realização de um contraponto no país ao predomínio econômico paulista (LESSA, 2000, p. 346). Lessa aponta ainda que, entre 1920 e 1960, mesmo no Rio, "unidades industriais continuaram a instalar-se na cidade".

Dessa forma, Lessa destaca corretamente que, apesar de São Paulo, desde a década de 1920 – pelo dinamismo econômico e a industrialização gerada pelo complexo cafeeiro paulista –, liderar o processo do crescimento econômico no país, só é possível falar em uma crise específica no conjunto da economia carioca e fluminense a partir da década de 1970, quando se consolida a transferência da Capital para Brasília.

Porém, o descolamento da trajetória da economia carioca e fluminense a partir do processo de transferência da Capital só começou a ser percebido a partir da crise econômica externa e posteriormente fiscal ocorrida na chamada década perdida, nos anos 1980.

Segundo Lessa:

> A intensa atuação do circuito mobiliário urbano e a urbanização dinâmica derivadas da concentração de investimentos no estado da Guanabara, bem como a continuação do 'milagre econômico' no início dos anos 1970, ocultaram a perda potencial decorrente da transferência [da Capital] e a ampliação das diferenças estruturais do Rio em relação a São Paulo. (2000, p. 348).

Outro ponto importante que Carlos Lessa ilumina é o fato de o atual território fluminense ter tido duas unidades federativas até 1975, o que acentuou as graves desigualdades existentes na Região Metropolitana do Rio de Janeiro.

Ao falar das desigualdades territoriais na Região Metropolitana do Rio de Janeiro, ele comenta:

> A heterogeneidade da cidade é mais bem percebida ao observar-se o interior de cada bairro do Rio; torna-se gritante quando se estende o olhar para além do município do Rio; observada panoramicamente, a metrópole expõe uma descontinuidade brutal. Foi explosivo o crescimento da Região Metropolitana que, dividida durante quinze anos em dois estados, cristalizou, nas diferenças entre o Rio e os demais municípios da região, uma nova e dramática desigualdade socioespacial. Em 1940, 1.764 mil cariocas eram cerca de 80% dos moradores da Região Metropolitana do Rio de Janeiro (RMRJ). Em 1996, a região tinha 10.192 mil habitantes. A participação demográfica do Rio estava reduzida a 55% da RMRJ, ou seja, eram 5.551 mil cariocas. As diferenças de padrões de organização, de cobertura de serviços públicos, são mais acentuadas e descontínuas no interior da RMRJ do que em qualquer outra Região metropolitana do país. (LESSA, 2000, p. 294-295).

De fato, entre 1940 e o final dos anos 1990, a periferia metropolitana e particularmente a Baixada Fluminense tiveram um crescimento populacional explosivo.

Atualizando os dados apresentados no livro do Lessa publicado em 2000, verificamos que, entre 1940 e 2020, enquanto no conjunto dos 21 municípios da periferia metropolitana ocorreu um crescimento de 1.016,6%, no total do estado do Rio de Janeiro, estado de São Paulo, Sudeste e Brasil, esse crescimento foi de, respectivamente, 380,8%; 544,7%; 385,2%; e 413,5%. Especificamente no que diz respeito ao conjunto dos 13 municípios da Baixada Fluminense, este crescimento percentual foi de 2.021,8%. A Baixada Fluminense passou de 184.209 habitantes, em 1940, para 3.908.510 em 2020. Belford Roxo passou de 6.149 habitantes em 1940 para 513.118 em 2020 (IBGE).

Esse crescimento populacional ocorreu sem nenhum investimento integrado e em escala suficiente para dar conta das necessidades de infraestrutura, confirmando a correção da afirmação do Lessa de que temos no estado do Rio de Janeiro uma periferia particularmente precária e preocupante.

Lessa está certo também em falar que a existência de duas unidades federativas – Guanabara e antigo estado do Rio de Janeiro – entre 1960 e 1975, quando ocorreu a fusão entre esses dois estados, contribuiu para a cristalização das diferenças entre o Rio e os demais municípios da RMRJ, com uma dramática desigualdade socioespacial.

Quando ocorreu a mudança da cidade do Rio de Janeiro para Brasília, deveria ter sido feita a fusão entre o antigo Distrito Federal e o antigo estado do Rio de Janeiro. A cidade do Rio, inicialmente como Distrito Federal e depois como cidade-estado, dispunha de um privilégio tributário. Ficava com a totalidade dos impostos municipais e estaduais. Isto permitiu que, a partir dos anos 1960, o novo estado da Guanabara, com sua vida facilitada com esse novo privilégio tributário, pudesse investir em infraestrutura[4]. Entre 1940 e 1980, ocorreu forte migração do Nordeste e dos municípios mais pobres de Minas Gerais, de uma população em busca de emprego na "Cidade Marvilhosa". A partir dos anos 1940, boa parte desses migrantes, por dificuldades de moradia na cidade do Rio de Janeiro, passou a morar em municípios da periferia metropolitana, principalmente da Baixada Fluminense. Com isso, esses trabalhadores geravam riqueza e impostos na cidade do Rio, mas necessidades de despesas em infraestrutura na periferia metropolitana, onde iam morar e constituíam família.

Ou seja, o privilégio tributário da Guanabara, com a possibilidade de gerar receitas tributárias, não só as destinadas às prefeituras, mas também aos governos estaduais, permitiu, por um lado, que na Guanabara viessem a ser realizados diversos investimentos em infraestrutura, mas, por outro lado, cristalizou na periferia metropolitana uma desigualdade absurda em relação à verificada na cidade do Rio de Janeiro, principalmente nas regiões onde

4 Até a reforma tributária no governo Castelo Branco, o principal imposto estadual era o Imposto sobre Vendas e Consignações-IVC. Antes da criação da Guanabara, a alíquota desse imposto no Distrito Federal era extremamente baixa. Quando Carlos Lacerda assumiu o governo da Guanabara em 1960, conseguiu elevar bastante a alíquota desse imposto, o que foi um dos fatores que permitiram que, no correr de seu governo, cerca de 35% do orçamento fossem destinados para investimentos. No segundo governo da Guanabara, de Negrão de Lima, com a reforma tributária realizada pelo governo federal e a criação do ICMS, a receita da Guanabara voltou a crescer, pois, apesar da elevação realizada no governo Lacerda, a alíquota do IVC na Guanabara ainda era menor que nas demais unidades federativas e o governo militar unificou todas as alíquotas de ICMS no país.

vivem hegemonicamente pessoas de classe média e alta, como a Zona Sul, Grande Tijuca e Barra da Tijuca.

Lessa descreve essa desigualdade na Região Metropolitana do Rio de Janeiro da seguinte forma:

> A RM é polinucleada, com complexas relações entre seus núcleos e respectivas periferias. Porém, independente dessa complexidade estrutural, subsistem imensas diferenças intrametropolitanas. Por exemplo: Em 1980, entre os seis municípios mais pobres da região (Mangaratiba, Magé, Itaguaí, Paracambi, Maricá e Itaboraí) com 5% da população total da região e as seis zonas mais ricas do município do Rio de Janeiro (Vila Isabel, Tijuca, Lagoa, Copacabana, Botafogo e Barra da Tijuca) com 12%, existia a seguinte diferença: nos mais pobres, menos de 1% das famílias tinha renda superior a 20 salários mínimos, enquanto que 29% das famílias das zonas ricas tinham renda familiar igual ou superior. Um vislumbre do quadro periférico pode ser captado com a observação de São João de Meriti: 86% das ruas não estão calçadas; 56% das residências estão sujeitas à inundação; 68% não dispõem de esgotamento sanitário; o esgoto captado é lançado *in natura* na Baía de Guanabara pelos rios Sarapuí e Pavuna etc., e esse município tem uma das mais altas densidades (120 hab./ha) da RMRJ e praticamente não dispõem de áreas livres para construção de novos equipamentos sociais. (LESSA, 2000, p. 374).

Infelizmente essa situação na quase totalidade dos municípios da periferia metropolitana não mudou estruturalmente até os dias atuais.

Essa reflexão do Lessa é fundamental pelo fato de que, em um cenário de poucas reflexões organizadas e permanentes sobre a Região Metropolitana e o conjunto do estado, aparece periodicamente no debate fluminense, pessoas e grupos defendendo a "desfusão" entre a cidade do Rio e o restante do estado do Rio de Janeiro, ou, mais recentemente, a criação de um "segundo Distrito Federal".

O que o Lessa aponta reforça a tese de que o desafio no Rio de Janeiro é integrar o estado e principalmente a Região Metropolitana do Rio, que na prática é uma cidade metropolitana, e não operar novas separações/segregações que só agravam o problema.

Lessa traz essa questão da seguinte forma:

> A RMRJ é uma bomba de efeitos retardados, herança da transferência da Capital e da fundação da Guanabara. O Rio, como metrópole, permaneceu, de 1960 a 1975, sob a atuação de duas esferas políticas estaduais. Praticou-

> -se uma orientação que aumentou os desníveis e descontinuidades entre a Guanabara e a Baixada Fluminense. Não houve sequer ensaio de planejamento espacial integrado. Pelo contrário, a política de desenvolvimento espacial da Guanabara buscou infletir [expandindo-se para a Barra da Tijuca] e separar-se do crescimento da Baixada. (2000, p. 373).

De acordo com Lessa (2000, p. 373): "Somente após a fusão [o tema da integração metropolitana] começou a ser aflorado". De fato, quando da fusão, foi inclusive criada a Fundação para o Desenvolvimento da Região Metropolitana (FUNDREM), bem organizada e com quadros técnicos qualificados, mas que infelizmente foi extinta ao final da década de 1980.

Ainda sobre a Região Metropolitana, Lessa fala da importância da criação de um terminal de contêiner em Itaguaí. Trata essa questão da seguinte forma:

> Na Baía de Ilha Grande está o Porto de Sepetiba, particularidade geográfica com implicações potenciais significativas para a evolução do Rio de Janeiro. O que a Baía de Sepetiba foi no passado será Sepetiba no futuro, fazendo deste ponto no Atlântico Sul o epicentro de uma circunferência com 500 km de raio, abrangendo dois terços do PIB brasileiro. O Porto de Sepetiba dispõe de um canal com 18 m de profundidade (facilmente aprofundável para 22 m) e de um retroporto imediato de 10 mil hectares, sem qualquer congestionamento por conurbação, mais uma área mediatamente articulável com facilidade a partir de ajustes das infraestruturas existentes, que incorpora a Baixada Fluminense e a Região do Médio Paraíba do Sul. Sepetiba não é um projeto, é um porto em implantação. Tem qualidades distintas dos do Rio e de Santos, quer pela profundidade do canal de acesso e acostamento, quer pela facilidade potencial de operação portuária, quer pelo 'oxigênio' territorial para organizar racionalmente a ocupação retroportuária. Sepetiba tem todo potencial para vir a ser no futuro o porto umbral do Atlântico Sul. (2000, p. 375).

Em junho de 1998, foi criado o terminal de contêiner no Porto de Itaguaí para aproveitar as potencialidades apontadas por Lessa e industrializar principalmente a Baixada Fluminense e a periferia metropolitana. No entanto, por falta de políticas regionais e nacionais adequadas, o terminal de contêiner de Itaguaí, em funcionamento até os dias atuais, nem de longe cumpre tais funções.

Outro aspecto importante nas reflexões do Lessa sobre o Rio é quando ele trata do projeto de modernização do Brasil, que implicaria também necessariamente na modernização da cidade do Rio, tendo em vista ser a principal referência interna e externa do Brasil. De acordo com Lessa, a cidade do Rio de Janeiro passou, no início do século, principalmente na gestão do prefeito Pereira Passos, por uma modernização conservadora e uma visão preconceituosa e equivocada em relação às camadas populares. Ao tratar da demolição dos cortiços no início do século XX, Lessa escreveu:

> Os cortiços da cidade colonial tinham sido considerados perigosos para a saúde. Sua presença afetava o prestígio da capital republicana. No cortiço, a superpopulação e a precariedade dos serviços de infraestrutura (água, esgoto, lixo, energia e gás) somavam-se à higiênica e à ausência de conforto e privacidade. Obviamente, nele plasmaram-se padrões peculiares de cultura popular, bem como prosperaram traços de violência, como por exemplo a capoeiragem. A República se propôs a cancelar o cortiço, por razões urbanísticas e sanitárias explícitas, em busca de uma configuração de prestígio. A reforma urbana nada propôs em relação aos quarteirões lindeiros à área reformada, tampouco sugeriu nenhum novo padrão de controle policial. Não realizou qualquer política habitacional para os pobres. Simplesmente não tomou em consideração a moradia para o povo. Desconheceu o problema. Pareceria que, para os homens da reforma Passos, o povo era invisível. (2000, p. 296).

A demolição dos cortiços sem a adoção de nenhuma política de habitação popular e a proposta de modernização conservadora deixam heranças até os dias atuais. A presença de favelas na cidade do Rio de Janeiro é muito mais forte do que nas demais capitais do Sul e Sudeste. De acordo com o Censo de 2010, 22% dos moradores da cidade do Rio habitam favelas, contra os seguintes percentuais nas demais capitais dos estados do Sul e Sudeste: São Paulo, 11%; Belo Horizonte, 13%; Vitória, 8%; Curitiba, 9%; Florianópolis, 4%; e Porto Alegre, 14%. Isto sem falar na forte presença de loteamentos clandestinos na cidade e na sua Região Metropolitana, em muitos casos sob controle de milícias.

Além disso, a ausência de uma política de habitação popular no centro do Rio, quando foram derrubados os cortiços e em períodos posteriores, faz com que, de acordo com dados do Ministério do Trabalho e Previdência e do Instituto Pereira Passos, no ano de 2020, na Zona Central e Portuária do Rio (Área de Planejamento 1 da cidade do Rio de Janeiro) estejam 37% dos empregos formais existentes na cidade e apenas 5% das moradias.

A falta de uma política que tenha como preocupação central o enfrentamento das graves desigualdades sociais e territoriais na cidade do Rio de Janeiro levou não só a uma precarização da situação de moradia na cidade, mas também à pequena presença de moradias populares na sua região central e, conforme apontam urbanistas como Sérgio Magalhães, a um particular distanciamento entre moradia e emprego em relação ao verificado em outras metrópoles brasileiras e mesmo no plano internacional.

Ainda dentro dessa temática, sobre a questão urbana e o centro histórico do Rio, Lessa traz o seguinte ponto:

> O Centro do Rio deve ser matéria de preocupação obsessiva da cidade. É absurda a presença de 'vazios' no coração da mancha urbana – interstícios não utilizados que infartam o núcleo essencial do Rio. A Região Administrativa conhecida por Centro, Zona Portuária, Rio Comprido e São Cristóvão – tem uma expressiva área territorial incorporável ao renascimento da vida metropolitana. Por um paradoxo cruel talvez seja uma das zonas territoriais mais subutilizada da cidade. (2000, p. 384).

Com a pandemia da Covid-19 e a ampliação do trabalho em formato *home office*, o esvaziamento do Centro do Rio ficou ainda mais grave. A questão de uma política para sua melhor ocupação tornou-se mais urgente, não só com atividades privadas e públicas – merecendo destaque as de cunho cultural –, mas também com a implantação de moradias, com prioridade para a população de baixa renda.

Outro ponto em que Carlos Lessa ilumina o debate de questões polêmicas e pouco claras sobre o estado do Rio de Janeiro é quando trata das proposições, no governo Geisel, para o território carioca e fluminense, tendo como pano de fundo o II Plano Nacional de Desenvolvimento (II PND).

Uma das estratégias articuladas através do II PND foi diminuir a concentração em São Paulo das atividades econômicas na Região Sudeste. Nesse sentido, o governo Geisel apoia a implantação da Fiat em Minas Gerais, visando, segundo Lessa, criar um segundo complexo metalmecânico nessa região. De acordo com Carlos Lessa:

> Para o Rio de Janeiro, o II PND reservou o papel de polo das novas indústrias e das atividades tecnológicas de ponta. Para tanto, instalou a Nuclebrás, deu partida à biotecnologia, fortalecendo a Fundação Oswaldo Cruz e iniciou a produção de computadores em Jacarepaguá com a instalação da Companhia Brasileira de Computadores (Cobra). Atividades tradicionais foram reforçadas: foi anunciada a ampliação da Companhia Siderúrgica Nacional, com uma nova usina na região de Sepetiba, foi desenvolvida a pesquisa e exploração de petróleo na Bacia de Campos, e além disso a Companhia Vale do Rio Doce implantou a Valesul. Foi reservado para o Rio de Janeiro o papel

> de principal polo nacional de pesquisa científica e tecnológica e se diversificou e fortaleceu a estrutura de pesquisa na cidade. No bojo da reforma do ensino superior, instalou na Universidade Federal do Rio de Janeiro o maior programa de pós-graduação em Engenharia da América do Sul. As estatais federais foram instadas a situar seus centros de pesquisa e desenvolvimento na cidade universitária do Rio de Janeiro. Os estabelecimentos de pesquisa na zona naval militar no Rio ganharam novas dimensões. (2000, p. 349-350).

Ou seja, de acordo com a visão do Lessa, com a qual concordo, a estratégia do II PND visava a desconcentrar as atividades econômicas na Região Sudeste, assim como a motivação para a fusão foi econômica e não política. No Rio de Janeiro, alguns afirmam que o principal motivo da fusão, feita de forma autoritária no período militar, seria diminuir o peso do voto "mais rebelde" da cidade do Rio de Janeiro, tornando a cidade e o antigo estado do Rio de Janeiro um único colégio eleitoral.

Ainda no livro *Rio de todos os Brasis*, Lessa ressalta o gosto do carioca pela presença em espaços públicos. Cita como exemplo a festa do Réveillon, que reúne na Praia de Copacabana, todos os anos, até três milhões de pessoas, provavelmente o maior Réveillon em espaço público no mundo. Fala do gosto dos cariocas pela convivência nas calçadas, em bares e restaurantes de rua. Um dado que reforça a sua visão é o fato de que, entre as capitais brasileiras, o Rio é o que apresenta o maior peso dos empregos formais em bares e restaurantes no total de empregos.

Megaeventos realizados na cidade do Rio de Janeiro – Encontro Mundial da Juventude Católica, Copa do Mundo e Olimpíadas – reforçam a ideia da afabilidade do carioca no recebimento de visitantes e o gosto pelos espaços públicos.

Quando da realização da Copa do Mundo, o Brasil vivia um período particularmente conturbado, com forte radicalização política e oposição da grande imprensa ao governo Dilma. A chamada grande imprensa afirmava de forma hegemônica que a seleção brasileira seria um sucesso e a organização da Copa um fracasso. Na verdade, ocorreu o contrário, sendo que houve muitos congraçamentos entre estrangeiros e cariocas nas ruas e praias, principalmente na Zona Sul da cidade do Rio de Janeiro.

Sobre o turismo, que alguns apontam que pode vir a ser a principal atividade econômica do Rio, Lessa traz corretamente a seguinte ponderação:

> A recomendação do turismo como saída para o Rio é ingênua. Uma Região Metropolitana com mais de 10 milhões de habitantes não consegue susten-

> tar seu dinamismo com a indústria sem chaminés. Obviamente, nenhuma metrópole abre mão dessa atividade e procura construir sua marca. Chicago explora o mito de Al Capone e da Lei Seca; Dallas faz o turismo com a memória do assassinato de Kenedy; Amisterdã orgulha-se de exibir a pacata prostituição no seu bairro Rosa etc. Os polos turísticos metropolitanos têm importantes bases industriais e outras atividades não turísticas. Nova York, além de Wall Street e adereços, tem ao seu lado New Jersey. Paris tem o seu *banlieu*, e um complexo industrial. Barcelona é o principal destino turístico da Espanha e seu maior polo industrial pesado. (2000, p. 416).

O último aspecto que me parece importante destacar nas reflexões do Carlos Lessa é quando ele realizava palestras, entrevistas e textos[5] falando sobre a importância da autoestima para o desenvolvimento econômico e social. Nesse aspecto, Lessa tinha uma visão bastante próxima a de Albert Hirschman, autor que era uma de suas referências.

Ele apontava que a autoestima no Brasil, historicamente, costumava oscilar. Afirmava que, após as mortes em larga escala que ocorreram na Primeira Grande Guerra Mundial, os brasileiros perderam em alguma medida a visão mimética com relação aos europeus, passando a acreditar mais nas próprias possibilidades e do país. De acordo com Lessa: "A primeira guerra mundial dissolveu o fascínio brasileiro pela Europa. Afinal, o Velho Mundo havia praticado, por razões geopolíticas, matanças em escala industrial" (LESSA, 2004, p. 40-41).

Aliadas a essa dissolução, iniciativas como a política externa brasileira bem-sucedida com Barão do Rio Branco contribuíram para a geração de um período de autoestima no Brasil, que foi importante para o desenho e implementação de políticas que levaram à industrialização do país a partir dos anos 1930.

Segundo Lessa, esse tempo de autoestima tem o seu auge nos anos dourados, na década de 1950, e teve como referência a cidade do Rio. De acordo com ele, essa autoestima sofreu forte baque com o golpe militar em 1964, a década perdida nos anos 1980 e o baixíssimo crescimento econômico que o país apresenta desde então. Para ele, uma estratégia de desenvolvimento socioeconômica inclusiva para o Brasil passaria também pela construção de autoestima e o Rio de Janeiro teria importante função nesse processo.

---

5 Sobre isso, de C. Lessa, ver não só *O Rio de todos os Brasil*, 2000, como também o livro *Autoestima e desenvolvimento social*, 2004.

Uma vez, conversando com Carlos Lessa, caminhando pelo campus da UFRJ na Praia Vermelha, ele falou que tinha esperança que o livro que estava finalizando sobre o Rio de Janeiro pudesse vir a contribuir para iluminar caminhos para novos estudos sobre o território carioca e fluminense. De fato, isso se confirmou. Esse é mais um legado que Carlos Lessa nos deixou.

Referências

ARGAN, Giulio. *L'Europe des capitales*. Génève: Albert Skira, 1964.

BERNARDES, Lysia Maria Cavalcanti (Coord.). *O Rio de Janeiro e sua região*. Rio de Janeiro: IBGE/Conselho Nacional de Geografia, 1964.

LENT, Herman. *O massacre de Manguinhos*. Rio de Janeiro: Editora Avenir, 1978.

LESSA, Carlos. *O Rio de todos os Brasis*: uma reflexão em busca de autoestima. Rio de Janeiro: Record, 2000.

LESSA, Carlos. *Autoestima e desenvolvimento social*. Rio de Janeiro: Garamond, 2004.

OSORIO, Mauro. *Rio local, Rio Nacional*: mitos e visões da crise carioca e fluminense. Rio de Janeiro: Editora SENAC, 2005.

OSORIO, Mauro. "Cidade do Rio de Janeiro: Uma história de capitalidade". *Programa Não é bem assim*. ALERJ Digital. Entrevista com Mauro Osorio. Repórter Nívea Souza. 31 mai. 2022. Disponível em: https://www.youtube.com/watch?v=yreemQvUSLk. Acesso em: 18 dez. 2022.

17

Compreender a problemática do Rio continua fundamental para entender desafios do Brasil (mas sem prescindir mais da defesa dos interesses regionais)

Bruno Sobral[1]
André Aranha[2]
Kleyton da Costa[3]
Bruno Freira[4]
Maria Clara Paiva[5]
Victor Figueiredo[6]

1 Bruno Sobral é doutor em Desenvolvimento Econômico pelo Instituto de Economia da Universidade Estadual de Campinas (IE/UNICAMP). Professor da Faculdade de Ciências Econômicas da Universidade do Estado do Rio de Janeiro - FCE/UERJ. Desde abril de 2022, é Subsecretário de Planejamento Estratégico da Secretaria de Estado de Planejamento e Gestão - SEPLAG/RJ. Anteriormente, exerceu o cargo de Subsecretario de Política Fiscal da Secretaria de Estado de Fazenda do Rio de Janeiro - SEFAZ/RJ e Diretor da Diretoria de Planejamento e Orçamento - DIPLAN/UERJ. Desde maio de 2019, integra a Coordenação Executiva da Rede Pró-Rio. Além disso, é membro do Conselho Executivo e Editor Científico da Revista Cadernos do Desenvolvimento Fluminense, periódico editado pela Fundação CEPERJ em parceria com a UERJ. Destaca-se como ganhador de dois prêmios: 1º lugar do Prêmio Ministro Gama Filho 2018 do ECG/TCE-RJ, e 1º lugar na categoria Tese de Doutorado do Prêmio Brasil de Economia 2012 do COFECON e IPEA.

2 André Aranha é graduado em Ciências Econômicas pela PUC-Rio e Mestre em Economia da Indústria e da Tecnologia pela UFRJ. Trabalhou na Secretaria de Estado de Fazenda do Rio de Janeiro (SEFAZ-RJ) e atualmente trabalha na Secretaria de Estado de Planejamento e Gestão do Rio de Janeiro (SEPLAG-RJ).

3 Bruno Freira é graduando em Ciências Econômicas pela Universidade do Estado do Rio de Janeiro (UERJ) e bolsista de Estágio Interno Complementar (EIC) pela UERJ no projeto Rede Pró-Rio.

4 Kleyton da Costa é graduado em Economia pela Universidade Federal Rural do Rio de Janeiro. É pesquisador no grupo de pesquisa Economia e Conjuntura no Sistema Financeiro (UFRRJ); vice-líder no Observatório do Banco Central (UFRJ); pesquisador na área de Inteligência Artificial na Holistic AI, Londres, UK; atuou na Secretaria de Estado de Fazenda do Rio de Janeiro (SEFAZ-RJ) e atualmente atua na Secretaria de Estado de Planejamento e Gestão do Rio de Janeiro (SEPLAG-RJ).

5 Maria Clara Paiva é graduanda em Ciências Econômicas pela Universidade do Estado do Rio de Janeiro (UERJ), ex-bolsista de Extensão pela UERJ no projeto Rede Pró-Rio e atualmente estagiária no Banco Nacional de Desenvolvimento Econômico e Social (BNDES).

6 Victor Figueiredo é graduando em Ciências Econômicas pela Universidade do Estado do Rio de Janeiro (UERJ) e bolsista de Extensão pela UERJ no projeto Rede Pró-Rio.

> "No umbral da pós-modernidade o Brasil desvaloriza o Rio. Não deve haver surpresa com essa afirmativa, pois o país mesmo se auto desvaloriza. (...) A crise do amor-próprio republicano renega o Rio e não coloca nada em seu lugar." (Carlos Lessa, 2001, p.15).

Resumo

Deve-se a Carlos Lessa uma interpretação original sobre a formação socioeconômica regional no Estado do Rio de Janeiro (ERJ). O presente a rtigo busca dialogar com essa interpretação a partir de uma análise do período mais recente. Seguindo a visão do autor referido, a compreensão da problemática fluminense atual continua a ser fundamental para se organizar as bases de um novo projeto nacional. Para isso, defende-se que sua principal evidência está na dimensão do ajuste fiscal que extrapola a dimensão estrita das finanças públicas. Especificamente, a discussão do caso fluminense deixa claro como reduzir o ajuste fiscal a políticas de austeridade é contraproducente, daí a importância do novo Plano de Recuperação Fiscal buscar trazer elementos inovadores de cunho desenvolvimentista.

Abstract

Carlos Lessa is responsible for an original interpretation of the regional socioeconomic formation in the State of Rio de Janeiro (ERJ). This article seeks to dialogue with this interpretation from an analysis of the most recent period. Following the vision of the aforementioned author, the understanding of the current problem in Rio de Janeiro continues to be fundamental to organize the bases of a new national project. For this, it is argued that its main evidence is in the dimension of the fiscal adjustment that goes beyond the strict dimension of public finances. Specifically, the discussion of the Rio de Janeiro case makes it clear how reducing the fiscal adjustment to austerity policies is counterproductive, hence the importance of the new Fiscal Recovery Plan seeking to bring innovative elements of a developmental nature.

1. Introdução

Carlos Lessa foi um dos grandes mestres das Ciências Econômicas no Brasil, tendo contribuições relevantes em diversas temáticas. Deve-se a ele uma interpretação original sobre a formação socioeconômica regional no Estado do Rio de Janeiro (ERJ) a partir da centralidade nacional da metrópole carioca, a qual caracterizou sua natureza através do conceito de "capitalidade". Segundo sua visão, o auge e o declínio do projeto nacional se associam ao Rio como espaço-síntese de características e potencialidades do Brasil.

O presente artigo busca dialogar com essa interpretação a partir de uma análise do período mais recente, o que não foi contemplado pela obra seminal de Carlos Lessa (2001): *Rio de todos os Brasis*. Seguindo a visão do autor referido, a compreensão da problemática fluminense atual continua a ser fundamental para se organizar as bases de um novo projeto nacional. Para isso, defende-se que sua principal evidência está na dimensão do ajuste fiscal que extrapola a dimensão estrita das finanças públicas. Nesse sentido, o artigo é dividido em três seções, além dessa introdução e da conclusão. Na segunda seção, apresentam-se algumas das principais reflexões de Carlos Lessa norteadoras para esse trabalho, enfatizando que, diferente do período analisado pelo autor referido, a defesa explícita dos interesses regionais pelo Rio de Janeiro passa a ser algo decisivo, inclusive para o desenvolvimento nacional pela natureza das questões que evidencia. Na terceira seção, detalham-se evidências sobre como a problemática econômica e fiscal fluminense tem raízes estruturais e entrelaçadas. Por fim, na quarta seção, baseado no caso fluminense, aponta-se que reduzir o ajuste fiscal a políticas de austeridade é contraproducente.

Portanto, a análise do Rio de Janeiro qualifica o debate sobre o Brasil sintetizando importantes elementos para uma agenda progressista. O que hoje o ERJ está passando, e é explicitado em seu problema fiscal, revela o retrato de uma seríssima questão nacional. Aprofundar-se nesse debate sobre o quadro fluminense é entender não só sua especificidade, mas também a radicalidade no sentido de raiz dessa questão nacional. Isso significa a possibilidade de contribuir para uma alternativa de projeto de país. Com certeza o ERJ tem condições de contribuir muito mais ao desenvolvimento brasileiro se as restrições atuais que o impedem de performar melhor forem superadas, e isso que deve ser o cerne da discussão.

2. Diálogo com as reflexões originais de Carlos Lessa sobre a interpretação da formação histórica fluminense

Segundo Carlos Lessa (2001), ao longo da história do Rio de Janeiro, criou-se um espaço sem interesses regionais para cumprir um papel geopolítico como ingrediente chave de construção da unidade nacional. Neutralizando qualquer tendência centrífuga, sintetizou diversos "Brasis" sem qualquer provincianismo. Como símbolo de afirmação da brasilidade desempenhando papel de articulação estratégica para o projeto nacional, a região não competia economicamente com o resto do país.

Mesmo a perda da hegemonia econômica para São Paulo, com o declínio da cafeicultura fluminense, não significou uma crise. Ao contrário, consolidou-se em sua capital uma economia urbana diversificada de padrão metropolitano (ainda que reprodutora de graves problemas sociais junto à periferização das massas populares e a limitada desconcentração econômica), e, no seu interior, bases industriais de valor estratégico para o país. Como apontado em trabalhos anteriores (SOBRAL, 2013 e 2021), toda a lógica de desenvolvimento econômico não derivava de uma formação capitalista orgânica articulando diversas massas de capitais e formando um complexo regional como interpretação de Wilson Cano (1977) para São Paulo, mas de um status privilegiado na federação.

Particularmente, é a natureza específica da centralidade carioca, enquanto "capitalidade" (não resumida a "gueto burocrático" da administração pública), que conferiu alto interesse nacional à base econômica do Rio de Janeiro. Diante disso, Carlos Lessa (2001, p. 99) vai fazer um importante alerta para o período mais recente: "aliás, o Rio sempre abriu mão, com facilidade, de seus interesses econômicos locais em nome da função política maior. Esta postura displicente, conveniente enquanto capital, irá lhe custar caro, após a perda da capitalidade".

Deve-se ter claro que, ao longo da história, a escala regional não se firmou como um foco principal das políticas, o que manteve vácuo em estratégias para maior adensamento produtivo efetivo. A lógica da "capitalidade" definida por Lessa como uma vantagem guardou uma contradição: a centralidade nacional do núcleo metropolitano se combinou com a fragilidade da divisão territorial do trabalho junto a sua hinterlândia. Logo, houve uma maior dependência de determinantes externos ao seu território e com ausência de um forte processo de interiorização econômica. A consequência imediata foi a multiplicação de cidades-dormitórios e vazios produtivos apesar de bases insulares importantes. Com a desindustrialização brasileira, explicitou o esvaziamento econômico fluminense com perda de complexidade, concentração na produção de *commodities* e carência de melhores redes logísticas e de infraestrutura.

Nesse sentido, é importante compreender a especificidade da problemática atual. Desde trabalhos anteriores, defende-se que há um impasse na trajetória de desenvolvimento associada a maior evidência de sua "estrutura produtiva oca" (SOBRAL, 2013, 2017, 2019). O cerne do problema não é a falta de uma boa listagem de "vocações" entendidas como âncoras, mas desafios estruturais para surgir novas vantagens competitivas mais sistêmicas. Isso porque suas economias regionais não estão consolidadas nem integradas, muitas vezes dominadas por atividades pouco indutoras. Além disso, possui uma rede urbana limitada diante de reduzidas centralidades que pudessem ser alternativas à macrocefalia da capital. Também não existem complexos logístico-produtivos desenvolvidos de forma plena, com boa parte de sua dinâmica dependendo de determinantes externos ao território. Inclusive, como aponta Assessoria Fiscal da ALERJ (2020), nem atividades de Petróleo e Gás fogem da lógica da estrutura produtiva oca: só 19% dos contratos ativos da PETROBRAS **são no ERJ (sendo 70% fora do país) e mais da metade da produção de gás é reinjetada ou queimada.**

Diante desse quadro, configura-se um padrão de vulnerabilidade econômica: se o Brasil vai bem, ERJ vai menos bem; se o Brasil vai mal, ERJ vai pior. Portanto, uma economia mais suscetível a sofrer (e com mais intensidade) os rebatimentos de qualquer crise internacional e nacional. E isso que exatamente aconteceu na sua crise fiscal recente, que deixa claro que essa crise tem raízes estruturais e entrelaçadas a problemática econômica. Avançar na compreensão de relação, como será feito nas próximas seções, é algo fundamental para uma reflexão mais organizada e estratégias mais consistentes sobre a escala regional.

Dialogando com a obra de Carlos Lessa e o papel do Rio de Janeiro como espaço-síntese, vai ficando explícito que a situação econômico-financeira fluminense não apresenta apenas rebatimentos da problemática brasileira, e sim é um dos epicentros dessa problemática. Mas se antes a organização de um discurso para defesa dos interesses regionais era desnecessária, agora é decisivo. Há uma grande luta política a ser chamada à atenção, uma luta para resgatar as bases de fundação do Estado brasileiro e, particularmente, da unidade nacional que é a questão federativa. Essa questão se explicita ao se voltar para a dimensão fiscal envolvida.

A criação da Lei de Responsabilidade Fiscal (LRF) em 2000 consolidou e reforçou o regime fiscal criado com a assinatura dos Programas de Reestruturação e Ajuste Fiscal (PAFs) da Lei 9.496/97, e que continua aceito até os dias de hoje. Cabe ponderar que a implementação da LRF foi feita num contexto de estabilização e para manter a reorganização que foi construída após um processo de federalização das dívidas estaduais e seu refinanciamento. Ou seja, ela não se preocupou em criar instrumentos caso um estado tivesse maiores dificuldades financeiras. Como a economia brasileira cresceu relativamente bem ao longo da década de 2000, não emergiu nenhum grave conflito distributivo que pudesse acentuar essas dificuldades de maneira profunda e persistente, o que começa a ocorrer quando a economia brasileira desacelera a partir de 2012. Então, ficou evidente a falta daqueles instrumentos. A formulação de um Regime de Recuperação Fiscal (RRF) foi a opção criada pelo governo federal para superar aquela deficiência da LRF e, a princípio, tentar viabilizar uma nova reorganização das finanças estaduais. Contudo, verifica-se que permanece um dilema que exige ser revisto de tempo em tempo na expectativa de tornar suas condições mais exequíveis.

Deve ficar claro que o governo federal não precisa que o serviço da dívida fluminense esteja sendo saldado para conquistar sua estabilidade macroeconômica, logo, não há o menor risco de os problemas financeiros do ERJ "quebrarem" as finanças federais. O governo federal faz tanta questão do fluxo de pagamentos do serviço da dívida ser normalizado por receio de um efeito dominó associado a um suposto "risco moral". Nessa linha de pensamento, se o governo federal flexibilizar para um estado em dificuldade, acredita-se que se abre espaço para outros estados seguirem o mesmo caminho e o risco se tornaria sistêmico, exigindo uma nova rodada de ampla renegociação. Todavia o problema real não é dessa natureza, e sim o fato de querer oferecer recomendações sem se adentrar na especificidade e na radicalidade da questão. O mais eficaz seria o governo federal se mostrar mais disposto a coordenar o gasto público, porém a visão que hoje prevalece é a opção por apenas medidas de contenção e postura punitiva.

Portanto, cabe alertar que não se pode desconsiderar a inflexibilidade com que se trata hoje os regimes fiscais. Em particular, perante a assimetria de poder existente entre o governo federal e os entes subnacionais, em especial, os governos estaduais. Por conseguinte, a validação de proposições gerais muito ousadas como ponto de partida não é ainda permitida, mas podemos aproveitar todas as brechas para se oferecer inovação e ampliar as possibilidades de um avanço segundo uma lógica dialética. Por essa via, as condições específicas já existentes no quadro fluminense ajudam e corroboram para um novo concerto político mais geral capaz de elevar aquela discussão nacional a um nível superior.

3. Evidências sobre como a atual problemática econômica e fiscal fluminense tem raízes estruturais e entrelaçadas

A análise de variáveis econômicas e de arrecadação tributária demonstra a importância do crescimento econômico para a arrecadação tributária. Ou seja, há uma característica pró-cíclica do Imposto sobre a Circulação de Mercadorias e Serviços (ICMS). O gráfico 1 deixa isso claro a partir de uma relação estatística positivamente linear e consistente considerando as diferentes unidades da federação. Observa-se que o ERJ se encontra em uma situação estruturalmente fragilizada que é traduzida em menores resultados tanto para a taxa de crescimento média do PIB como para a taxa de crescimento média do ICMS entre 2003 e 2019, portanto numa série histórica de mais de 15 anos.

Gráfico 1 – Dispersão para a taxa de crescimento do ICMS e a taxa de crescimento do PIB dos estados entre 2003 e 2019

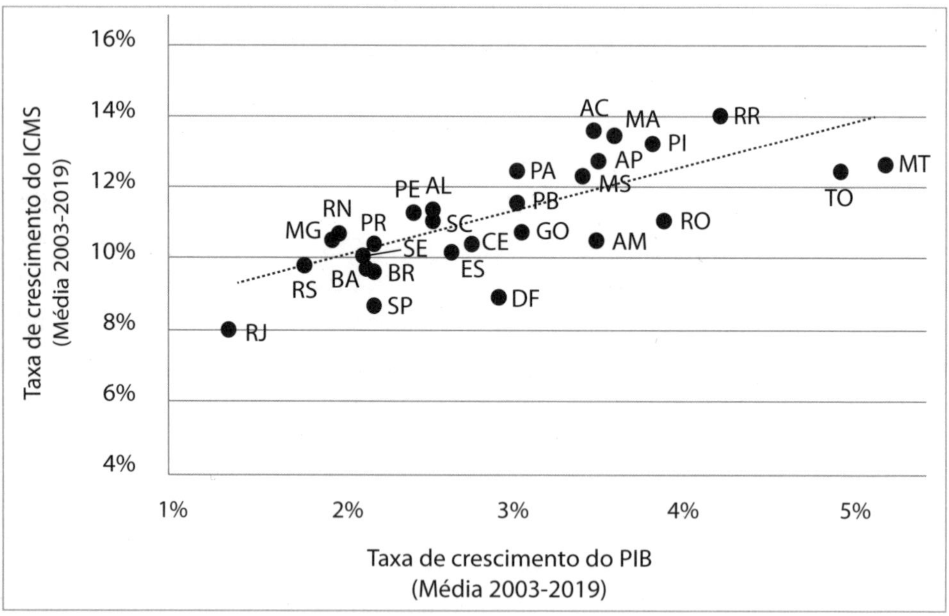

Fonte: A partir de dados do Confaz, SCR/IBGE.

Esse quadro é agravado pelo processo de desindustrialização que vem sendo generalizado no país. O gráfico 2 evidencia uma retração continuada do valor adicionado bruto da indústria de transformação atingindo as principais bases industriais regionais. No entanto, é importante destacar que a pior trajetória fluminense confirma que há uma especificidade. Os dados de ocupação também reforçam isso.

A participação do emprego de cada setor estadual sobre o total de empregos do setor nacional, o ERJ foi o 2º estado que mais perdeu participação relativa no total de empregos formais entre 2003 e 2019 (-15,0%) – atrás apenas do DF (-16,7%). Já nos segmentos de maior arrecadação de ICMS – indústria de transformação e comércio – o ERJ registrou, respectivamente, a 4ª e 1ª maiores quedas relativas do país. Segundo tabela 1, podemos verificar que o ERJ perdeu importância relativa em praticamente todos os setores de atividade, exceto na indústria extrativa – pouco intensiva em mão de obra (apesar do forte peso na atividade fluminense) e cujo ICMS é taxado no destino, isto é, no local do refino do óleo extraído.

Essa problemática se agrava porque um maior nível de produção gerando um maior nível de emprego e renda tendem a afetar relativamente mais o crescimento do PIB do que o aumento da arrecadação, uma vez que esta última tem outros fatores que influenciam seu comportamento com reflexos sobre a carga tributária. Voltando ao gráfico 1, ainda cabe uma outra observação relevante. Diante do padrão dos estados, a taxa média de crescimento do PIB do ERJ gera uma taxa de crescimento do ICMS inferior ao padrão dos estados (a linha tendencial da correlação). Isso significa que mesmo em situação de debilidade econômica, também a própria estrutura tributária dá um resultado menor que o esperado.

Gráfico 2 – Participação do valor adicionado da indústria de transformação no valor adicionado bruto estadual entre 2002 e 2019

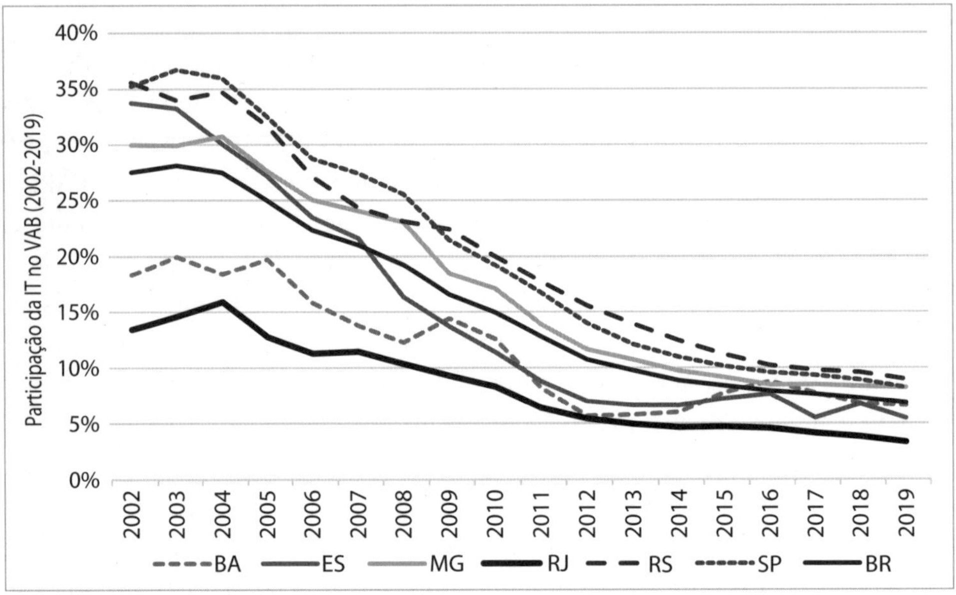

Fonte: SCR/IBGE.

Tabela 1 – Participação (%) estadual sobre o total nacional de cada setor, 2003 e 2019

	RJ			SP			PR			SC		
Setor de Atividade	**2003**	**2019**	**Var.**	**2003**	**2019**	**Var.**	**2003**	**2019**	**Var.**	**2003**	**2019**	**Var.**
1 – Extrativa mineral	16,2%	16,4%	**0,9%**	10,2%	7,3%	**-29,1%**	3,5%	2,5%	**-29,7%**	4,4%	3,1%	**-29,5%**
2 – Indústria de transformação	5,7%	5,0%	**-13,3%**	36,0%	32,5%	**-9,7%**	8,1%	9,0%	**11,5%**	8,0%	9,4%	**18,0%**
3 – Serviços industriais de utilidade pública	12,9%	12,5%	**-3,4%**	24,9%	25,5%	**2,4%**	5,6%	5,9%	**4,8%**	4,3%	4,9%	**13,1%**
4 – Const. Civil	10,3%	8,4%	**-19,1%**	26,7%	27,5%	**3,2%**	5,2%	6,3%	**19,1%**	3,9%	4,7%	**19,4%**
5 – Comércio	10,7%	8,6%	**-19,2%**	30,4%	28,9%	**-4,9%**	7,2%	7,1%	**-1,1%**	4,5%	5,0%	**10,5%**
6 – Serviços	13,8%	10,3%	**-25,6%**	33,1%	33,4%	**1,0%**	6,2%	6,2%	**-0,5%**	3,7%	4,4%	**18,3%**
7 – Adm. Pública	8,6%	8,3%	**-2,9%**	21,1%	17,9%	**-14,9%**	4,8%	5,5%	**14,5%**	2,7%	3,0%	**13,1%**
8 – Agropecuária, extração vegetal, caça e pesca	2,0%	1,5%	**-24,9%**	26,1%	22,0%	**-15,8%**	7,1%	6,6%	**-6,9%**	3,3%	2,7%	**-16,9%**
Total	**10,0%**	**8,5%**	**-15,0%**	**29,6%**	**28,7%**	**-3,2%**	**6,4%**	**6,7%**	**4,6%**	**4,4%**	**5,0%**	**13,6%**

Fonte: RAIS.

Isso se explica tanto pelas questões da legislação tributária (vide o diferencial de alíquotas interestaduais) como pela carência de maior racionalização da política de incentivos fiscais, ainda carente de uma estrutura efetiva de planejamento setorial associada que supere a natureza mais de "balcão" para atender demandas circunstanciais da classe empresarial. Somam-se a isso os efeitos desfavoráveis de natureza federativa. Quanto a esse último ponto, destaca-se as recorrentes desvantagens na partilha do Fundo de Participação Estadual quando comparado a estados vizinhos. Da mesma forma, as perdas arrecadatórias pelo ICMS da atividade extrativa de Petróleo e Gás Natural ser cobrado no destino e não na origem.

Como consequência, o ERJ propicia o aumento de arrecadação de ICMS em outros estados, seja pelo transbordamento de parcela do consumo de um grande mercado consumidor, seja por destinar óleo bruto para as refinarias de outros estados, tornando o ERJ consumidor/importador líquido nas transações interestaduais, o que é prejudicial em termos de arrecadação em virtude da incidência do ICMS sobre mercadorias e serviços ser predominantemente na origem. Conforme o gráfico 3, é importante destacar que o ERJ (sem contar os municípios fluminenses) recebe cerca de 25% do total de *Royalties* e Participações Especiais distribuídos no país, o que compensa apenas parcialmente o hiato de receitas de ICMS gerado e apropriado pelo ERJ na cadeia extrativa.

Dado o diagnóstico acima, que une debilidade econômica com problemas específicos da estrutura tributária do ERJ em termos relativos perante outros estados, temos na prática a união de baixo crescimento do PIB fluminense aliado à baixa participação do ICMS sobre o PIB regional (carga tributária), conforme a tabela 2. O baixo percentual relativo do ICMS/PIB fluminense em 2003 se acentuou em 2019, como o ERJ passando da 23ª colocação em 2003 para a 26ª em 2019, atrás apenas do Distrito Federal. O resultado fluminense em 2019 (5,60%) é cerca de 70% da carga média nacional (8,02%), cujo resultado foi superado por 19 estados.

Os desdobramentos disso sobre o problema fiscal podem assim ser evidenciados como primordialmente um problema na geração de receitas tributárias (particularmente, ICMS), ainda que também há questão adicional da volatilidade do preço internacional do petróleo tornando as receitas de *Royalties* e Participações Especiais não uniformes no tempo. A tabela 3 permite visualizar que, mesmo com a entrada de *Royalties* e Participações

Especiais sendo significativa e, logo, diminuindo o peso relativo das receitas tributárias, o ERJ continua dependente da arrecadação de receitas próprias (tributárias). Como mostra o gráfico 4, a importância da variação da arrecadação de ICMS sobre a variação da RCL é bastante significativa, e, no caso do ERJ, a variação média de ICMS como de RCL foram as mais baixas entre os estados no período 2001-2019.

Gráfico 3 – Representatividade média do ERJ em relação ao Brasil na produção, refino de petróleo e receitas de *Royalties* e PE (não incluídos os municípios fluminenses), 2012-2021

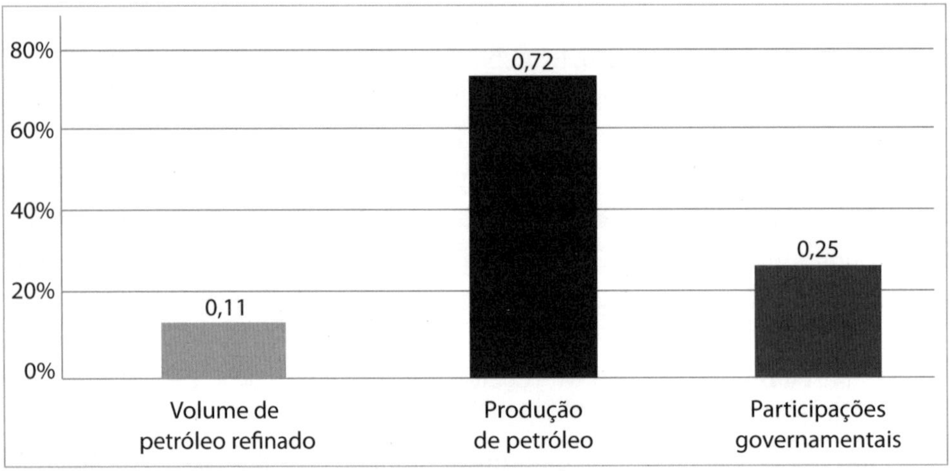

Fonte: ANP.

Tabela 2 – Carga Tributária: razão entre ICMS e PIB a preços correntes, 2003 e 2019

	UF	2003	2019	Variação Relativa
1	Mato Grosso do Sul	12,8%	14,1%	9,9%
2	Amazonas	10,2%	11,1%	8,2%
3	Pernambuco	9,5%	10,6%	11,9%
4	Acre	6,7%	10,1%	50,9%
5	Espírito Santo	11,5%	10,0%	-13,0%
6	Paraíba	7,9%	9,8%	24,4%
7	Bahia	10,2%	9,6%	-5,0%
8	Rondônia	12,7%	9,6%	-24,7%
9	Piauí	8,2%	9,5%	16,7%
10	Maranhão	5,5%	9,4%	69,4%

	UF	2003	2019	Variação Relativa
11	Goiás	9,2%	9,3%	0,2%
12	Ceará	9,2%	9,2%	-0,2%
13	Minas Gerais	8,9%	9,1%	2,1%
14	Rio Grande do Norte	9,0%	9,0%	-0,4%
15	Sergipe	7,2%	8,9%	22,9%
16	Santa Catarina	8,4%	8,7%	3,0%
17	Roraima	5,6%	8,6%	53,9%
18	Rio Grande do Sul	8,8%	8,5%	-3,0%
19	Tocantins	9,3%	8,5%	-8,5%
	Brasil	**8,1%**	**8,0%**	**-1,3%**
20	Mato Grosso	7,9%	7,9%	0,0%
21	Alagoas	7,0%	7,9%	14,2%
22	Paraná	7,0%	7,8%	11,7%
23	São Paulo	8,2%	7,6%	-7,3%
24	Pará	7,8%	7,5%	-3,9%
25	Amapá	4,6%	5,8%	25,3%
26	Rio de Janeiro	6,4%	5,6%	-12,1%
27	Distrito Federal	4,3%	3,4%	-21,5%

Fonte: IBGE e CONFAZ.

Tabela 3 – Receitas tributárias e receitas de transferências como razão das receitas correntes em 2019

UF	Receitas Tributárias/ Receitas Correntes	Transferências/ Receitas Correntes
São Paulo	84,4%	5,7%
Santa Catarina	77,8%	14,7%
Rio Grande do Sul	74,7%	15,6%
Minas Gerais	73,2%	17,1%
Paraná	69,4%	18,2%
Goiás	68,0%	17,6%
Rio de Janeiro	65,8%	9,7%
Mato Grosso do Sul	64,8%	25,6%
Distrito Federal	62,4%	23,5%
Espírito Santo	62,4%	30,2%
Bahia	59,7%	30,5%
Pernambuco	59,7%	31,6%
Mato Grosso do Sul	58,7%	20,9%
Ceará	57,4%	35,0%
Amazonas	55,8%	28,9%

UF	Receitas Tributárias/ Receitas Correntes	Transferências/ Receitas Correntes
Pará	53,4%	35,2%
Rio Grande do Norte	52,1%	40,9%
Paraíba	50,9%	43,7%
Maranhão	47,7%	47,9%
Rondônia	47,6%	40,3%
Alagoas	47,0%	46,5%
Piauí	45,0%	47,2%
Sergipe	41,2%	50,1%
Tocantins	38,7%	51,6%
Roraima	27,9%	60,8%
Acre	27,1%	66,3%
Amapá	20,0%	63,8%
Média	55,4%	34,1%

Fonte: Siconfi/Tesouro Nacional. Elaborado pelos autores.

Gráfico 4 – Dispersão para a variação relativa da receita corrente líquida e do ICMS para os anos de 2003 a 2019[7]

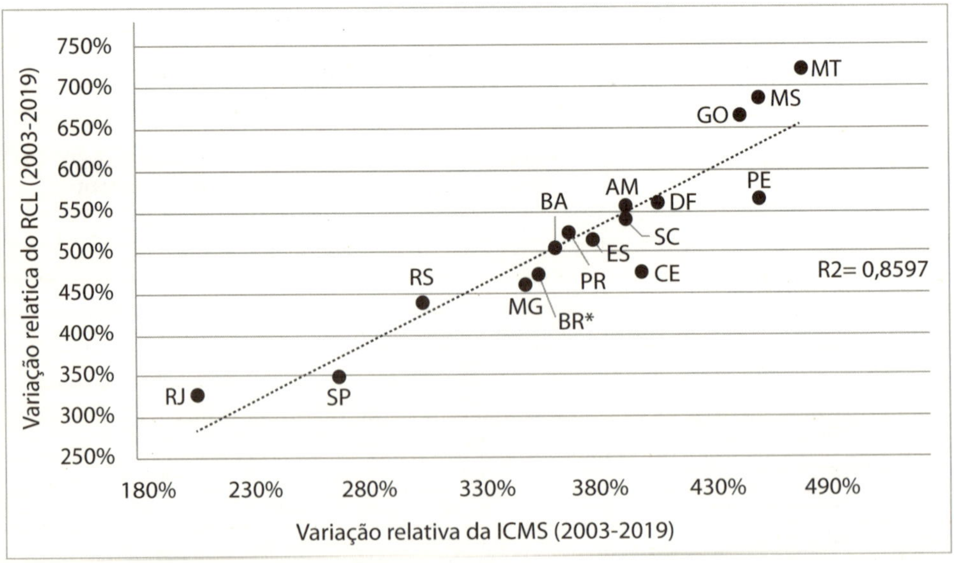

Fonte: A partir de dados do CONFAZ e STN.

7 Foi realizado um corte utilizando a média nacional dos pesos das receitas tributárias sobre as receitas correntes de cada estado (55,3%), e todos os estados com percentual acima dessa média, isto é, os menos dependentes de recursos transferidos pela União, foram selecionados para se verificar a importância das receitas de ICMS sobre a Receita Corrente Líquida (RCL).

Cumpre salientar que a arrecadação de ICMS entre 2001 e 2019 cresceu, em termos reais, 34,6% contra 89,4% da média nacional (excluído o ERJ). Como mostra a tabela 4, isso significa que o crescimento da arrecadação de ICMS fluminense foi o menor entre todos os estados, e correspondeu a apenas 39% do crescimento médio nacional. Comparando com o segundo pior resultado registrado no período – o estado de São Paulo – a arrecadação fluminense registrou 33% a menos de crescimento relativo, isto é, o desempenho da arrecadação de ICMS no ERJ correspondeu a apenas dois terços do 2º pior resultado nacional. Considerando uma série histórica entre 2001 e 2019, o gráfico 5 apresenta o hiato crescente no índice de arrecadação do ICMS com a média nacional ao longo do tempo. No último ano da série histórica, 2019, a situação está ainda longe de uma recuperação das perdas após 2013, ao contrário da média nacional. E mais, está em patamar semelhante ao de 10 anos atrás.

Como resultado, o gráfico 6 demonstra a limitação na evolução da RCL estadual, com seu crescimento no ERJ (47%) não chegando a 50% do crescimento médio nacional (96%) entre 2001 e 2019 – sendo o ERJ superado por 21 estados. E mais: em 2019, a RCL nacional já havia recuperado perdas sofridas a partir da conjuntura desfavorável com a grande crise iniciada em 2014; no caso do ERJ, após período de maior crescimento do ICMS e *Royalties* e Participações Especiais, entre 2009 e 2013, e queda elevada no período posterior, por menor crescimento relativo do ICMS, e queda acentuada do preço internacional do petróleo, a RCL chegou em 2019 ao mesmo nível de 2008.

Tabela 4 – Ranking da variação relativa para a arrecadação real do ICMS nos estados brasileiros, 2001-2019 (a preços de 2010)

Ranking	UF	2001	2019	Variação Relativa
1°	AC	239.372.287,94	848.822.062,96	254,6%
2°	MA	1.420.052.095,50	4.735.633.511,51	233,5%
3°	PI	825.011.842,65	2.696.344.923,23	226,8%
4°	RR	209.427.744,55	671.047.609,39	220,4%
5°	TO	610.276.253,13	1.814.069.208,02	197,3%
6°	MT	2.744.328.961,15	8.028.992.693,53	192,6%
7°	PA	2.566.674.350,70	7.329.992.279,58	185,6%
8°	AP	208.765.378,21	567.556.808,95	171,9%
9°	MS	2.343.118.365,72	6.036.015.549,16	157,6%
10°	PE	4.221.957.226,38	10.775.915.886,87	155,2%

Ranking	UF	2001	2019	Variação Relativa
11º	AL	1.044.940.927,54	2.527.499.428,50	141,9%
12º	SC	5.801.236.649,04	13.989.966.833,72	141,2%
13º	GO	4.610.968.905,25	10.287.564.120,02	123,1%
14º	PB	1.605.168.679,34	3.546.702.406,56	121,0%
15º	PR	8.820.068.001,15	18.923.781.694,83	114,6%
16º	RN	1.606.804.370,63	3.438.765.109,87	114,0%
17º	CE	3.740.276.183,57	7.900.359.977,10	111,2%
18º	SE	1.019.077.958,73	2.131.126.267,20	109,1%
19º	AM	2.919.586.734,32	6.030.631.340,10	106,6%
20º	RO	1.214.081.702,19	2.410.738.325,35	98,6%
21º	BA	7.480.035.206,51	14.848.087.346,44	98,5%
22º	MG	16.262.555.207,08	31.203.630.501,80	91,9%
	BR	149.943.909.541,55	283.977.869.721,87	89,4%
23º	RS	11.823.997.810,24	21.470.814.032,76	81,6%
24º	DF	2.818.690.726,56	4.914.722.943,14	74,4%
24º	ES	4.391.041.597,58	6.879.170.634,92	56,7%
26º	SP	59.396.394.375,90	89.969.918.226,35	51,5%
27º	RJ	16.518.305.362,39	22.235.199.973,52	34,6%

Fonte: Confaz. Elaborado pelos autores.

Gráfico 5 – Índice de arrecadação do ICMS para o ERJ e Brasil (menos ERJ) entre 2001 e 2019

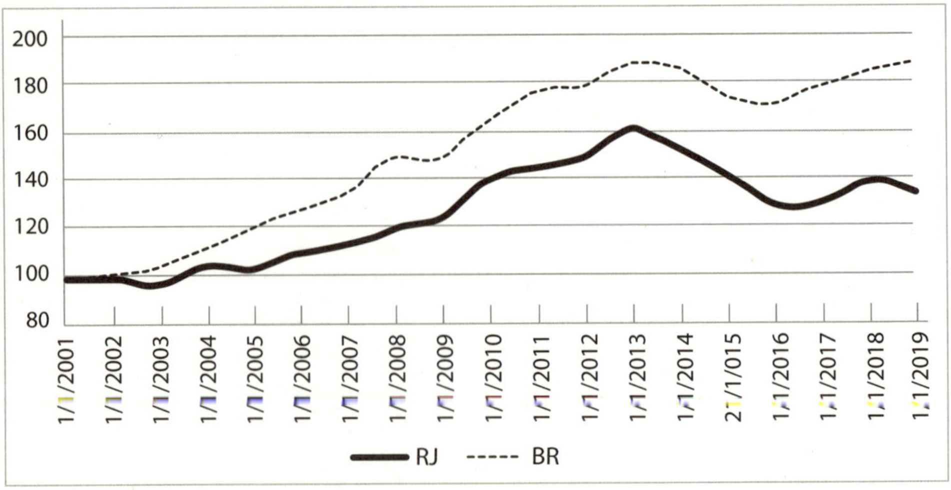

Fonte: Confaz. Elaborado pelos autores.

Gráfico 6 – Índice de crescimento da RCL para o ERJ e Brasil (menos o ERJ) entre 2001 e 2019

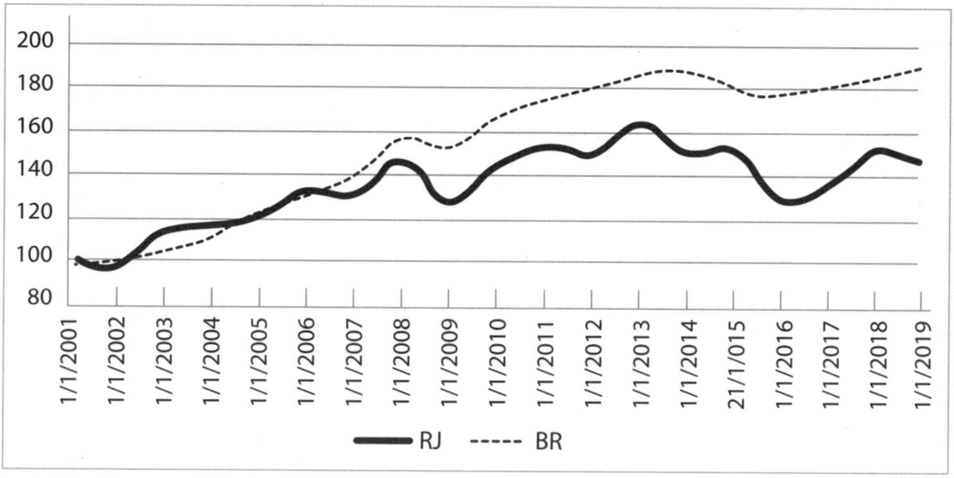

Fonte: STN. Elaborado pelos autores.

4. O caso fluminense como exemplo de que é contraproducente reduzir o ajuste fiscal a políticas de austeridade

Diante desse quadro exposto na seção anterior, é importante alertar para a limitação de se propor ajuste fiscal apenas pelo lado das despesas, em particular dos gastos com pessoal. A análise superficial baseada apenas em indicadores usuais das contas públicas levaria a conclusões inadequadas. Com o gráfico 7, temos o exemplo do indicador despesa de pessoal sobre RCL no período 2002-2019. Se é verdade que, desde 2009, a relação Despesa bruta de pessoal sobre RCL no ERJ é maior que a média nacional, cabe destacar que isso coincide com a fraca performance da RCL, logo evidenciando um problema no denominador do indicador, não em seu numerador.

Isso fica mais explícito ao se observar, como mostra o gráfico 8, que ao avaliarmos a evolução da despesa de pessoal, a variação para o Rio de Janeiro no mesmo período foi de 62%, frente a 134% da média dos demais estados. E mais: há um hiato crescente entre as despesas bruta de pessoal do ERJ no comparativo com a média das demais UFs. Insistir em aumentar esse hiato, além de prejudicar a prestação do serviço público eficiente e de qualidade, possui limitações dada a rigidez dessa rubrica de despesa, em especial com os inativos. Nessas condições, um ajuste fiscal eficiente passa por priorizar a recuperação da capacidade de gerar receitas.

Gráfico 7 – Despesa de pessoal sobre a RCL entre 2002 e 2019[8]

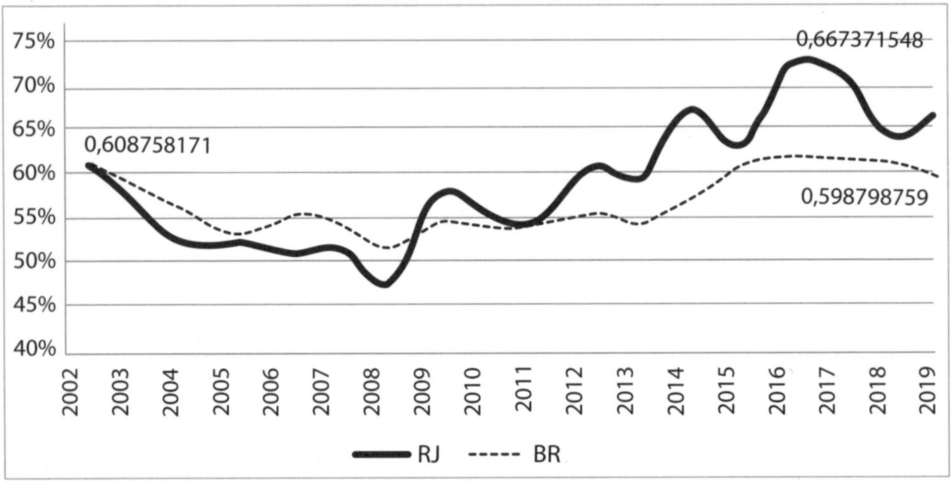

Fonte: Execução Orçamentária dos Estados 2002-2012, Declaração de Contas Anuais 2013-2019. STN.

Gráfico 8 – Evolução de gastos com pessoal para o ERJ e Brasil (menos ERJ) entre 2002 e 2019[9]

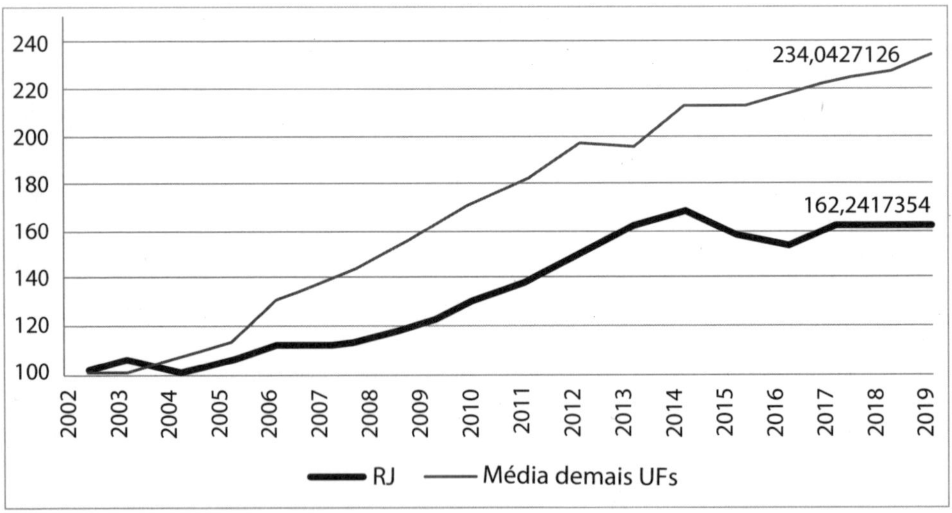

Fonte: Execução Orçamentária dos Estados 2002-2012, Declaração de Contas Anuais 2013-2019. STN.

8 A despesa de pessoal considerada nesse estudo foram as despesas empenhadas nos elementos referentes aos servidores ativos e inativos, sem considerar despesas com contribuições patronais, sentenças judiciais, indenizações e restituições trabalhistas e despesas de exercícios anteriores. Não foram realizadas as deduções descritas na LRF para apuração do limite de gastos de pessoal.

9 Despesas empenhadas no Grupo de Despesa 1 com exclusão de intraorçamentárias, Contribuições Patronais, Sentenças Judiciais, Despesas de Exercícios Anteriores e Indenizações e Restituições Trabalhistas, adicionada dos Elementos 1, 3 e 5 do Grupo de Despesa 3.

Nessa mesma linha, é proveitoso analisar os dados demonstrados na nota técnica do Ipea (2020), que apresenta a evolução das remunerações mensais médias reais dos servidores estaduais no período de 2004 a 2018. No referido estudo, a variação real das remunerações de servidores indica que, entre os anos de 2004 e 2018, a evolução das remunerações mensais médias reais (deflacionadas pelo IPCA) para o ERJ foi de 40%, já para a média nacional foi de 80%. Além disso, os aumentos do ERJ foram concentrados no período 2008-2014, havendo estagnação nos demais anos analisados.

Comparando as conclusões da análise da trajetória das despesas totais com pessoal com os resultados do estudo do Ipea (2020) sobre a trajetória das políticas salariais desenvolvidas pelos estados, ambas análises convergem na explicitação de que a trajetória dos gastos de pessoal do ERJ esteve, em todo o período, aquém do restante dos estados. De fato, para as despesas do ERJ, as duas décadas deste século podem ser divididas genericamente em três períodos: o período até 2008, com baixo crescimento das despesas de pessoal; o período 2008-2014, com crescimento comparável ao do restante dos estados, compensando parcialmente a defasagem acumulada no período anterior; e o período a partir de 2015, de congelamento real das despesas com pessoal. Portanto, embora o ERJ não tenha aumentado seus gastos com pessoal de maneira destoante dos demais entes federativos, seu baixo crescimento pelo lado da receita, bem abaixo da média nacional, fez com que o comprometimento de sua RCL frente aos gastos com pessoal tivesse considerável aumento no período de 2002 a 2019.

O senso comum costuma associar os problemas fiscais de alguns estados à sua rigidez orçamentária crescente – a partir do crescimento das despesas obrigatórias. No entanto, muitas vezes, associam esse fato a uma condição dada de receita para todos os entes, isso porque as análises realizadas se limitam a comparar as despesas e as receitas de cada ente de forma isolada. Quando se verifica que um ente não chega a 50% da receita líquida realizada pela média nacional – e cujo resultado foi superado por 21 estados – fica mais difícil não levar em consideração as questões relativas tanto à receita quanto à despesa de pessoal.

O caso do ERJ ilustra como políticas de ajuste fiscal que considerarem a receita como um "dado", isto é, uma variável exógena ao Estado, provocam distorções. No caso do ERJ, essa prática desviaria de atacar a raiz da problemática. E mais, o ERJ ficaria dentro do limite legal da LRF caso tivesse o crescimento médio da RCL nacional. Para isso ficar claro, vamos comparar os gráficos 9 e 10. O primeiro com o índice oficial da despesa de pessoal consolidado (ativos e inativos) em relação à receita corrente líquida do ERJ, cujo cálculo não deve exceder 60%, e com a simulação com a recomendação do TCE a respeito da inadequação pelo ERJ em relação ao cálculo das despesas líquidas de pessoal. No segundo gráfico, apresenta-se a simulação dos mesmos índices, mas com a RCL fluminense substituída pelo retrospecto da RCL nacional média – somatório de todos os entes, menos o ERJ, entre 2001 e 2019. Como resultado, o indicador da despesa bruta de pessoal sobre a RCL não ultrapassaria mais o limite de 60% em nenhum momento.

Gráfico 9 – Índice consolidado da despesa de pessoal oficial e ajustado pela recomendação do TCE

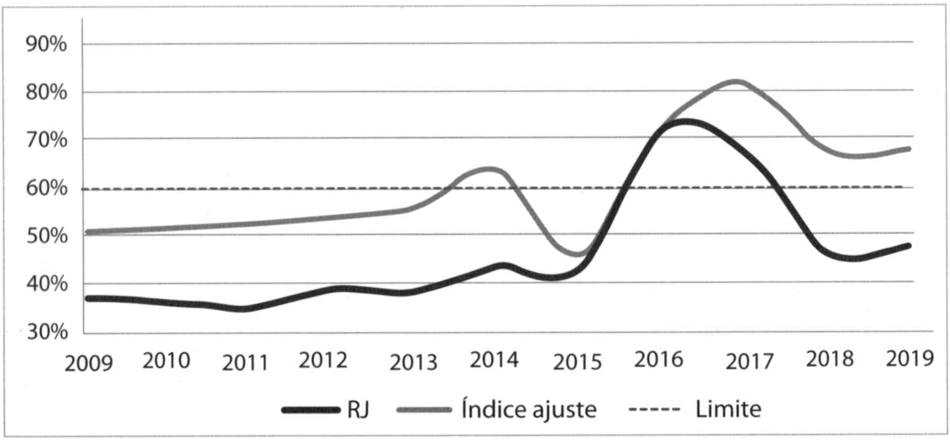

Fonte: RREO e SEFAZ/RJ.

Gráfico 10 – Índice consolidado da despesa de pessoal oficial e ajustado pela recomendação do TCE com a RCL nacional média entre 2001 e 2019

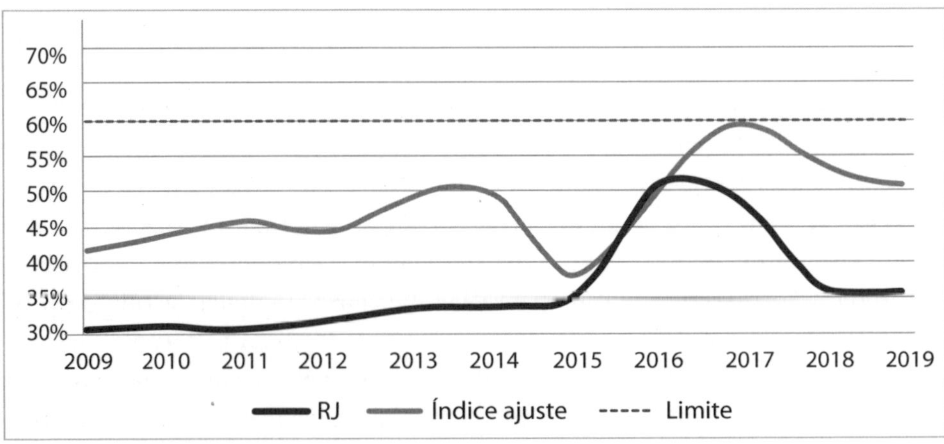

Fonte: RREO e SEFAZ/RJ.

A compreensão disso é fundamental ao se considerar as políticas de ajuste fiscal no período recente. Com o Regime de Recuperação Fiscal – RRF original, o ERJ fez uma das maiores ações de contração fiscal de sua história. Como mostra o gráfico 11, retornou-se a valores reais sua despesa empenhada no exercício de 2020 para níveis compatíveis com o ano de 2009. Entre 2010 e 2015, investimentos tiveram significativa participação nas despesas – média de 14,1%. Segundo o gráfico 12, no período seguinte, caíram para nível ínfimo e sem precedentes na série histórica (em 2020, apenas 1,6%), descolando-se da dinâmica do PIB, logo, perdendo capacidade de impulsioná-lo. Em paralelo, como mostra o gráfico 13, a evolução da taxa de desemprego no Estado do Rio de Janeiro é bem maior que a média nacional desde 2017, ano em que se iniciou o RRF original. Em 2020, com o cenário de pandemia, o Rio de Janeiro foi a unidade da federação com o pior saldo de empregos formais.

Gráfico 11 – Evolução da despesa empenhada[10]
do ERJ de 2007 a 2020

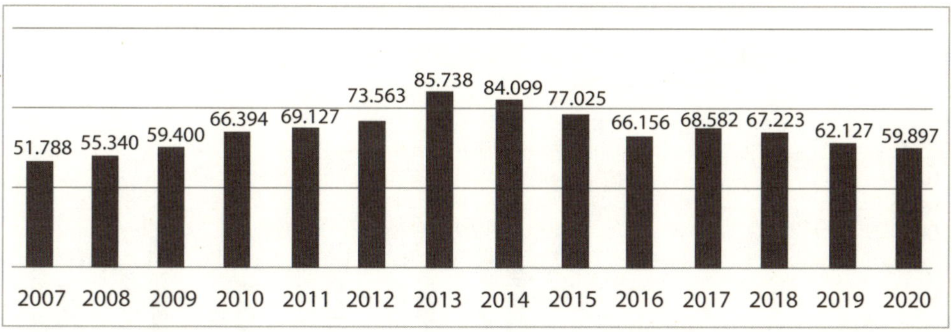

Fonte: SIAFE-RJ. Dados em milhões de reais a preços de 2020 pelo IPCA.

10 Compatibilizando a série histórica das despesas para a metodologia atual, com exclusão das despesas da CEDAE, e sem considerar como despesas, mas como dedução de receitas, aa repartição constitucional de receitas para municípios e as transferências para o Fundef/ Fundeb.

Gráfico 12 – PIB do ERJ e Investimentos estaduais como proporção da RCL

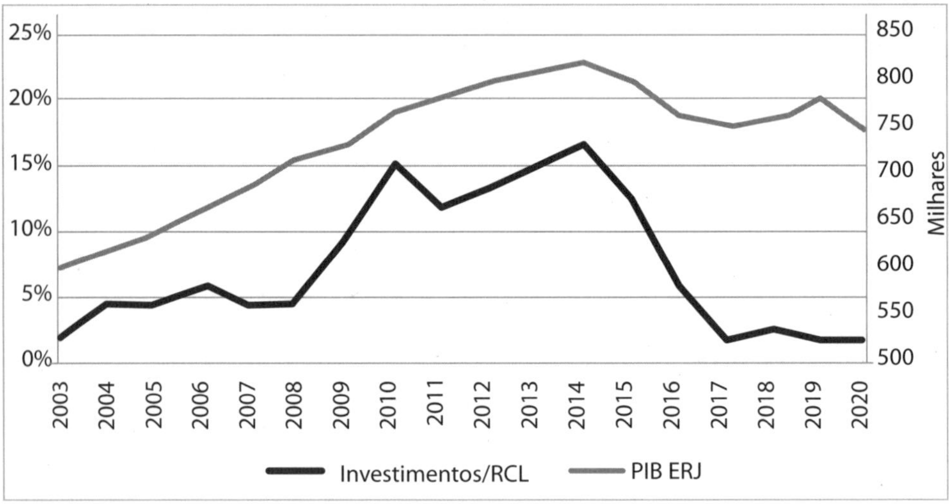

Fonte: Investimentos – Siafe; RCL – RREO; PIB – Ceperj e previsão 2020 da Firjan.

Gráfico 13 – Taxa de desocupação no Brasil e no Estado do Rio de Janeiro, 2012-2020

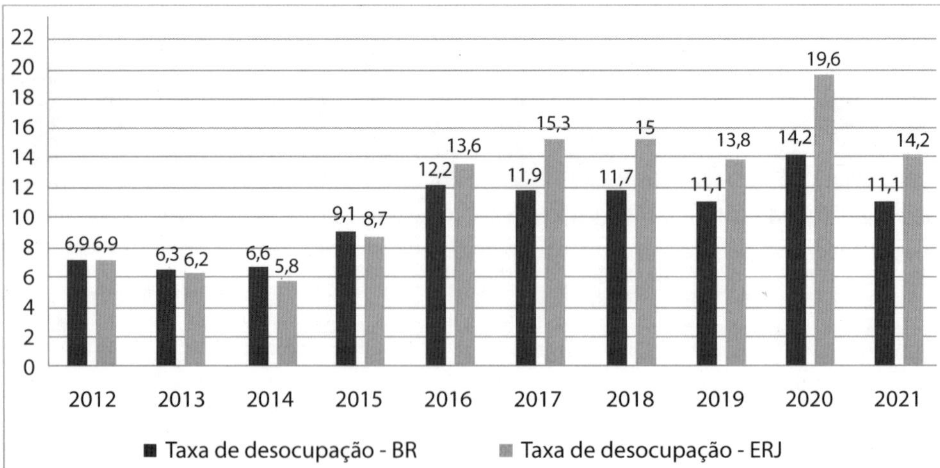

Fonte: PNAD Contínua Trimestral / IBGE.

5. Considerações finais

A interpretação de Carlos Lessa é fundamental para chamar atenção que a compreensão dos problemas nacionais será conduzia melhor por uma análise da questão fluminense dado seu papel de espaço-síntese. Diante disso, as forças sociais e políticas preocupadas com uma alternativa para um projeto de país devem buscar entender a importância do que está sendo enfrentado estadualmente, como isso se liga à compreensão da questão federativa e como a federação hoje está em crise no Brasil. A crise não é do Rio, a crise é da federação. Nesse sentido, o presente trabalho buscou trazer novas contribuições sobre o impasse atual em seu processo de desenvolvimento estadual, e como agora é decisiva uma defesa dos interesses regionais institucionalmente organizada.

Sua especificidade explicita a perda gradual de capacidade de arrecadação própria. Conforme descrito neste trabalho, novas estratégias de desenvolvimento devem ser adotadas para superar a desindustrialização – enfrentando as suas verdadeiras causas, além de uma série de questões federativas, a saber: desde a reformulação do sistema tributário, visando estancar de vez as perdas com a Guerra Fiscal, além de uma redefinição das alíquotas praticadas em alguns setores; passando pela mudança do sistema de transferências constitucionais realizadas pela União – caso do FPE, revisando a distribuição entre os estados (mesmo àqueles menos dependentes dessas transferências).

Frente a isso, não adianta buscarmos soluções apenas contábeis, ou seja, soluções que visam o ajuste apenas olhando os dados fiscais sem entender esse contexto histórico. Particularmente, deve-se evitar que esse ajuste seja formatado de forma contraproducente, logo, executado de forma a não comprometer a recuperação econômica. Defende-se que a problemática não é apenas o ajuste das contas públicas, mas sim como fazer isso dentro de um processo de recuperação econômica sustentado. Com o RRF original, o cenário fiscal do ERJ teve alívio momentâneo em seu fluxo de caixa, mas os problemas econômicos e, consequentemente, arrecadatórios continuaram.

A fim de reverter isso, o novo Plano de Recuperação Fiscal (PRF) do Estado do Rio de Janeiro (2022) foi elaborado com uma visão conceitual que não reduz o ajuste fiscal a políticas de austeridade. Dando centralidade à problemática da "estrutura produtiva oca" (SOBRAL, 2013, 2017 e 2019), tem por princípio que o ERJ não apresenta arrecadação tributária condizente com o seu PIB per capita. O documento aponta como problemática fundamental que a economia fluminense é carente de maior redinamização e transformação estrutural positiva, sem nenhuma ação indutora do gasto público desenvolvida de forma mais efetiva.

Não é exagero afirmar que, pela primeira vez, o ERJ está oferecendo de fato um plano de ajuste fiscal com claro componente estratégico. Ou seja, ele possui rigor metodológico e dimensões de planejamento ancoradas em uma visão conceitual com objetivos específicos e eixos prioritários para, só partir disso, apresentar um conjunto de ações. Portanto, não são medidas isoladas.

Seu sentido estratégico é realizar ajuste fiscal de forma indissociável de estratégias de fomento ao desenvolvimento econômico e regional. Já seu objetivo central é qualificar o controle necessário de gastos, considerando que a contração fiscal tende a algum sucesso quando a economia possui válvulas de escape para alternativas de crescimento. Logo, política fiscal anticíclica é fundamental para garantir investimentos catalisadores de mudança estrutural capazes de gerar emprego e renda no ERJ. Diante disso, seus eixos de ações prioritárias são: ações que fortaleçam as funções da administração estadual, principalmente no que tange ao planejamento estratégico da qualidade desse gasto a partir de seus efeitos multiplicadores (baseado na metodologia da matriz insumo-produto) em que a melhora do emprego e renda do trabalho cabe ter seu papel associado. Ademais, consenso sobre perseguir maior abertura de espaço fiscal para realização de investimentos públicos além daqueles já definidos pela programação estadual corrente.

Caso essa visão conceitual do novo PRF ganhe efetividade será uma oportunidade concreta para o Rio renovar seu protagonismo no país como defendido por Carlos Lessa, dando exemplo da viabilidade de alternativas para superar graves problemas nacionais. Nesse sentido, o PRF precisa ser complementado por uma agenda estratégica estadual que aponte elementos orientadores para um processo de desenvolvimento com visão de longo prazo e clareza das prioridades. Portanto, a boa execução do plano torna essencial que se avance a estrutura de planejamento estadual, particularmente, priorizando a consolidação de uma dimensão de planejamento estratégico.

Diante disso, ainda que desafios persistam e a situação das finanças requeira maiores cuidados, é um equívoco tomar como "irresponsável" a estrutura administrativa estadual fluminense e desconsiderar o valor do trabalho sério que os servidores estaduais vêm realizando. Não há nenhum vitimismo ou uma postura de "*playboy*" ou de "filho de pai rico" querendo sempre mais benefícios do governo federal, ainda mais quando, nos últimos anos, ocorreu um esforço impressionante de controle de gastos não obstante perversos efeitos pró-cíclicos de retração sobre a renda agregada e o emprego.

Por isso, é preciso avançar a compreensão dessa problemática para ser superada uma forma de resumir a questão do ajuste fiscal dos entes subnacionais à mera oferta de "*waiver*" pelo Tesouro Nacional, como um mero alívio em troca da exigência de duras contrapartidas de caráter permanente. A pesada contração fiscal já realizada vem deixando uma série de sequelas que vão se revelando questões importantes sobre a capacidade de sustentação desse processo, logo, não devendo continuar a ser relegadas no debate nacional. Afinal, as administrações estaduais têm um papel macroeconômico muito relevante do ponto de vista de crescimento econômico e empregabilidade, bem como do atendimento às necessidades básicas das massas populares.

Buscar soluções simples para problemas complexos não dá certo. A experiência fluminense demonstra que o problema é muito mais profundo que voltar a pagar dívida com regularidade. O que não quer dizer que seja difícil de ser enfrentado, basta que isso seja feito na dimensão político-estratégica adequada. Em particular, dar sustentação política para um movimento que fortaleça a capacidade do poder central executar uma coordenação federativa e, assim, avançar na implementação de instrumentos que o possibilitem agir de forma mais cooperativa na relação com os entes subnacionais.

Referências

ASSEMBLEIA LEGISLATIVA DO ESTADO DO RIO DE JANEIRO. Assessoria Fiscal. "O potencial representado pelo sistema produtivo de petróleo e gás no Rio de Janeiro e suas implicações para o desenvolvimento regional". *Nota técnica*, n. 1, 2020.

CANO, Wilson. *Raízes da concentração industrial em São Paulo*. São Paulo: Difel, 1977.

GOVERNO DO ESTADO DO RIO DE JANEIRO. *Plano de Recuperação Fiscal* (documento final). DOERJ: fev. de 2022.

INSTITUTO DE PESQUISA ECONÔMICA APLICADA (IPEA). "Indicadores da política salarial das administrações públicas estaduais brasileiras (2004-2018)". *Carta de Conjuntura*, n. 47, 2º trimestre de 2020. Disponível em: https://www.ipea.gov.br/cartadeconjuntura/wp-content/uploads/2020/04/CC47-Nota-t%C3%A9cnica-Remuner%C3%A7%C3%A3o-dos-estados-III.pdf. Acesso em: 10 jan. 2022.

LESSA, Carlos. *Rio de todos os Brasis: uma reflexão em busca de autoestima*. Rio de Janeiro: Editora Record, 2001.

SOBRAL, Bruno. "Complexo regional e economia política: um diálogo com as contribuições de Wilson Cano a partir dos desafios atuais do Rio de Janeiro". In: SANTOS,

Adroaldo Quintela *et al.* (orgs). *Wilson Cano: a questão regional e urbana no Brasil.* São Paulo: Fundação Perseu Abramo – Editora Expressão Popular – Abed, 2021. pp. 466-485.

SOBRAL, Bruno. "Finanças públicas fluminenses e tensão federativa: Uma abordagem da crise a partir das especificidades econômicas e do marco de poder". *Síntese*: Revista da Escola de Contas e Gestão do Tribunal de Contas do ERJ, v. 13, p. 12-31, 2019.

SOBRAL, Bruno. "A evidência da estrutura produtiva oca: O ERJ como um dos epicentros da desindustrialização nacional". In: MONTEIRO NETO, A.; NUNES DE CASTRO, C.; BRANDÃO, C. (orgs.). *Desenvolvimento regional no Brasil: políticas, estratégias e perspectivas*. Rio de Janeiro: Ipea, 2017.

SOBRAL, Bruno. *Metrópole do Rio e projeto nacional: uma estratégia de desenvolvimento a partir de complexos e centralidades no território*. Rio de Janeiro: Garamond, 2013.

Posfácio

A atualidade incômoda de algumas reflexões de Lessa

Nelson Victor Le Cocq D'Oliveira
(In Memoriam)[1]

No momento em que a sociedade brasileira vive um amplo movimento político e social contra a barbárie predatória, a leitura de Carlos Lessa revela aspectos essenciais da gênese e natureza dos pactos de dominação que nos trouxeram até aqui. Em texto publicado em 2005 na magnífica coletânea *Enciclopédia da Brasilidade*[2], nosso autor atenta para o movimento sub-reptício orientado a minar os avanços sociais consolidados na Constituição Federal de 1988. Como que gestando um ovo de serpente que eclodiria mais tarde, os ventos neoliberais atiçam frações das elites burguesas nacionais, da tecnocracia e das classes médias na direção de confrontar as conquistas históricas da classe trabalhadora e da sociedade brasileira inscritas na Carta Magna.

Desde o princípio dos anos 1990, conceitos chancelados com muito esforço na Constituição de 1988 vêm sendo substituídos por novos, como no caso da eliminação da distinção entre empresas estrangeiras e de capital nacional. Onze anos depois da publicação da Enciclopédia, com o golpe de 2016, torna-se ainda mais fácil para a elite brasileira adotar o caminho para a derrocada não apenas de várias cláusulas constitucionais, mas também de direitos inscritos desde antes nas leis trabalhistas, previdenciárias, ambientais etc. O fato é que todo um conjunto de conquistas vêm sendo na prática amesquinhadas ou ignoradas, mas nada se compara à velocidade que tais processos assumiram de 2016 a 2022.

1 Esse texto, de autoria do saudoso Nelson Victor Le Cocq D'Oliveira (1954-2022), foi editado para publicação neste livro a partir da colaboração de Antonio Carlos F. Galvão, Adhemar Mineiro e Helena M. M. Lastres.

2 Ver Lessa, Carlos. *Enciclopédia da Brasilidade.* Autoestima em verde e amarelo. Rio de Janeiro, Editora Casa da Palavra, 2005.

Os sucessivos cortes de gastos na saúde e na educação, por exemplo, com a precarização dos serviços públicos nessas áreas, são ações que objetivamente descaracterizam a universalidade e abrangência desses direitos, definidos como fundamentais da cidadania pela Constituição. A devastação na Amazônia e no Cerrado; o armamento das milícias; o desmantelamento da Petrobras e a apropriação privada de seus lucros, inflados por uma política de preços atrelados ao mercado internacional; enfim, o esquartejamento de toda a institucionalidade antes prevalecente, são resultantes mais que visíveis do golpe político que derrubou a presidenta Dilma Rousseff, fez de Michel Temer presidente e agiu no sentido de eleger Jair Bolsonaro, mediante a fraudulenta prisão de Lula. Tais processos começam a ser revertidos a partir da revogação pelo Supremo Tribunal Federal (STF) da prisão e a posterior eleição do presidente Lula para cumprir um terceiro e muito bem-vindo mandato. Como ele mesmo declara em sua primeira viagem internacional à Argentina e ao Uruguai, "treze anos de avanços nos meus dois primeiros mandatos foram praticamente desmontados em seis anos recentes de governos golpistas".

Quem são os verdadeiros atores políticos por trás dessa sucessão encadeada de investidas contra os direitos sociais, políticos e econômicos da grande maioria do povo brasileiro?

A resposta a essa pergunta emerge com clareza meridiana da obra arguta de Carlos Lessa, cuja inclinação histórico-estrutural e sólido lastro na economia política abre as portas para um diálogo esclarecedor acerca dos contumazes responsáveis e de suas práticas. Ela nos desloca, preliminarmente, para uma visão de longa duração, à la Braudel, sobre dois períodos que se articulam na história moderna do país. Entre 1930 e 1980, temos o auge do processo de industrialização nacional. Podemos pensar agora, retrospectivamente, na fase de declínio que se inicia com a crise da dívida externa da década de 1980 e se desenvolve até nossos dias, um já longo período em que as políticas industriais perdem força e a malha industrial é corroída. No transcurso de quarenta anos, entre a moratória mexicana de 1982 e a presente data, consolida-se uma coalizão de forças internas e externas, na qual a lógica do capital mercantil e financeiro irá se afirmar de forma inexorável e plasmar, por fim, o conjunto de medidas desestruturantes sobre a dinâmica econômica e social e a própria ação do poder público. Relembrando a visão dialética da história, podemos considerar que será ainda no interior da primeira fase referida que irão se gestar os contornos da fase subsequente.

Carlos Lessa nos dá instigantes e premonitórios indícios do desenrolar desse processo. Em seu estudo sobre o II PND[3], Lessa descreve, no calor da hora, como o último segmento industrial nacional pretendente a ter papel protagonista na dinâmica econômica é derrotado. A área de bens de capital nacional, ainda que destacada e priorizada no próprio texto oficial, acaba prejudicada pela ambivalência das ações de política exercidas efetivamente por diferentes braços do aparelho de Estado. O controle de preços e tarifas e o refreamento gradual imposto à evolução dos projetos das empresas estatais; a política interna de juros elevados e valorização cambial; e a convergência de interesses entre o mercado financeiro doméstico e internacional terminam por acarretar restrições às encomendas anunciadas ao capital nacional. Como sugere Lessa, o âmago dessa contenda no próprio interior do Estado e das disputas políticas, que se expressam socialmente na campanha antiestatista, referendam a supremacia da articulação já predominante entre o capital mercantil nacional e os interesses estrangeiros arraigados no país.

Tanto no estudo sobre o II PND, como no artigo publicado em 1982 em parceria com a economista Sulamis Dain[4], Lessa assinala a "Santa Aliança" entre o capital mercantil e financeiro doméstico e os líderes multinacionais da dinâmica industrial e financeira, cujo traço fundamental é o predomínio político e o controle do aparelho de Estado por essas frações nativas do capital. Alocados em áreas-chave, como o sistema financeiro, a construção civil e o agronegócio, esses agentes operam em negócios de curto prazo alicerçados pelo controle da máquina estatal, com a obtenção de lucros exorbitantes para padrões internacionais.

Após a crise dos anos 1980, os períodos de Fernando Collor e Fernando Henrique Cardoso (FHC) são marcados por uma vasta abertura à entrada de produtos importados. Estabilizada a economia com base em uma âncora cambial que deu lastro ao Plano Real, as condições de competição abrupta que se impunham ao que ainda restava de capital industrial levam à sua derrocada e desnacionalização. Ao final dos dois mandatos de FHC, num quadro de valorização cambial, as trajetórias de desindustrialização e desnacionali-

3 Ver LESSA, Carlos. *A Estratégia de Desenvolvimento 1974-1976*. Sonho e Fracasso. Tese para Professor Titular, FEA/UFRJ, 1978. Campinas: IE/UNICAMP, 2a edição, 1998 (30 Anos de Economia – UNICAMP, 5).

4 Ver LESSA, Carlos; DAIN, Sulamis. Algumas referências para o tema Estado e desenvolvimento. In: Belluzzo, Luiz Gonzaga M. e Coutinho, Renata (organizadores). *Desenvolvimento Capitalista no Brasil*. Ensaios sobre a crise. Volume 1. São Paulo: Brasiliense, 1982.

zação do parque fabril são tornadas absolutas. E sai extremamente fortalecido o sistema financeiro nacional, seja pela expansão do crédito que se segue ao arrefecimento da inflação após 1994, seja principalmente pelas elevadíssimas taxas de juros da dívida pública, a serviço da atração de capitais para compensar as crescentes importações.

Os movimentos brasileiros refletem, com certo retardo, as mudanças geopolíticas e geoeconômicas globais dos anos 1980. A chamada globalização, que altera em definitivo os marcos do período pós-Segunda Guerra Mundial, nasce principalmente da quebra dos controles sobre os fluxos de capitais num contexto de taxas de câmbio flutuantes, impedindo graus importantes de autonomia na condução das políticas econômicas nacionais. Tudo isso potencializa, sobremaneira, o diferencial ímpar e estratégico construído pelos Estados Unidos a partir de sua determinação, no pós-guerra, de alçar o dólar ao patamar de moeda hegemônica internacional.

Os dólares acumulados em profusão nos mercados internacionais dão base a massas de capitais especulativos amparados pelo surgimento de novos instrumentos financeiros e práticas instantâneas de deslocamento, propiciadas pelo avanço da informática, pelas mais importantes praças espalhadas pelo planeta. Como que para atestar a natureza cíclica do capitalismo, a criativa inovação nos mercados financeiros cêntricos resulta numa crise de vastas proporções em 2008.

As lógicas da produção industrial e das políticas para seu estímulo são também alteradas. E, aprofundando a tradição da divisão internacional do trabalho nas políticas internacionais e nacionais, assume protagonismo o apoio às cadeias globais configuradas em rede, ávidas por explorar cada vantagem competitiva que se pudesse identificar. As plantas industriais da fronteira transformam-se em centros integrados de montagem e distribuição e tornam-se voláteis, sendo 'transportadas' de um lugar a outro. Não por acaso, as mais importantes empresas transnacionais estão hoje representadas pelos segmentos produtivos e comerciais que articulam demanda e oferta de bens e serviços ou operam informações de vários tipos pela rede mundial de computadores, a Internet.

Nos aspectos relacionados aos chamados por Carlos Lessa – e demais estruturalistas latino-americanos – de sistemas produtivos, a descentralização da fabricação de componentes, espalhada por diferentes países, ao lado da liberdade de importações no Brasil leva à extinção dos últimos e maiores fornecedores nacionais de autopeças. Atualmente, mesmo os mais simples produtos industriais são, majoritariamente, importados. A vulnerabilidade resultante desse tipo de orientação fica ainda mais óbvia durante a pandemia, quando se torna impossível realizar importações, mesmo as mais usuais e baseadas em contratos vigentes. Em consequência, é reforçada a necessidade de se garantir graus mínimos de autonomia produtiva na produção dos bens e serviços considerados como estratégicos para um determinado Estado-nação e seus territórios. Ao mesmo tempo, a ascensão da China abre espaço para mercados cada vez mais amplos para o agronegócio e a indústria extrativista, como petróleo e mineração.

Os processos de desnacionalização e desindustrialização agravam as dificuldades crônicas para que se possa aproximar a base técnico-científica dos segmentos da sociedade, cultura e produção nativa. Os esforços históricos anteriores de articulação, atrelados essencialmente às empresas estatais, perdem densidade pelas interdições decorrentes das relações fundadas com o capital multinacional e pela tendência de se limitarem à adaptação das tecnologias forâneas aos contextos nacional e regionais. Há clássicas exceções, como a Embrapa, na pesquisa agropecuária; a Petrobras, na exploração petrolífera; ou a Embraer, na produção de aeronaves. E há ainda um conjunto de iniciativas emergentes importantes, muitas com crescente reconhecimento internacional, como as de elaboração de aplicativos específicos para computadores e celulares, a partir de *startups* e aceleradoras, incubadoras, parques e centros de inovação de variados formatos; e de sistemas produtivos e inovativos como o da saúde, que ancora a produção de bens e serviços com diferentes graus de densidade tecnológica, incluindo desde alimentos, confecções e equipamentos até vacinas e fitoterápicos. Resta um conjunto amplo de desafios científicos e tecnológicos, entre eles a geração e articulação de conhecimentos, avançados e tradicionais, sobre os biomas brasileiros orientado para múltiplas possibilidades de agregação de valor aos recursos naturais e humanos, com destaque especial para a sociobiodiversidade amazônica.

Uma pena que esses governos do nefasto período 2016-2022 tenham promovido um tão amplo desmonte institucional e orçamentário da educação, ciência, tecnologia e inovação numa dimensão que ainda se fará sentir pelos próximos anos.

A abertura comercial de FHC e a expansão do agronegócio exportador fortaleceram uma coalizão política interna assaz conservadora, com uma visão cada vez mais rentista e curto-prazista. As políticas sociais abrangentes dos governos de Lula e Dilma, com expansão do nível de emprego e elevação do salário mínimo acima da inflação, associadas ao crescente investimento em ciência, tecnologia e inovação, ao apoio à produção interna de componentes industriais para a cadeia do petróleo e à política externa altiva e independente, geraram reações exacerbadas. As divergências no interior do próprio governo já prenunciavam o grau dos conflitos latentes na sociedade. E a saída de Lessa da presidência do BNDES, alguns anos antes, não deixava de sinalizar de maneira antecipada, os movimentos do mercado financeiro para a imposição de seus interesses.

O processo de desindustrialização, as transformações tecnológicas nos serviços e as características do agronegócio no Brasil convergem para uma contínua redução dos postos de trabalho. O regime de *plantations* se assenta, hoje, em alto grau de mecanização e expulsão dos trabalhadores rurais do processo produtivo. O uso extensivo do solo responde, em paralelo, pelo deslocamento e redução do plantio de lavouras voltadas ao abastecimento do mercado interno e por boa parte da degradação dos biomas brasileiros. Além do mais, o agronegócio vem sendo gradativamente liderado por capitais externos, inclusive naquilo que produz para consumo interno. Um exemplo é a importância do grupo estadunidense Cargill na comercialização de soja e produção e comercialização de óleo de soja no Brasil.

As políticas de geração de empregos e melhoria nos níveis do salário mínimo trazem resistências crescentes no patronato doméstico. Fenômeno generalizado na ordem capitalista e objeto do clássico artigo de Michael Kalecki (1899-1970), *Aspectos políticos do pleno emprego* (1944), o aumento das vendas decorrente da maior participação dos salários na renda nacional não compensa, perante o empresariado, os impactos do afrouxamento da disciplina do trabalho que um alto nível de emprego traz. A quebra da disciplina, por vezes, reveste-se de aspectos culturais ou comportamentais, como o fato dos trabalhadores e da "gente do povo" passarem também a viajar de avião.

Carlos Lessa, em suas últimas obras e palestras, passa a enfatizar a necessidade de se elevar a autoestima do povo brasileiro, que veio gradativamente se fortalecendo durante os governos do Partido dos Trabalhadores (PT), mas recebe o impacto da restauração neoliberal conservadora após o golpe de 2016. Autoestima que, agora, ressurge com força sob o manto da esperança de uma nova ordem política e econômica no país.

À insatisfação dos grupamentos empresariais internos, com o fortalecimento relativo das classes trabalhadoras no plano econômico e social, vem se juntar àquela da potência hegemônica continental com a desenvoltura da política externa então praticada. Os esforços de associação regional, como a Unasul ou, em especial, globais, como os BRICS, afrontam diretamente as diretrizes para a inserção internacional da América Latina, subvertendo a velha imagem de representar um "quintal" estadunidense.

Os "países-baleia" que integram os BRICS demonstraram, com o empuxe especial da China, que podem contrastar as tendências do mundo unipolar que dita as regras durante a era da globalização e da financeirização. A dominância mercantil, associada ao interesse externo, manifesta-se em um movimento golpista que retrocede à época da retórica e processos do chamado "mensalão". Avança em manifestações de rua, em 2013, não por coincidência com todas as características de guerra híbrida presentes na chamada "primavera árabe" e depois, com toda a sua virulência, no golpe da Ucrânia, em 2014. Naquele mesmo ano, toma curso a trágica farsa da Lava Jato, uma ação conjunta urdida entre órgãos oficiais estadunidenses e segmentos do judiciário brasileiro.

A dominação empresarial mercantil hegemônica nos principais aparatos do Estado brasileiro e a nítida pressão militar exercida sobre a cúpula do judiciário brasileiro obrigou Lula a permanecer preso 580 dias, impedindo sua candidatura à presidência da República e aplainando o terreno para a eleição de Bolsonaro. Há consenso de que esse promove, de forma exacerbada, uma política ultraliberal e predatória, acelerando ainda mais o desmonte do Estado Nacional e gerando um quadro no qual, até para sua coalizão política e social, a dose do "remédio" se transformou num veneno a ser purgado.

O recuo do poder público em suas políticas econômicas e sociais agrava muito as disparidades sociais e regionais no Brasil. Volta o fantasma da fome e da indigência à realidade nacional. Desaparecem os empregos e recrudesce a desocupação. Regridem os movimentos de afirmação da cidadania e, em especial, de atenção e inclusão das minorias de todos os tipos. Afastam-se da Educação levas de jovens. Ampliam-se os segmentos da população desassistidos na Saúde.

O desmonte do Estado e das políticas torna-se de tal monta que só uma retomada firme dos investimentos públicos pode, de fato, traçar uma trajetória de reversão do quadro de destruição e desalento que se observa ao final de 2022 e suscitar a construção de novas bases para o desenvolvimento do país.

O capital mercantil, no Brasil, sempre dependeu do controle do Estado para viabilizar sua órbita de acumulação. Em seus diferentes segmentos – agrário, financeiro, construção civil etc. –, clamou pela regulação favorável e por gastos públicos capazes de apoiar a geração de lucros e a ampliação de seus negócios. Sua presença no Legislativo é marcada pelo chamado Centrão e seus negócios escusos, cuja materialidade mais acintosa reside no chamado orçamento secreto. O Centrão, aliás, envolve relações tanto com as milícias cariocas como com a grilagem de terras, o trabalho escravo e outros expedientes pouco transparentes dos variados latifúndios agrários e sinecuras urbanas do país. Nas palavras de Lessa, representam os "glóbulos de capital" que se aglutinam em torno do controle das três esferas do Estado e gravitam ao redor dos grandes blocos de capital mercantil e financeiro, ocupando os interstícios, muitas vezes fortemente rentáveis, de todas as formas de intermediação.

Na conjuntura que se abre, são fortes as esperanças de uma nova fase, com a ampliação significativa das ações do Estado e o declínio das desigualdades, combinados a um surto generalizado de maior prosperidade. Algumas indagações, no entanto, em linha com as reflexões do Professor Carlos Lessa, merecem ser tidas na devida consideração na montagem desse nosso futuro promissor:

1. O movimento geopolítico em curso poderá favorecer oportunidades para aumento de algum grau de reconversão industrial e para diminuirmos nossos níveis de dependência e vulnerabilidade internacional? Como operar nos interstícios das lutas de hegemonia em curso de forma a ampliar nossas possibilidades de inserção soberana no contexto global?
2. Qual o modelo de industrialização/produção de que precisamos? A indústria tradicional continua evoluindo no sistema capitalista, e se adaptando às exigências da sustentabilidade e dos avanços da digitalização, mas como pensar em uma nova estrutura produtiva que tenha a ver com os problemas e oportunidades essencialmente brasileiros?
3. Quais as possibilidades de se democratizar e reconstruir em novas bases o Estado brasileiro? Que perspectivas temos de ampliar os nexos e espaços de atuação do Estado, em especial na condução dos investimentos necessários para estruturar as bases de uma sociedade assentada nos bens comuns e no bem-estar da população?
4. Com quais forças políticas e com que novas formas de atuação na política pública poderemos contar para promover o desenvolvimento e o

bem-viver sustentável? Há substitutos promissores, capazes de ocupar a lacuna do empresariado fabril nacional?

5. Como assegurar a segurança alimentar dos brasileiros, em especial, aos 33 milhões de brasileiros submetidos à fome? De que forma as políticas de estoques reguladores e de assistência e financiamento à agricultura de pequeno porte podem ser retomadas, renovadas e blindadas contra tentativas futuras de desmonte?
6. Na mesma linha, como as questões associadas à saúde da população e à segurança sanitária, que a pandemia tornaram tão urgentes, podem ser enfrentadas e defendidas inclusive dos ataques aos seus fundamentos científicos como os que assistimos durante os dois primeiros anos dos 2020?
7. E, finalmente, como cada uma das diferentes políticas públicas e o senso acerca da importância dos bens comuns da população podem ajudar a conformar um bloco histórico capaz de viabilizar o projeto de desenvolvimento nacional, democrático, includente e soberano acalentado por Lessa?

Caderno de imagens

Carlos Lessa, bacharel em Ciências Econômicas pela Universidade do Brasil (1959). Foto: Max Rosenfeld. Acervo de família, foto gentilmente cedida.

Carlos Lessa na redação do Jornal do Comércio (03.08.1980).
Acervo de família, foto gentilmente cedida.

Carlos Lessa recebe comenda das mãos da professora Nilcéa Freire, reitora da Universidade Estadual do Rio de Janeiro (UERJ), em dezembro de 2002. Lançamento do programa Rio de Todos. S/D. Acervo de família, foto gentilmente cedida.

Cerimônia de transferência de cargo na Presidência do BNDES, onde assumiu oficialmente o professor Carlos Lessa. Na foto, Lessa cumprimenta o economista Celso Furtado sendo observado pelo Governador de Alagoas, Ronaldo Lessa. Rio de Janeiro, RJ, 17 de janeiro de 2003. Foto: Alexandre Campbell/Folha Imagem.

Durante sua trajetória, Carlos Lessa esteve ao lado de pessoas e livros. Incentivou a busca pelo conhecimento e construiu um sólido legado em favor de seu País.